U0032826

Death
令人著迷的生與死

耶魯大學
最受歡迎的哲學課

雪莱・卡根 Shelly Kagan——著
陳信宏——譯

CONTENTS

CONTENTS

CONTENTS

推薦序

透過探索死亡，更能理解生命的價值

國立臺灣大學哲學系教授　苑舉正

二〇一二年，我在參加北京大學哲學系所召開的「世界大學哲學系系主任學術研討會」中，遇到了當時擔任耶魯大學哲學系系主任的雪萊・卡根教授。在與他互動的過程中，我注意到他在談論哲學問題的時候，具有四項特質：言談隨和、論證犀利、立場堅定、口才極佳。在閱讀卡根教授這本書的時候，這四項人格特點又浮現在我的腦海中。

有一點卡根教授可能不會同意，就是我對他人格的欣賞，竟然可以與他的肉體分離。人格與肉體不能分離的觀點，是本書的重點。作者以非常流利的文字，提出極具說服力的論證，讓讀者深深體會死亡這個問題本質的同時，赫然發現卡根教授以至為堅定的口吻告訴我們，絕大多數的人對於死亡這件大事的看法是錯誤的。

這是作者在本書的前言中所表達的立場。這個立場支持物理論，反對一般人對於死後還有生命的看法，排斥靈魂不滅的觀點，甚至認為所有人珍惜的感覺、意識、情感、創意與愛情都不能夠在脫離身體的情況下而獨立存在。我必須很坦白地說，這樣的立場是極不討好的。主要的原因有三點。

第一，哲學史中，如柏拉圖與笛卡兒這種等級的哲學家，都認為靈魂與身體是人的本質中兩項不同的要素。作者稱這種傳統觀點為二元論，並在全書中不斷地論證二元論的荒謬與不合邏輯的結果。在排斥傳統哲學觀點的過程中，作者一再強調，値得討論的事物，並不代表該事物必然存在；靈魂就是一個例子。

第二，卡根教授的觀點在其家鄉，那個以基督教文明爲主的社會中，也會讓人產生突兀的感覺。這本書裡，完全不談宗教的神聖性，而是以物理論的觀點看待爲什麼人會有超越死亡的需求。基督徒不會喜歡這本書的，因爲那個死後的永恆世界是道德生命的基礎，並且更是社會得以運作的保障。本書從物理論的角度，否定了宗教傳統，必然會讓許多人有種從溫馨的舊世界被剝離的感覺。

第三，本書極大方地觸碰了所有有關死亡的題目。例如，死亡的本質不外乎就是肉體的終結，我們從「偷渡」的角度看待自己死亡的同時，殊不知肉體終結後的我們是沒有能力以「觀衆」身分來看待死亡的。作者還認爲，死亡沒有什麼不好，至少這是必然會發生的事實，也因此認爲生命的價値應當珍惜身體能夠正常運作的時間，把握健康生命的每一刻。這些觀點，與一般人對於死亡的理解，大異其趣。

在閱讀本書的過程中，我發覺作者挑戰哲學家、宗教文明以及一般常識的基礎，就是毫不保留地擁抱物理論。作者的論證雖然犀利，但是仍然非常坦承地告訴讀者，物理論就是他的信念。作者以形上學的途徑，討論與捍衛他的信念。本書一開始就提出物理論與二元論的對立，並且依照信念做出選擇，重申以物理論爲主的科學在現代世界中的價値。作者大膽地敘述死後世界根本不存在的邏輯基礎，並不是「靈魂不存在」的證據，而是我們在生活中已經接受現代世界的科學物理論。

本書最後，作者無可避免地面對自殺的問題。如果死亡僅是肉體的終結，而且所有人的行爲都是肉體運作下的結果，那麼個人做出終結生命的選擇是可能的。問題是，做出這個決定是合理的嗎？是符合道德的嗎？傳統的道德哲學，尤其是康德的義務論倫理學，都毫不保留地譴責自殺是一件不符合道德的行爲。卡根教授很巧妙地直接面對這個問題，認爲自殺可以是合理的行爲，甚至是擁有道德性的行爲。他的觀點是，只要肉體所展現的功能遠低於終止肉體存在的決定，那麼自殺是在權衡下的合理行爲，也是在追求避免極端的功利主義之下能夠做出的道德行爲。

最後，我必須坦承，這一本書包含了許多乍看之下無法接受的觀點，但我毫不保留地推薦此書。讀者閱讀本書，在卡根教授的犀利論證與生活例證中，會對這個人生的終極問題產生更深刻的理解。探索死亡的理解過程，不但是人生的重要課題，也是閱讀本書的最大回饋。

第一章
思考死亡

這是一本探討死亡的書。不過，這是一本哲學著作，意思是說，本書討論的主題和其他探討死亡的書籍所涵蓋的主題，可能不會相同。因此，我要做的第一件事情，就是先談談本書不會討論的若干議題，而這些都是讀者可以合理預期或希望一本探討死亡的書籍所會討論的議題，所以如果這本書不是你原本想看的那種書，你就可以立刻知道。

我主要想探討的是有關死亡本質或死亡現象的心理學與社會學問題。舉例來說，一本探討死亡的書可能會詳細討論死亡的過程或是接受自己不免一死的事實。本書不會談論這些東西。同樣的，本書也完全不會談論哀悼悲傷的過程。此外，本書不會討論美國的殯葬業，不會討論我們面對死亡的態度有多麼令人擔憂，也不會討論我們如何傾向於將瀕死之人隱藏於衆人的視線之外。這些都是非常重要的議題，但不是本書打算談論的議題。

那麼，本書究竟要談些什麼呢？我們將會討論死亡的本質所引發的哲學問題，例如，人死的時候會怎麼樣？不過，要談到這個問題之前，必須先思考這個問題：我們是什麼？人是什麼樣的個體？說得更確切一點，我們到底有沒有靈魂？

在本書的開頭，我不妨直接先說明清楚，本書提到的「靈魂」乃是哲學上的術語。我所謂的「靈魂」，指的是一種無形的東西，一種與肉體不同的東西。所以，本書將提出的問題是：我們是不是擁有無形的靈魂，一種會在肉體死亡後繼續存在的東西？如果沒有的話，那麼這對於死亡的本質帶有什麼意義？死亡的時候會怎麼樣？

接下來是本書將提出的另一個問題：我要怎麼樣才能夠在死後繼續存活下去？實際上，我們必須再問得更廣泛一點：所謂的存活到底是什麼意思？舉例來說，對我而言，活過今晚是什麼意思？且讓我針對這個問題大致解釋如下：明天下午將會有個人坐在我的電腦前面，撰寫這本書。我當然假定（也眞心希望！）那個人會是我。不過，明天坐在這裡打字的那個人到底必須具備哪些條件，才會和今天坐在這裡打字的這個人算是同一個人？這個問題探討的是跨時間的個人同一性本質。顯而易見的是如果要適切思考死亡與存活的問題，以及人是否有可能在死後繼續存在，首先就必須搞清楚個人同一性的本質。

這類問題，也就是關於靈魂的存在、死亡的本質，以及在死後繼續存活下來的可能性，將占用本書前半段的篇幅。然後，我們會把焦點轉向價值問題。死亡如果眞的是終點，那麼死亡有可能是不好的嗎？當然，我們大多數人都直覺反應且強烈傾向於認爲死亡的確是一件不好的事情。不過，死亡到底哪裡不好，卻有不少哲學謎題可供思考。

讓我簡單舉個例子，假設我死後不再存在。若你仔細想，其實很難看出死亡對我有什麼不好，畢竟一旦我死了，死亡顯然不可能對我有任何不好的影響：怎麼可能會有任何東西能夠對根本不存在的東西造成不好的效果呢？然而，死亡如果不可能在我死後對我造成不好的影響，那麼死亡怎麼可能會對我不好？畢竟，對於現在仍然活著的我而言，死亡顯然沒有任何不好的影響呀！

別擔心，我不打算說服你相信死亡不是一件不好的事情。不過，我們後續將會看到，其實必須花點心力才能確認死亡究竟哪裡不好，從而認定死亡的確是一件不好的事情（另外也值得一問的問題，則是死亡是否不只有一個不好的地方）。接著，如果死亡確實不好，我們可能也不免要納悶，永生難道就是一件好事嗎？這也是本書將會談及的另一個問題。在更廣泛的層面上，我們必須要問：我將不免一死的這件事實，對於我的生活方式會造成什麼影響？應該以什麼態度面對自己必然會死的現象？舉例而言，我該不該害怕死亡？該不該因爲自己終將一死而感到絕望？

最後，本書將把焦點轉向自殺的問題。我們許多人都認爲，生命既然是如此珍貴美好的東西，自殺絕對是一種不合理的行爲。畢竟，這麼做就是拋棄了你能夠擁有的唯一生命。所以，在本書最後，我們將會檢視自殺的合理性與道德性（或許該說是不合理性與不道德性）。

以上就是本書的探討方向。對於熟悉相關哲學術語的讀者而言，我們可以粗略地這麼說：本書前半部探討的是形上學，後半部探討的是價值理論。

我認爲，撰寫哲學書有兩種不同方式，尤其是像本書這樣的入門書籍。第一種方式是單純提出正反面的各種不同立場，但作者保持中立，不公開表明自己同意哪些立場。這是第一種方式。除此之外，還有另一種頗爲不同的方式，而且我該警告你，我在本書中採取的是第二種方式。在第二種方式當中，作者確實會告訴讀者自己同意哪些觀點，也會爲這些觀點辯護——竭盡全力加以辯護。這種作法比較接近於我撰寫本書的方式，我將會闡述和辯護一種特定的思維。也就是說，我對我們所要討論的議題懷有一套特定的觀點，而且在本書將會努力說服你接受這些觀點。

爲了讓讀者能夠對這些觀點獲得簡要的理解，且讓我先描述另一套不同的觀點——一套受到許多人接納的觀點。你接下來將會看到，這種普遍的觀點涉及了幾項邏輯上互不相同的論點。因此，就邏輯上而言，你可以相信這套觀點的部分內容，但不可能全部一起相信。不過，許多人卻是全部相信，而且我認爲你大概也很有可能至少相信這套觀點的部分內容。

以下就是這套普遍的觀點。首先，人有靈魂，也就是說，人不是只有肉體，不只是一團血肉與骨頭構成的東西。相反的，人有一個部分，也許是最重要的一部分，這部分不是物質，而是個無形的靈性部分。如同我提過的，這部分在本書中稱爲靈魂。多數人都相信有靈魂的存在，說不定你也這麼認爲。多數美國人無疑相信人具有某種無形的靈魂，普遍的觀點認爲由於這種無形靈魂的存在，因此我們有可能（實際上是非常有可能）在死後繼續存活下去。死亡將會是肉體的毀滅，但由於靈魂是無形的，因此靈魂可以在死後繼續存在。當然，死亡有許多我們無法知道的事情，這畢竟是人生的終極謎團。不過，不論你是否相信有靈魂的存在，大概都至少會希望有靈魂的存在，因爲這樣你才有可能在死後繼續存活下去，畢竟死亡不但是一件不好的事情，而且還恐怖得令人不禁希望可以永生。永生想必是一件美妙的事情，人們一旦有了靈魂，至少就有永生的可能性。無論如何，我們絕對希望如此，希望自己擁有永生的靈魂，不論知不知道實際上是否如此。如果沒有靈魂的存在，如果死亡眞的是徹底的終點，這就是一件極度糟糕的事情，而明顯可見的反應，也就是最適當且放諸四海皆準的反應，就是以恐懼和絕望面對死亡的前景。最後，由於死亡極爲恐怖，生命又極爲美妙，因此拋棄生命絕對是一種不合理的行爲。所以，自殺不但是絕對不理性，也絕對不道德。

如同我說過的，我認爲以上就是一般人對於死亡本質的普遍觀點。至於我接下來要做的事，也就是我在本書中要論述的重點，就是指出這套觀點從頭到尾錯得一塌糊塗。我將試著說服你幾件事情：靈魂並不存在、永生不是件好事、害怕死亡不是面對死亡的適當反應、死亡沒有特別神秘，而且在特定情況下，自殺可能在理性與道德上都具有正當性。如同我說過的，我認爲一般的觀點大致上可說從頭到尾錯得一塌糊塗，所以我也會試著說服你認同這一點。至少，這是我的目標。

因此，可想而知，在你看完本書之後，我希望你會在這些事情上都同意我的觀點。畢竟，我認爲我辯護的這些觀點都是眞的，而且我也非常希望你終究會相信眞相。

不過，我也要指出這一點：眞正關鍵的重點不是你和我抱持相同的看法。眞正關鍵的重點是讓你具備獨立思考的能力。我在本書最重要的目標，是邀請你仔細檢視死亡，以大多數人從來不曾採用過的方式面對和思考死亡。到了本書結尾，如果你在特定主張上還是不同意我的看法，那也沒關係。這樣我就滿足了。好吧，我不會完全滿足，不過至少我大致上會感到滿足，只要你對這些議題的正反面論點都眞正進行了深入的思考。

在開始之前，我還需要再交代幾句話。首先，如同我已經說明過的，這是一部哲學著作，會利用自己的推理能力，非常仔細地思考我們對於死亡所能夠知道或者理解的事情。我們將會從理性的角度試圖思考死亡。

所以，我必須明白指出，有一種證據，或者說論點，是本書不會採用的，也就是訴諸宗教權威的說法。當然，你可能早就已經相信死後世界的存在，可能認爲自己會在死後繼續存活下去，可能相信永生。當然，你之所以相信這一切，原因是你的教會這麼教導你。沒關係。我在本書的目的或意圖不是要說服你放棄宗教信仰，也不是要推翻你的宗教信仰。不過，我確實要表明我在本書中不會訴諸這類宗教論點，不論是上天的啓示、聖經的權威，還是其他任何這類東西。

你如果想要的話，可以把這本書視爲一個大假設。如果我們必須從世俗觀點思考死亡的本質，會得出什麼樣的結論？如果只使用自己的推理能力，而不依賴任何天啓所提供的答案，會得出什麼樣的結論？你如果剛好相信天啓，那麼我們可以另外找時間加以討論，但是本書不會涉及那方面的辯論。

最後，我必須解釋爲什麼將本書稱爲哲學入門書籍：意思是說本書不認定讀者在這項主題上具備任何背景，但並不表示本書的內容很簡單。實際上，本書的部分題材相當困難，有些觀念可能也不是第一次讀就能夠理解。老實說，你如果能夠撥出時間，將本書的部分內容重讀一遍，通常會很有幫助。當然，我不會眞的預期你這麼做，但我還是要事先提出警告：哲學可以是很難讀的東西。

我也要強調，本書的入門性質還有第二重意義，也就是說本書的每一項主題都還有更多可以探究的內容。我們在本書中討論的每一項主題，都可以再用更長的篇幅加以探討。除了書中思考的論點之外，還有其他更進一步的論點，而且那些論點都可能會變得極度複雜，複雜得超出這類書籍所能夠討論的程度，這點對本書所檢視的每一項主題而言都是如此。

所以，請不要以爲我在本書中提出的任何論點會是該項主題的定論。實際上，我提出的論點比較像是各項主題的序言，不過序言當然可以是思考問題的絕佳起點。

第二章
二元論與物理論——我們死後還能繼續存在？

提出問題

我們要討論的第一個問題，涉及死後繼續存活的可能性。有沒有死後的生命？我有沒有可能在死後仍然繼續存在？

至少就表面上看來，如果要回答這個問題，至少必須釐清兩項基本議題。第一，我到底是什麼？我是什麼樣的東西？或者，更廣泛的來說，因爲我們不只想知道自己在死後繼續存活下去的可能性，而是要知道所有人在這方面的可能性，「人」是什麼樣的東西？人是由什麼構成的？具備哪些部分？

這樣的思考方式顯然很合理：畢竟，要回答「我能不能存活下去？」這個問題之前，難道不必先知道我是如何構成的嗎？所以要先花點時間從事的第一件工作，就是釐清人的基本「組件」。我們必須確認人是什麼東西。

第二件必須釐清的事情是：「存活」到底是什麼？如果想要知道自己有沒有可能在死後繼續存活，最好先搞清楚存活的概念。在未來存在的一件東西必須具備什麼條件，才會是我？

關於存活的本質或是跨時間的持續存在，可以從相當一般性的角度加以討論。我們可以把這個問題套用在椅子、桌子、樹木，以及其他任何一切事物上。可以這麼問：一件相同的東西跨時間持續存在是什麼意思？或者，再說得更抽象一點：同一性跨時間持續不變的本質是什麼？

不過，既然我們對於和自己一樣的個體——人，特別感興趣，因此也就特別著重釐清一個人必須如何才能跨時間而持續存在。哲學家將這種問題稱爲個人同一性，也就是探討人的跨時間同一性的問題（在兩個不同時間點的同一個人）。舉例而言，下週有幾個人會住在我的家裡。我全心認爲其中一人會是我。可是，下週那些人的其中一人究竟具備什麼條件才會和我，也就是現在坐在書桌前的這個人，是同一個人？什麼條件使得那個人和這個人是同一個人？簡言之，個人同一性的本質是什麼？或者，如果想要用存活的說法修飾這個問題也可以：一個人要怎麼樣才能存活下去？

因此，至少就表面上來看，要釐清我會不會（或是有沒有可能）在死後繼續存活下去這個問題，顯然需要先知道人是什麼，也需要確知存活的本質，說得更精確一點，則是跨時間的個人同一性。所以，也就難怪本書必須花幾章的篇幅對這些議題探究一番。

不過，在開始之前，有一項針對這一切的反對論點，是我們應該要思考的。我們即將花費許多時間詢問這個問題：有沒有死後的生命？或是，可不可能有死後的生命？我有沒有可能在死後繼續存活下去？根據我現在想到的這項反對論點，這一整套繁複的探討根本是誤解的結果，根本是奠基於觀念的混淆之上。這項反對論點指出，我們一旦看出混淆所在，即可看出這個問題的答案必須是什麼。我在死後還有可能繼續存活下去嗎？當然不可能！

如果眞是如此，我們的討論當然能夠單純許多。可是眞是這樣嗎？以下就是這項反對論點的思考方式①。

我們可以這麼陳述我們想問的問題：死後還有沒有生命？可是，這個問題是什麼意思？我們也許可以先問：說一個人「死」了，是什麼意思？「死亡」的一項自然定義，也許是「生命的終結」。可是如果這個定義是對的，那麼「死後還有沒有生命」這個問題，其實就是「生命終結之後還有沒有生命？」而這個問題的答案就很明顯了。明白可見，這個問題的答案是「沒有」。詢問死後是不是可能還有生命，其實只是以令人混淆不清的措詞詢問著：「生命一旦用光了，還會有更多的生命嗎？」這個，還用說嗎？當然不會有啊！這個問題就像是說：「我一旦吃光了盤子上的所有食物，那麼我的盤子上還有任何食物嗎？」或者：「電影結束之後，電影內容還有什麼進展？」這些都是愚蠢的笨問題，因爲你一旦明白了問題的內容，答案就毋庸置疑了。這樣的問題與答案都毫無意義。

所以，這項反對論點接著指出，儘管「死後還有沒有生命？」這個問題在世世代代以來都被人視爲一個大謎團，也是史上最重大的一項哲學問題，但這其實是個幻象。實際上，你只要認眞想一想，就可以看出答案必然是否定的。死後絕對不可能還有生命。生命終結之後絕對不可能還有生命。

假設我們以稍微不同的方式提出這個問題：「有沒有可能在死後繼續存活下去？」那麼，「存活」一詞是什麼意思？如果一個人發生了什麼事情，例如遭遇意外或是生病，卻沒有死，我們就會說這個人存活了下來，因爲這個人還活著。舉例而言，如果發生了一場車禍，你也許會說某某先生死了，但某某女士存活了下來。說她存活下來，就是說她還活著。所以，「我有沒有可能在死後繼續存活下去？」這個問題等於是說：「我死後還有沒有可能活著？」死亡是什麼？就是生命的終結。所以所謂的我是否可能在死後繼續存活下去，其實就只是拐個彎問這個問題：「有沒有可能在停止生活之後還繼續活著？有沒有可能會是一個死亡之後沒死的人？」當然，這個問題的答案一樣是：「還用說嗎？當然不可能呀！」按照存活本身的定義，你自然不可能在死後還繼續存活下去。

這項反對論點總是不免令我聯想起小時候說過的一個笑話。你可能也說過。對於七歲小孩而言，這個笑話顯得非常好笑，聽起來像是個謎語：「一架飛機正好墜毀在加拿大與美國的國界上，正好在國界上。滿地都是屍體。他們要把倖存者埋葬在哪裡？加拿大還是美國？」七歲小孩會這麼想：「我不知道他們要埋葬在哪裡？加拿大嗎？還是美國？」可是答案當然是：「你不會埋葬倖存者！倖存者就是還沒死的人！」所以，「我能不能在死後繼續存活下去？」這個問題就等於是說：「我死了之後，有可能還沒死嗎？」這個問題的答案當然是：「不可能！你如果已經死了，自然沒有活下來。」所以，這個問題根本不成問題。至少，這就是這項反對論點的說法。

我的意思不是要對這項反對論點嗤之以鼻，所以才會花幾個段落的篇幅加以闡述。不過，我認爲有一個方法能夠回應這項論點。我們只是需要釐清想問的究竟是什麼問題而已，因此以下舉的就是一種試圖將問題問得更加精確的方式。更重要的是，讓這個問題成爲値得一提的合理問題。

如同我在本書中將會一再提醒你的，我是個哲學家。意思就是說，我其實不知道太多的事實，所以在我論述的議題當中，雖然希望自己知道事實爲何，但我實際上並不知道。因此，要提出適當的論述，我應該邀請一位著名生理學家擔任客座作者，爲我們提供所有我不知道的事實。不過，我要採取假裝的作法，在應該由客座作者上場的時候，直接胡言亂語帶過，隨便編造一些細節，其實沒關係，就本書的目的而言，我認爲細節其實沒那麼重要。

請試想肉體死亡之時的狀況。你無疑可以用許多種不同方式殺死一個人。你可以下毒，可以勒死對方，可以用槍射擊心臟。此外，人也可能死於自然因素，例如心臟病、中風或者癌症。造成死亡結果的因果路徑可能以各種不同方式展開，但我猜想最後大概都會匯集至相同的終點，導致你遭遇若干特定的現象。這些現象是什麼呢？這正是我不曉得細節的部分，但我認爲差不多是這樣的狀況：不論原本的肇因是什麼，最終出現的狀況就是血液不再循環，氧氣也不再能夠輸送到身體的各個部位，於是大腦陷入缺氧狀態，由於細胞缺氧，也不再進行新陳代謝作用，所以無法修補各種細

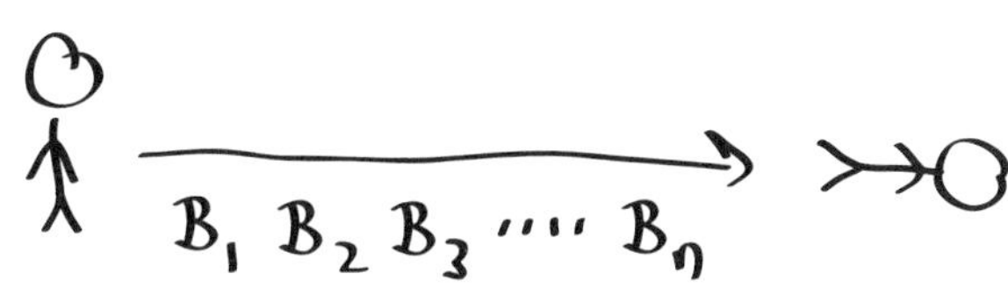

圖2.1

胞損傷，也無法製造細胞所需的胺基酸與蛋白質。腐敗的現象因此開始產生，細胞結構開始崩解，細胞也得不到尋常的修補。最後，關鍵細胞結構崩潰，於是，砰！肉體就此死亡。如同我說的，我其實不知道這樣的描述是否精確，不過大致上應該八九不離十。

我已經描述了死亡的過程。由圖2.1可知，肉體死亡的時候所發生的那些事情，也就是那些我其實不確知細節的事情，我們可以單純稱之爲B1、B2、B3……直到Bn（B代表肉體）。在B1開始之前，肉體原本順暢地運作著，發揮著正常的肉體功能：呼吸、複製細胞等。到了死亡過程的結尾，也就是Bn的時候，肉體已經死了。從B1到Bn，這就是死亡。至少，這就是肉體的死亡過程。如同我說的，這是醫學院學生、生物學家或生理學家能夠爲我們描述的那一類事情。

假設我們將此一過程稱爲「肉體的死亡」。把此一過程結尾的事件稱爲「身死」。這麼一來，我們還是能夠問這個問題，至少看起來應該可以這麼問：有沒有可能在肉體死亡後仍然存在？有沒有可能在身死之後仍然存在？我的意思不是說我們知道這個問題的答案，但至少這是一個看起來合理的問題。「我有沒有可能在肉體死亡之後仍然存在？」這個問題並沒有明顯可見的荒謬之處，答案有可能是否定的，但至少不是不值一答。不論怎麼回答，都必須提出相當程度的論述。就我們目前所知，答案也有可能是肯定的。這麼一來，又不免回到先前提過的這個問題：有沒有可能在肉體死亡之後仍然存在，顯然取決於我是什麼。所以，我們待會兒就會轉而討論那個問題。

不過，一再問「我有沒有可能在肉體死亡之後仍然存在？」未免有些累贅。一旦釐清想問的問題之後，我認爲大可任由自己用其他幾種不同方法陳述問題。與其堅持用上述那個方式提出這個問題，有時候也可以允許自己這麼陳述：「我會不會在肉體死亡之後繼續存活下去？沒有差別。」我們甚至也可以這麼問：「我會不會在死後繼續存活下去？」這麼問也沒什麼關係。實際上，我們可以直接這麼約定，每當我在這類問題當中提到「死」這個字，指的就是肉體的死亡。所以，「我會不會在死後繼續存活下去」這個問題只是「我會不會在肉體死亡之後繼續存活下去」的簡化版本而已。如同我說的，沒什麼差別。因此，就算我們問：「有沒有死後的生命？」也沒有什麼重大的差別。看到這個問題，同樣可以假設我想問的只是「我會不會在肉體死亡之後繼續存在」。這個問題看起來完全合理，所以我們就試著來回答看看吧。

「我」是什麼？

如同我先前提議過的，如果想要回答我有沒有可能在肉體死亡之後繼續存在的問題，首先必須釐清我是什麼。畢竟，一個人能否在肉體死亡之後繼續存活下去，顯然應該取決於（至少有一部分是如此）這個人的「組成」方式，也就是這個人是怎麼構成的，有哪些部分？必須先知道人是什麼樣的東西。以哲學術語來說，這是一個關於人的形上學問題。

讓我爲你簡述這個問題的兩種基本立場，我猜你對這兩種立場應該都相當熟悉，要做的是決定何者正確。當然，人的形上學問題不是只有這兩種立場，但我認爲這是最主要的兩種立場，就我們的目的而言，無疑是最值得探究的兩種立場。

第一個立場是：人是肉體和其他東西的組合——心智。不過，這個觀點最關鍵的重點在於將心智視爲與一種與肉體不同的東西。以通俗的用語來說，心智就是「靈魂」，所以，人乃是由肉體和靈魂組成。如同剛剛說過的，靈魂是一種不同於肉體的東西。

我認爲肉體的概念是大家都極爲熟悉的。以我本身爲例，我的肉體就是現在坐在電腦螢幕前的這團肌和骨與血肉，在每一天的生活中，不論到哪裡都會拖著這具肉體。你也有一具肉體，一樣不論到哪裡都會「拖著」它。我們可以將這具肉體放在體重計上秤重、用探針戳刺，也可以由生物學家研究。這具肉體由各式各樣的分子、原子等物體構成。所以，人擁有肉體。但在第一種觀點裡，也擁有另一種不是肉體的東西，一種無形的東西，不是由分子與原子構成，它就是靈魂。靈魂是意識與思維（可能也包括人格）的殿堂，或者說是基礎。無論如何，重點是在形上學當中對於心智的適切理解，就是將其想成非物質性、無形的東西，也就是將其視爲靈魂。

我們可以把這種觀點稱爲二元論觀點，因爲這種觀點假定人具有兩種基本組件：肉體和靈魂。接下來，我將把「靈魂」一詞專門用在這種二元論觀點中。根據這種觀點，靈魂是一種無形、非物質的東西。相對於有形的肉體，靈魂是無形的東西。這就是二元論的觀點。

如同我說的，以上是第一種基本觀點。我待會兒還會再進一步闡釋，但首先且讓我概述另一種基本觀點。

我們要探究的另一個觀點不是二元論，而是一元論。這種觀點認爲人只由一種基本元素構成：只有肉體。所以，人是什麼？人只是一種特定的有形物體。人就只是肉體。我們將把這第二種觀點稱爲物理論，因爲這種觀點認爲人只有肉體，只是一種特定的物理物體。

第二種觀點當中，人只是一種有形物體，一種物理的東西。當然，這是一種非常別致的有形物體，是一種相當了不起的有形物體。畢竟，根據這第二種觀點，人這種物理物體能夠做出其他許多物理物體做不到的事情，能夠說話、能夠思考、能夠歌唱、能夠作詩、能夠墜入愛河、能夠害怕、能夠規畫、能夠發現宇宙的特質。根據物理論的觀點，人就只是一個能夠做出這種種事物的肉體，能夠省思、能夠從事理性思考、能夠溝通、能夠規畫、能夠墜入愛河、能夠作詩。這就是物理論的觀點。

所以，我們有兩種基本立場。一方面是二元論觀點，認為人由肉體和靈魂組成。另一方面是物理論觀點，認為人沒有靈魂。世界上沒有靈魂這種無形物體，只有肉體，只不過人類這種運作適切的物體（物理論者這麼說）能夠做出不少相當了不起的事情。二元論與物理論是我們所要探究的兩種基本觀點。

從邏輯的角度來看，我想你也可以有第三種觀點。如果一元論者主張世界上只有肉體而沒有靈魂，那麼說起來也可以有人主張世界上只有靈魂而沒有肉體！舉例而言，可以有一種形上學觀點，認為世界上有心智的存在（無形的心智，也就是靈魂），實際上卻沒有任何有形的物體。世界上唯一存在的只有心智，以及其中的觀念。所謂的「物理物體」，所指的也許只是心智中的觀念，只不過用物理物體的方式談論起來比較方便而已。把物理物體想成物質，可能只是一種我們很容易落入的假象，一種形上學的錯誤。在哲學裡，這種觀點稱為唯心論。

唯心論的立場在哲學中其實有一段悠久且卓著的歷史，而且在針對形上學的完整考察當中，唯心論絕對值得我們花點時間仔細探究。不過，就本書的目的而言，我認為這個觀點不具備足夠的競爭力。所以，我就直接把它擺在一旁。

除此之外，還有其他的可能性。舉例而言，有一種觀點認為所謂的心智和肉體只是以兩種不同方式看待同一種根本實相，而那種根本實相基本上不屬於物理性，也不屬於心靈性，這種稱為「中性一元論」的觀點，在形上學書籍中可能也值得認真探討。不過，就本書的目的而言，我提及這個觀點也只是為了把它擺到一旁去。

因此，關於人的形上本質雖有各式各樣的奇特哲學立場，但我們在本書中不會全部加以探究，而是會把焦點集中於我認為最重要的兩種觀點：物理論與二元論。請注意，這兩種觀點都認同肉體的存在——我想你也是如此。唯一的差別，就是對於無形靈魂是否存在各有不同看法。二元論者認為這個問題的答案是肯定的：人不但有肉體，也有靈魂。物理論者認為答案是否定的：我們唯一擁有的就是肉體。

二元論——人有肉體，也有靈魂

讓我針對二元論的立場再提出進一步的闡釋。首先，最重要的一點是，二元論認為心智是一種無形實體。我們可以用各種不同字眼稱呼這個實體。實際上，如果單純稱之為「心智」，並不會造成任何差別。不過，在探討二元論的時候，我通常會稱之為「靈魂」，以便凸顯二元論觀點的關鍵重點，亦即心智乃是奠基於某種非物質的無形基礎上，或者是一種非物質、無形的東西。

第二，肉體和靈魂會互動。一方面，靈魂可以對肉體下達指示與命令。舉例而言，現在我的肉體正在鍵盤上打字。根據二元論的說法，我的肉體之所以會這麼做，是因為我的靈魂對肉體下達了命令，靈魂可以命令肉體站起來、坐下，或者繞著房間跑。所以，靈魂可以用各種方式影響肉體。但另一方面，靈魂也會受到肉體的影響，因為肉體產生的感官輸入，終究會受到靈魂的察覺或感受。舉例而言，你如果拿一根針刺進我的皮肉，我的靈魂，也就是心智，就會感受到疼痛，所以這種互動是雙向的：肉體可以影響靈魂，靈魂也可以影響肉體。當然，正如哲學慣常的情形，二元論還有其他更加複雜的版本，其中的互動並非雙向。不過，在這裡且讓我們把範圍限定於傳統的雙向互動二元論。靈魂控制肉體，肉體也能夠影響靈魂。當然，儘管有這樣的互動，肉體和靈魂還是各自分別的兩種東西，但是無論如何，一般通常會有這種極爲緊密的連結。

就本書的目的而言，以下這點雖然不是至關緊要，但我們也許還是值得花點時間詢問靈魂的所在處。如果眞有靈魂存在，那麼靈魂存在於哪裡？再進一步問，靈魂到底有沒有所在處？我不認爲這個問題的答案明顯可見。一方面，每當我們談起靈魂，總是讓人覺得靈魂彷彿具有所在處。我們說靈魂存在於肉體中，意思不是說如果把肉體切開，會在其中找到一個特定部位是靈魂的所在處。不過，認爲靈魂至少有個大致上的所在處，看起來的確是一種頗爲自然的想法。畢竟，我從這裡觀看著世界，正如你也是從另一個不同的地點觀看著世界。所以，你的靈魂也許多少位於你的肉體附近。

至少，在你的肉體正常運作的情況下，也許眞的是如此。也許在你死亡之後，靈魂就會從肉體獲得解放，而得以更加自由地四處遊蕩。實際上，就算在我們活著的時候，這種現象說不定偶爾也會發生。有些人指稱自己有過靈魂出竅的經驗，覺得自己似乎拋下了自己的肉體，而在沒有肉體的情況下四處遊蕩。在這種不尋常的時刻，也許靈魂會離開身體，過了一陣子之後才又回來。當然，就算這一切都是眞的，而且靈魂出竅的體驗也確實有可能發生，靈魂在任何一個時間也還是會位於某處，儘管不必然是在肉體的所在處。

另一方面，也許這一切都是幻象。說不定靈魂根本沒有所在處。也許我認爲自己身在特定地點的感覺，其實只是肉體的感官輸入所帶來的幻象。假設有個人被鎖在鈕哈芬的一個房間裡，只看得到一部螢幕上播放著架設在芝加哥的攝影機所傳來的影像，也只聽得到同樣架設在芝加哥的麥克風所傳來的聲音，而且其他各種感官也都是如此。如果這是他從小以來唯一的體驗，那麼你就能夠了解他爲什麼會誤以爲自己身在芝加哥，原因是他所有的感官輸入都來自芝加哥。所以，靈魂說不定也是這樣。我們誤以爲自己身在肉體的所在處，可是說不定這只是一種形上幻象：也許靈魂根本沒有所在處。

事實是，我不知道。我對於無形物體的了解少之又少（無形個體有沒有可能具有所在處？我不知道）。如同我早就說明過的，我自己並不相信有靈魂的存在。我其實不認爲二元論的立場是正確的。所以我可以把這個問題——關於靈魂是否具有空間上的所在處，留給那些相信靈魂存在的人去解答。所幸，就本書的目的而言，我認爲這個問題其實沒有影響。你如果傾向於認爲靈魂具有所在處，那麼也許你會對於靈魂（通常）多多少少位於其相應肉體的所在處這種說法感到滿意。不過，你如果傾向於認爲靈魂其實沒有所在處，那麼這點也不該是個問題。

對於本書的目的而言，眞正重要的是二元論者的這項主張：確實有靈魂這種東西，靈魂與自己通常連結在一起的肉體各自獨立存在，而且靈魂是無形實體。因爲，如果眞有靈魂與肉體這兩種東西，而且靈魂是無形的，那麼就算肉體死亡，靈魂還是有可能繼續存在！

假設這裡有一個人的活生生的肉體。不幸的是，這個肉體生了病，開始從B1到Bn的過程。到了這個過程的結尾，肉體不再自我修補，逐漸腐敗，最後因此死亡。我們全都知道這種令人傷心的現象：蛆蟲爬進去，蛆蟲爬出來。到了這一天結束之際，也許需要不只一天的時間，肉體已然腐爛分解。沒錯，這一切都證明了肉體的終結。可是，如果靈魂是無形的，是非物質的東西，那麼就有可能繼續存在，即便在肉體消滅之後也是如此。這就是二元論觀點吸引人的地方，或至少是其中一個吸引人的地方。只要相信有靈魂，你就可以在肉體終結後繼續存在。

既然如此，那麼死亡是什麼？如果我的靈魂和肉體之間通常具有極度緊密的連結，那麼死亡可能就是這種連結的斷絕。肉體崩壞，不再能夠爲靈魂提供感官輸入。靈魂不再能夠控制肉體，促使肉體四處移動。但儘管如此，靈魂還是可能繼續存在。至少這是一種可能性。我們如果是二元論者，那麼我在死後還會繼續存活下去的可能性，就值得我們給予非常非常認眞的看待。

可是有一點不免令人憂心。根據二元論的說法，人是肉體與靈魂的組合：可以說是一種肉體與靈魂的三明治。可是，如果人是這樣的組合，如果人是靈魂加上肉體的配對結果，那麼肉體一旦毀滅，人難道不會也跟著毀滅？畢竟，你一旦毀滅了配對組合的一部分，這個配對組合本身不是同樣也會跟著消失？所以，如果人是靈魂加上肉體的配對組合，而這個配對組合又不復存在，那麼人也就不存在了！這麼一來，豈不是表示我終究不可能在肉體死亡之後繼續存活下去，就算我們假定二元論眞實無誤也還是如此？

所幸，二元論者對這個問題至少可以提出兩種回應。一種回應是堅持指出，嚴格說起來，人其實不是靈魂加上肉體的組合；嚴格說起來，人就只是靈魂而已。按照這種說法，我就只是我的靈魂，如此而已。按照這種觀點，肉體的毀滅顯然根本也算不上是我的一部分遭到了毀滅。當然，我和我的肉體之間具有非常緊密的連結，可是摧毀那具肉體根本沒有摧毀我的任何一部分（我們可以這麼比擬這種情形：我和我居住的房屋擁有特別緊密的連結，可是我的房屋如果遭到摧毀，這件事情本身並不涉及我的任何一部分遭到摧毀）。

所以，這是二元論者可以採取的一種立場。嚴格說起來，人只是靈魂。靈魂與肉體具有非常緊密的連結，可是人不是靈魂加上肉體的組合，人就只是靈魂。所以，就算這項緊密的連結遭到斷絕，這個人、這個靈魂，還是可以繼續存在。

這是二元論者可以採取的一種途徑，但他們不是只能採取這個途徑。二元論者也可以堅稱肉體雖是我的一部分，卻不是不可或缺的成分。也許我就算失去了肉體這個部分，也還是能夠繼續存在。畢竟，各種事物都可能喪失若干部分而不必然因此消滅。舉例而言，我的汽車右前輪原本有個輪圈蓋，可是那個輪圈蓋掉了。那個輪圈蓋無疑是這輛車的一部分，但儘管如此，我的汽車在那個輪圈蓋消失不見之後，卻還是繼續存在：輪圈蓋是這輛車的一部分，卻不是不可或缺的成分（實際上，我雖然沒有補上新的輪圈蓋，我的汽車還是持續存在！）。同理，儘管人在活著的時候是由肉體和靈魂組成，但人也許可以在肉體消滅之後繼續存在。肉體是人的一部分，但不是不可或缺的成分。

我不會試圖決定這兩個答案何者比較適合二元論者採納。只需要說，這兩個答案看起來都可以接受。因此，不論採取哪一種答案，我認爲二元論者確實至少能夠堅稱人有可能在肉體死亡消滅之後繼續存活下去。

我特別強調二元論者只能堅稱人有可能在死後繼續存活下去，因爲單是有無形靈魂的存在，並不足以保證靈魂必然能夠在肉體死亡之後繼續存活下去。也許確實有靈魂的存在，但靈魂說不定會跟著肉體一起死亡！

所以，這裡引起我們注意的其實有兩個不同問題。第一個問題是到底有沒有無形靈魂的存在。心智是否確實該被視爲一種無形的實體，也就是靈魂？世界上是否眞有肉體和靈魂這兩種不同東西存在？這是第一個問題。但除此之外，我們也想要知道靈魂（假設眞有靈魂存在）是否能夠在肉體毀滅之後繼續存活下去，畢竟就算靈魂眞的與肉體各自獨立存在，可是肉體一旦毀滅，靈魂也有可能跟著毀滅。

所以我才會說，如果眞有靈魂，那麼這點至少開啓了我會在死後繼續存活下去的可能性。只是可能性，而不是必然的保證，因爲在沒有進一步的立論之下，並無法保證靈魂一定會在肉體死後繼續存活下去。就算靈魂與肉體各自獨立存在，也還是有可能跟著肉體一起毀滅。畢竟，別忘了我們所探討的是我所謂的互動二元論。肉體與靈魂之間具有非常緊密的因果連結。你如果戳刺我的肉體，這樣的肉體過程就會在我的靈魂當中造成其他各種事件，例如疼痛的體驗！因此，我的肉體一

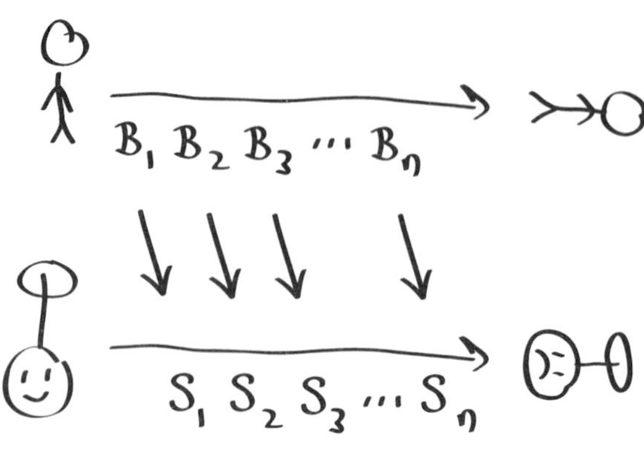

圖2.2

旦死亡，也就是從B1到Bn的生理進程一旦發生，說不定我的靈魂也會因此展開某種類似的平行進程，我們可以稱之爲從S1到Sn，從而導致（或者構成）靈魂的消滅。於是，我的肉體一旦死亡，我的靈魂也跟著死亡！

圖2.2就是我心目中的這種現象。這個圖和先前那個呈現肉體死亡過程的圖很類似，但我現在增加了肉體死亡導致靈魂同時死亡的概念（當然，我不曉得要怎麼畫出靈魂的模樣，所以我就用一個小臉加上光環代表靈魂）。

然而，這時候卻可能有人會提出異議。我們在此處探討的靈魂是一種無形實體，不是由一般的原子物質構成。可是，如果靈魂是無形的，那麼豈不是可想而知靈魂不可能遭到有形過程所毀滅？肉體的死亡（從B1到Bn）明顯可見是個物理過程。既然如此，我們豈不是能夠顯而易見地推導出：靈魂這種無形的個體不可能遭到有形的物理過程所摧毀？

可惜的是，我不認爲這點有任何顯而易見之處。就像我剛剛提醒過的，我們探討的是互動二元論，這種觀點認爲肉體能夠以許多不同方式影響靈魂。舉例而言，現在有各種不同波長的光線射入我的眼睛，因此我的靈魂對我面前的各種不同物體，例如電腦、書桌、電話，產生了各種不同的視覺體驗。現在，各種不同強度的聲波傳入了我的耳朵，所以我的靈魂對於我身在隔壁房間的幾個家庭成員產生了各種不同的聽覺體驗。現在，我的胃裡分泌了胃液，因此我的靈魂體驗到了飢餓的感受。簡言之，我的肉體內發生著各式各樣的物理過程，而對我的靈魂造成了各式各樣的變化。不過，我們一旦承認在這種二元論的觀點中，有形的物體能夠影響無形的靈魂，顯然就沒有任何理由否認B1到Bn的物理過程有可能引發S1到Sn這種可怕的靈魂過程，從而導致靈魂的滅亡。這無疑是一種可能性。要排除這種可能性，就需要有進一步的論述。

簡言之，就算我們認定確實有靈魂存在，也不保證人們一定會在肉體死亡之後繼續存活下去。這是一項進一步的主張，需要由進一步的論述支持。

不過，我們其實還有第三個問題需要思考。假設靈魂確實會在肉體死亡之後繼續存活下去，那麼會存活多久？會永遠繼續存在嗎？我們是永生不滅的嗎？

我們大多數人無疑都希望如此，希望有靈魂的存在，才能永生不滅。因此，我們必須問的不只是靈魂與肉體是否各自獨立，不只是靈魂能否在肉體死亡之後繼續存活下去，也必須問靈魂是否會永遠持續存在。最後這個問題——關於靈魂的永生，尤其令柏拉圖深感興趣。我們將在第五章探討他的若干論點。不過，我們首先必須決定我們是否應該相信靈魂的存在。

物理論——人只是肉體而已

根據二元論的說法，也就是關於人的本質的第一種基本觀點，人擁有（或者就是）無形的靈魂。我認為這種觀點非常熟悉。你自己也可能相信靈魂存在。就算你不相信，你大概至少也曾經受到這種信仰的引誘。無論如何，我敢說你最少最少也認識相信這種觀點的人。這是一種非常熟悉的想法。不過，我們必須自問，這種觀點正確嗎？我們有沒有理由認定這種觀點是正確的？

在回答這個問題之前，且讓我們先更仔細探究物理論，也就是關於人的本質的第二種基本觀點。根據這種觀點，人只是肉體而已。人只是有形物體，可供生物學家戳刺研究。

當然，這些話必須要解釋得很清楚。物理論者指稱人只是肉體，只是一件物理物體，但他們絕不是說人只是隨便一個肉體！這種說法並不表示不同的物理物體之間沒有重要的差別。有些物理物體能夠做出遠比其他物理物體更加有趣的事情。

我的書桌上有一枝鉛筆，那枝鉛筆只是一種物理物體，那枝鉛筆可以做什麼？其實做不了什麼。我可以用那枝鉛筆在一張紙上寫字，可以把那枝鉛筆折斷成兩半。我如果把那枝鉛筆拿起來，然後放開手，它就會掉下去。這不是一件特別有意思的物理物體。我的書桌上還有一支手機，那也是一件物理物體，那支手機同樣不是世界上最有意思的物理物體，卻比鉛筆有意思得多。那支手機可以做到鉛筆所做不到的許多事情。

物理論者如果說得沒錯，那麼我的書桌前還有另一件物理物體——也就是我，雪萊．卡根。我是一件相當了不起的物理物體。儘管我這個人頗爲自大，但我的意思並不是說我比你更加了不起。根據物理論者的說法，我們每一個人都是一具能夠做出種種驚人事物的肉體。我們是能夠思考的肉體；我們是能夠從事規畫的肉體；我們是具備推理能力的肉體；我們是能夠感覺的肉體；我們是能夠害怕、能夠發揮創意，而且擁有夢想和志向的肉體。我們是能夠互相溝通的肉體。我們是——這裡有個不錯的字眼：我們是身爲人的肉體。不過，就物理論的觀點來看，人就只是肉體，如此而已。

因此，根據物理論的觀點，人是個具備一套特定能力的肉體，這個肉體能夠從事一系列特定的活動。人這種肉體能夠思考、溝通、推理、規畫，產生感受、發揮創意、愛戀、作夢，以及從事其他各式各樣的行爲。

我們如果想要，大可爭論這份優秀能力的清單當中究竟該包含哪些能力。不過，就本書的目的而言，我認爲這點並不是特別重要，所以，我雖然不時會提到這套能力，卻不會試圖提出一份權威清單。只需把這套能力想成人所具備的能力就行了：也就是我們做得到，但其他物理物體（例如鉛筆、收音機或汽車）做不到的事情。這些能力是能夠讓一件物體成爲人的能力。我們可以採用術語，把這些能力稱爲P能力（「P」代表「人」）。因此，根據物理論者的說法，人就是擁有若干P能力的肉體。同樣的，我們也可以這麼說：根據物理論的觀點，人就是一種肉體，擁有能力可以達成若干「P功能」（推理、思考、感受、溝通、愛戀等）。因此，我們也可以把人稱爲具有P功能的肉體。或者，我們也可以說人這種肉體能夠發揮P功能。

再次強調，我們必須了解，在這種概念當中，人雖然只是肉體，卻不是隨便一個肉體，甚至也不是隨便一具人類肉體。畢竟，你要是拔槍射擊我的心臟，導致我失血而死，那麼你面前還是會有一具人類肉體。不過，那將不會是一個具有P功能的肉體。那個肉體不會思考，不會規畫，不會溝通，不會發揮創意，不會設定目標。所以，人的關鍵重點在於是個具有P功能的肉體。

那麼，在這種觀點當中，心智究竟是什麼東西？在物理論的觀點中，還是一樣可以談論心智。不過，從物理論的角度來看，所謂的心智其實就只是肉體的各種心理能力。這種說法只是採用名詞化的方式而已。我們以「心智」這個名詞談論肉體在這方面的能力。不過，所謂的心智就只是指肉體正常運作之時所具備的這些特殊能力。

這種說法就像是我們談論微笑的方式一樣。我們全都認爲世界上有微笑的存在，可是微笑是什麼？這個嘛，微笑所指的只不過是肉體從事某種行爲的能力，也就是大家都會做的那種典型行爲：嘴角上揚、露出牙齒等。不過，微笑並不是肉體的一個額外部分。如果要列出肉體的各個組成部分，你會列出牙齒，你會列出嘴唇，你會列出牙齦，你會列出舌頭，但你不會列出微笑。

所以，我們在這裡是不是應該接受某種二元論？該不該就此推斷微笑是額外的非物質物品，是與肉體具有特殊緊密關係的物品？這麼一種觀點不難想像，但這種觀點無疑相當愚蠢。實際上，所謂的微笑就只是指肉體發出微笑的能力，而不是眞有微笑這種額外的東西。

誠然，「微笑」是個名詞，而你若是不小心，就很可能因此誤以爲眞有微笑這個東西。這麼一來，你就不免陷入各種形上學的難題。微笑的所在處在哪裡？似乎在嘴巴附近。可是微笑不是嘴唇，微笑也不是牙齒，所以微笑一定是某種非物質的東西！

不過，如同我說的，這麼做只會是一種思考微笑的笨方法。所謂的微笑，只是指肉體發出微笑、形成微笑的能力。這是我們擁有的一種能力，是我們的肉體所擁有的一種能力。

同樣的，根據物理論的觀點，心智也只是指肉體做出若干事物的能力。所謂的心智，只是以一種方便的措詞談論我們的肉體所具備的思考、溝通、規畫、思慮、創意、作詩與愛戀等能力。談論這種種事物，就是我們所謂的「心智」，而不是在肉體之外還有心智這種額外東西的存在。

這就是物理論的觀點。物理論者不否認心智的存在，就像我們也不否認微笑的存在一樣。不過，談論心智就像談論微笑，只是用一種方便的措詞談論肉體能夠做的事情。

因此，我們尤其必須了解，從物理論的觀點來看，心智並不是大腦。你也許會這麼想：「你看，根據物理論者的說法，心智就只是大腦。」我必須承認，這麼說也不算是大錯特錯，因爲就當前的科學所知，大腦就是肉體當中能夠讓我們具備這些能力的基本構造。這些P功能是憑藉大腦而來的能力。所以，你可能會因此認爲物理論觀點中的心智就是大腦。

不過，我們也許不該這麼說。假設你殺了我，我的屍體倒臥在地板上。我的大腦就在那裡（不要講得太血腥了：假設我的大腦還是在我的頭骨內）。大腦還在，儘管如此，我的心智卻顯然已經滅亡。所以，我認為我們也許不該說大腦就是心智。至少，在我們必須謹慎措詞的時候，我們應該說：所謂的心智只是指肉體的P功能。毋庸諱言，根據當前的科學所知，一具功能正常的肉體之所以能夠思考、規畫，以及墜入愛河，就是憑藉大腦正常運作而帶來的結果。但嚴格來說，所謂的心智其實只是指P功能。這就是物理論對心智的觀點。

那麼，物理論對死亡的觀點又是如何呢？當然，根據二元論的觀點，死亡是心智——無形的靈魂——與肉體的永久分離，原因是肉體遭到了毀滅。不過，對於物理論者而言，肉體一旦死亡之後，並沒有靈魂這種可能會繼續存活下去的額外個體。心智只是肉體正常發揮的P功能。所以，肉體發揮這種功能的能力一旦遭到摧毀，心智就跟著毀滅。因此，簡略來說，死亡就只是這種功能的終結。

如同我說的，這樣的說法頗為簡略。我們在第十一章將會花點時間釐清這項觀念，闡述得更精確一點。儘管如此，這項基本觀念並沒有什麼神秘之處。物理論觀點中的死亡沒有什麼特別神秘的地方。

我有一部手提音響。假設我在你面前把我的音響舉起來，播放音樂。這是手提音響做得到的其中一件事情。可是我放開手，音響掉落在地上，摔壞了，音響不再能夠發揮正常功能，壞掉了。這部音響壞掉之後為什麼無法運作，並沒有任何神秘之處。從物理論的觀點來看，死亡基本上就是這樣，死亡是肉體的崩壞，肉體就不再能夠發揮正常功能。

另外還有值得強調的一點。如同我早就解釋過的，物理論者不否認心智的存在（就像我們其他人也不否認微笑的存在一樣）。儘管如此，所謂的心智僅是指我們的肉體做得到的一些事情，亦即肉體能夠思考、愛戀、規畫。不過，物理論的觀點雖然認為我們只是肉體，卻沒有說這種肉體僅有思考的假象。不是這樣的，我們的肉體眞正具有思考能力，具有愛戀的能力，具有規畫的能力，所以心智確實存在。我們如果想要，也一樣可以把心智稱爲靈魂，即便是在採取物理論觀點的情況下。

畢竟，在物理論的觀點中一樣可以談論心智，所以在物理論的觀點中也一樣可以談論靈魂。我們平常提到靈魂，通常不是在討論形上學的問題，也不是以特定的形上觀點爲前提。我是物理論者，但我在大部分的情境下都可以自在地談論人的靈魂：「他擁有善良的靈魂」「她美麗的外表下藏著惡毒的靈魂」「閱讀莎士比亞的作品，不禁讓人覺得靈魂都跟著慷慨激昂」等。

「靈魂」這種語言沒有任何令人不悅或不當之處，即便是在物理論者的眼中也是如此。談論靈魂完全沒有任何不恰當。不過，如同我先前說過的，在本書裡，爲了避免混淆，我只會把「靈魂」這個字眼留在討論二元論立場的時候使用。

也許我可以這麼說明這一點。在本書裡，「心智」一詞將採取中立的用法。提及心智，並不表示我們認定心智是什麼。所以，我們全都可以同意人擁有心智，也就是我們的思維與人格的殿堂。不過，這個困難的問題仍然存在：心智是什麼？當然，二元論的立場認爲心智就是靈魂，而靈魂是一種無形的物體。在本書裡，我只要提到「靈魂」一詞，我都會盡量只保留在談及這種特定的形上觀點之時才使用，也就是把靈魂視爲一種無形的東西。當然，與此相對的則是物理論的觀點。物理論者也相信有心智的存在。不過，根據物理論者的說法，心智指的僅是肉體的能力。物理論者絕對不相信二元論者所相信的那種無形靈魂。所以，爲了避免混淆，我會說物理論者完全不相信靈魂的存在。他們相信心智，但不相信靈魂。

因此，我們的問題就是：我們該相信誰呢？二元論者還是物理論者？到底有沒有靈魂存在？

①傑．羅森柏格（Jay Rosenberg）曾透徹探討這項反對論點的其中一個版本，見 *Thinking Clearly About Death* (Prentice-Hall, 1983), pp. 18-22。

第三章
靈魂是否存在？

我已針對人的本質介紹了兩種基本立場：二元論與物理論的觀點。我認爲，不論你接受哪一種論點，這兩種觀點對你而言應該都相當熟悉。周遭認識的人當中一定都有相信無形靈魂存在的二元論者，也一定有否認靈魂存在，而堅持人只是肉體的物理論者。這兩種立場都相當熟悉，但我們必須問的是：我們應該相信哪一種觀點？

要在這兩種觀點當中挑選出一種，最關鍵的議題顯然是：是否該相信靈魂存在？因爲這兩方都相信肉體的存在。畢竟，二元論者並不否認肉體的存在，只是認爲除了肉體之外，還有靈魂的存在；而物理論者更是顯然不否認肉體的存在。所以，肉體的存在是這兩種觀點的共同點。至於這兩種觀點的差異之處，在於是否認爲肉體之外還有靈魂的存在。所以，我們必須問的是：有沒有任何充分的理由相信靈魂的存在？

如何證明靈魂的存在？這個嘛，也許我們應該先問：如何證明任何事物的存在？舉例而言，要怎麼證明尋常事物的存在，例如椅子和桌子、鳥兒和樹木？

就許多衆所熟悉的日常物體而言，這個問題的答案當然頗爲直截了當。我們利用五種感官證明這些東西的存在，可以看見這些東西、聽見這些東西，或者摸到這些東西。我怎麼知道有椅子存在？好，現在我面前有幾張椅子，睜開眼睛就可以看見這些椅子。我怎麼知道有桌子存在？我看得見桌子，摸得到桌子，也感覺得到桌子。我怎麼知道有樹木存在？我看得見樹木（我現在就在窗外看到了幾棵）。我怎麼知道有鳥兒存在？我看得見鳥兒，也聽得到鳥鳴聲。我怎麼知道有蘋果存在？我現在沒有看見任何蘋果，可是我以前看過，嚐過、摸過蘋果。對於各式各樣的日常物體，都可以用這類方式證明。

不過，這種作法顯然沒辦法套用在靈魂上！靈魂理當是無形的東西，看不見、嚐不到靈魂，也摸不到、聞不到、聽不到靈魂，無法用我們的五種感官直接觀察靈魂。

當然，不難想像有人也許會堅稱：雖然無法以外在的五種感官觀察靈魂，卻能夠以內在的感官察覺靈魂的存在。就像我可以利用內在感官察覺自己的想法、情緒、左腳的疼痛感覺，或是我現在似乎覺得有些憂鬱。我沒辦法利用我的外在感官看見這些東西，儘管如此，還是可以利用內在感官直接觀察到體內的這一切。因此，也許有人會以同樣的方法，聲稱自己能夠利用內在感官而直接觀察自己的靈魂。

如果有人提出這種論點，只能說這樣的主張在我看來似乎不正確，而且相信你如果認眞加以思考，也會發現這種主張看起來並不正確。暫時試著朝內在探索，把心思轉向內在，然後問你自己：有沒有看見自己體內有個靈魂？我想你應該看不見。像我一樣，你也許會在你體內觀察到各種不同感覺；你也許會觀察到各種思緒和感受。不過，你不會觀察到靈魂。

所以，就算你相信有靈魂存在，我敢說你也和我一樣，認爲靈魂不是一種我們可以「看見」的東西——不論運用的是外在感官還是內在感官。靈魂沒辦法受到觀察。因此，如果眞有靈魂，我們也需要以其他方式證明其存在。

最佳解釋推論

對於我們看不見（或是聽不到也嚐不到，也無法用內在感官觀察到）的東西，要怎麼證明其存在？大概可以算是最重要的一種方法，就是以充分理由假定自己看不見的這種東西存在，從而用來解釋我們全都同意存在的其他事物。

舉例而言，我爲什麼相信有原子存在？我確實看不見個別的原子，那麼，我有什麼理由相信這種小到我看不見的粒子確實存在？因爲原子論能夠解釋許多事物。我一旦假定原子存在，而且具有特定結構以及特定的互動、結合與疊成方式——一旦假定有原子這種東西——突然間就能夠解釋物理世界中各種各樣的事物。所以，我之所以推測原子存在，是這麼做能夠讓我闡釋許多需要解釋的事物。

這是一種經常採用的論證方式。我雖然看不見X光，但我爲什麼相信有X光存在？因爲這樣可以讓我解釋爲什麼能夠照出物體內部的影像（例如你手中的骨頭）。有些行星雖然距離人類極遠，以致無法用望遠鏡直接觀察到，那我爲什麼還是相信那些行星存在？因爲假定那些行星的存在，可以讓我們解釋恆星光芒的閃爍現象。如果推論我們看不見的東西是存在的，能夠幫助我們解釋無法用其他方法解釋的事物，那麼我們就會做出這樣的推論。這種論證模式到處可見。哲學家稱之爲最佳解釋推論。

我應該強調，對我們而言，這種推論方式最值得注意的地方在於其中的「最佳」兩字。如果要有充分的理由相信一件事物，那麼這件事物不能只是爲我們提供某種解釋，而是必須提供我們所能想到的最佳解釋。舉例而言，我爲什麼有充分理由相信病菌（各種我看不見的病毒或細菌）的存在？因爲這樣可以解釋人爲什麼會生病。不過，另外還有其他東西也能夠讓我解釋這一點。惡魔怎麼樣？我可以相信惡魔的存在，而說：「人爲什麼會生病死亡？因爲他們被惡魔附身。」既然如此，我爲什麼沒有充分理由相信惡魔的存在？這無疑是一種可能的解釋呀。然而，不是隨便一種解釋都能夠爲我們的相信提供充分理由，只有（目前爲止的）最佳解釋才可以。

因此，就疾病而言，我們有兩種互相競爭的解釋。一種是病菌說，一種是惡魔說。我們必須問自己，這兩種論點的哪一種能夠爲疾病提出較佳的解釋？哪一種論點比較能夠解釋什麼人得了什麼疾病、疾病怎麼傳播、疾病能夠怎麼受到治療？當然，事實是惡魔說對於疾病的解釋不盡如人意，但病菌說卻能提出良好的解釋。病菌說的解釋比較好，所以我們就有充分的理由相信病菌而不是惡魔的存在。這是由解釋帶來的推論，但不是隨便一種解釋都可以，而只能夠是最佳的解釋。

好，那麼靈魂又該怎麼說呢？我們觀察不到靈魂，但現在可能已經有一種方式能夠讓二元論者論證靈魂的存在。二元論者所需要做的，就是指出有關我們的某些事物，這些事物可能物理論者無法解釋，或是只能提出拙劣的解釋。二元論者需要指出人的若干神秘之處或者謎團，物理論者只能望之興嘆，但二元論者卻能夠加以解釋。

然而，眞有這種特質嗎？眞有什麼東西是我們必須假定有某種除了身體之外的東西——某種無形的靈魂，才能夠加以解釋的嗎？有什麼東西必須藉由靈魂的存在才能解釋，而且會比認定人僅有肉體的情況下所提出的解釋更加充分嗎？假設眞有這麼一種特質，稱爲F特質。這麼一來，我們就會說：「聽好，我們雖然看不見靈魂，卻有理由相信靈魂的存在，因爲假設靈魂的存在有助於我們解釋F特質的存在，而我們全都一致同意F特質確實存在。」

舉例而言，假設你眞的無法從物理論的觀點解釋「愛」。我們都知道人確實會墜入愛河，但假設物理論者沒辦法解釋這種情形。接著，再假設如果有靈魂的存在，即可解釋愛的現象。這麼一來，我們就有了一項能夠證實靈魂存在的論點。這就是個最佳解釋推論的例子。

當然，現在最關鍵的問題，就是這項F特質到底是什麼？有沒有什麼特質是物理論者無法解釋，或者僅能提出拙劣的解釋，而必須訴諸某種物質以外的東西才能善加解釋？有沒有這麼一種特質，必須訴諸某種非物質的東西，才能夠提出比較好的解釋？如果能夠找到適當的F特質，並且證明物理論者無法加以解釋，或者提出的解釋不夠充分，但二元論者能夠提出較佳的解釋，就有理由相信靈魂的存在。當然，如同哲學裡的各種論證，由此得出的論證也只是暫時性的。如果後來又出現了對於F特質的更佳解釋，可能就必須捨棄靈魂存在的論點，不過在那之前（當然，那樣的解釋也可能永遠不會出現），我們至少有理由相信靈魂的存在。

所以，我要問的是：F特質有可能是什麼？是不是眞的有這種特質？人有沒有什麼東西是必須訴諸靈魂才能解釋的？

實際上，我們將會思考幾種可能的提議。每一項提議都必須受到分別檢視，因爲每一項提議都個別指向一種可能的論點。畢竟，最佳解釋推論不是推斷靈魂存在的某一項特定論點的名稱，而是代表一個特定種類的論點。你藉著訴諸靈魂而試圖解釋的F特質只要不同，就會得出不同的論證。而且，其實有不少這類論證都値得認眞看待。

不過，我必須在此明白指出，雖然我認爲這些論點値得認眞看待，卻不表示我認爲這些論點確實成立。實際上，我已經說過我自己不相信靈魂的存在。因此，在一一檢視這些論點的過程中，我如果說我不信服，應該不會令讀者感到意外。而且，由於我認爲這些論述靈魂存在的論點都不成立，所以我希望你經過思考之後，終究也會同意我的看法，希望你一樣會得出這些論點其實不成立的結論。

不過，對我來說更加重要的是，你至少能夠對這些論點進行思考。這項聲稱靈魂存在的論點是否具有說服力？如果認為答案是肯定的，那麼你對我提出的各種反駁會想做出什麼回應？另一方面，你如果同意某一項論點不成立，是不是有另一項聲稱靈魂存在的論述是你認為比較充分的？

日常現象

很好，我們即將探究幾項候選的F特質，也就是唯有相信靈魂存在才能充分加以解釋的特質。我們可以把這些提議畫分成兩大類。其中一類聚焦於人身上眾所熟悉的日常普遍事實：亦即我們能夠愛、能夠思考、能夠體驗情感，這些都是人的普遍特質，而其中有些可能需要藉由靈魂加以解釋。我將從這類特質展開討論，再把焦點轉向另一類可能也需要解釋的特質，也就是在我們眼中顯得不尋常的超自然現象。有些超自然事件，例如與亡者溝通或是瀕死經驗，也許需要藉由靈魂加以解釋。這類特質將在後續進行探討。首先，我們可以從人身上的日常平凡特質開始談起，這類特質雖然平凡而普遍，卻也可能需要訴諸靈魂才能解釋。

一開始來談談這項眾所熟悉但重要的事實：肉體有可能是死的。畢竟，我們如果面對一具屍體，那個肉體顯然不是個人。那個肉體不是活生生的東西，什麼事也不會做，只是靜靜倒臥著不動。相對之下，你的肉體——那具活生生的肉體，則是充滿生氣，就像我的肉體也充滿生氣一樣。我可以揮手，嘴巴可以張開和闔上，可以從辦公室的一端走到另一端，還可以做出其他各式各樣的事情。也許我們必須訴諸靈魂的存在，才能解釋肉體為何具有生氣。

這種想法是這樣的：根據二元論者的說法，靈魂與肉體一旦分開，靈魂就失去了指揮肉體的能力，於是肉體也就不再具有生氣。這麼一來，我們就有了一項可能的解釋，能夠說明有生氣與沒有生氣的肉體之間的差異。靈魂一旦與肉體具有適當的接觸，肉體就會啟動。這無疑是一種可能的解釋。二元論者也許會進一步指出，物理論者無法解釋爲何有些肉體具有生氣，有些肉體卻又沒有。畢竟，就算是一具屍體，也還是具備所有的身體部位，至少還沒腐爛的新鮮屍體是如此。因此，我們必須訴諸某種額外的東西，必須訴諸靈魂的存在，才能解釋你我所擁有的這種活生生的肉體所具有的生氣。

不過，從物理論的觀點來看，這項結論未免下得太過匆促。還記得物理論者的說法嗎？肉體要成其爲人，必須能夠發揮P功能。同樣的，一個具有生氣的肉體就是一個能夠發揮功能的肉體。單是有肉體還不夠，肉體還必須能夠發揮功能。當然，新鮮的屍體也具備所有的身體部位，但那些身體部位顯然沒有正常發揮功能。不過，物理論者指出，這點只足以證明那些身體部位壞掉了。

還記得之前提過的手提音響嗎？假設我把手提音響摔在地上，導致音響無法運作，不再能夠播放音樂。儘管如此，所有的組成部分可能仍然都在：CD、電池、CD唱盤、按鈕、電線，一切都還在，但整部音響當然已經壞掉了。也許有某一條電線斷了，或是電源按鈕撞壞了，也可能音響內的零件不再保有正確的連結方式，或是電力不再從電池透過電線而傳輸到CD唱盤。我不需要知道細節也能夠知道一件物理物體可能會壞掉的概念，其實沒有任何神秘之處。我們顯然不需要聲稱那部手提音響裡原本存有某種無形的東西！儘管我們必須說明零件在正常連結互動的情況下爲什麼能夠發揮功能，卻不必訴諸任何非物質的事物，才能解釋正常運作的手提音響與壞掉的手提音響之間的差異。

物理論者指出，肉體一樣可以用類似的方法解釋。在這方面，我們同樣需要理解到，單是擁有所有正確的零件並不夠，這些零件還必須正常運作，否則肉體就無法發揮功能，不會具有生氣。我們如果面對一具屍體，肉體已不再正常運作，也就沒有生氣。在這方面，你同樣不需要知道其中的細節，也可以合理相信能夠以物質方式解釋這一切，而不需要訴諸無形的靈魂。

當然，二元論者可能會試著進一步精進他們的論點。他們可能會說，必須訴諸靈魂才能解釋不僅是肉體能夠移動的基本事實，而是這項更爲獨特的事實：也就是肉體能夠從事目的性的行爲。一定有什麼東西「在幕後操控」，有什麼東西指引著肉體。這正是我們爲何必須訴諸靈魂的原因，至少這是二元論者的說法。

面對這樣的說法，物理論者會承認人類肉體的確不只是胡亂地隨機移動，因此我們確實需要有什麼東西指引肉體的動作。不過，物理論者會這麼問道：指引肉體的東西爲什麼不能純粹是肉體的一個特定部位？肉體的其中一個部位爲什麼不能扮演指揮艙的角色？

假設我有一枚能夠追蹤飛機的追熱飛彈，隨著飛機翻轉閃躲，這枚飛彈也會調整飛行方向。這枚飛彈不是胡亂隨機飛行，而是具有目的性地飛行。一定有什麼東西能夠解釋並且控制這枚飛彈的移動，但儘管如此，有可能只是（實際上也是如此）飛彈中的一個特定部位指引著飛彈的移動。如果要舉個更了不起的例子，我們可以想像製造出一個機器人，從事許多不同工作，這個機器人不是胡亂隨機移動，而是由機器人體內的中央處理器控制著所有的工作。同樣的，物理論者也會說，要解釋肉體不只是胡亂隨機移動，而是以具有目的而且受到控制的方式做出各種行爲，並不需要訴諸靈魂這種東西。

你可以想像二元論者再次提出進一步的論述。他們也許會說，在追熱飛彈或機器人的例子裡，這些物品雖然從事著各種工作，並且做出有目的性的行爲，卻只是遵照命令行事而已。至於它們遵照的命令，則是來自某種外部的東西。有什麼東西設定了機器人或飛彈的程式。所以，我們是不是也需要某種存在於身體以外的東西爲肉體設定程式，或者加以指揮或控制？這個東西可能就是靈魂。

這個版本的論述帶來了一個值得注意的問題。肉體是不是一定要受到肉體以外的東西加以控制？假設答案是肯定的，這是否證明了我們一定擁有無形的靈魂？一點也不！為什麼不說人就像機器人一樣，指揮我們的命令也是來自某種完全存在於自身以外的東西，而根本不是自己的一部分。畢竟，一項眾所熟悉的宗教觀點就認為上帝用泥土創造了亞當，那麼，也許亞當就只是機器人而已。上帝對亞當吹入了生命的氣息，就像是打開機器人的開關一樣。也許人只是受到上帝從外部控制的機器人，可是這不表示我們就比機器人多了什麼，我們也可能只是物質性的東西而已。

這是一種可能的回應。另一種稍微不同的回應，則是指稱那些指令（至少是最初的一套指令）可能是單純內建於人體內，就像機器人可能也有內建的指令。這種內建指令是怎麼來的呢？與其採取宗教說法，也許會寧願從演化與生物學的角度提出比較複雜的解釋。我們將會談到遺傳學、演化優勢與繁殖，最後再提到若干天生的心理程式會傳承給後代。細節很複雜，但基本觀念相當簡單：有些生理過程會造成嬰兒天生就具有某些內建的指令，這些與生俱來的心理機制能夠為我們提供學習與適應的起點，也就是讓我們從事有目的性的活動。所以，就算需要某種（初始）指令，這一切仍然有可能只是某種複雜生理過程所造成的結果。

這項爭論很快就會變得非常非常混亂。靈魂的擁護者無疑會想要反駁：「我們不只是機器人！不只是遵循著腦子裡某種程式行事的機器人。我們有自由意志。機器人不可能有自由意志。所以，我們一定有什麼機器人沒有的東西，不可能只是物質物體。」

這是一項相當有趣的論點，但我認為這是與先前不同的另一個新論點。本書一開始探討的觀念是，你必須訴諸靈魂，才能解釋人類肉體為什麼會活動，或是我們為什麼會從事具有目的性而非胡亂隨機的活動。不過，要解釋這一點很顯然不需要訴諸靈魂。我認為，只要訴諸正常運作的物質肉體這項概念，就足以解釋有生氣與沒有生氣的肉體之間的差異，也足以解釋肉體為何能夠從事非隨機性的活動。大腦如果是中央處理器，那麼我們就能夠從事具有意圖與目的性的行為，正如機器人也能夠從事具有意圖與目的性的行爲。所以，我認爲最初的這項論點不具說服力。

儘管如此，我們可能還是不免納悶：那這項新論點又如何呢？與其宣稱我們需要假定靈魂存在才能解釋肉體的活動，我們要是把焦點轉向另一種F特質呢？我們如果聲稱必須假定靈魂存在才能解釋自由意志呢？

這無疑是一項值得認眞看待的論點，但我想要暫時把這點擱著，留到後面再討論。

首先，且讓我們看看其他可能被舉爲F特質的東西。假設有個人說：「好吧，我們確實不一定要訴諸靈魂才能解釋肉體爲何會從事非隨機性的活動，但人擁有一種非常特殊的能力，是一般物體所沒有的，而且物理論者也沒有辦法加以解釋，這種能力就是思考的能力，推理的能力。人擁有信念與渴望，而且會依據自己認爲該怎麼滿足渴望的想法而做出計畫，擬定策略。他們會推論自己該怎麼做。這一套緊密關聯的事實，亦即人擁有信念、渴望、策略擬定，以及規畫的能力，顯然需要訴諸靈魂才能解釋。單純的機器不可能具有信念，單純的機器不可能會有渴望，單純的機器不可能擁有推理能力。」

我認爲，人擁有信念與渴望、能夠推理與思考、能夠規畫與執行，這點完全沒有爭議。所以，問題就只在於單純的機器是否眞的不可能做到這些事情。我們很容易可以看出，如果把範圍局限在單純的機器，不免會有這樣的想法，有許多機器顯然不可能讓人把信念、渴望、目標或推理等套用在其身上。舉例而言，我的割草機不會想要割草，儘管那部割草機確實會割草，卻沒有相關的渴望或信念，割草機不會思考：「我該怎麼割掉那根一直割不掉的草？」所以，我們很容易可以看出一般人爲什麼會認爲單純的機器不可能會思考、推理、擁有信念或者渴望。

不過，這項論點在今天的可信度恐怕已經沒有三、四十年前那麼高。在這個充滿電腦與繁複程式的時代，談論機器（至少是某些機器）的信念與渴望、推理與規畫能力，我想已經不是那麼難以置信。

舉例而言，假設有一部會下棋的電腦。我家裡的電腦安裝了一套程式，讓我的電腦和我下西洋棋，而我的棋藝很爛，那套程式隨便都能夠勝過我。想像我移動了主教，然後電腦移動它的皇后，我們會怎麼說這部電腦？電腦爲什麼會移動它的皇后（儘管那是一枚虛擬的棋子）？我想，我們可以順理成章地說：電腦擔心它的國王暴露於危險當中，因此試圖藉著吃我的主教以阻擋我。這就是我們對於會下棋的電腦所採取的描述方式。

想想看我們做了什麼事。我們將渴望套用在了電腦上，這樣的描述方式等於是電腦具有贏得這場遊戲的渴望。此外，電腦還擁有其他若干附帶渴望，例如保護自己的國王與吃掉我的國王。另一項附帶渴望則是藉此保護它自己的其他若干棋子。此外，電腦也擁有信念，知道自己該怎麼滿足這些渴望，方法則是堵住若干路徑或是讓我的其他棋子遭受威脅。電腦擁有信念，知道自己該怎麼達成目標。然後，它還會落實這些信念與渴望的組合，針對我移動棋子的方式做出合理的回應。

所以，面對會下棋的電腦，我們顯然可以順理成章地說它確實具有信念。這麼一部電腦確實具有渴望，確實具有目標，確實能夠推理。當然，這部電腦的推理能力是有限的，只能夠下棋。不過，我們很容易能夠想像電腦（或是一部效能更強大的電腦）同時執行其他許多程式，從而擴增它所能夠思考與推理的事物。如同我說的，以電腦擁有信念與渴望，以及具備推理與策略擬定能力的方式描述這一切，看起來確實順理成章。儘管如此，我們還是能夠完全在物質性的層面上解釋這一切。我們絕對不會認爲（應該不會吧？）電腦擁有一個非物質性的部分！所以，看來我們終究不需要訴諸靈魂，就算是爲了解釋思考、推理與規畫等能力也一樣。

當然，二元論者大可這麼回應：「我們雖然把電腦擬人化，儘管我們把電腦視爲彷彿具有信念與渴望等能力，但電腦其實沒有各種相關的信念與渴望，因爲電腦根本沒有任何信念與渴望，原因是物理物體不可能有信念與渴望。」

不過，我對這樣的回應只有一句話要說：這種態度不就是歧視嗎？我們如果純粹堅持物理物體不可能眞的擁有信念或渴望，一旦把信念與渴望等概念套用在我那部會下棋的電腦上，確實就可以說我們只是受到一種假象所欺騙。一旦假設純粹的物理物體不可能擁有信念或渴望，的確就會得出這樣的結論，但是有什麼理由聲稱電腦沒有信念或渴望？有什麼理由拒絕將信念與渴望等概念套用在電腦上？這個問題可沒有顯而易見的答案。

有一種可能性是這樣的。至少就一般典型的案例而言，渴望似乎與情感緊密相關。舉例而言，在你下棋的時候，會因爲自己有可能吃掉我的皇后並且擊敗我而感到興奮；會因爲自己的棋子遭到威脅而感到擔憂；同樣的，女友或男友一旦對你表達愛意，你也會因此興奮不已，心頭小鹿亂撞；你如果考試考壞了，或是在工作評鑑上得到不好的成績，一樣也會感到一股心往下沉的感覺。

所以，也許我們應該說渴望有兩面。不可諱言，渴望有一個純粹行爲性的面向。以較爲一般性的說法來說，我們的心理運作有一面能夠純粹以行爲的方式表現出來。以懷有求勝目標的模樣移動棋子，就和這個部分有關。精確陳述世界的樣貌，並且做出理性的回應，也和這個部分有關。說不定機器確實可以做到這一點。不過，我們的心理運作還有另一個面向，特別和自身的渴望有關，也就是情感的面向，機器不可能具有這個面向，但我們顯然有。

所以，我們如果忍不住要說機器不可能眞正思考，不可能眞正擁有心理運作，其實是說機器不可能有情感上的感受。既然如此，現在就來做出清楚的區別吧。暫且承認我們確實能夠從行爲角度談論信念、渴望、推理等心理運作。這種運作基本上就是精確陳述自己的環境，再以合理的方式因應這樣的陳述。也許電腦與機器人都做得到這一點。不過，心理運作顯然有另一個面向，也就是情感的面向。因此，我們可以合理地懷疑電腦是否能夠有任何感受。機器人有可能感覺到愛嗎？機器人有可能害怕嗎？

別忘了，我們的問題是人有何特質必須訴諸靈魂才能解釋。物理論者認為沒有，二元論者認為有。不過，我們現在已經可以看到，如果我們所問的特質是人的心理運作當中能夠由行為表現出來的那一面，即便是一部會下棋的電腦也可能擁有這種面向（在一定程度上），那麼這個問題顯然無法為二元論提供一項太具說服力的論點。物理論者能夠以可信的論點，堅稱絕對可以從物理論的角度解釋心理運作的行為面向。

不過，我們可以再強化這項論點（或者也許加以修正），明白指出大家眞正想問的是心理運作中的情感面。一個純粹的物質個體有沒有可能墜入愛河？有沒有可能感到害怕？有沒有可能盼望什麼東西？機器人能夠眞正感受到情感嗎？也許不能。

所以，現在我們的論點變成了：人可以感覺到情感。我們會愛，會害怕，會擔憂，會開心，會沮喪。不過，你要是稍微想一想（這項論點繼續指出），就會明白發現機器人做不到這些事情。純粹的物質物體不可能感覺到情感。所以，人一定不只是純粹的物質物體。

實際上，我認為我們可以指出，不同於下棋的電腦，目前還沒有能夠感覺到情感的機器。不過，問題不在於當前有沒有這種機器，而是這種機器有沒有可能存在？機器有沒有可能有所感覺，擁有某種情感？

機器人與電腦能擁有像人類一樣的感情嗎？

且讓我們用比較科幻的方式思考一下科幻電影或科幻小說裡描繪的某些機器人與電腦。在我小時候，有一部電視影集叫做《太空歷險記》（*Lost in Space*），內容講述一群人連同一個會說話的機器人一起被困在另一顆星球上。由於那是一部電視影集，所以每一集都會出現新的危機。這時候，那個機器人就會開始轉來轉去，大叫著：「威爾．羅賓遜，有危險！威爾．羅賓遜，有危險！」那個機器人看起來彷彿會擔心。

再舉一個不久之前的例子。你可能看過作家道格拉斯．亞當斯（Douglas Adams）的《銀河便車指南》（*The Hitchhiker's Guide to the Galaxy*）及其續集。那一系列的小說裡有個機器人名叫馬文，是個憂鬱的機器人。馬文非常聰明，他思考了宇宙之後，認為人生毫無意義，因此沮喪不已。他一度和另一個機器人交談，結果也因此讓那個機器人的情緒轉為憂鬱（實際上，另外那個機器人還因為太過憂鬱而自殺！）。在這個例子裡，把「憂鬱」一詞套用在馬文這個機器人身上看來順理成章，至少在我看來是如此，因為他的行為確實充滿了憂鬱。

或者，也可以舉我最喜歡的例子，《二〇〇一太空漫遊》裡的電腦赫爾（你如果沒有看過這部電影，那麼我該先警告你：我接下來將會透露一段重要劇情，所以把耳朵遮起來吧）。

在《二〇〇一太空漫遊》裡，我們得知另一顆星球上似乎有生命存在：不久之前在月球上發現的一件神秘黑色物體，不斷對木星傳送一道無法解譯的無線電訊號。於是，我們派遣一艘太空船飛往木星進行調查。在太空船上，有一套名叫赫爾的電腦軟體，在太空人於漫長的飛行旅途中冬眠的時候，負責管理太空船的運作。赫爾的目標在於確保這項任務能夠順利完成。不過，赫爾心想（我覺得這點頗為合理）人類經常都只會把事情搞砸，由於這是一項極為重要的任務，因此赫爾決定殺死太空船上的人類，以免他們搞砸這項任務。其中一位名叫戴夫的太空人發現赫爾的陰謀，企圖阻止他。戴夫採取了自己唯一能夠遏阻赫爾傷害他的作法，也就是關閉那套軟體，就此殺死赫爾（如果我們可以這麼說的話）。在這個過程中，赫爾與戴夫不停互相對話。赫爾發現了戴夫的意圖，於是試圖阻止他，卻沒有成功，就在戴夫開始關閉電腦的時候，赫爾對他說：「我很害怕。我很害怕，戴夫。」

赫爾害怕什麼？他害怕死亡。把恐懼套用在赫爾身上似乎是順理成章的事情。赫爾的行爲表現正是感受得到恐懼的個體所理當會有的行爲表現。赫爾確實有害怕的理由，他的表現也很合理。他告訴我們他覺得很害怕。如同我說的，看起來我們確實可以順理成章地說：赫爾很害怕。

你可以繼續提出其他類似的例子。當然，這些例子都是科幻故事，可是我們顯然不難了解這些例子，不難想像那些狀況。我們不會兩手一攤並說：「你說赫爾害怕是什麼意思？你說馬文感到憂鬱是什麼意思？你說《太空歷險記》裡的那個機器人會擔心是什麼意思？」我想，我們可以純粹堅稱機器人與電腦不可能具有情感，但這類例子似乎顯示了它們有可能可以具有情感。

不過，我們顯然沒有任何特定原因要認爲這些例子裡有任何非物質的因素涉及其中。機器人和電腦只有一堆金屬、線路和電路板，這些都只是物理物體，所以應該這麼說：「我們不需要訴諸靈魂才能解釋情感與感受。純粹的物理物體也可能擁有情感與感覺，所以我們還是沒有理由假定靈魂的存在。」

二元論者該怎麼回應這項反駁？我認爲最好的回應是區別感覺的兩種不同面向，情感的兩種面向。如同先前提過的，首先是行爲性的面向。以恐懼爲例，恐懼的行爲面向是這樣的：一旦察覺環境裡有什麼東西可能會對你造成危險（可能會傷害你或者毀滅你），就會採取適當的因應作爲。你會採取步驟對抗該項威脅，也會嘗試消除危險。概略來說，這樣的行爲就是具備相關的信念、目標、回應與規畫所造成的結果，而我們早已看過會下棋的電腦也能夠做到這一切，儘管範圍相當有限。這就是情感的行爲面。就這方面來說，認爲機器人能夠做到這些事情顯然相當合理。物理物體能夠做到這些事情。

不過，以下即是這項二元論回應的關鍵部分，情感與感覺還有另一個面向，也就是知覺：內心的感受。畢竟，這就是我們稱之爲感覺的原因。在呈現出種種行爲表現的同時，內心還有某種感受。

舉例而言，你如果感到害怕，就會有一種熟悉的不安感受。你的心跳加快、手心冒汗，我描述得不是很好，但你絕對很熟悉我所說的這種現象。害怕會帶來一種感覺。當然，墜入愛河、心懷擔憂或者心情沮喪也同樣都會有相應的感覺。每一種情感都有互相對應的感覺。我們可以這麼說：任何一種情感都會伴隨特定的典型體驗（不過，「體驗」一詞其實頗爲模糊。我們有時候會用這個字眼指涉造就內在體驗的外部情境，但我在這裡使用這個字眼僅是指涉由此造成的內在心理狀態）。

所以，每一種情感都有伴隨而來的特定體驗。你害怕的時候會有特定的感受，擔憂、沮喪、喜悅或墜入愛河的時候也都有個別的特定感受。一般的想法是（我認爲這個想法相當強而有力），就算機器人表現出了適當的行爲，就算它們精確掌握了情感的行爲面，也還是沒有感覺的那一面，沒有體驗性的那一面，完全沒有。

不過，必須要注意的是，一旦開始以這種方式思考，就不再有必要把範圍局限於情感。我們在其他各種平凡瑣碎的例子當中，也可以採取同樣的思考方式。我現在正低頭看著我身上的牛仔褲，是某個色調的藍色，你自己也可以找個藍色的東西，用眼睛盯著看。現在，在內心想一想，看見藍色是什麼感覺？看見藍色在內心有什麼知覺？想一想這樣的知覺與看見紅色或是完全沒有這種知覺，究竟有什麼差別？

當然，我們在這一點上也必須區別看見紅色或藍色的行爲面以及體驗面。畢竟，要製造出一部能夠辨別紅色與藍色的機器並不難。這麼一部機器只需偵測從物體上反射而來的光頻即可。舉例而言，我們可以製造一部能夠篩選紅球與藍球的機器。實際上，我的兒子就有一具小小的機器人能夠做到這一點。

不過，你可以問問自己，這麼一部機器的「內在」是什麼情形？在那部機器看著紅球的時候，身為那部機器是什麼感覺？那部機器是不是有看見紅色的知覺？那部機器究竟有沒有看見顏色的體驗？我猜想你打算提出的回答（我自己無疑就想要提出這樣的回答）如下：「沒有，那部機器根本沒有那種知覺。」那部機器篩選不同顏色的球只是根據光頻進行辨別而已，但是沒有看見紅色的體驗。實際上，那部機器根本沒有任何體驗（就這方面而言）。

我們在這裡想要捕捉的觀念頗為難以捉摸，但我猜想你大概早就已經很熟悉這種觀念。你如果曾經這麼問過自己：「如果有個人天生失明，那麼他有沒有可能知道看見顏色是什麼感覺？」那麼表示你思考過這種問題。一個天生失明的人也許成為了科學家，懂得光線的各種性質，也知道各種物體分別是什麼顏色。你如果拿一顆蘋果給他，他會說：「哦，這顆蘋果一定是紅色的。」說不定他可以用一具光檢測器對著那顆蘋果，然後檢測器就會發出語音：「這件物體反射出某某頻率的光線。」於是他會說：「啊，這是一顆非常紅的蘋果，比那邊的那顆番茄還要紅得多。」但儘管如此，還是可以體認到他不僅沒有看見紅色，甚至也無法想像看見紅色是什麼感覺，因為從來不曾有過這類體驗。

你一旦開始以這種方式看待事物，就會體認到生活中充滿了這種面向。物品有顏色，物品有聲音，物品有氣味。這一切我們都能夠體驗得到，這是我們的體驗的質性面向。每當我們詢問自己：「看見紅色是什麼感覺？聞到咖啡的氣味或者嚐到鳳梨的味道是什麼感覺？」我們想要掌握的就是體驗的這個面向。我們的體驗具有質性的特質。實際上，哲學家有時候會使用「感質」一詞，就是由於這個原因，因為他們想要把焦點集中在體驗的質性面向上。

就像盲人可能會納悶看見紅色是什麼感覺，你也可能會納悶罹患偏頭痛是什麼感覺（某種特定的疼痛是什麼感覺），或者納悶被人搔癢是什麼感覺。當然，回到一開始的問題，我們的情感顯然也有質性的面向，害怕、歡樂或沮喪都有特定的典型知覺。

我們的心理運作充滿了這個面向——體驗的質性面向。不過，我們都有這種合乎常情的想法：單純的物理物體不可能具有這種面向。單純的機器不可能感覺疼痛、看見紅色或者感到喜悅，機器能夠表現出行爲，但單純的物理物體不可能具有體驗的這種質性面向，而我們具有這種面向，所以我們不只是物理物體。我們不只是單純的機器。

這就是一般常見的論點。我認爲這是一項相當不錯的論點，也無疑是截至目前爲止看到二元論的最佳論點。所以，我們必須要問：物理論者是否能夠回應這個論點？在這種情況下，物理論者能夠提出的最佳回應是：「我們可以這麼做，製造一部能夠擁有那種體驗的機器。」就像我們能夠以物理論的角度說明如何製造出擁有渴望與信念的機器，如何製造出精確表現各種行爲的機器，因此我們如果能夠針對體驗的質性面向提出一項物理論的論述，那就太好了。物理論者如果能夠至少提出這種論述的大綱就好了。

不過，我認爲事實是，我們其實完全不曉得該怎麼提出這種論述。假設使用「意識」一詞指涉心理運作的這個質性面向，那麼，就物理論的觀點而言，我想我們必須承認意識仍是一大謎團，大家並不曉得該如何從物理論的角度解釋意識。正是因爲如此，如果二元論者聲稱我們必須相信靈魂的存在，才有辦法解釋意識，我們也不該嗤之以鼻。

不過，這不表示我就認爲我們應該信服這樣的說法，因爲承認我們還不曉得該怎麼從物理論的角度解釋意識是一回事，但是聲稱我們永遠不可能從物理論的角度解釋意識又是另外一回事。我同意，如果我們知道單純的物理物體不可能看見紅色、品嚐蜂蜜的味道或者感覺疼痛，那麼我們就必須斷定人不只是單純的物理物體，因爲我們確實能夠看見，能夠品嚐，能夠感覺。不過，我不認爲我們目前能夠確知這一點。我認爲當前的事實是，我們對於意識所知還不夠多，所以還沒辦法確認意識是否能夠從物理論的角度加以解釋。

每當我思考這個狀況，總是會想到一項比擬。假設現在是十四世紀，而我們正試圖了解生命，例如植物的生命。我們詢問自己：「生命有沒有可能從物質角度加以解釋？」也許不太可能，生命怎麼可能從物質角度加以解釋？畢竟，想想十四世紀那時所存在的機器。十四世紀的人如果想到植物可能只是一種機器，那麼這個人的腦子裡會浮現出什麼影像？我一旦這麼思考，心目中就會浮現出一株由齒輪與滑輪組構成的植物。齒輪開始轉動，於是花苞打開，或者花朵轉向太陽。這個人一定會說：「老天爺！那麼一部機器一定不可能是活的！」的確，在那個時代，機器不可能有生命絕對是一件顯而易見的事情。單純的物質物體不可能活著。我們必然會得出這樣的結論：要解釋生命，就必須訴諸某種不僅是物理物質的東西。我們需要有某種無形的東西——某種超越物質的東西，才能解釋生命。

十四世紀的人會得出這樣的結論顯然不難理解，但這個結論卻是錯的。當時的人根本不曉得該怎麼從物質角度解釋生命，但不表示生命就不可能從物質角度加以解釋。

我傾向於認爲我們現在對於意識的理解也是如此。我知道目前有些物理論的意識理論（我不會在這裡加以描述），但我認爲大家對於意識其實還一知半解，就像我們在十四世紀對於生命的了解一樣。我們目前就連怎麼開始從物質角度嘗試解釋意識都還一無所知，或者至少是所知極爲有限，不是說還沒有把細節想清楚，而是根本連大方向都掌握不到。

不過，看不出一件事情怎麼有可能，和看得出一件事情絕對沒有可能，是不同的兩回事。二元論者如果說：「你難道看不出單純的物理物體要擁有體驗，擁有感質，不只是可能性微乎其微，更是完全無法想像嗎？」那麼我會這麼回答：「不會，我看不出那是完全不可能的事情。我承認我看不出怎麼樣可以達到那種結果，但我看不出那是完全不可能的事情。」所以，我不覺得自己一定必須假定靈魂存在。

當然，靈魂的擁護者還會繼續指出：「可是這樣不公平呀。我們二元論者不必宣稱意識不可能提出物理論的解釋，只需要宣稱我們擁有較佳的解釋就行了。所以，現在來比較看看吧，至少就目前而言，你們物理論者根本沒辦法對意識提出任何解釋！可是我們二元論者早就提出了解釋。意識爲什麼能夠存在？很簡單：因爲我們有靈魂。靈魂與物理物體非常不同，所以能夠擁有意識。既然二元論能夠針對意識提出比較好的解釋，至少目前就有理由採取二元論而捨棄物理論。」

不過，我認爲我們不能這麼快就同意二元論者確實爲意識提出了解釋。這點在我看來絕非顯而易見。二元論者說：「哦，我能夠解釋意識。意識存在於靈魂，而不在肉體裡。」但這樣的解釋到底算是哪門子的解釋？假設我們這麼問二元論者：靈魂究竟怎麼會擁有意識？這時二元論者會怎麼回答？「這個嘛，嗯……呃……啊……就是可以嘛。」明顯可見，這根本算不上是解釋！就算我轉變爲二元論者，我也不覺得我能夠解釋意識的運作方式。

當然，如果二元論者能夠提出某種詳實的意識理論，例如：「這個嘛，靈魂其實有幾種不同結構，這一類會產生這些知覺，那一類會產生那些知覺」，那就是另一回事了。二元論者如果能夠這麼做，那我就會開始認眞看待二元論的解釋。不過，如果靈魂理論者只會說：「哈哈哈，你們物理論者沒辦法解釋意識，但是我可以——因爲無形的靈魂能夠擁有意識。」那麼我會說那樣的說法根本沒有比較好。那樣的解釋根本不成解釋。

你也許會覺得我似乎採取雙重標準，覺得我是這麼爲物理論者辯護：「別怪我們。物理論有可能是眞的，只是我們還不知道怎麼從物理論的角度解釋意識而已。」既然如此，我爲什麼不允許二元論者說同樣的話？二元論者爲什麼不能也說：「別怪我們。二元論有可能是眞的，只是我們還不知道怎麼從靈魂的角度解釋意識而已。」不過，這麼說其實是誤解了我的重點。在雙方都未能針對意識提出解釋的情況下，我並沒有對一方輕輕放下，同時又對另一方嚴加譴責。我的重點在於雙方打成了平手。物理論者對於意識提不出像樣的解釋，但二元論者也是一樣。就我看來，雙方都無法充分解釋意識是怎麼運作的。意識對雙方而言都是個謎。

必須注意的是，如果雙方打成平手，並不會讓我們得到想要尋找的東西，畢竟想要尋找的是相信靈魂的理由，如果二元論者只能夠說：「我解釋不了意識，但你也一樣不行。」這樣顯然不足以構成我們相信靈魂的理由。

別忘了，我們原本就已相信肉體的存在，已知道肉體能夠做出不少相當驚人的事情，現在我們要問的是，有沒有充分理由讓我們相信還有肉體以外的東西存在？說得更精確一點，有沒有充分理由相信靈魂的存在？如果靈魂理論者只能夠說：「也許我們需要靈魂才能解釋意識，因爲我實在看不出你們物理論者怎麼能夠解釋意識。把靈魂加進來可能會有幫助，儘管我也看不出會有什麼樣的幫助。」那麼，這樣的論點實在是不太有說服力。

所以，我傾向於認爲意識的問題目前還沒有答案。當然，我們想必會繼續努力解釋意識，嘗試從物理論的角度解釋，但說不定我們終究會認定這點做不到，或是沒有辦法提出充分的解釋。說不定屆時我們會開始建構另一種不同的意識理論，而能夠從無形物質的角度提出解釋。所以，說不定到最後會認定如果要解釋意識，或是對意識提出最佳解釋，就必須相信靈魂的存在。說不定。不過至少就目前來看，我不覺得證據足以支持那樣的結論。

儘管如此，還是有其他的可能性，其他的候選F特質，例如創意。我們可以提出一項新論點，同樣訴諸最佳解釋推論，但這一次需要藉由靈魂才能解釋的特質是創意。這項論點會這麼說：人具有創意。我們能夠譜曲、作詩、證明先前無人證明過的數學定理，或是爲原有的定理找出新的證明方式、畫出以前沒有人看過的圖畫。人能夠想出新發明，因此在許多面向上都具有創意。不過，單純的機器不可能具有創意，所以人一定不只是單純的機器。

不過，如果新的論點眞是如此，那麼下一個問題就必須是：「單純的物理物體眞的不可能具有創意嗎？」不論如何，我傾向於認爲答案是特定類型的物理物體可以具有創意。實際上，我認爲我們早已提過這類物體的一個例子，也就是會下棋的電腦。就下棋而言，電腦確實能夠具有極高的創意。

我家裡的電腦有套簡單的下棋程式，也許達不到這樣的條件。不過，就那些效能最強大的下棋電腦而言（最優秀的人類棋士也不一定贏得了的下棋電腦），我想確實可以說那些電腦非常有創意。電腦有時候會採取令人意外的走法，其下一步經常無可預測，即便是設計那套程式的人也預測不到，這麼一套程式一旦與西洋棋特級大師或是世界棋王下棋，就我們所知，很有可能會採取先前從來沒有人採用過的走法。簡言之，下棋的電腦確實具有創意。至少就我看來是如此。

此外，電腦還可以做出其他類似的事情，例如有些程式能夠證明數學定理。有些這類程式能夠證明我完全看不懂的數學定理，讓我們舉個簡單的例子，例如畢氏定理（直角三角形的斜邊平方等於兩直角邊的平方和）。你在學校裡可能學過怎麼證明畢氏定理，從歐氏幾何學的若干公理著手，陸續得出幾個小結論，直到最後得出畢氏定理本身爲止。

然而，畢氏定理其實有幾種不同證明方式，從公理推導出結論的途徑各自都不一樣。值得注意的是（至少就我們此處的目的而言），電腦程式能夠提出就我們所知從來沒有人提出過的證明方式。因此，除了偏見以外，有什麼理由否認這麼一套電腦程式具有創意？

我們在其他領域也能夠看到類似的創意。舉例而言，有些電腦程式能夠譜寫音樂。我指的不只是隨機拋出一堆音符，而是能夠譜寫出我們認定爲音樂的樂曲：具有旋律結構，會開展主題，並且解決不協和的音。而且，這些樂曲是從來沒有人聽過的。所以，難道不該說譜寫這種樂曲的電腦具有創意嗎？除了偏見以外，有什麼理由不這麼說？

簡言之，二元論的論點如果是必須假定靈魂存在才能解釋創意，只能說這項論點看來顯然錯了。

訴諸創意的論點也許不成立，但這項論點卻能夠令人聯想到另一項可能比較具有說服力的論點。就算能夠設計出一部具有創意的電腦，或是未來也許會有這樣的機器人，能夠做出從來沒有人想過的事情，但所有的電腦或機器人仍然只是機械化地按照程式的指示行事，而程式乃是一系列由程式碼寫成的指令，所以就算有一天眞的能夠製造出這樣的機器人，藉著機械化地遵循程式的指示，即可做出從來沒有人想過的事情，這具機器人也仍然只是機械化地（必然也是自動地）遵循著程式的指示。這具機器人沒有任何選擇。它沒有自由意志。

可是人有自由意志。所以，這下又出現了一項辯稱靈魂存在的新論點。人有自由意志，但是單純的物質物體（不管是機器人還是電腦）不可能有自由意志。所以，既然擁有自由意志，我們必定不僅是單純的物理物體，一定有什麼額外的、無形的東西，也就是靈魂。也許這就是我們必須相信靈魂的原因——爲了解釋自由意志。

我認爲有許多人都認爲這項論點非常具有說服力，所以我們絕對需要認眞思考這一點。可惜的是，自由意志是一項極度複雜的議題，許多人都曾經爲此寫過篇幅極長又極爲艱澀的著作，我卻只打算花幾頁的篇幅加以討論。所以，請不要誤解我，我絕對不打算詳盡說明你對自由意志所必須知道的一切；相反的，我只打算針對這個主題提出一定範圍內的論述，目標僅在於協助你了解，爲什麼我會認爲訴諸自由意志不足以爲靈魂的存在提供無可辯駁的論點。

這項論點所訴諸的想法是，單純的物理物體不可能擁有自由意志，可是這點爲什麼顯而易見？這項關鍵主張究竟有什麼論證？我猜想這種論點背後的思維大概是這樣：電腦的運作只是遵循著物理定律，而物理定律是決定性的（在哲學術語當中，可以說電腦是一套決定性系統）。這是什麼意思呢？大致上是這樣的意思：電腦如果原本處於特定狀態，那麼依照物理定律、電腦的程式設定、硬體的本質，以及其他條件，某些電路必然會開啓或關閉，直到電腦無可避免地處於下一種狀態爲止。然後，電腦既已處於新狀態（再依照物理定律及其他條件），又會無可避免地轉變至第三種狀態，接著再以此類推不斷演變下去。電腦對這種現象毫無選擇餘地。

因此，把範圍放大到一般的事物上，在決定性的物理定律下，每一項發生的物理事件必然都是前一件物理事件造成的結果，所以前一件事件（肇因）一旦發生，後續的事件（結果）必定會隨之而來。決定性物理系統的運作方式就是這樣。

我們可以用另外一種方式思考這個相同的概念。假設你以某種方式設立了一套受制於決定律的物理系統。在初始的設定之下，這套系統必然會導致某種結果，其中的關鍵在於：在初始的設定之下，那項結果必定會隨之而來。自然律決定了這類結果必然會隨著那一類的肇因而來。因此，你如果倒帶至一開始，回到初始設定，按下啓動鍵，同樣的事件就會依照無可避免的因果關係再度一一出現。結果永遠都會是相同的。每一次，你只要以完全相同的方式設定事物，再看看由此造成的結果，就無可避免地會經歷一連串一模一樣的變化與轉變，最後得到完全相同的結果。這就是決定論成立的狀況。

儘管如此，我們會認爲擁有自由及受到決定必然互不相容，顯然是種自然而然的想法。你不可能一方面擁有自由意志，同時又受制於決定論。畢竟，自由意志的概念顯然是說，我就算做出了一項選擇，當初還是有可能做出不同的選擇，就算我再度身在一模一樣的立場，處於同樣情境，面對相同的選擇，我也有可能做出不同的選擇。所以，我做出某一項選擇，並不是受到決定的結果。簡言之，我如果真的擁有自由意志，就不可能受制於決定律；反過來說，只要是受制於決定律的東見）。

西，就不可能擁有自由意志。這兩者是互不相容的（這項觀點有時候稱為不相容論，原因顯而易

這就是為什麼二元論者認為訴諸自由意志足以證明人必然不僅是物理物體。畢竟，在物理論者的觀點中，我們就只是一種機器人而已。無可否認的，我們確實能夠做出科幻電影中大部分的機器人做不到的種種事情，儘管如此，我們嚴格說起來仍然只是比較厲害的機器人。然而，二元論者的反駁指出，機器人必定只遵循程式的指令，以較為一般性的說法來說，機器人受制於決定律，因為機器人只是物理物體，而物理定律乃是決定性的。不過，自由意志與決定論互不相容：你如果是個決定性系統，就不可能擁有自由意志，因此既然我們確實擁有自由意志，就不可能只是機器人。更廣泛來說，我們不可能只是物理物體，除了純粹物理性的部位之外，一定還有其他的東西。

簡言之，我們如果嘗試清楚列出二元論目前的論點，看起來會是這個模樣：

（一）我們擁有自由意志。

（二）受制於決定論的東西不可能擁有自由意志。

但是，（三）所有純粹的物理系統都受制於決定論。

所以，（四）我們不是純粹的物理系統。

我們剛剛探討的論點，拆開成基本步驟就是如此。第一道前提主張我們擁有自由意志。第二道前提指稱受制於決定論的東西不可能擁有自由意志。把一和二結合起來，即可斷定我們不受制於決定論。假設接著再添加第三道前提，亦即所有純粹的物理系統都受制於決定論，由此即可推論出我們不是純粹的物理系統，這正是這項論點的結論，也就是第四點所告訴我們的：我們不是純粹的物理系統。

這項從自由意志出發的論點確實有效。這是哲學術語，意思是說在那樣的前提之下，確實會得

出那樣的結論。所以，值得注意的問題是，那三道前提是否確實沒錯？請注意這個重點：那三道前提必須全部都成立。要得到那項結論，必須要有全部那三道前提。舉例而言，我們如果放棄第一道前提，也就是我們擁有自由意志，就不可能推論出我們有任何非物質的部分。畢竟，就算擁有自由意志的東西必然不僅是物理物體，在欠缺了第一道前提的情況下也不可能推論出我們不僅是物理物體。所以，這項論點絕對需要第一道前提。另外兩道前提同樣也是如此，只要放棄任何一道前提，結論就不可能成立。

值得注意的是，這三道前提個別都可以受到合理的質疑。可惜的是，我在這裡沒辦法深入探討針對這些前提所可能提出的質疑（如同我先前提過的，自由意志是一項極度複雜的議題）。所以，我只能提出幾項簡短的評論。

首先，如同我已經解釋過的，從自由意志出發的這項論點需要第一道前提。我們如果要藉著訴諸自由意志而證明我們擁有靈魂，我們就必須確實擁有自由意志。

然而，儘管這項假設看來相當自然，也廣獲接受，卻受到質疑。有些哲學家說過，我們雖然相信自己擁有自由意志，但這只是一種幻象。他們為什麼會這麼認為？正是因為這項論點的其他部分所指出的理由！這些哲學家有時候會指出，既然我們是物理物體，就受制於決定論，而既然決定論與自由意志互不相容，就不可能真的擁有自由意志！當然，他們體認到我們相信自己擁有自由意志，卻認為這項信念只是個錯誤。實際上，我們是物理物體，只是我們懷著自己擁有自由意志的幻象而已。

這樣的立場並不愚蠢。畢竟，自由意志可不是眼睛看得到的東西！你不可能窺探自己的心智，而看出自己擁有自由意志。所以，沒錯，我們確實認為自己大有可能做出不同的選擇，但說不定這只是一種幻象。無論如何，這是某些哲學家的立場；而如同我們已經看過的，一旦沒有了我們確實

擁有自由意志的假設，靈魂的存在就不再有健全的論證。儘管如此，我不妨指出，即使這是反駁自由意志論點的一種方式，我本身卻不贊同這項回應，我不認爲我們對自由意志的信念只是幻象。

不過，那項論點當然還有另外兩道前提。想想第三道前提：所有純粹的物理系統都受制於決定論。那項論點如果要成立，也一樣需要這道前提，因爲就算接受不相容論，同意我們不可能同時擁有自由意志又受制於決定律，而且也同意我們確實擁有自由意志（但假設純粹的物理系統不一定受制於決定論），那麼我們還是有可能只是物理物體。因此，訴諸自由意志的論點如果要能夠證實二元論，就必須主張物理定律是決定性的定律。我們需要第三道前提。

第三道前提看起來也許相當穩固。畢竟，物理基本定律不就是決定性的嗎？然而，答案卻令人意外：這點完全沒有任何顯而易見之處！也就是說，第三道前提也可以受到質疑。

當然，第三道前提是個實證科學的主張。我們想知道的是，目前最佳的理論對於自然律有什麼說法？自然律是不是決定性的？在此且容我提醒你：我是哲學家，不是科學家，而我絕對也不是這種實證問題的專家。再說得精確一點，我們目前在基礎物理學當中的最佳理論是量子力學，而我絕對不是這門理論的專家（相信我！）。儘管如此，我問來的答案是這樣的：根據量子力學的標準解釋，儘管我們許多人可能都不這麼認爲，但物理的基本定律其實不具決定性。

這是什麼意思？假設這裡有某種放射性原子，具有若干程度的衰變機會。舉例來說，這個原子在未來二十四個小時裡「崩解」的機會是百分之八十。也就是說，和這個原子一樣的原子，有百分之八十會在任何一段二十四個小時的時間裡崩解，但有百分之二十不會。根據量子力學的標準解釋，我們唯一能夠確定的就是這樣。你如果有一個像那樣的原子，那麼那個原子在未來二十四個小時內崩解的機會是百分之八十，不崩解的機會則是百分之二十。

假設這個原子確實崩解了。我們可以解釋它爲什麼會崩解嗎？當然可以！我們可以說這個原子

畢竟有百分之八十的機會有可能會崩解。或者，假如有一個原子在二十四個小時後仍然沒有崩解。我們可以解釋它爲什麼還沒有崩解嗎？當然可以。因爲它有百分之二十的機會不會崩解。我們可以解釋崩解的那些原子爲什麼崩解，而沒有崩解的原子爲什麼沒有崩解嗎？沒辦法。我們唯一能夠說的是，這種原子有百分之八十的機會有可能會崩解，也有百分之二十的機會不會崩解。所以，大部分的原子會崩解，少部分不會。我們的解釋只能到這個程度，無法再更進一步。

當然，我們一旦從決定論的角度看事情，就不免在心裡這麼想著：「這裡頭一定有什麼基本的因果道理，崩解的原子一定有什麼特質能夠解釋它們爲什麼崩解，而這正是沒有崩解的原子所缺乏的特質，所以也就能夠解釋這些原子爲什麼沒有崩解。你要是以完全一模一樣的方式設置原子，它們絕對會出現完全相同的結果。」不過，就像我說的，這只是我們認定決定論必然爲眞。然而，按照量子力學的標準解釋，實際上卻不是如此。我們只能說：有些原子會崩解，有些原子不會。

按照量子力學的標準解釋，物理基本定律其實是概率性的。決定論在基本物理學的層面並不成立。這是我問來的結果。相信我，我根本不懂，可是這是我問來的結果。當然，如果這是眞的，那麼第三道前提就不成立。實際上就不是所有純粹的物理系統都受制於決定論。所以，就算自由意志與決定論眞的互不相容，還是不足以排除我們是純粹的物理物體的可能性，因爲不是所有純粹的物理系統都受制於決定論。我們的基本層面如果不受決定論的宰制，那麼就算決定論與自由意志互不相容，我們也還是有可能一方面擁有自由意志，同時卻又是純粹的物理系統。

就在我忙著指出自由意志論點不奏效的同時，我也想稍微花點時間指出第二道前提同樣免不了受到批評。相信你還記得，第二道前提是個不相容論的主張，指稱受制於決定論的東西不可能擁有自由意志。你不能把自由意志和決定論結合在一起，這兩者是互不相容的。我認爲不相容論大概是一般人的常識，你自己大概也相信這種觀點。不過，在這點上同樣值得指出的是，不相容論一樣可

以受到質疑。有些哲學家認爲自由意志與決定論其實沒有互不相容。我就是這樣的哲學家。所以，就算我們眞的受制於決定論，也不表示我們一定不可能擁有自由意志，因爲人可以一方面受制於決定論，同時又擁有自由意志，儘管表面上看起來似乎不可能如此。這兩者是可以相容的。可想而知，這種觀點稱爲相容論。

當然，我現在要是努力向你解釋這種立場，讓你充分了解自由意志，從而明白自由意志與決定論爲什麼能夠彼此相容，一定會非常有幫助。可惜的是，我現在沒辦法這麼做，因爲這麼做必須花上太長的篇幅（如同我說的，這是一項非常複雜的議題）。我只想指出，儘管不免令人意外，但相容論的可信度其實相當高，是備受重視的一種哲學立場。

我們如果接受相容論，那麼就可以說：就算物理系統眞的受制於決定論，而且就算我們眞的擁有自由意志，還是有可能只是物理物體，因爲決定論與自由意志是彼此相容的。

這麼想吧。假設量子力學的標準解釋錯了，決定論確實成立。或者，假設就算決定論在原子層級不成立，但到了宏觀層級卻是另一回事，所以對於中型物體而言（例如人體），決定論畢竟還是成立。就算決定論在這個層級眞的成立，其實也毫無影響。因爲相容論如果是眞的，也就是如果一件物體可以一方面受制於決定律，同時又擁有自由意志，那麼就算我們確實受制於決定論，也還是能夠擁有自由意志，並且身爲純粹的物理物體。所以，相容論如果是眞的，二元論的論點就會再度陷入麻煩。

請注意，我還沒有提出任何說服你相信相容論的理由，而且我也不打算這麼做。我在這裡的重點只是要說，不該隨便就認定我們必須相信靈魂的存在才能解釋自由意志。那項論點必須要所有的前提都成立，才能夠得出靈魂存在的結論；但那三道前提卻是每一道都能夠受到質疑。針對這三道前提，我們都能夠在合理的哲學或科學基礎上提出質疑。當然，這不足以證明自由意志的論點不成

立，但由此可以知道，你如果打算採取這個途徑論證靈魂的存在，那可會是很艱苦的一件事情。

超自然現象

好，來複習一下重點吧。我們探討了主張靈魂存在的不同論點，每一項都訴諸我們的若干特質：我們的創意、感覺能力、體驗具有質性面向、推理能力，以及其他訴諸我們身上若干需要解釋的事實。二元論者主張我們如果不訴諸靈魂，就沒辦法解釋他們提出的某一項特質，但我已向讀者提出我爲什麼認爲這些論點其實沒有乍看之下那麼具有說服力。

不過，我至今爲止所探討的論點，其中提及的都是我們身上那些衆所熟悉的日常特質，能夠思考、推理、感覺、發揮創意或者擁有自由意志，都是日常的現象。

我們如果不把焦點集中在日常事物，而是放在不尋常的超自然現象，說不定能夠爲靈魂的存在找到比較好的論點。我們還是可以提出採用最佳解釋推論的論點，但是二元論者如果聲稱需要由靈魂加以解釋的乃是若干超自然現象，說不定成效會比較好。舉例而言，也許必須假定靈魂的存在才能解釋鬼的現象。也許必須假定靈魂的存在，才能解釋超感知覺。也許必須假定靈魂的存在，才能解釋瀕死經驗，或者降靈會，或者來自死者的訊息。針對這些現象（不論追根究柢的結果是怎麼樣），都可以想像二元論者提出這樣的論點：「看，這是一種需要解釋的現象，而最佳的解釋必須訴諸靈魂。」

接下來，我探討這類論點的速度將會快上更多，但我還是想要至少提出幾項評論。首先從瀕死經驗開始。此處的基本概念大概一般人都很熟悉。以下這種現象在不少人身上都發生過：某個人可能心臟病發作，或是在手術台上死亡，但幾分鐘後又被救活了。至少有些時候，我們在事後詢問這些人，他們都會說自己在死亡期間經歷了非常奇特的體驗（他們到底是不是眞的死了？很難說。可是表面上看來經常是如此）。

一個値得注意的現象是，遭遇這種經歷的人不論是誰，也不論來自什麼文化背景，體驗卻都非常相似。這些人經常提及自己有離開肉體的體驗。他們可能是看見自己的肉體躺在手術台上，而且是從上方俯瞰，彷彿自己眞的漂浮在身體上方。最後，他們也許會體驗到自己完全離開了手術室，而且感到喜悅歡樂的感覺。他們可能會體驗到自己穿越著一條隧道，並且看見隧道盡頭有著某種白光。在隧道的彼端，他們也許會看見不久前去世的心愛之人，甚至與對方交談，或者他們也可能看見自己所屬的宗教傳統中的某個名人。他們感覺到自己已經死了，並且上了天堂。不過，他們突然間被拉了回來，而在醫院病房裡醒了過來。他們經歷的，就是我們所謂的瀕死經驗（不過，我們也許應該說他們經歷了死亡經驗，只是後來又被救活了）。

好，你要是對人進行調查，會發現有若干數量的人有過這種體驗。所以我們必須問自己，這種現象要怎麼解釋？以下就是一個非常直截了當而且顯而易見的解釋：那些人死了，而且到了下一個世界。他們上了天堂。不過，他們又被拉了回來。當然，在這整個過程中，他們的肉體都一直躺在手術台上；他們的肉體並沒有上天堂。所以，有某種非肉體的東西上了天堂。這就是這種解釋的說法。這是一種順理成章而且直截了當的解釋。因此——二元論者指出——我們必須假定靈魂的存在。我們必須假定有一種無形的東西會在肉體死亡之後繼續存活下去，能夠離開肉體而到天堂去。當然，在瀕死經驗的案例當中，肉體與靈魂的連結從來不曾完全斷絕。靈魂被拉了回來（儘管不曉得是怎麼拉回來的），而與肉體「重新連結」，於是那個人就醒了過來。

我們可以把這種現象比擬爲兩個房間。我們可以把我們在這個世界上的生活視爲其中一個房間。在瀕死經驗當中發生的情形，就是你的靈魂離開了這個房間，而進入了第二個房間，也就是死後世界或死後生命的房間。不過，由於種種原因，你的靈魂卻不能夠待在第二個房間，而被拉回了這個房間。

這是一種可能的解釋。等一下我會問這個回答是不是最佳的解釋。不過，在我們轉向那個問題之前，有一項針對這種看待事物的方式所提出的反駁也許值得先探討一下（這項反駁與我們在本書一開頭探討過的論點很類似。當時我們針對死後還有沒有可能繼續存活下去的問題指出：「沒有了生命之後還可不可能有生命？拜託，當然不可能啊！」）

根據這項反駁，這種兩個房間的觀念必然是錯誤的。經歷瀕死經驗的人所敘述的體驗不可能是死後的模樣，因爲——這項反駁指出——他們根本沒有死！畢竟，在二十分鐘後（或者不管多久以後），他們不就躺在病床上，明明白白的活著嗎？由此可見，他們其實根本沒有死。或者，如果你要的話，也許可以說他們可能死了，但由於他們不是永久死亡（他們畢竟被救活了），所以他們怎麼可能告訴我們永久死亡是什麼模樣呢？我們怎麼能夠把他們的體驗當成死後世界的眞實回報？我們想知道的是永久死亡是什麼模樣，但那些人根本沒有永久死亡。所以，不管他們得到了多麼不尋常的體驗，都不能算是死後世界的體驗。這就是這種反駁論點的說法。

我個人的觀點是，我們其實不該以那麼認眞的態度看待這項反駁論點。假設我們同意那些人嚴格來說並沒有死，或者至少是沒有永久死亡。那麼我們是不是可以由此推斷他們的體驗不該被當成死後世界是什麼模樣的證據？我認爲這項反駁其實搞錯了重點。

假設有人對我們說，她在法國住了二十年，但現在回到了美國，而她想要告訴我們住在法國是什麼模樣。然後，想像有另一個人這麼反駁：「你又沒有永久遷居法國，所以你在法國的經驗，不論是什麼樣的經驗，也不管多麼有趣，都不能眞正幫助別人了解永久遷居法國是什麼模樣。」我們一定會認爲這樣的反駁荒唐至極！當然，那個人確實沒有永久遷居法國，但她畢竟還是有過住在法國的經驗，而且是住了二十年，經驗必然相當豐富。所以，她雖然不是搬到法國且不再回來，但一定還是能夠讓我們充分了解住在法國是什麼模樣。當然，你如果只在法國待過幾天，對那裡的了解就沒有那麼多，儘管如此，你也還是會有一些粗略的體驗。

實際上，假設你從來沒踏進過法國好了。假設你只是站在法國邊界，窺探著法國那邊的景物，和幾個身在法國的人談了些話，那些人在法國境內，你則是在法國的國界外，但你和他們聊了一會兒。在這種情況下，你雖然從來沒踏進過法國，但也能夠對法國的生活有一些了解。

如果可以用法國的例子來說明，那麼瀕死經驗爲什麼不該如此？就算那些人沒有留在第二個房間，也就是沒有繼續保留在死亡的狀態，他們也還是有些死亡的經驗，難道他們對於死了是什麼模樣不會有一些了解嗎？而且，就算說那些人嚴格說起來根本沒有死，而只是身在死後世界的邊緣，窺探了那個世界一眼，那又怎麼樣？他們畢竟還是站在邊緣看了一眼呀！若說那樣的經驗不足以構成死亡的相關證據，就像是說我對現在走廊上發生了什麼事一無所知，因爲我不在走廊上，我現在身在辦公室裡。那又怎麼樣？我雖然在辦公室裡，但我還是可以看見走廊上的情景，並且告訴你那裡發生了什麼事。

所以，我認爲以這種所謂的「哲學」基礎而排除瀕死經驗的可信度，其實搞錯了重點。不過，這不表示我們就應該因爲瀕死經驗而接受靈魂存在的論點。因爲這個問題還沒解決：對於瀕死經驗中發生的事情，最佳的解釋是什麼？其中一個可能性就是先前提過的「兩個房間解釋」。現世的人生是一個房間，死後的世界是另一個房間，而有過瀕死經驗的人如果不是短暫進過第二個房間，至少也是瞥見了第二個房間裡面的狀況。這是一種可能的解釋。不過，當然還有另一種可能的解釋：單一房間的解釋。只有一個房間，也就是現世的人生，而在你走到房間牆壁旁邊的時候，事情看起來和感覺起來的模樣就會和你身在房間中央的時候非常不一樣。

單一房間的比喻無疑不完美，因爲這個比喻立刻就會引起這個問題：牆壁的另一面有什麼？當然，物理論者的回答是牆壁的另一面什麼都沒有。所以，談論這點比較好的方式也許是這樣——生命是個生物過程。我們全都對這個生物過程的中段很熟悉。不過，在結束的段落，會出現一些不太尋常的生物過程（所謂的不尋常，意思是說這類情形通常不會發生在生命中段；當然，這些情形在生命結尾相當常見）。在某些罕見但不是完全沒有發生過的案例裡，有些人會開始經歷這些不尋常的生物過程，但後來又回到了正常的生物過程，所以他們就會描述在那段不尋常的生物過程期間所發生的事情。這一切的意思就是說，我們必須爲瀕死經驗提供一項生物／物理上的解釋。

當然，這個說法還沒有提出物理解釋，只是立下了這麼一個承諾。不過，至少我們已經有了兩項對立解釋的概要：一方面是二元論的解釋，也就是人死後進入了另一個世界；另一方面是物理論的說法，從生物過程的運作提出解釋（至少是承諾提出這樣的解釋）。不諱言，除非我們開始爲瀕死經驗的各個面向，包括白光、喜悅的感覺，以及從一段距離外看著自己的身體等，提出科學論述，否則就算不上是有什麼物理解釋。不過，這其實是科學家正在研究的一個領域，而我們可能已經看到了生物解釋的開端。舉例而言，身體一旦處於壓力之下，在生命的生物過程趨近結尾之際，可能就會有這樣的狀況：有些腦內啡就會分泌出來，所以會出現喜悅的感覺。同樣的，身體一旦處於壓力之下，大腦中掌管視覺的部位就會受到不尋常的刺激，這點也許能夠解釋白光或是身在隧道中的感覺。

同樣的，我必須表明我不是科學家，所以沒有立場可以宣稱：「看，這就是這項解釋的細節。」不過，就像我說的，科學家已開始從生物學的角度爲瀕死經驗提出解釋。所以，你必須自行判斷。從你的身體和大腦在接近死亡的時刻所經歷的創傷壓力解釋這些經驗，看起來是不是比較可信？還是靈魂暫時脫離了與肉體的正常連結這種說法比較可信？就我個人而言，我覺得現在剛開始初步提出的科學解釋頗具說服力。所以，聲稱我們必須假定靈魂存在才能解釋瀕死經驗的說法，在我看來並不特別令人信服。

當然，我們也許可以改而訴諸其他若干「超自然」現象。截至目前為止，我只討論了瀕死經驗而已。那麼，例如降靈會該怎麼說呢？我們要怎麼解釋有些人似乎能夠與亡者溝通的現象？我們怎麼解釋主持降靈會的人能夠知道你過去的事情，而那些事情原本只有你已故的叔叔知道？

二元論者想必可以藉著訴諸靈魂解釋這種現象。你那位已故叔叔的靈魂正在與主持降靈會的人溝通，所以她才會知道只有你和你叔叔所知道的事情。

物理論者要怎麼解釋這種現象？簡短的答案是：我不知道。我不是那種會致力於從物理論以及科學的角度解釋這類事情的人。不過，有些人確實把這點當成自己的工作，而且也經常很樂於提出解釋。別問我主持降靈會的人怎麼能夠做出那些驚人的事情，問我這樣的人，只是浪費時間而已。你該問的對象是魔術師，因爲他們的專業就是唬弄別人，讓人以爲他們能夠變魔法！實際上，現在有些職業魔術師致力於揭穿那些宣稱自己能夠與亡者聯繫的人，他們經常解釋有哪些標準的魔術戲法能夠用來「讀心」，而讓別人覺得那個變戲法的人能夠與亡者聯繫。

當然，這不足以證明二元論者是錯的。說不定眞的有貨眞價實的降靈會。說不定眞的有人能夠與亡者溝通。一如以往，你必須自行決定何者看起來是比較好的解釋。超自然的二元論解釋看起來比較好？還是物理論的解釋比較好？

或者，假設你夢到你已故的母親回來和你說話。一種可能的解釋，也就是二元論的解釋，會說那是你母親的鬼魂，也就是她的無形靈魂，在你睡覺的時候和你溝通。不過，另外還有第二種可能的解釋，也就是物理論的解釋：那只不過是一場夢。你當然會夢到你的母親，因爲你愛她呀！這時候你必須問自己：哪種解釋比較好？

我沒辦法在這裡花費篇幅一一討論每一種傳說中的超自然現象。但原則上來說，我們其實應該這麼做。我們應該檢視每一種現象，參考別人爲這些現象所提出的各種科學解釋（當然，有時候甚至連基本事實都頗具爭議性，都需要解釋）。我在這裡沒有這麼多的篇幅。不過，就我個人而言，每當我檢視過各種證據之後，我總是認爲沒有充分理由訴諸物理界以外的東西。

所以，就讓我們再度來複習一下吧。主張靈魂存在的其中一套論點，認爲我們必須假定靈魂的存在才能解釋某些事物，不論是我們身上某些眾所熟悉的日常事物，還是某種超自然的事物。在這些例子裡，其中至少有些我也不免想要承認靈魂的存在也許能夠促成可能的解釋。不過，問題從來不是：「這是一項可能的解釋嗎？」而是：「這是最佳的解釋嗎？」我一旦檢視過各種論點之後，總是覺得物理論的解釋比較好。

請注意，我絕對無意否認物理論者對於某些事物的解釋不太具有說服力。說得精確一點，如同我早已坦承過的，我認爲目前仍然有些難以解釋的神秘事物或謎團，包括意識的本質、體驗的質性面向——諸如聞到咖啡的氣味、嚐到鳳梨的味道或者看見紅色的感覺是什麼模樣。這些事物很難看得出來該怎麼從物理論的角度加以解釋。所以，就此一範圍而言，我想我們可以說目前還沒有確切的答案。不過，我不認爲我們應該說二元論者的解釋比較好。因爲我認爲單純假定靈魂的存在，也不會眞的爲我們帶來多少解釋。假定靈魂存在，只是爲我們提供了可能找到解釋的指望，所以頂多只能說雙方平手，並沒有什麼有力的理由能夠促使人接受靈魂的存在。

當然，我們如果可以看出某一項事實的物理論解釋完全不可能成立，那就會是另一回事了。不過，我不認爲我們處於那樣的情境裡。實際上，就意識而言（可能也包括其他某些事物），我們根本還看不出該怎麼解釋。不過看不出一件事物該怎麼從物理論的角度加以解釋，並不等於看出這件事物絕不可能由物理論的角度加以解釋。

同樣的，我們如果已經有了一項二元論的解釋，不論是針對意識還是其他目前仍然不可知的神秘事物，而且其中有些細節也確實獲得了釐清，也許可以說二元論的解釋比較好。不過，我認爲二元論在眞正困難的問題上其實沒有提出解釋，而僅是聲稱我們只要假定有個無形的東西存在，就能夠獲得比較好的解釋，但爲什麼呢？沒有說！在我看來，這並不是一種很有說服力的論點。

因此，我的結論是我們先前探討的這些二元論論點都不成立，至少就其現有的狀況而言是如此。當然，說不定有一天這種現象會改變。說不定有一天我們會認定我們確實需要訴諸靈魂才能解釋某一件需要解釋的事物（或是提出最佳的解釋）。不過，至少就目前而言，就我所知，訴諸最佳解釋推論的說法並沒有爲假定靈魂的存在提供令人信服的理由。

第四章
笛卡兒的論證——心智與肉體是否各自不同？

我們利用最佳解釋推論證明靈魂存在的幾項嘗試都沒有成功，這是否表示我們必須捨棄二元論？不必然，因爲二元論還有另一種頗爲不同的論點，也同樣值得探討。

這種「新」論點其實源自於笛卡兒的著作，也就是那位十七世紀的法國大哲學家（但我將以自己的方式闡述這項論點的細節）①。這項論點有個引人注意的特徵，就是僅有純粹的哲學思辨，似乎沒有任何重要的實證前提，只是奠基於哲學省思而已。然而，這項論點雖是純粹的「扶手椅」哲學推理，許多人卻頗爲信服。

這項論點首先要求你想像一則故事。我將以第一人稱講述這則故事，講述我自己以及我經歷的一個上午。不過，你如果把這則故事想像成是你自己的故事——你自己以及你經歷的一個上午，可能會覺得比較有說服力。無論如何，請記住我完全沒有聲稱我即將述說的這則故事是眞正發生過的事情，實際上根本沒有發生過！不過，此處最重要的一點是，我們能夠想像這則故事發生。這則故事看起來有可能發生。

我也許該再針對這項概念多提出一點說明：亦即我即將講述的這則故事「有可能」發生。我的意思不是說這則故事在實證上可能發生，只是說在邏輯上可能發生，這是一則合乎邏輯的故事。我們可以想像這麼一件事情發生。按照這樣的說法，惡龍與獨角獸在邏輯上同樣也可能存在，我們可以在合乎邏輯的情況下想像這些東西的存在，儘管牠們在實證上根本不可能存在。所以，我即將講述的這則故事只是我們可以在合乎邏輯的情況下想像其發生。

那麼，假設我今天早上醒來，也就是說，在今天早上的某個時間點，我環顧了我的房間一眼，在我那間陰暗的臥房裡看見熟悉的景象。也許，我還聽到屋外的車聲、我的鬧鐘鈴響，以及其他種種聲音。我走出房間到浴室去，打算刷牙。我進入浴室（那裡的燈光比較亮），照著鏡子，結果，故事就在這時候變得非常古怪——我在鏡子中什麼都沒看到！當然，我平常照鏡子的時候都會看見我的臉、我的頭，還有我軀體的倒影。不過，現在我照著鏡子卻什麼也看不見。或者，說得精確一點，應該是說我看見了鏡子裡映照出我身後的浴簾。當然，平常浴簾都會被我擋住，被我的身體擋住。可是我現在卻看不見我的身體。我吃了一驚，趕緊伸手摸我的頭，或者也許該說是伸手摸我的頭應該在的地方，結果卻什麼也沒摸到。我低頭看我的手臂，也看不見任何手臂。這下我眞的慌了！我試圖摸自己的身體，卻什麼也感覺不到。不但是我的手指感覺不到任何東西，而且我也完全知覺不到自己的身體在哪裡。

我們可以繼續講述這則故事，雖然小說家無疑能夠述說得比我更精彩，但我希望我剛剛說的，已足以讓你同意我們剛想像了一則我發現自己的肉體不存在的故事，至少這是我試圖要做的事情。所以，且讓我再說得更明確一點：我想要讓你想像一則我的肉體其實不存在的故事！並不是我的肉體其實存在，只是我不曉得爲什麼察覺不到它的存在。不是，我要求你想像的這則故事，是我的肉體眞的完全不存在！這種情形看起來是有可能發生，對不對？

不過，請注意，在我講述的這則故事裡，我的心智卻仍然存在。畢竟，我在浴室裡，而且還想著這樣的念頭：「我爲什麼在鏡子裡看不見我的身體？我爲什麼感覺不到我的頭？到底發生了什麼事？我是不是發瘋了？」我恐慌不已，快要崩潰了！在這則故事裡，我想著各式各樣的念頭，所以我的心智明顯存在。儘管如此，我的肉體卻不存在，所以我才會要求你想像，而看來我們也確實能夠想像這樣的事情發生（再次強調，我的意思不是說這樣的事情實際上有可能發生！就實證上而言，我的心智也許不可能在肉體不存在的情況下獨自存在。實際上，如果物理論是正確的，那麼我的心智就確實在實證上不可能脫離肉體而存在。儘管如此，即便是物理論者也應該承認，就邏輯上而言，我的心智顯然有可能在肉體不存在的情況下獨自存在。也就是說，我能夠以合乎邏輯的方式想像這種情形。我講述這則故事的重點在這裡，爲了幫助所有人了解這一點！）。

笛卡兒的論點之所以高明，就在於他從這個簡單的念頭——我們顯然能夠想像自己的心智在沒有肉體的情況下獨自存在，進而推論出心智與肉體必然有事實上的不同。以下就是他的推論方式。

我們剛剛想像了我的心智存在，但肉體不存在。這點顯示了什麼？笛卡兒表示，這點顯示心智與肉體實際上就是兩種在邏輯上互不相同的東西。心智與肉體不可能是一樣的東西。畢竟，我剛剛才想像了自己的心智脫離肉體而存在的情形。我怎麼能夠做到這一點，即便只是在想像當中？如果談論心智就只是談論肉體的一種方式，那麼我怎麼可能想像自己的心智脫離肉體而獨自存在？如果心智與肉體（就形上學而言）眞的是同一件東西，那麼就不可能把這兩者分開，就算在想像中也不可能。

想想一個比較不那麼具有爭議性的例子。現在我的書桌上有一枝筆。好，請試著講述一則故事，在故事中這枝筆一方面存在，同時卻又不存在。辦不到！畢竟，那枝筆只是單一的一個東西，也就是那枝筆。如果那枝筆只是單一的一個東西，那麼你講述的故事只能說它存在，或者說它不存在，但不可能以合乎邏輯的方式講述一則它同時存在又不存在的故事。

相對之下，請試圖想像一個世界：在這個世界裡，你的左手存在，但右手不存在。這麼想像容易得很！爲什麼容易？因爲我們是在想著兩件不同的東西。當然，這不表示你在眞實世界裡只有一隻手存在，而另一隻手不存在（我確實希望你在眞實世界裡是兩隻手都存在）。不過，這點確實表示了你的兩隻手在眞實世界裡是兩件不同的東西，所以，我才能夠想像一個只有一隻手而沒有另一隻手的世界。

簡言之，我如果能夠講述一則（合乎邏輯的）故事，在故事中A存在而B不存在，那麼A和B必然在實際上不是同一個東西。因爲B如果只是A的另一個名稱或是另一種談論方式，那麼想像A存在而B不存在，就等於是想像A存在而A不存在——因爲B就是A。不過，你當然不可能想像一個A存在卻又不存在的世界！

反過來看，如果我可以想像A存在而B不存在，那麼A和B必然就是邏輯上互不相同的兩個東西。這兩者不可能是同一的。不過，由於我能夠想像自己的心智脫離肉體而獨自存在，因此我的心智與肉體必然是邏輯上互不相同的兩個東西，這兩者不可能是同一的。談論心智絕不可能只是談論肉體的一種方式而已。物理論一定是錯的，二元論必然是對的。

這是一項很酷的論證，哲學家非常喜愛這項論證，而我也必須告訴你，哲學界直到今天仍然對這項論證成不成立爭辯不休。

不過，我們不能誤解這項論證。說得精確一點，這項論證並不是說：一件事物如果在邏輯上有可能，如果我能夠加以想像，那麼這件事物就一定是眞的。這麼說無疑是謬誤的！畢竟，我可以想像獨角獸，但這不表示獨角獸就存在。不過，這不是那項論證的意思，那項論證只是提出了這項特定的主張：我如果能夠想像一件東西存在而另一件東西不存在，那麼這兩者就必然是不同的東西。畢竟，如果你心中想的只有一件東西，那麼你就根本無法想像這件東西存在而同時又不存在！所以，我如果眞的可以想像一件東西存在而另一件東西不存在，那麼這兩者必然是不同的東西，而不是同一件東西。

當然，在眞實世界裡，一件東西還是有可能因爲另一件東西不存在而無法獨自存在。兩件東西之間可能有某種緊密的形上關聯，以致你永遠不可能只有一件東西而沒有另一件。但這不是問題的重點所在，重點是我如果至少能夠想像一件東西而沒有另一件，那麼這兩者必然在事實上是兩件分別的東西。而由於我能夠想像自己的心智脫離肉體而獨自存在，那麼我的心智必然是與肉體相異的兩個東西。如果不是這樣，我怎麼能夠想像心智存在而肉體不存在（我可沒辦法想像肉體存在而肉體不存在！）？如果心智只是談論肉體的另一種方式，我怎麼可能想像心智脫離肉體而存在？不過，既然我能夠想像心智脫離肉體而存在，這兩者必然是分別的。所以，心智終究不是肉體，而是另一種不同的東西——心智是靈魂。

試試看，想像這麼一個世界：在那個世界裡，有個人的微笑存在，但肉體不存在。你想像得出來嗎？沒辦法。你沒辦法想像有微笑而沒有肉體的情形。當然，這點毫無任何神秘之處，這是因為微笑其實不是某種與肉體分別的東西。如同我們先前提過的，所謂的微笑其實只是肉體的特定部位能夠做的事情。你可以嘗試想像一個沒有肉體的微笑，但是不會成功。在《愛麗絲夢遊仙境》裡，柴郡貓（Cheshire Cat）逐漸消失，最後剩下的只有一道微笑。不過，在你想像著柴郡貓只剩下微笑的模樣之時，仍然也會想像到那隻貓的嘴唇、牙齒，可能還有舌頭。如果你試圖想像一個完全沒有肉體的微笑，絕對是辦不到的。爲什麼？因爲微笑不是一件與肉體分別存在的東西。

不過，笛卡兒要求我們試圖想像自己的心智脫離肉體而存在，我們卻可輕易做到，由此可見，你的心智與肉體必然不是同一件東西。實際上，這兩者必定是兩件東西，所以我們才能夠想像其中一者存在而另一者不存在。

笛卡兒的論證似乎向我們證明了心智是某種與肉體各自不同的東西。心智不只是談論肉體的另一種方式，而是某種額外的東西，超越於肉體之外，是靈魂。這就是笛卡兒的論證。如同我說的，直到今天，哲學家對於這項論證仍然爭辯不休。

心智是超越於肉體之外的靈魂？

就我個人而言，我不認爲這項論證成立。等一下我就會提出一項反例。說得更精確一點，我要做的是提出一個非常類似的例子，或者至少是一項看起來很類似的論證，讓我們輕易看出這第二項論證並不成立，從而得知笛卡兒原本的論證必定也一樣有問題。

以下就是這個反例（這不是我發明的）。你可能聽過晚星。大致上來說，晚星是天黑時第一個肉眼可見的天體，至少在一年中的若干時節是如此。你一定也聽過晨星。晨星是黎明來臨天亮之時最後一個仍然肉眼可見的天體。所以，概略說，在一年裡的特定時節，晚星是第一個可見的星星，晨星則是最後一個仍然可見的星星。

現在，試著想像一個只有晚星但沒有晨星的世界，這似乎是一件相當直截了當的事情。我在黎明來臨時起床，抬頭四望，卻看不見晨星。在晨星應該在的地方（或是一般人聲稱晨星所在的地方），根本沒有任何星星。不過，晚星仍然存在。我在黃昏降臨時走出戶外，即可看見晚星。

所以，就像我說的，要想像一個晚星存在而晨星不存在的世界輕而易舉。所以，現在我們可以建構一個和笛卡兒類似的論證。我們可以說：「如果我可以想像晚星存在而晨星不存在，即可證明晚星與晨星必然是兩個不同的天體。」這就是笛卡兒論證的說法。我們如果可以想像A存在而B不存在，那麼A與B必然是分別的兩件東西。我們既然可以想像晚星存在而晨星不存在，那麼這兩者也必然是分別的兩件東西。

不過，實際上卻不是如此！晚星與晨星其實是同一顆天體。實際上，那甚至也不是一顆本身會發光的恆星，而是金星這顆行星。不過，重點是這裡其實只有一件東西，也就是金星，而不是兩件。晨星與晚星不是兩件不同的東西，只是同一個稱爲金星的東西，只是剛好能夠在一天當中的不

同時間被人看到而已。實際上，「它們是同一件東西」這句話也不免有誤導之嫌。比較精確的說法，應該是說它只是一件東西，也就是金星。

當然，這也就是說我們剛剛探討的這項與笛卡兒類似的論證不健全。首先，最顯而易見的一點是，我們知道這項論證的結論是錯的，晚星與晨星不是兩件東西，而是同一件東西。不過，這就表示得出這項結論的論證必然也是錯的：那項論證的過程中一定有什麼步驟出了問題（實際上，有些人也許會說這項論證的結論是正確的！這些人也許會認爲晚星與晨星眞的就是兩件不同的東西，因爲一個是在傍晚出現，另一個是在早晨出現。不過，我認爲這種觀點不可能正確。舉例而言，晚星不是只存在於夜晚。在一天當中的其他時間裡，晚星並不會停止存在！在眞實的世界裡，晚星就是金星，而金星也正是我們在早上看見的那個天體，只是我們在早上稱之爲「晨星」。實際上只有一個天體，只不過名稱有兩個）。

接下來，就是最重要的重點了。如果這項與笛卡兒類似的論證出了問題（因爲得出的是謬誤的結論），那麼我們就有理由懷疑笛卡兒本身的原始論述。因爲這兩項論證（笛卡兒的論證以及我們這項天文版的論證），看起來在結構上的確是平行的。所以，如果晨星／晚星的論證有誤（我們確實知道這項論證一定有問題），那麼心智／肉體的論證恐怕也有誤。

在我看來，這樣的說法確實沒錯。我認爲原本的笛卡兒論證不成立，而且我認爲晚星與晨星的例子顯示了笛卡兒原本的論證不成立，至少我是這麼認爲。儘管如此，就像我說的，還是有些哲學家不同意我這樣的看法。有些哲學家認爲這兩項論證看起來雖然平行，也就是兩者看起來有相當程度的類似，所以其中一者如果不成立，另一者也必然不成立，但實際上也許不是。這兩個例子當中也許有些細膩但重要的差異，而我們要是不小心檢視，恐怕就會忽略掉。就像我說的，這場爭辯至今仍在進行中。

笛卡兒論證的哲學辯論之所以持續不休，一個原因是要確切指出這項論證究竟哪裡出了問題是非常困難的事情，難得出人意料！畢竟，認定一項論證有缺陷是一回事，但要指出缺陷又是另一回事。即便是同意捨棄笛卡兒論證的哲學家，也通常只是同意這項論證有問題，但對於問題出在哪裡卻各有不同的看法。

的確，即便是在有關晨星與晚星的論證當中，我們也不太容易指出究竟錯在哪裡。我們知道這項論證一定有什麼地方出了錯——因爲實際上沒有兩個不同的天體，而是只有一個，但是大家對於問題究竟出在哪裡卻仍有不同的意見。

且來看看幾項可能的說法。如果我們可以進一步釐清這項天文論證的問題出在哪裡，說不定就比較能夠指出笛卡兒的論證是不是也在同樣的地方出了錯。

我認爲頗有幫助的一個作法，就是把這項天文論證視爲具有三道前提，而錯誤的結論就是由此推論而來：

（一）我可以想像一個晚星存在，但晨星不存在的世界。

（二）如果一件事物能夠被想像，那麼這件事物在邏輯上就是有可能的。

（三）如果一件事物在邏輯上可能脫離另一件事物而存在，那麼即便在眞實世界裡，這兩件事物也必然眞的是兩件不同的事物。

所以，（四）晚星與晨星必然是不同的兩件事物（即便在眞實世界裡也是如此）。

如果這項論證的前兩道前提正確，那麼晚星存在而晨星不存在的情形，在邏輯上就是有可能的。接著，根據第三道前提，即可推論出即便是在眞實世界裡，晚星與晨星也必然是不同的東西。

我們知道這項論證的結論是謬誤的，然而，這項結論的確是由那三道前提推導而來。所以，其中一道前提必然是謬誤的。到底是哪一個？

第一道前提指稱我可以想像一個晚星存在但晨星不存在的世界，而且看起來我也確實能夠做出這樣的想像。不過，要診斷這項論證哪裡出錯，一個可能的方法是指稱我雖然表面上看起來能夠做出這樣的想像，實際上卻不是如此。我以爲我想像了一個有晚星但沒有晨星的世界，實際上卻根本沒有做到這一點。我對自己想像的結果做出了錯誤的描述。

這樣的說法對於那項天文論證而言並不愚蠢，說不定這樣的診斷確實正確，說不定我其實沒有想像出一個晚星存在而晨星不存在的世界。當然，我想像中的世界在清晨沒有任何獨特可見的星體。不過，那是一個晨星不存在的世界嗎？這個問題沒有明確的答案。畢竟，「晨星」只是一顆特定天體（金星）的一個名稱而已，說不定我想像出來的世界只是那顆天體在早晨不可見而已。不過，也許我們應該說，嚴格而言，那個世界其實不是一個晨星不存在的世界。當然，我們在那個世界裡不會使用「晨星」這個名稱，但那樣並不表示晨星在那個世界就不存在，只表示了我們不會以這個名稱加以稱呼而已。晨星既然就是金星，那麼只要金星存在，晨星就也存在，儘管在早晨無法由肉眼看見。所以，說不定我其實沒有想像出一個晨星不存在（但晚星存在）的世界；說不定我只是想像了一個晨星在早晨無法由肉眼看見的世界，儘管那顆天體仍然存在（連同晚星）。

如果天文論證沒錯，我們是不是也能夠對笛卡兒的原始論證提出類似的說法？可不可以說我其實沒有眞正想像出一個我的心智存在但肉體不存在的世界？想想我說的那個故事：我醒了過來，在鏡子裡看不見自己。我們該不該說我以爲自己描述了一個我的心智存在但肉體不存在的世界，實際上卻不是如此？我們該不該說我雖然竭盡全力，終究還是沒辦法眞正想像出一個像那樣的世界？

說不定我們確實應該這麼說。不過，簡單的事實是，大多數人都不認爲這種說法值得認眞看待。在我講述的那則故事裡，我看起來的確是想像出了一個我的心智存在但肉體不存在的情境。實在看不出有什麼理由認爲我沒有做到這一點，亦即我無意間對自己眞正想像出來的結果做出了錯誤

的描述（順帶一提，我如果在天文論證當中沒有想像出相關的情境，卻在心智／肉體的論證中做到了，那麼就算天文論證不成立（我們確實知道必然是如此），心智／肉體的論證還是有可能成立！笛卡兒的論證就是因爲這類複雜的問題而得以存續下來）。

假設我們認定第一種說法錯了，我眞正想像了一個晨星不存在，但晚星存在的世界。如果是這樣，那麼天文論證的第一道前提就沒有錯，可是我們還是知道結論是謬誤的呀！所以這項論證還有哪裡可能出錯？

有些人偏好質疑第二道前提。就算我確實想像出了一個晨星存在而晚星不存在的世界，說不定這也不足以證明那麼一個世界在邏輯上有可能存在。想像一件事物說不定不足以證明這件事物在邏輯上是有可能的。

不過，我們絕不該誤解第二道前提的意思。那道前提不是宣稱想像力能夠對實證上可能的事物提供可靠的指引，我們早已知道實際上並非如此。舉例而言，我能夠輕易想像一個有惡龍的世界，但這不表示惡龍在實質上確實存在。如同我們先前提過的，此處所指的可能性僅是邏輯上的可能性。第二道前提只是說，我如果能夠想像一件事物，這件事物必然至少具有合乎邏輯的可能性。在這方面，想像力看起來的確能夠爲我們提供充分的指引。舉例而言，我們都認爲惡龍雖然實質上不可能存在，卻仍然具有邏輯上的可能性。我們爲什麼對這點深感自信呢？正是因爲我們能夠輕易想像出惡龍！在邏輯上的可能性方面，我們的想像力顯然是個相當良好的指引。

儘管如此，說不定想像力其實不是個絕不會出錯的指引：說不定我們的想像力有時候還是會對我們造成誤導；說不定有時候我們還是能夠想像出邏輯上不可能成立的事情。

我們很難知道實際上是不是有這樣的例子。舉個不可能的東西爲例，例如一個圓形的正方形。你能夠想像這樣的形狀嗎？試試看！在某些情緒下，我覺得自己似乎能夠稍微想像出這樣的形狀。

如果是這樣的話，那麼也許想像力是個有缺陷的指引。說不定在邏輯可能性的方面，想像力有時候會把我們引導往錯誤的方向。

如果是這樣，我們也許就能夠揚棄第二道前提。在天文論證當中，我們可以說：儘管我們能夠想像晚星存在而晨星不存在，這點仍然不具有眞正的邏輯可能性。說不定晚星存在而晨星不存在的情形在邏輯上其實是不可能的。當然，如果是這樣，我們就不會由此推論兩者是不同的東西。我們這項與笛卡兒類似的論證將會因爲第二道前提錯誤而不成立。

如果眞是這樣，那麼笛卡兒原本的論證當然也會不成立，因爲那項論證同樣是以我們能夠想像的事物（我的心智存在，但肉體不存在），而推論出邏輯上的可能性（我的心智能夠脫離肉體而存在）。不過，想像力在可能性方面的指引如果有其缺陷，那麼笛卡兒就沒有證明我的心智在邏輯上確實能夠脫離肉體而存在。這麼一來，他當然就無從證明這兩者是不同的東西，論證將會失敗，因爲這項論證同樣仰賴第二道前提，但第二道前提卻是錯誤的。

我們如果認定想像力在可能性的指引上有其缺陷，就可以這麼說。可是我們應該這麼說嗎？我無法決定。我不確定是否**眞有**想像力如此誤導我們的例子。再次來思考圓形正方形的例子。這種形狀似乎在邏輯上不可能成立，但事實是，我完全無法確定我究竟是不是能夠想像出這樣的形狀。大多數時候，我覺得自己想像不出來，而明顯可見的解釋，就是因爲這種形狀在邏輯上不可能成立，所以我才無法想像。所以，第二道前提說不定終究是正確的：說不定想像力眞的能夠爲邏輯上的可能性提供可靠的指引。

不過，天文論證的第一道和第二道前提如果都正確，那麼這項論證還有哪裡可能出錯？這個嘛，也許我們應該質疑**第三**道前提。也許我們應該說，就算一件事物在邏輯上**確實**可能脫離另一件事物而存在，但這「兩件」事物在眞實世界裡仍然有可能只是一件事物。如果是這樣，那麼就算邏輯上確實有可能晚星存在而晨星不存在——所以在我們想像出來的那個世界裡，這兩者不是同一件事物，但在眞實世界裡，晚星與晨星仍然有可能（實際上也確實如此）只是一件事物（也就是金星）。

以這種方式揚棄第三道前提，就是主張同一性可以是偶然的。也就是說，A與B究竟是兩件事物還是同一件事物，可以隨著每一個邏輯上可能成立的世界而不同。舉例而言，在一個邏輯上可能成立的情境裡，A與B可能是兩件事物，彼此互不相同；儘管如此，在另一個邏輯上可能成立的情境裡，A與B卻是彼此相同，因此這兩者其實不是兩件事物，而是同一件事物。因此，也許A與B在眞實世界裡的確是同一件事物（只有一件事物，而不是兩件），儘管在另一個完全合乎邏輯的情境裡，A與B能夠「分開爲二」，成爲兩件不同的事物。揚棄第三道前提，就是主張以下這項假設是錯誤的：如果A與B是同一件事物，那麼A無論如何必然永遠都與B是同一件事物。

假設我們確實揚棄了第三道前提。那麼我們即可解釋天文論證究竟是哪裡出了問題：這項論證從晨星與晚星在某個邏輯上可能成立的世界裡分屬兩件事物的事實，而推導出晨星與晚星在這個眞實世界裡同樣也是兩件不同事物的錯誤結論。指出這一點之後，我們即可斷論笛卡兒原本的論證必然也不免失敗。笛卡兒僅僅證明了這一點：在某個邏輯上可能成立的世界裡，有些心智與肉體並不是同一件事物——說得明確一點，在某個邏輯上可能成立的世界裡，我的心智與肉體是各自分別的兩件事物——但儘管如此，這點卻無法推論出心智與肉體在這個世界裡是兩件不同的事物。在這種情況下，笛卡兒證明二元論的證據將無法成立，亦即我的心智和肉體在這個世界裡是分別不同的兩件事物。

至少，我們如果揚棄第三道前提，而接受偶然同一性的觀念，就能夠得出這樣的結論。不過，我必須說這種偶然同一性的概念實在令人頗為費解。畢竟，如果A真的就是B，如果它們兩者其實是同一件事物，不是兩件事物，而是只有一件事物，那麼這兩者怎麼可能「分開為二」？在另一個邏輯上可能成立的世界裡，這「兩者」怎麼可能會是兩件事物而不是同一件事物？畢竟，如果A與B真的是同一件事物，只是單一的一件事物，那麼這裡確實就只有一件事物，沒有什麼東西可以分開為二！實際上就只有A，而A與B也正是同一件事物。這單一的一件事物怎麼可能變成兩件？簡言之，揚棄第三道前提也不是一種會令所有人都感到信服的選項。

那麼，天文論證究竟是在哪裡崩解？究竟是在哪裡出了問題？是不是說我所想像的結果，其實和我以為的並不相同？是不是說想像力其實無法在可能性方面提供充分的指引？還是說同一性其實具有偶然性？這項與笛卡兒類似的論證最引人注意的地方，就是我們雖然可以輕易看出這項論證必然有什麼地方出了錯（因為晨星與晚星其實是同一顆星，而不是兩顆不同的天體），但要決定究竟是哪裡出了錯，卻一點都不簡單。

儘管如此，這項論證畢竟還是在某個地方出了錯，而這點也就至少讓我們得以對笛卡兒原本的論證抱持懷疑。別的不提，天文論證至少顯示了我們很容易受到像笛卡兒這樣的論證所誤導。當然，這項與笛卡兒類似的論證雖然不健全，卻不表示笛卡兒本身的論證就一定也是如此。如果針對這些議題進行更完善的檢驗，說不定會發現天文論證犯了個笛卡兒原本的論證所沒有犯的錯誤。這無疑是一種可能，不過我個人的觀點是這兩項論證都有缺陷，而且笛卡兒企圖證明心智與肉體各是兩件不同事物的論點，儘管非常高明也極為迷人，也終究不成立②。

想想我們目前的處境。我們利用過去兩章的篇幅檢視了幾項主張靈魂存在的論點。其中有些論點相當吸引人，但我認為沒有一項論證達成了目標。實際上，我個人的觀點是，就算我們繼續進行這樣的討論，繼續檢視其他主張二元論的論點，得到的結果也還是會一樣。就我所見，所有企圖證實靈魂存在的嘗試，亦即所謂的靈魂是一種無形的物體，是意識的殿堂，與肉體分別爲兩種不同的東西，這類論證終究都會失敗。因此，我推導出的結論是一種懷疑論：我們沒有相信靈魂存在的充分理由。我們應該揚棄二元論，接納物理論。

當然，我承認這是一項理性的人可以抱持不同意見的議題。說不定你認爲我對於我們探討過的某些論點所提出的評價並不公平，而那些論點其實比我認定的更具說服力。或者，也許你認爲還有其他論點比我討論過的那些論點更具說服力。當然，這終究是個你必須自行做出決定的問題。不過，你如果確實相信靈魂存在，我希望不會只是因爲你覺得這項觀念能夠讓你感到安心。你如果確實相信靈魂存在，就必須問自己這個問題：這麼相信的論證何在？

---

① René Descartes, *Meditations on First Philosophy*, the Sixth Meditation。

② 實際上，我認爲笛卡兒的論點在第一個前提就出了錯。我其實不是想像了一個我的心智存在但肉體不存在的世界，而是想像了一個沒有肉體的人誤以爲他自己是我！在那個想像的情境裡，那個脫離肉體存在的心智是他的，而不是我的。這點也許足以證明他的心智與肉體是不同的東西，所以靈魂有可能存在（亦即無形的心智在邏輯上有可能存在）；卻無助於證明我的心智與我的肉體是不同的東西，無法證明靈魂確實存在。

第五章 柏拉圖對於靈魂不滅的論證

我初次在第二章介紹二元論的觀念之時，曾經提到就算我們接受靈魂的存在，也就是一種不同於肉體的無形物質，亦不足以證明靈魂能夠永生不滅。實際上，這點甚至也不足以證明靈魂能夠在肉體死後繼續存活下去。說不定肉體一旦死亡，靈魂也就會跟著毀滅。

當然，我在本書中一再論證，從一開始就沒有令人信服的理由促使我們相信靈魂的存在。當然，靈魂如果不存在，就更不可能永生不滅。所以，由此可以明白看出我們根本不需要問靈魂是否能夠永生。儘管如此，事實是仍然有許多人相信靈魂存在，所以永生的問題也許還是值得一問。所以，假設確實有靈魂存在——純粹爲了討論的目的。我們有沒有任何理由相信靈魂能夠在人死後繼續存活下去？說得精確一點，我們有沒有理由相信永生？

我想要藉著檢視柏拉圖對話錄《斐多篇》（*Phaedo*）來探究這個問題（柏拉圖撰寫哲學著作都是採取對話錄的形式，也就是像劇本一樣，由若干人物爭辯哲學問題）。這部對話錄的時間背景就在柏拉圖的老師蘇格拉底喪命之前，在蘇格拉底人生中的最後一天。相信讀者都知道，蘇格拉底因爲「腐化」雅典青年的罪名（他經常與青年辯論哲學問題）而遭到審判定罪，結果獄方給了他一杯毒芹汁，他於是飲毒身亡。

這是歷史上的眞實事件。蘇格拉底的確經常和一群朋友及門徒辯論哲學問題。他的其中一個門徒就是柏拉圖。柏拉圖長大之後寫了許多哲學著作，但他不曾出現在自己的對話錄裡（實際上，

《斐多篇》明白指出柏拉圖在蘇格拉底喪命的那天沒有在他身邊）。既然如此，我們閱讀柏拉圖的對話錄之時，怎麼知道劇本中的哪一種立場代表了柏拉圖自己的立場？簡單回答，蘇格拉底幾乎代表了柏拉圖自己的觀點。也就是說，這些劇本的作者柏拉圖，利用劇中的蘇格拉底這個人物來闡述自己的觀點。

本書如果是一本探討古代哲學的著作，我們就必須把這個答案複雜化，尤其如果想要重建歷史上的蘇格拉底實際上抱持的觀點。不過，就本書的目的而言，沒有必要這麼做。我們可以單純假設《斐多篇》裡的蘇格拉底所支持的每一項觀點都是柏拉圖所接受的觀點。因此，我有時候會說「柏拉圖抱持」某種觀點，有時候又會說「蘇格拉底主張」某種觀點，但我不會多花力氣釐清這兩者的不同，因爲就本書的目的而言，這兩者完全一樣。

如同我說的，《斐多篇》的時間背景設定在蘇格拉底的最後一天。在這部對話錄結尾，蘇格拉底喝下毒芹汁，就此身亡。因此，不出意外，他在那一刻之前所做的事情，就是向身邊的朋友論證靈魂的永生不滅。這個問題是《斐多篇》的核心。我們有沒有充分的理由相信靈魂會在肉體死亡之後繼續存活下去？說得更明確一點，我們有沒有充分的理由相信靈魂永生不滅？蘇格拉底相信靈魂是永生不滅的，因此他試圖爲這個立場辯護，向他那些擔心事實並非如此的門徒證明這項觀點。

你也許認爲蘇格拉底一開始會先試圖證明靈魂存在。不過，這部對話錄裡雖然有些論點可能與這樣的證明有關，這卻不是柏拉圖的核心目的。在大部分的情況下，這部對話錄都直接把靈魂的存在視爲理所當然；純粹就採取了這樣的假設。此處最受關注的問題不是：「有沒有靈魂？」而是：「靈魂會不會在肉體死亡後繼續存活下去？靈魂是不是永生不滅的？」

既然這是蘇格拉底活在世界上的最後一天，你想必認爲他一定會心情很不好，情緒很低落。然而，這部對話錄當中最引人注目的一項特色，就是蘇格拉底其實非常開心，顯得極爲愉悅。他對於自己即將死去的事實毫不擔心，甚至還滿心歡迎。爲什麼？首先，當然是因爲他認爲人有靈魂，而且靈魂將會在肉體死亡之後繼續存活下去。但除此之外，蘇格拉底還認爲他死後將會到某種天堂去。他相信有一個由神祇以及其他志趣相投的靈魂所居住的國度。你如果在人世上好好過了你的人生，那麼在你死後，你的靈魂將會前往這個天堂般的國度。蘇格拉底認爲他已好好度過了自己的人生，所以他對自己的死亡懷著充滿興奮與期待的心情。

蘇格拉底爲什麼懷有這樣的信念？要回答這個問題，我們首先必須簡要了解柏拉圖的形上學。明顯可見，我在此處能夠闡述的僅是簡短浮面的內容，但應該足以讓我們至少明白若干基本觀念。

首先從美談起。世界上有各種美麗的物體，有些物體比其他更美麗。不過，柏拉圖提出了一項頗爲可信的說法，指稱世界上沒有任何東西能夠達到完美的美。但儘管如此，我們還是可以針對完美的美本身進行思考。我們也許可以這麼說：平凡乏味的日常物理物體只有些許的美，只有部分的美。如同柏拉圖主義者有時候所說的，這些物體「參與」了美；它們帶有程度不一的美。不過，我們絕對不該誤以爲這些物體就是美的本身。

或者舉正義爲例。各種社會安排可能有不同程度的正義或不正義，不同的人也可能有不同程度的正義。不過，我們想必全都會同意世界上沒有任何一個社會或者任何一個人能夠達到完美的正義。所以，不論完美的正義是什麼，絕不是在日常的經驗世界裡能夠找到的另一個東西。正義無疑是經驗世界裡的物品能夠在不同程度上參與或帶有其特質的一種東西，儘管如此，我們卻不該把有可能具備正義特質的實質物體，也就是分別具有不同正義程度的人或社會，來和完美的正義混爲一談。不過，完美的正義雖然永遠不可能在這個世界裡實現，卻還是有完美的正義這種東西，而且我們的心智能夠加以思考。完美的正義是心智能夠思考探究的一種東西，儘管無法在日常生活的這個世界上找到。

或者舉圓形爲例。我們的心智能夠思考完美的圓，但沒有任何物理物體是完美的圓形。世間物體的圓形程度只有比較高或比較低的分別，雖然無法在日常的經驗中找到完美的圓，卻還是能夠思考這種形狀。

明顯可見，心智具有一種特殊的能力，一種思考、領會，以及理解的能力，能夠領略我們剛剛討論的這些非物質「事物」：美、正義、圓。當然，心智還可以思考其他許許多多類似的「事物」，就算那些事物在平凡的日常世界裡完全找不到也無妨。

我們需要用一個字眼稱呼這種「事物」，而柏拉圖就給了我們這麼一個字眼：eidos。有時候，這個希臘詞語被人翻譯成「理念」，藉此標誌心智能夠領會這些東西。不過，「理念」一詞帶給人的聯想不免純粹只是「腦子裡」的東西，一種不是獨立於人們的心智之外而存在的東西，但這絕對不是柏拉圖對那些事物的觀點。所以，我會採用另一種翻譯：「理型」，這個字眼帶有的含意顯示那些事物提供了能夠用來衡量日常物體的理想樣板或標準。

不論我們用什麼字眼稱呼，最關鍵的重點是：依照柏拉圖的說法，這些理型完全是眞實存在的東西。我們可以加以思考、加以研究，對於正義、健康、美或善獲得更多的了解。不過，理型本身卻不是平凡的日常經驗世界裡的一部分。當然，平凡乏味的物品可以在不同程度上參與理型，可以參與完美的正義、美的本身、完美的健康，或者善的本身等。不過，平凡的有形物體絕不該與柏拉圖理型混爲一談，因爲理型不是這個世界的一部分，不存在於這個世界。儘管如此，我們在這個世界裡雖然遇不到柏拉圖理型，卻還是能夠加以思考，因爲我們的心智擁有領會理型的能力。

問題是，我們的注意力備受平凡日常世界的喧囂變動所吸引，以致我們對柏拉圖理型缺乏充分的領會。我們能夠思考理型，卻太容易分心。因此，根據蘇格拉底的說法，哲學家採取的作法就是讓自己擺脫肉體對於心智的干擾，包括肉體的口腹之慾和性慾，以及對於享樂與痛苦的關注。這些肉體的欲求都會阻礙我們對柏拉圖理型的思索。因此，哲學家爲了讓自己將注意力集中於理型上，就會盡力對肉體不予理會，把肉體擺在一旁，盡可能把心智與肉體分開。蘇格拉底說他在自己的人生中一直致力於這麼做。於是，他也就得以對理型擁有比較充分的掌握。因此，他相信死亡一旦來臨，他的心智與肉體一旦永久分離，他的靈魂將會前往那個天堂般的國度（而不是被肉體的欲求拉回人世）。當今的哲學家有時候會談及「柏拉圖的天堂」，也就是柏拉圖理型所存在的那個另一個世界。基本上，蘇格拉底相信的就是自己一旦死亡之後，他的靈魂將會到柏拉圖的天堂去，而他在那裡就能夠獲得與理型更直接的接觸。

我在這裡沒有足夠的篇幅能夠明白闡釋爲什麼柏拉圖這種形上觀點值得被認眞看待，至少其基本元素是如此（實際上，柏拉圖理型的觀念不僅值得認眞看待，直到今天也有許許多多的哲學家認爲必然有某種類似這樣的概念是正確的）。不過，且讓我舉個例子，讓你對這種想法能夠有些概念。想想數學。想想某種簡單的數學算式，例如2＋3＝5。我們說出「二加三等於五」的時候，其實就是在談論我們的心智所能夠領會的數目。但數目究竟是什麼呢？數目絕對不是物理物體。你不可能在某一天拿到某一期的《國家地理雜誌》，而看到封面故事的標題寫著：「經過長久的探索，探險家終於發現了『二』這個數目。」「二」，不是某種你能夠看見、聽到、品嚐到或者無意間遇到的東西。不論二究竟是什麼，總之是我們的心智能夠領會，但實際上不存在於物理世界的東西。

面對數學，我們大多數人都是柏拉圖主義者，相信數目確實存在。心智可以思考數目，物體也可以「帶有」數目的特質。舉例而言，我如果舉起兩枝鉛筆，即可明確感覺到這兩枝鉛筆參與了「二」這個概念。不過，這兩枝鉛筆當然不是「二」這個數目本身！我如果把鉛筆折斷，摧毀了這兩枝鉛筆，並不會因此摧毀二這個數目。所以，二這個數目是一種柏拉圖式的「抽象物體」，不存在於空間與時間當中。明顯可見，不論是三或五或其他各種數目，也都一樣是如此。這些數目都不是物理物體，不可能在物理世界裡找得到，儘管如此，這些數目卻仍然眞實存在，可以由心智加以思考。數目是柏拉圖理型。

至少這就是柏拉圖理型的觀念。而且，這也絕對不是一項愚蠢的觀念。這項觀念對於數學的闡述顯然非常具有說服力。數目不是物理物體，數目不是經驗世界的一部分，我們不會採行實證實驗確認一加二是否等於三。我們只會利用自己的心智領會這種柏拉圖理型的眞實。

不過，柏拉圖的想法是：一切的事物都是如此。不僅僅是數學而已。舉例而言，正義也是如此。世界上有正義與不正義的事物，但這些事物不是正義本身。完美的正義顯然是能夠由心智加以思考，卻不存在於這個世界上的東西。正義是另一種抽象個體，一種柏拉圖理型。此外，善、健康、美以及其他種種事物也都是一樣。這些事物全都是柏拉圖理型。

這就是大致上的概念。柏拉圖認爲，我們如果深入探究形上學，就可以了解這個柏拉圖理型的國度必然存在，而且不同於我們所熟悉的這個平凡物理世界。然而，理型雖然不是日常世界的一部分，我們卻能夠加以思考，加以探究。怎麼能夠做到這一點？透過心智。這不是肉體做得到的工作，因爲肉體僅限於五種感官，肉體只能接觸物理世界的東西，只有靈魂才能思考柏拉圖理型。

所以，平凡的物理物體與理型之間的一項重要差別，就是柏拉圖理型不存在於經驗世界裡，而是存在於另一個不同的國度，在空間與時間之外。另外還有一點：不同於平凡物體，理型是完美的。理型恆久存在，永不改變。舉例而言，圓形的物體可能會出現或消失，但圓本身永遠不可能遭到摧毀或改變。圓本身的本質永遠一模一樣，絕對不會改變。圓是永恆的。同理，鵝的數量可能會增加或減少，但十七這個數目（舉例而言）的本質卻永遠不會改變。這個數目永遠是個奇數，永遠比十六多了一（17＝16＋1是一項永恆的眞理）。其他各種理型也都是如此。

相對之下，物理物體總是不斷變化。一件物體可能在某個時間點很矮，卻在另一個時間點變得很高；或是在某個時間點很醜，在另一個時間點卻變得很美。以《安徒生童話》中的〈醜小鴨〉爲例：醜小鴨一開始長得很醜，後來卻長成美麗的天鵝（再後來無疑會死亡而不復存在！）。不過，美本身卻永遠不會改變。完美的正義永遠不會改變。完美的善永遠不會改變。不同於經驗世界裡的事物，理型是永恆不變的。實際上，你愈從完美的柏拉圖國度的觀點思索我們的日常世界，愈覺得這個世界顯得荒唐不已。這個世界充滿了荒唐的矛盾。

柏拉圖認爲這個世界的確非常荒唐，就像夢境一樣。在夢中，你不會注意到那個夢境有多麼荒唐。但你如果後退一步，省思自己所做的夢，就可以看出這一點。「我來看看，當時我吃著一個三明治，結果那個三明治突然變成了自由女神像，但那自由女神像又是我媽媽。她飛行在大海上，但她其實又是一條義大利麵。」夢就是這樣。你在夢中的時候，一切感覺似乎都相當合理，身在其中，根本不會注意到各種矛盾之處，但你一旦後退一步，即可看出種種的矛盾，而不禁驚呼：「眞是太荒唐了。」柏拉圖認爲經驗世界原本就具有這種荒唐矛盾的特性，只是我們通常不會注意到而已。「他是個籃球員，所以他雖然長得非常高，但他的身高只有一百八十公分，對於籃球員而言實在是很矮。這是一頭象寶寶，牠的體型非常大，可是因爲牠是象寶寶，所以就大象而言實在很小。」

這個世界總是不斷滾動著，這是柏拉圖主義者的說法，在一個個理型之間滾動，而且很難理解。相對之下，心智卻能夠深切掌握柏拉圖理型：理型穩定、可靠，像法律一樣。理型不會改變，而且恆久存在。這就是柏拉圖的觀念。

我在此處的目的不是要提出論證支持或反駁柏拉圖主義對這類抽象個體的觀點。如同我在數學的例子中所指出的，這種觀點並不愚蠢，儘管不是所有人都會自然而然地接受柏拉圖主義的想法。所以，且讓我們單純假設（就算只是為了便於討論起見）柏拉圖的理型說確實正確。那麼我們還是要問，接下來呢？

柏拉圖認為接下來就是我們有理由相信靈魂的永生不滅，而且由於靈魂是永生的，因此也就有理由關注我們死後會發生什麼事情。

當然，我剛剛一再強調心智，也就是靈魂，能夠領會永恆的柏拉圖理型這項論點，但我們必須承認，至少就一般而言，大多數人其實不會花那麼多時間思考理型。我們會因為肉體而分心，因為口腹之慾、性慾，以及對於睡眠的需求而分心。不過，柏拉圖認為我們只要與肉體保持距離，靈魂就比較能夠專注於理型上。如果你擅長這一點，如果你在人生中努力練習讓自己擺脫肉體的渴望，那麼你的肉體死亡之後，你的靈魂就能夠到柏拉圖的天堂國度去，和神祇以及其他永生的靈魂住在一起，思考理型。另一方面，你在生前如果沒有致力於讓自己擺脫肉體，如果你太耽溺於肉體的關注與渴求，那麼在肉體死亡之後，靈魂就會被吸回人世，轉生於另一個肉體之中。你如果幸運，就會轉生為另一個人；如果不太幸運，就會轉生為豬或驢子或螞蟻，或是其他各種生物。

所以，柏拉圖表示，我們在人生中的目標應該是練習死亡，盡可能讓自己擺脫肉體。蘇格拉底認為自己在這方面做得不錯，因此儘管他面對了死亡，卻不覺得憂傷，而是深感開心。他很高興最終的靈肉分離即將發生，他將能夠上天堂去。

於是，《斐多篇》就以蘇格拉底的死亡作結。他喝下毒芹汁，然後平靜地死去，這是西方文學史上的一大死亡場景，我讀到這一段總是深覺感動。這部對話錄描寫蘇格拉底的最後一句話是：

「在我們認識的所有人當中，他是最傑出的一位，也是最有智慧且最正直的一位[1]。」

在這個結局之前，《斐多篇》裡還有許多內容。其中有些對話試圖爲理型論提出解釋與辯護。其中有些試圖批評其他的形上學理論。就在最後結局之前，就在那幕死亡場景之前，還有一段很長的神話，其目的似乎在於表達我們大多數人對於眞實的本質都懷有錯誤的看法（你如果看過柏拉圖後來的對話錄《理想國》，那麼這段神話應該會讓你聯想到洞穴寓言）。

無論如何，我們關注的目標是構成這部對話錄核心的若干論證。蘇格拉底在這些論證當中爲自己將能夠永生的信念提出了辯護——他的靈魂永生不滅。不難理解，蘇格拉底的朋友與門徒都不免擔心這種觀念不是眞的，因此這部對話錄的核心即是蘇格拉底提出一系列的論證，試圖爲相信靈魂永生的觀點提出他的理由。這就是我要聚焦探討的部分。

不過，即便在這個部分，我也必須有所揀選。如果要充分探討蘇格拉底所有的論證，花費的篇幅將會太多[2]。所以，我將聚焦於其中兩個最有趣的論證（其他有些論證需要對柏拉圖的形上學擁有更多了解，而且至少有一項論證提出了非常技術性的區別，也就是當今哲學家所謂的模態邏輯。不過，且讓我向你保證，我認爲我略過不提的這些論證都不成功）。

理型本質的論證

好。我們已經對柏拉圖主義有了粗略的概念。蘇格拉底對他的門徒說明指出，心智能夠領會永恆的理型，但必須擺脫肉體的影響才能充分做到這一點。因此，已經藉著自我訓練而能夠忽略肉體渴求和慾望的蘇格拉底，將欣然迎接死亡的到來，因爲屆時他就可眞正徹底擺脫自己的肉體。

對話錄在這個時刻提出了這項顯而易見的擔憂：我們怎麼知道肉體一旦死亡，靈魂不會跟著一起毀滅？這是很自然的一項疑問。也許我們必須做的是讓自己盡可能擺脫肉體的影響，但又不至於徹底斷絕靈魂與肉體的連結。如果把這種連結想像成橡皮筋，那麼也許這條橡皮筋拉得愈長愈好，但如果拉得太長而導致橡皮筋斷掉，那就不是一件好事，而是一件壞事。也許我們需要肉體才能繼續思考。我們雖然要擺脫肉體帶來的分心，卻不要肉體死亡，因爲肉體一旦死亡，靈魂也會跟著死亡。如同先前提過的，即便是二元論者，就算靈魂眞的是一種與肉體不同的東西，但是就邏輯上而言，肉體一旦遭到毀滅，靈魂也有可能跟著毀滅。

因此，蘇格拉底的朋友問他，怎麼能夠確信靈魂一定會在肉體死亡之後繼續存活下去？說得更精確一點，我們怎麼能夠確信靈魂是永生不滅的？這就是促成那一系列論證的問題。

我把我要探討的第一個論證稱爲「理型本質的論證」。其中的基本觀念相當直截了當。如同我們已經看過的，理型，諸如正義、美，以及善的本身，不是物理物體。正義不是一種物理物體。三這個數目不是一種物理物體。善本身不是一種物理物體。完美的圓不是一種物理物體。不過，蘇格拉底認爲由此可以直截了當地推論出心智本身必然也是一種非物質性的東西。他認爲，如果理型不是物理物體，自然就無法由物理物體（例如肉體）所領會。既然心智能夠領會理型，由此可見心智本身必然是某種非物質的東西。也就是說，心智必定是靈魂。

不過，蘇格拉底雖然無疑相信這一切，這樣的說法卻不能令我們感到滿意。就算心智眞的必須是靈魂，必須是非物質的東西，才能夠領會非物質的理型，也不足以由此推論出靈魂一定會在肉體死亡後繼續存活下去。要達到最後這個結論，不但必須帶入理型是非物質性的東西這項條件，還必須帶入理型乃是恆久的條件。蘇格拉底認爲，就是理型的恆久本質確立了靈魂的永生不滅。

接下來以較爲完整的方式列出這項論證：

（一）理型是恆久的非物質個體。

（二）心智能夠領會理型。

但是，（三）只有恆久且非物質的東西能夠領會恆久且非物質的東西。

所以，（四）心智必然是恆久且非物質的東西。

因此，說得更明確一點，（五）心智必然是非物質的東西，也就是說心智必然是靈魂。

而且，（六）靈魂必然永生不滅。

且讓我們假設柏拉圖形上學已經為我們提供了前兩道前提。當然，由此可以推論出心智能夠領會恆久且非物質的東西。如果我們再加入第三道前提，也就是只有恆久且非物質的東西能夠領會恆久且非物質的東西，如此即可得出主要結論（第四點），亦即心智必然是恆久且非物質的東西。當然，我們由此又可得出另外兩項從屬結論：第一，心智必然是靈魂，因為心智是非物質的東西；第二，靈魂本身必然永生不滅。

既然我們已直接承認了第一和第二道前提（純粹為了便於討論），因此關鍵就在於第三道前提。是不是真的只有恆久且非物質的東西能夠領會恆久且非物質的東西？因為我們如果也承認這道前提為真，那麼柏拉圖的結論似乎就真的成立：亦即能夠領會理型的心智必然是非物質的東西，必然是靈魂；而且此一靈魂必然永生不滅，因為靈魂也必定和理型本身一樣恆久存在。我們一旦承認第三道前提為真，即可由柏拉圖的理型觀推導出以上的結論。

當然，柏拉圖從來沒有以這樣的言詞陳述第三道前提，但我認為他心中明顯有這樣的想法。如同蘇格拉底一度指出的：「不純淨的東西不可能達到純淨。」肉體會腐敗，會消滅，是物質性的東西，而且轉瞬即逝（肉體只存在一小段時間，然後就不再繼續存在）。這種不純淨的物體不可能達到、不可能領會、不可能懂得恆久不變而且非物質的理型。「不純淨的東西不可能達到純淨。」

不僅如此，第三道前提還奠基於一項衆所熟悉的觀念。我們如果用比較現代化的語言陳述第三道前提，那麼我認爲柏拉圖的意思純粹就是說唯有同類相知。或者，就像柏拉圖自己數度說過的：「只有類似的個體才會彼此了解。」

簡言之，柏拉圖的論證就是這樣：「我們知道什麼？我們知道恆久的理型。但是只有同類才能相知。所以，我們本身必然也具備恆久的特質。」因此，依照柏拉圖形上學（第一與第二道前提），我們一旦承認第三道前提爲眞，即可立刻推導出靈魂永生不滅的結論。第三道前提是關鍵所在。

可惜的是，就我所知，我們並沒有充分的理由相信第三道前提！儘管同類相知的主張相當普及，但我必須說這項主張在我看來實在不成立。且舉幾個例子。動物學家可能會研究貓咪，如果同類才能相知，那麼即可推導出那位動物學家本身必然也是一隻貓咪！這點明顯謬誤不實。你不需要是貓科動物，也一樣能夠研究貓科動物。或者，假設有個人聲稱加拿大人不能研究墨西哥人，因爲只有同類才能相知。這樣的說法顯然相當愚蠢。加拿大人當然可以研究墨西哥人，就像德國人也可以研究法國人。要了解法國人，你自己不必然需要是法國人；不是同類也一樣可以相知。或者以有些醫師研究死屍爲例，啊哈！如果只有同類才能相知，當你要研究並且領會與屍體有關的事物，你自己就也必須是個屍體。可是這點也明顯不對。因此，我們一旦開始探究例子，一旦開始詢問是不是眞的只有同類才能相知，那麼至少就一般而言，實際上的答案並非如此。至少就普通情形而言，不是同類也一樣可以相知。

嚴格說來，這點不足以證明第三道前提是謬誤的。儘管一般而言不是只有同類才能相知，但還是有可能在非物質的恆久物體這種特例中，你確實必須也是恆久的非物質個體才能加以研究。也就是說，儘管「同類相知」的一般性主張雖然謬誤，但「只有恆久且非物質的東西才能夠領會恆久且

非物質的東西」這項特殊主張仍然有可能爲眞，而且柏拉圖畢竟只需要有這項特殊主張，即可讓他的論證成立。

好，有道理。但儘管如此，我只能這麼說：我們爲什麼應該相信第三道前提？如果就像我剛剛論證的，X物體與非X物體之間的界線通常可以跨越，因此非X物體可以研究X物體，那麼這道界線爲什麼應該在柏拉圖理型的例子中突然變得無可跨越？靈魂爲什麼不能夠不免一死，卻仍然能夠領會恆久的理型（既然談到這一點，物理物體又爲什麼不能夠領會非物質的恆久理型）？我們需要理由相信第三道前提，但就我所知，柏拉圖其實沒有爲我們提出任何理由。因此，就算我們承認理型存在，也承認靈魂存在，而且靈魂能夠思考理型，這樣也還是沒有給予我們任何充分的理由相信靈魂必然永生不滅。所以，我認爲柏拉圖的第一項論證——理型本質的論證，並不成功。

單純論證

柏拉圖自己很可能意識到了第一項論證的不足之處，因爲他接著就讓蘇格拉底繼續提出其他論證。或者，也許柏拉圖沒有意識到第一項論證的缺陷，只是單純覺得他還有其他論證也値得一提。無論如何，且讓我們來看看另一個相當不一樣的論證，同樣主張靈魂的永生不滅（順帶一提，如果柏拉圖眞的意識到第一項論證的不足之處，爲什麼還要白費力氣提出來？也許是因爲他希望他的讀者會自行察覺那項論證的缺陷。柏拉圖很可能把自己的對話錄當成一種教具，用來協助讀者提升哲學思考能力）。

當然，我們擔心的是，在《斐多篇》裡一再由蘇格拉底的門徒提出，就算眞的有靈魂，也不足以證明靈魂必然永生不滅，說不定靈魂會隨著肉體一起死亡，說不定靈魂也會遭到摧毀。爲了消除

這項擔憂，蘇格拉底開始針對哪些類型的東西能夠遭到摧毀進行一場形上討論。他想出各種例子，並且試圖從中提取出一般性的原則，然後藉著這項原則，再試圖說服我們相信靈魂不可摧毀，因此永生不滅。由此構成的論證相當有趣。我稱之爲「單純論證」。

許多事物都可能遭到摧毀，這點明顯可見。舉例而言，我的書桌上有一張紙，這張紙可以受到摧毀。的確，現在這句話是我過了一會兒之後才寫的，我剛把這張紙撕成了碎片。這張紙爲什麼是可以遭到摧毀的東西？顯而易見又直截了當的答案是這張紙由多個部分構成，我一旦撕毀它或摧毀它，就是把其中一部分和其他部分扯了開來。我摧毀一張紙的作法，就是將其構成部分拆散。這裡有一枝鉛筆。這枝鉛筆一樣可以折斷，一樣可以受到摧毀。我如果這麼做，那麼我做的是什麼事情？我把鉛筆的不同部分拆了開來。整體而言，能夠遭到摧毀的東西都是由多個部分構成，這類東西是複合體，由自己的各個部分構成。肉體可以遭到摧毀，原因是你可以拿一把劍將肉體砍成一塊塊，複合體可以遭到摧毀，由多個部分構成的東西可以遭到摧毀。

什麼樣的東西不可能遭到摧毀？不出意料，柏拉圖一旦想要爲恆久且不可摧毀的東西尋求例子，他立刻就想到了柏拉圖理型。以三這個數目爲例。「三」不可能遭到摧毀！就算發生了一場核爆，結果地球上一切事物都遭到粉碎摧毀（就像科幻電影裡常見的那種巨大的連鎖反應），「三」還是不會受到影響或干擾。三加一還是等於四，三這個數目不會受到任何傷害。同樣的，你也不能改變或摧毀完美的圓，而你無法摧毀美本身。爲什麼不行？因爲這些東西不是由任何部分構成。這就是柏拉圖的想法，柏拉圖理型恆久不變，也不可能遭到摧毀，原因是它們是單純的，此處的「單純」是個形上學概念，也就是說它們不是由任何東西構成。只要是任何一件由不同部分構成的東西，你至少在原則上就不免擔心其中的各個部分可能會散開，於是那件東西就會遭到摧毀。不過，單純的東西不可能以這種方式遭到摧毀，這種東西沒有可以拆散的部分。

所以，只有由多個部分構成的東西才能受到摧毀。那麼，這些東西是哪一類東西呢？這個嘛，就是會改變的東西。就算一件東西沒有遭到摧毀，你也能夠藉由什麼樣的條件確切判斷這件東西是複合體？就是這件東西會改變。假設我拿起一根鐵條，把它折彎，雖然沒有摧毀這根鐵條，但我改變了它。我之所以能夠改變它，原因是我重新安排了它各個部分之間的關係。同樣的，我的肉體總是一再不斷改變，原因是我的手臂、雙腿、頭，以及其他各個部分之間的關係也都一再不斷改變。你只要重新安排一件東西的各個部分，那件東西就會改變。反過來說，只要是會改變的東西，就是由多個部分構成的東西。一件東西若是由不同部分構成，就能夠受到摧毀，至少在原則上是如此。

所以，我們已經歸納出了幾個普遍性的原則。會改變的東西都是由多個部分構成；由多個部分構成的東西就可以受到摧毀。那麼，有哪些種類的東西是可以受到改變並且（在原則上）摧毀的呢？就是我們看得見的那些熟悉的經驗物體：紙張、肉體、鉛筆、鐵條。

相對之下，我們在另一方面則是有不可見的事物，例如理型。這種東西永遠不會改變。以三這個數目為例。沒有人看得到三這個數目（我們可以在腦中思考這個數目，但是沒有辦法看見）。而且，三也永遠不會改變。這個數目在昨天是個奇數，明天也會是個奇數，後天也是一樣。這個數目不可能在明天突然變成偶數。三永遠都會是奇數。同樣的，三加一等於四不但今天如此，昨天如此，永遠也都會是如此。這些關於三這個數目的事實永遠不會改變。三這個數目是不變的。其他一切的理型也都是如此。理型不可見，恆久存在，而且永遠不變。理型是單純的東西，而單純的東西無法受到摧毀。單純的東西永遠不會改變。

以上就是蘇格拉底在這段對話當中提出的想法。你一旦把這些想法結合起來，就會構成一項相當有趣的論證。我盡力將這項論證陳述如下：

（一）只有複合體能夠受到摧毀。
（二）只有會改變的東西才是複合體。
（三）不可見的東西不會改變。
所以，（四）不可見的東西無法受到摧毀。
但是，（五）靈魂不可見。
所以，（六）靈魂無法受到摧毀。

前兩道前提指稱只有複合體能夠受到摧毀，而且只有會改變的東西才是複合體。把這兩道前提結合起來，即可推論出只有會改變的東西才有可能受到摧毀。假設我們再加上第三道前提：不可見的東西不會改變。那麼我們即可推論出不可見的東西無法受到摧毀，也就是第四點所指出的。這是蘇格拉底藉著思考各種例子而得出的形上原則。這是這整項論證的關鍵小結，因爲蘇格拉底接著就邀請我們思考靈魂。靈魂是看得見還是不可見的？他以頗爲有理的說法指出（在第五道前提裡），靈魂是不可見的。不過，如果不可見的東西無法遭到摧毀，而靈魂又不可見，那麼靈魂就無法遭到摧毀。靈魂必然永生不滅。

這就是我盡力將柏拉圖的單純論證重新建構而成的結果。當然，柏拉圖本身並沒有這樣以標示編號的前提與結論提出他的論證，但我認爲我重新建構的結果相當忠於他意在提出的論證。基本上，這項論證就是靈魂不可見，而且又單純，所以不是能夠遭到摧毀的東西。

待會兒，我將針對這項論證是不是良好的論證進行評估。不過，我首先要坦承一件事：蘇格拉底爲他的論證所提出的結論其實和我說的不太一樣。在我陳述的單純論證當中，提出於第六點的結論是靈魂無法受到摧毀。不過，蘇格拉底沒有這麼說。他的結論其實是：「所以靈魂不可摧毀，或者近乎如此。」

這是一項頗為古怪的限定條件：「或者近乎如此。」蘇格拉底檢驗了改變與不可見的本質，以及複合性與單純性，還有其他種種特質之後，得出的結論是：「靈魂不可摧毀，或者近乎如此。」

加上這個限定條件，就不禁令人憂慮。蘇格拉底的門徒克貝（Cebes）提出了這項憂慮，指稱就算我們承認靈魂近乎不可摧毀，這樣也還是不足以保證我們必然永生不滅。他以人與外套的關係提出了一項頗為貼切的類比，就是人在一生中可以穿過許多件外套。就這方面來看，相較於任何一件外套，人的身體看起來顯然更加近乎不可摧毀。但儘管如此，身體卻不是永生不滅，肉體終究還是會耗竭死亡，所以結論如果只是靈魂「近乎」不可摧毀，摧毀靈魂所花費的力氣比摧毀肉體多出許多，還是不足以證明靈魂永生不滅（說不定靈魂會因為一再轉生而經歷許多肉體，但終究還是不免毀滅）。

這是克貝提出的反駁。而這部對話錄的一項古怪之處，就是以我所見蘇格拉底並未直接回應這項反駁。柏拉圖透過書中人物克貝提出這項反駁，卻沒有加以答覆。蘇格拉底（書中的人物蘇格拉底）並未代表柏拉圖答覆這項反駁，而是藉著提出另一項論證試圖為靈魂的永生辯護。

很難說這究竟是怎麼一回事。有可能是柏拉圖擔心自己還沒眞正成功證明靈魂確實永生不滅。也許這項單純論證不夠好，所以柏拉圖才會又接著提出另一項論證。不過，我想要代表柏拉圖指出，或者至少是代表這項論證指出，蘇格拉底實在不該在這項論證的結論裡加上這個限定條件，指稱靈魂「不可摧毀，或者近乎如此」。他應該在結論中單純指稱靈魂不可摧毀，這樣就好。

畢竟，我們如果有了第一、第二與第三道前提，也就是只有複合體能夠受到摧毀，只有會改變的東西才是複合體，而且不可見的東西不會改變，即可得到第四點的小結——不可見的東西無法受到摧毀。你不會只得到這個語氣薄弱的結論：「不可見的東西無法受到摧毀，或者摧毀起來困難得多。」不會這樣。我們如果有了第一、第二與第三道前提，就可以理直氣壯地得出這個結論：「不可見的東西無法受到摧毀，就是這樣。」不過，如果第五點也是眞的，如果靈魂眞的不可見，那麼我們就可得到第六點的結論：靈魂無法受到摧毀，就是這樣。而不是：靈魂無法受到摧毀，或是靈魂如果可以摧毀，那麼也會非常難以做到，而且需要花上很長很長一段時間。我們可以理直氣壯地斷定：靈魂無法受到摧毀。就是這樣，討論到此爲止，不必再說了。

所以，蘇格拉底提出的結論雖然比較薄弱，但我認爲他的論證如果成立，其實可以帶來那個理直氣壯的結論。不是靈魂不可摧毀或者近乎如此，而是靈魂不可摧毀。說不定柏拉圖體認到了這一點；說不定這就是爲什麼他沒有再多費唇舌回答克貝的疑慮。說不定他是藉此邀請讀者體認出這項論證比劇中人物注意到的還要好。我實在不知道。我不曉得柏拉圖是怎麼想的。

但無論如何，我們的問題不該是：「柏拉圖到底在想什麼？」而是「這項論證究竟是不是良好的論證？」靈魂如果無法受到摧毀，那麼看起來的確就是永生不滅。所以，我們對於靈魂的永生不滅是不是已經有了一項健全的論證？單純論證是不是一項良好的論證？

且讓我們藉著思考另一項反駁來檢視這個問題。這項反駁是蘇格拉底的另一個門徒西米亞斯（Simmias）提出的。西米亞斯指出，我們不能斷論靈魂不可摧毀（或是近乎如此，還是其他各種說法），因爲我們不該相信第四點的小結，亦即不可見的東西無法受到摧毀。相反的，西米亞斯表示，不可見的東西可以受到摧毀。如果這是眞的，那麼我們對於靈魂的不可摧毀性（或是近乎不可摧毀性）所提出的論證自然根本不成立。因爲，就算靈魂確實如第五道前提所言是不可見的，但如果不可見的東西可以受到摧毀，與蘇格拉底的主張恰恰相反，那麼不可見的靈魂也許還是可以受到摧毀。

西米亞斯不僅直率地指稱不可見的東西可以受到摧毀。他還提出了一個不可見的東西可以受到摧毀的例子：和聲。說得精確一點，是由弦樂器，例如七弦琴（豎琴的一種），製造出來的和聲。

實際上，他說，這是個特別適合我們思考的例子，因爲有些人指稱（西米亞斯是這麼說的）心智就像和聲一樣。心智彷彿是肉體的和聲。說得完整一點，和聲與七弦琴的關係，就像是心智與肉體的關係。

之後我會再多談談這項類比，但就目前而言，我們的中心要點是：和聲是不可見的，然而和聲還是可以受到摧毀。因此，從一方面來說，和聲看起來的確是不可見的東西：你的眼睛看不見和聲。但儘管如此，和聲卻也明顯可以受到摧毀。這裡有一把七弦琴，發出優美和諧的聲音。但你若是拿一把斧頭摧毀了七弦琴，那麼和聲也會一起受到摧毀。所以，儘管和聲不可見，你卻還是可以藉著摧毀和聲所依附的樂器而摧毀和聲。

如果你接受和聲與心智的類比，那麼你現在一定不免深感擔憂。因爲如果心智就像是肉體的和聲，而你又可以藉著摧毀和聲所依附的樂器而摧毀和聲，那麼也許你一旦摧毀了心智所依附的肉體，就也會一起摧毀心智。這麼一來，肉體一旦死亡，心智就會跟著死亡。明顯可見，這是一項頗爲嚴肅的憂慮。

儘管如此，現在的關鍵是：對於和聲的思考爲不可見的東西無法受到摧毀的普遍原則提供了一個反例。和聲不可見，卻又可以受到摧毀。所以，蘇格拉底聲稱不可見的東西無法受到摧毀的說法似乎是錯的。因此，就算我們承認靈魂不可見，靈魂也仍然有可能可以受到摧毀。

這是一項重大的反駁。這是一項值得非常認眞看待的反駁。奇怪的是，蘇格拉底卻沒有以他應有以及必須要有的方式提出回應。他反倒花了些時間思考心智（靈魂）是否眞的像是和聲。他花了不少時間批評和聲與心智的類比。

在下一個段落裡，我將會探討蘇格拉對這項類比的批評是否合理。不過，眞正値得注意的重點是：就算這些批評的確合理，也不足以對蘇格拉底的論證帶來幫助。畢竟，就算我們說心智其實不太像和聲，這項類比頗為拙劣，那又怎麼樣？單純論點仍然搖搖欲墜。西米亞斯如果要動搖蘇格拉底的論證，只需主張和聲不可見而且又能夠受到摧毀即可。只要這一點是真的，我們就無法繼續相信不可見的東西無法受到摧毀。

所以，蘇格拉底如果要挽救自己的論證，就必須主張和聲無法受到摧毀，不然就是主張和聲並非不可見。我不是說這點很容易做到，但他只要能夠為其中一項主張提出辯護，如果事實證明和聲其實無法受到摧毀，或者其實不是不可見，那麼西米亞斯針對不可見的東西不可能受到摧毀這項主張所提出的反例就不再成立。這麼一來，單純論證就可以恢復穩固。

這就是蘇格拉底該做的事情。他應該說：「你知道嗎？和聲其實不是真的不可見。」或者：「和聲其實無法受到摧毀。」可是就我所見，這部對話錄裡卻完全沒有這樣的主張。蘇格拉底從來沒有這麼說：「西米亞斯，你的反駁在這個地方出了問題。和聲其實無法受到摧毀，所以算不上是反例。」相反的，他卻忙著思考和聲是不是適合用來類比心智的本質。不過，如同我剛剛解釋的，就算這個類比不好，就算心智一點都不像和聲，但只要和聲真的不可見，而且又真的可以受到摧毀，那麼蘇格拉底的論證就免不了遭到質疑。

要駁斥西米亞斯聲稱的反例，我們就必須主張和聲其實不是真的不可見，不然就是主張和聲其實不是真的可以受到摧毀。我認為第二個選項不是非常吸引人。我們如果摧毀七弦琴，那麼七弦琴發出的和聲顯然也真的會跟著遭到摧毀。因此，我認為我們如果要推翻西米亞斯的反駁，就應該把焦點集中在第一個選項，主張和聲其實不是不可見。我們有可能為這項主張提出合理的辯護嗎？說不定。

假設我們提出以下這個問題：我們一旦說：「不可見的東西無法受到摧毀」，那麼所謂的「不可見」到底是什麼意思？在我看來，「不可見」這個概念至少有三種可能的解讀。因此，端看我們採用哪一種觀點，蘇格拉底的論證也就至少有三種不同的解讀方式。

以下就是「不可見」代表的意思：

一、肉眼看不見。

二、五種感官都察覺不到。

三、用任何方法都偵測不到。

第一種解讀認爲不可見的意思純粹就是肉眼無法看見。第二種解讀認爲不可見的意思是指完全無法察覺，不論我們使用人類五種感官當中的哪一種。第三種解讀則是認爲不可見的意思是指不論我們採取什麼方法，都完全無法偵測得到。

且讓我們把這些意義的差別搞清楚。有些東西（例如顏色）可以看見，但有些東西（例如氣味）卻看不見。不過，有些東西雖然肉眼看不見，因此合乎「不可見」這個字眼的第一種意義，卻還是可以用其他方式察覺得到。舉例而言，咖啡的氣味雖然肉眼看不見，卻還是可以察覺得到。以較爲一般性的說法來說，氣味雖在「不可見」的第一種意義當中不可見，在第二種意義當中卻不是如此。同樣的，聲音無法由肉眼看見，所以屬於第一種意義的不可見；但儘管如此，聲音當然也可以察覺，可以聽得到，所以不屬於第二種意義的不可見。相對之下，個別的放射性原子也符合第二種意義的不可見：肉眼看不見，也嚐不到、聽不到，無法由任何感官察覺到。但儘管如此，我們還是可以偵測到放射性原子——使用蓋格計數器，在這種原子衰變的時候會發出噠噠聲，所以這種原子不屬於第三種意義的不可見。不過，十七這個數目想必就連在最廣泛的第三種意義當中也一樣是不可見的。十七這個數目完全無法以任何方式偵測得到：十七這個數目不會留下任何能夠讓我們偵測到其存在的因果軌跡。

爲了避免一再糾葛於「不可見」一詞究竟代表什麼意義，我們只需注意到前述的三種意義：肉眼看不見、五種感官都察覺不到，以及用任何方法都偵測不到，有所不同就行了。我們必須問自己的是：蘇格拉底提出他的論證之時，他採用的究竟是那一種意義？

最自然而然的起點，就是以第一種意義解讀蘇格拉底的論證。因此，按照第一種解讀，蘇格拉底所謂「不可見的東西不會改變」（第三道前提），意思就是肉眼看不見的東西不會改變。如果我們接著以同樣的方式解讀第四點當中的「不可見」，那麼蘇格拉底的論證就是：「肉眼看不見的東西無法受到摧毀。」

這種解讀的問題是，和聲顯示了實際上並非如此。就「不可見」的第一種意義而言，和聲的確不可見，沒有辦法用肉眼看見，儘管如此，和聲還是可以受到摧毀。所以，蘇格拉底所謂的不可見如果是指第一種意義——無法用肉眼看見，那麼這項論證就根本不成立。和聲是個相當可信的反例。

不過，蘇格拉底的不可見也許不是這個意思。與其說是第一種意義，說不定他心中所想的是第二種意義。他談到靈魂不可見，而且不可見的東西不可摧毀，也許他指的是五種感官都觀察不到的東西。實際上，我認為這正是他的意思。蘇格拉底談及可見事物（例如樹木、石頭、馬匹與衣服），以及不可見事物（例如理型）的差別，然後接著指出：「後者這些東西（樹木、馬匹等）都可以摸得到、看得到，並且由其他感官察覺得到；但恆久不變的東西（理型）卻只能由心智的推理能力領會得到。這種東西看不到，是不可見的。」所以，我認為由此可以清楚看出，蘇格拉底開始談論可見與不可見的東西之時，他並無意把自己局限於視覺，而是包括了五種感官。所以，他說：「不可見的東西無法受到摧毀。」指的是看不見、摸不到、聽不到、聞不到也嚐不到的東西。這種東西才是無法受到摧毀的東西。

必須注意的是，我們對蘇格拉底的論證如果採取這種解讀方式，那麼和聲就不再構成反例。和

聲屬於第一種意義的不可見，也就是肉眼看不見。可是在第二種意義當中，和聲就不再不可見了，因爲和聲可以察覺得到（透過耳朵），所以對於蘇格拉底的主張不構成反例。因此，西米亞斯舉和聲爲例，指稱和聲是種不可見的東西，卻又能夠受到摧毀，蘇格拉底就應該指出和聲在他所謂的「不可見」這種意義當中其實不是眞的不可見。和聲也許無法由肉眼看見，卻還是能夠受到察覺。所以，就我們所知，不可見的東西，亦即第二種意義的不可見，也許有可能眞的不可摧毀。

如此一來，蘇格拉底即可接著指出靈魂屬於第二種意義的不可見。你看不見靈魂；你嚐不到靈魂；你摸不到、聽不到，也聞不到靈魂。所以，我們如果以「不可見」的第二種解讀看待這項論證，那麼這項論證看起來似乎還是可以成立。西米亞斯的反例沒有成功。和聲在這種意義當中並非不可見，所以不可見的東西仍然有可能眞的無法受到摧毀。既然靈魂屬於這種意義的不可見，因此靈魂仍然有可能無法受到摧毀。

但遺憾的是，對於柏拉圖而言，就算西米亞斯的反例（和聲）不成立，也不足以表示我們就應該接受單純論證。因爲就算西米亞斯舉出反例的嘗試不成功，也仍然可能有其他更令人擔憂的反例。例如我們如果不提和聲，而是提無線電波。就我所知，無線電波屬於第二種意義的不可見。無線電波是察覺不到的。你看不見無線電波，摸不到無線電波，也聞不到、嚐不到無線電波。值得注意的是，你甚至也聽不到無線電波。但儘管如此，無線電波當然還是可以受到摧毀。所以，就算我們承認蘇格拉底所謂的不可見是指「察覺不到」，我們還是必須跟著西米亞斯一起說：「你知道嗎，第四道前提並不成立。有些不可見的東西還是可以受到摧毀。」無線電波雖然屬於第二種意義的不可見，卻還是可以受到摧毀。

當然，無線電波和理型不完全相似，而且我們可以明白看出蘇格拉底所謂不可見的事物其實就是理型。不過，這個說法儘管很可能合乎事實，卻不足以挽救蘇格拉底的論證。無線電波確實不

可見，就和理型一樣。不過，和理型不同的是，無線電波可以受到摧毀。這正是爲什麼我們還是必須對靈魂的永生懷抱擔憂。明顯可見，有些不可見的東西（理型）無法受到摧毀，但另外有些東西（無線電波）卻可以。可是如果眞是如此，那麼就算我們指出靈魂同樣不可見，也還是不會有任何充分理由能夠斷論靈魂是不可見的東西當中無法受到摧毀的一種。主張靈魂永生的論證將會因此受到動搖。

希望讀者可以明白看出我在這裡的目的不是要說：「唉呀，柏拉圖，你這個白痴！你爲什麼沒有想到無線電波？」我們的問題不是柏拉圖是否忽略了某個他應該想到的東西（我可不認爲他應該要想到無線電波！），而是柏拉圖的論證到底成不成立？不可見的東西是不是眞的無法受到摧毀？在我看來，有些在第二種意義當中不可見的東西確實可以受到摧毀。無線電波就是一個例子。所以，就算靈魂也是屬於第二種意義的不可見，說不定也還是一樣可以受到摧毀。

在我的想像裡，柏拉圖在這個時候唯一能夠提出的答覆是：「聽我說，我需要不可見的另一種定義。不要用第二種定義，用第三種吧。不要談論我們察覺不到的東西，來談論我們偵測不到的東西吧。」假設柏拉圖眞的這麼說。如此一來，我們就必須承認，就我們截至目前爲止所見的，合乎第三種意義的不可見的東西，也許眞的不可摧毀。

畢竟，無線電波在這第三種意義當中並非不可見。無線電波可以偵測得到。只要打開收音機就行了！如果你身邊有無線電波，而你在這時打開了收音機，並且調到正確的頻率，那麼你就可以偵測得到！收音機會把無線電波轉變成我們聽得見的各種聲音。因此，我們偵測得到無線電波，憑藉的是無線電波對收音機以及其他事物造成的影響。

簡言之，儘管無線電波可以受到摧毀，這點也無損於蘇格拉底的論證，只要我們認定此一論證中的「不可見」所採用的乃是第三種意義，而不是第二種。就我們截至目前爲止所知的，合乎第

三種意義的不可見事物確實有可能眞的不可摧毀。的確，只要針對理型進行思考，就大可爲這項主張提供支持。畢竟，理型完全無法受到任何方法的偵測。沒有蓋格計數器能夠讓你知道自己身邊有十七這個數目，或者顯示這個數目的存在。理型不會留下任何因果軌跡，而讓我們得以偵測其存在。此外，如同我們先前已經數度提過的，理型確實不可摧毀。所以，也許我們其實應該同意不可見的東西，就第三種意義而言，確實無法受到摧毀。

所以，柏拉圖如果採用不可見的第三種定義——偵測不到，那麼說不定他還是可以擁護第四點的主張。說不定這種意義之下的不可見的東西眞的不可毀滅。至少，我自己舉不出任何反例。

不過，如果此處的不可見採用的是這種意義，那麼我就不再能夠確定第五道前提能夠成立。靈魂是否不可見？如果我們說的不可見是指肉眼看不見（第一種定義），那麼靈魂確實不可見。如果我們說的不可見是指嚐不到、摸不到、聽不到（第二種定義），那麼靈魂也確實不可見。可是我們說的不可見如果是指「偵測不到」，那麼靈魂是不是仍然不可見？靈魂是不是眞的偵測不到？

我必須說，這樣的說法在我看來並不正確。我們一旦以這種方式解讀「不可見」，也就是偵測不到，那麼我認爲靈魂其實不是不可見。我認爲靈魂確實能夠受到偵測，就像無線電波能夠受到偵測一樣。你如果用收音機接收無線電波，就可以藉著收音機所做的事情，也就是發出聲音，而知道無線電波存在。同樣的，你如果用一具肉體接收一個靈魂，也可以藉著那具肉體所做的事情，也就是和你討論哲學問題，而知道靈魂存在。你可以透過你朋友的靈魂對其肉體造成的影響，而偵測到那個靈魂的存在。

由此可見靈魂不是眞的偵測不到。而靈魂如果不是眞的偵測不到，那麼在這個意義下就不是眞的不可見。如果靈魂不是眞的不可見（就第三種意義而言），那麼就算在第三種意義下不可見的東西確實無法受到摧毀，靈魂也不合乎這樣的條件。因此，我們又再次被迫只能斷定柏拉圖針對靈魂

永生所提出的論證不成立。

實際上，問題就在這裡。有些不可見的概念（第一、二種定義）確實可讓人合理主張靈魂不可見。可是，如同我們先前看到的，在這些意義下仍然有些不可見的東西可以受到摧毀。另外還有一種不可見的概念（第三種定義）則是似乎可以讓人合理主張不可見的東西（就這種意義而言）無法受到摧毀。不過，靈魂在這個意義下卻不是不可見。所以，不論我們怎麼解讀不可見的概念，單純論證都不成立。

除此之外，這項論證還是有其他可以受到質疑的問題。柏拉圖試圖說服我們靈魂不可見，原因是他相信這樣就表示靈魂無法受到摧毀。可是他為什麼會這麼相信？他之所以這麼相信，原因是他認為不可見、不變、單純，以及不可摧毀之間存在著深刻的形上關聯。我一再指出，我們應該對這項論證鏈從第一部分（靈魂不可見）推導出最後一部分（靈魂不可摧毀）的嘗試抱持懷疑。不過，中間的其他環節其實也有更多的問題可以提出。

舉例而言，柏拉圖顯然想要我們相信靈魂是不變的。畢竟，靈魂的不可見理當足以顯示其不變的特性，而這點又應當足以顯示出其單純性。不過，靈魂是否眞的不變，卻一點也不明顯可見。實際上，要是認眞想想看，至少靈魂在表面上看來其實會改變。畢竟，有時候你認為靈魂冷冰冰，有時候又認為靈魂熱情不已。有時候，你認為亞西比德（Alcibiades）是個和善的人，有時候你又認定他一點都不和善。今天你想學彈鋼琴，明天你卻可能放棄這項目標。你的信念、你的目標、你的意圖、你的渴望，這一切都隨時不斷改變。所以，至少就表面上看來，我們顯然大可就靈魂所包含的想法與信念，而指稱靈魂也會改變（當然，前提是我們有意談論靈魂）。

所以，這項論證一旦要求我們從靈魂的不可見而斷定靈魂不變，就應該立刻感到懷疑。靈魂**看起來**確實並非不變的。此外，我們也應該，至少是可以，對靈魂具有單**純**性的主張抱持懷疑。實際

上，柏拉圖自己在其他對話錄裡也反對過靈魂的單純性（當然，這不表示他在其他對話錄裡的說法就是正確的，但這至少顯示我們不該輕易接受靈魂的單純性）。在《理想國》裡，柏拉圖提出過一項著名論證，指稱靈魂至少有三個不同部分：一個是理性部分，負責推理；一個是精神部分，就像意志；還有一個部分則是和慾求有關（口腹之慾、性慾等）。因此，柏拉圖在別的地方聲稱靈魂一點都不單純。所以，他在《斐多篇》裡爲靈魂的單純性所提出的論證，以靈魂的不變與不可見爲基礎，終究不成立，也許不該令我們感到震驚。

最後，我們大可懷疑柏拉圖如果眞的能夠確立靈魂的單純性，是否即可由此推論出靈魂不可摧毀。當然，在對於單純論證的介紹當中，我試圖呈現出這種觀念爲什麼具有相當程度的可信度。靈魂如果不是由不同部分構成的，顯然就不可能藉著拆散靈魂而加以摧毀。不過，我現在卻要強調指出，儘管有這樣的論點，單純的東西無法受到摧毀卻不是一件顯而易見的事實。

當然，單純的東西無法受到我們剛剛提及的那種特定摧毀方式所摧毀——把東西拆散。單純的東西既然沒有不同部分，就不可能拆散，儘管如此，單純的東西在概念上卻還是有可能以這種方式受到摧毀——不再繼續存在。畢竟，單純的東西一開始是怎麼來的？至少就邏輯觀點來看，我們顯然不難想像任何一件單純的東西都曾經在某個時間點並不存在，然後在另一個時間點突然冒了出來。在《創世記》的開頭，上帝說：「要有光。」所以，說不定祂也說了：「要有單純的東西。」在某個特定的時刻，單純的東西原本不存在；在下一個時刻，它們卻存在了。這樣的情形看起來確實有可能。但如果是這樣，那麼說不定上帝在一段時間之後就對單純的東西感到厭倦，而說：「單純的東西不要再存在了。」在某個特定時刻，那些東西原本存在；到了下一個時刻，它們卻已不復存在。

這似乎也是一種合乎邏輯的可能性。假設眞的是如此。那麼，就算我們同意靈魂是單純的，就算我們承認柏拉圖論證中的其他一切，並且同意靈魂眞的是單純的東西，也無法由此推論出靈魂永生不滅。我們還是必須擔心單純的靈魂可能會在某個特定時刻突然不再存在，說不定就是在肉體遭到摧毀的同一個時間點。單純本身不足以保證永生。所以，我認爲我們在這方面也有理由斷定柏拉圖爲靈魂永生提出的論證並不成功。

心智是肉體的和聲

在我們放下《斐多篇》之前，還有一件事情沒完。記得西米亞斯說靈魂就像是肉體的和聲嗎？我們已經在相當程度上檢視了和聲是否爲蘇格拉底的論證提供了充分的反例（和聲不可見，卻還是可以受到摧毀），卻還沒有探討這項類比本身。以這種方式思考心智是否合理？所謂靈魂（或者心智，如果要減少爭議的話）就像是肉體的和聲，到底是什麼意思？

我本身的觀點是，這的確是一項非常有趣的類比。實際上，我認爲我們應該把這個說法視爲對心智提出物理論概念的一項早期嘗試。正如和聲是由調校良好的樂器所製造出來的東西，靈魂或者心智也是由調校良好的肉體所製造出來的東西。就像我說的，這樣的敘述頗爲貼切地反映了物理論者對於心智的看法。畢竟，根據物理論的觀點，談論心智只不過是談論肉體的一種方式而已。或者，說得更精細一點，心智其實是肉體在正常運作的情況下（也許可以說成是調校良好），所能夠做出的若干事物。所以，根據物理論的觀點，心智就某方面而言確實像是和聲。正如七弦琴在正常運作的情況下能夠發出和諧優美的聲音，物理論者也認爲人類肉體在正常運作的情況下能夠產生思維、感受以及其他心理狀態。簡言之，心智就像是肉體的和聲。

所以，我認爲和聲類比是一種嘗試，而且是相當不錯的嘗試，企圖指向物理論者對於心智的思考方式。當然，我一開始是藉著舉出電腦與機器人等例子而試圖讓你領會物理論的心智觀。不過，柏拉圖沒有採用這樣的類比自然不令人意外。他那個時代沒有電腦，也沒有機器人。儘管如此，他那個時代還是有能夠做出各種事情的物理物體，而做出這些事情的能力則是取決於物理物體的正常運作。所以，我認爲柏拉圖看得出還有一種與自己的二元論不同的重要觀點。他看得出有些人可能是物理論者，而主張心智依附於肉體上，主張心智只是肉體正常運作之時所能夠做到的一種事情。心智仰賴肉體，有如和聲仰賴樂器一樣。

所以，我認爲柏拉圖其實是爲我們提出了一項相當值得重視的嘗試，企圖討論他本身的二元論以外的物理論觀點。因此，在我們結束《斐多篇》的探討之前，我想要簡單檢視一下他對這種思考心智的觀點所提出的反駁。如同我早已提過的，蘇格拉底花了不少時間批評和聲的類比。他如果能夠說服我們靈魂不像是肉體的和聲，那麼我們也許就可以藉由這個理由質疑物理論的觀點。畢竟，就算柏拉圖爲靈魂永生提出的論證不成立，他還是有可能在反駁物理論的立場上提出良好的論證。

不過，思考這些反駁的時候，我們必須記住和聲的類比就只是這樣而已，就只是類比。這項主張不是（至少不該是）心智實際上就是和聲。這項主張的觀念是認爲心智類似和聲。就像調校良好、運作正常的樂器能夠製造出旋律與和聲，調校良好、運作正常的肉體也能夠產生心理活動。這才是這項類比的意思。所以，就算心智有某些面向不太像和聲，也不足以證明物理論的觀點錯誤。

那麼，且讓我們來看看柏拉圖的反駁吧。其中第一項反駁是這樣的。蘇格拉底指出，和聲顯然不可能在其仰賴的樂器存在之前而事先存在。這點明顯可見是正確的：七弦琴的優美聲音不可能在七弦琴的物理構造出現之前就事先存在。所以，如果心智是由運作正常的肉體所產生的東西，這是物理論者的主張，那麼心智顯然就不可能在肉體出現之前存在。然而，在對話錄裡一個先前的段落當中（我們沒有討論到這個段落），蘇格拉底早已論證了靈魂確實在肉體出現之前就已存在。如果這是對的，如果靈魂確實在肉體出現之前就已存在，那麼心智顯然不可能像是和聲。如此一來，就可以明白看出物理論謬誤不實。

明顯可見，第一項反駁的關鍵在於靈魂先於肉體而存在的主張。爲了公平起見，我必須承認我們尚未檢視這項論證，所以我也沒有向你指出我認爲這項論證哪裡有問題。儘管如此，我在這裡只能對你說我認爲這項論證沒有成功：我認爲柏拉圖沒有提供具有足夠說服力的理由能夠促使我們相信靈魂先於肉體的誕生而存在。因此，我認爲我們不必要花時間探究這第一項反駁。

在第二項反駁當中，蘇格拉底指出和聲會隨著樂器而變。不同樂器的和諧程度不一，發出的和聲也各不相同。然而，靈魂看起來卻不可能有程度上的差異。你要不然就擁有靈魂，要不然就沒有；你要不然就擁有心智，要不然就沒有。如果眞是這樣，那麼不論心智是什麼，總之與和聲並不相像。

不過，我不太確定我們是否應該同意心智不可能有程度上的差異。至少，心智的若干面向看起來的確可以有種類和程度的差異。舉例而言，我們可能有高低不一的智商、高低不一的創意、高低不一的講理程度，或是高低不一的溝通能力。所以，正如我們可以說一把運作良好的七弦琴能夠產生不同種類的和聲，而且和諧的程度高低不一，我想我們也可以說運作良好的肉體能夠產生不同種類的心理活動，並且在這些活動上展現高低不一的程度。因此，我仍然認爲這是一個相當不錯的類比，而這第二項反駁在我看來並不是非常具有說服力。

在第三項反駁當中，蘇格拉底指出靈魂可以善良也可以邪惡。靈魂如果善良，如果有一個人德行良好，我們也許會說這個人擁有和諧的靈魂。然而，靈魂與肉體的關係如果像是和聲與樂器的關係，而且靈魂又能夠具有和諧的特性，那麼我們顯然就也能夠談論和聲的和諧特性。也就是說，靈魂如果像是肉體的和聲，既然能夠談論靈魂的和諧性，就應該也能夠談論和聲的和諧性。可是我們不會談論和聲的和諧性。

我不是很確定該怎麼看待這項反駁。也許在這個說法上，我們應該提醒自己西米亞斯的提議並不是說靈魂（或者心智）就是和聲。心智只是在某些方面與和聲類似而已。說得精確一點，物理論者認爲心智類似和聲的地方，在於兩者都是由運作良好的物理物體製造出來的結果。我們可以同意這種看法，接受和聲與心智的類比，而沒有必要認爲和聲必須具備心智所具備的一切條件，或是心智必須具備和聲所具備的一切條件。

儘管如此，我認爲我們還可以對這項反駁提出更進一步的回應。正如我們可以說心智或靈魂是善良或邪惡，我們也可以談論不同種類的和聲。有些和聲比其他和聲聽起來甜美；有些和聲比較刺耳、缺乏調性或者不和諧。雖然可能不會談論和聲有多麼和諧，但和聲確實看起來可以有不同的種類。不過，如果這是對的，那麼和聲對於心智的類比就確實頗爲貼切。所以，我認爲這第三項反駁也不夠具有說服力。

最後，蘇格拉底又提出另一項反駁。他指出靈魂能夠指揮肉體（對肉體頤指氣使），甚至也能夠與肉體背道而行。舉個一般人都熟悉的例子，你的肉體也許想要吃一片巧克力蛋糕，但你的靈魂卻可能不同意，告訴你：「不行，不行，你在節食，不要吃！」你的靈魂可以反對你的肉體。可是，如果靈魂只是肉體的和聲，怎麼可能這麼做呢？畢竟，蘇格拉底指出，七弦琴發出的和聲可沒有辦法影響七弦琴本身的運作呀。我們可以說，所有的因果方向都是單向的。在七弦琴的例子裡，是七弦琴的物理狀態造成和聲的模樣；但七弦琴發出的和聲絕對不會改變或指揮七弦琴本身。相對之下，肉體不但能夠影響靈魂，靈魂也能夠影響肉體。由此可見，心智與肉體的關係終究不可能像是和聲與七弦琴的關係。

我認爲這是一項頗爲有趣的反駁。既然我們確實認爲心智能夠影響肉體，那麼物理論的觀點怎麼可能會是正確的呢？如果所謂的心智只是指肉體能夠做的事情，那麼肉體的能力怎麼能夠影響肉體本身？

就像我說的，這是一項很有趣的反駁，但我認爲我們可以針對這項反駁提出回應。物理論者應該說，我們所謂的靈魂或者心智影響肉體，其實就是肉體的若干物理部位（負責肉體的正常心理運作的部位）改變著肉體的其他部位。

這麼說吧。現在我正在打字。我正在命令我的肉體在鍵盤上舞動著手指，我的心智對我的肉體下達了指令。按照物理論的觀點，這種情形怎麼會發生呢？概略而言是這樣的：我的心智下達這些指令（舞動手指），其實就是肉體的一個部位（我的大腦）對肉體的另一個部位（我手指裡的肌肉）下達指令。所以，我們所謂的心智改變肉體，嚴格說起來只是肉體的一個部位影響著另一個部位。

七弦琴會有這樣的情形嗎？也許不會。也許七弦琴是一種太過簡單的機器，所以無法由其中的一個部位以這種方式影響其他部位。當然，就算眞是如此，這點也不構成揚棄物理論概念的充分理由。這點只會顯示七弦琴並不是非常類似心智與肉體。思考七弦琴與和聲只是物理論觀點的起點，而不是物理論的全貌。

儘管如此，我認爲我們還是可以從七弦琴與和聲當中看出可以類比的地方。假設我在七弦琴上撥了一條弦，製造出某一個音。我們都知道，一條弦的振動會導致其他弦也跟著振動（也就是泛音）。這麼一來，發生於七弦琴一個部位的事情突然對其他部位造成了影響：一組振動造成了其他不同的振動。毋庸諱言，這不算是心智指揮肉體的精確類比，但確實顯示這項類比至少大致上也能夠在這方面成立。

因此，我的結論是柏拉圖對於和聲類比所提出的各項反駁並不成功，他雖然提出了種種說法，但心智很可能就像是和聲，正如物理論者的主張一樣。

雖然如此，對於柏拉圖願意正視物理論的觀點而試圖提出批評，我還是要給予肯定。在他寫作的那個時代，根本沒有當今這種複雜的思考機器，所以我們提到柏拉圖使用像樂器這樣的簡單機器試圖思索物理論的觀點，絕對不是對他的批評。實際上，在那個物理論才稍微有些模糊輪廓的時代，柏拉圖就能夠看出針對這種論述提出反駁的必要性，這點足以見證他的傑出才智，所以我要對他表示肯定。但另一方面，我也要指出他針對物理論立場提出的各種反駁都不成功。在我看來，柏拉圖終究沒有爲我們提供捨棄物理論的充分理由。

---

① 此處關於《斐多篇》的引用來自G. M. A. Grube (Hackett, 1977)的譯本。

② 本書奠基於線上課程，在第七、八、九課有部分內容探討了《斐多篇》當中的其他論點，請見oyc.yale.edu/philosophy/death。

第六章
個人同一性——人如何繼續存在？

柏拉圖爲靈魂永生提出了一系列的論證，可是我已指出，這些論證當中雖然有些値得認眞看待，卻是全部都不成功。此外，我也不需要提醒讀者，在我們討論柏拉圖之前的那兩個章節裡，我已論證了各種企圖確立無形靈魂存在的嘗試也一樣不成功。因此，就我所見，爲了無形靈魂的存在（更遑論永生不滅的靈魂）而提出的各種論證，純粹就是不成功。

倒不是說靈魂的概念有任何愚蠢之處；二元論也絕對不是不値得探究。重點是，我們一旦這麼問自己：「我們有沒有充分理由相信無形靈魂的存在？」然後再試圖提出理由，就會在經過仔細檢視之後發現，各種相關論點其實都不太具有說服力。

所以，我已準備要做出沒有靈魂的結論。我們純粹就是沒有充分的理由相信靈魂存在。或者也許我該以比較謹愼的態度指出，我們沒有足夠充分的理由相信靈魂存在。無論如何，我的結論是根本就沒有靈魂。

總之，這是我在本書接下來的篇幅裡將會採取的立場。我將繼續探討死亡，但自此以後都是從物理論的觀點來探討。我們將由這樣的假設探討死亡：人只有肉體，所謂的心智只是肉體從事某些特殊心理活動的能力。肉體以外沒有額外的東西，沒有無形的靈魂。

證明靈魂不存在？

如果有人在這時候指控我對二元論與物理論採取雙重標準，也不算是不合理的反應。畢竟，想想我先前的作法。我把舉證責任完全放在相信靈魂存在的人士身上。我對二元論者說：「給我理由相信你們的立場。」而且我也指出二元論的論點不太具有說服力。那麼，為了公平起見，我現在難道不該以同樣的方式要求物理論者？我難道不該轉向物理論者，說：「給我理由相信物理論確實成立？」既然我要求了二元論者提出能夠讓我相信靈魂存在的理由，然後又埋怨這些理由不是很具說服力，那麼我是不是也該轉向物理論者，要求他們給我不相信靈魂存在的理由？我難道不該要求物理論者證明靈魂不存在？如果要公平對待雙方，不是就該這麼做嗎？

所以，且讓我們停下腳步，問問自己，你要怎麼證明一個東西不存在？況且，你什麼時候需要證明某個東西不存在？我們一旦不相信某個東西存在，要怎麼確認我們有正當理由不相信那個東西存在？

舉惡龍為例。我假設你和我一樣不相信惡龍存在。當然，惡龍有可能存在，而這種生物不是在邏輯上不可能存在，只是我們剛好相信實際上沒有惡龍存在。可是你要是不相信惡龍存在，難道不該先證明惡龍不存在嗎？然而，這點怎麼可能做得到？你（或者任何人）怎麼可能證明實際上沒有惡龍存在？

或者舉希臘眾神為例。我想現在應該沒有人相信宙斯存在。那麼，我們難道沒有義務證明宙斯不存在嗎？可是你要怎麼做到這一點？有什麼人能夠證明宙斯不存在？

不出意料，我其實不認為你有義務證明這些東西不存在。當然，這不表示你在這方面完全沒有任何智識上的義務，只是我們對於這種智識義務的界定必須非常謹慎。以惡龍的例子來說，我們要怎麼為自己不相信惡龍存在的立場提供正當理由？我想，最重要的一件事就是駁斥一切支持惡龍存在的論證。

我的兒子有一本關於惡龍的書，裡面有些非常精采的照片與圖片。所以，我要為自己不相信惡龍存在的立場提出正當理由，其中一件事情就是「澄清」這些照片與圖畫。我必須解釋爲什麼在實際上沒有惡龍存在的情況下，我們卻有惡龍的圖片。這不是一件特別困難的事情。畢竟，有些圖片只是圖畫而已，人會畫出自己想像的東西本來就是衆所皆知的現象。不過，即便是那些「照片」也很容易解釋。在當今這個電腦圖像與照片修改軟體當道的時代，要製作出看起來和照片一模一樣的圖片是一件相當容易的事情，就算照片裡的東西實際上不存在也無妨。

或者以獨角獸爲例。我要怎麼證明實際上沒有獨角獸？這個嘛，我可以針對各種目擊獨角獸的報導加以澄清。我也許可以從歷史的角度猜測相信獨角獸存在的想法在一開始是怎麼出現的（想想歐洲人初次見到犀牛的景象。在他們眼裡，犀牛看起來也許就像是一匹長了個大角的馬，說不定這就是獨角獸目擊報導的來源）。我可以檢視各種收藏當中的「獨角獸的角」，或者閱讀專家檢視這些物品的報告。不出意外，那些角總是屬於其他動物所有（例如獨角鯨的角）。簡言之，你檢視支持獨角獸存在的每一項證據，然後再揭穿那些證據其實不成立，解釋那些證據爲什麼不具說服力。

你一旦完成這些工作之後，就有資格可以說：「就我所知，其實沒有獨角獸存在。就我所知，其實沒有惡龍存在。」你並沒有義務探究地球表面上的每一個洞穴，然後告訴大家說：「沒有，這裡沒有惡龍，這裡也沒有惡龍。」你一旦推翻了支持惡龍存在的論證，就算是爲自己不相信惡龍存在的立場提出了正當理由。

當然，你也許可以再更進一步。至少在部分案例中，你可以進一步論證那個東西的觀念本身根本就不可能成立。再以惡龍爲例。我們不只是沒有充分理由相信惡龍存在，惡龍這種觀念本身可以說在科學上原本就自相矛盾。畢竟，惡龍能夠噴火，這是不是說牠們的肚子裡有火？可是牠們肚子裡的火怎麼可能在沒有氧氣的情況下繼續存在？而且牠們胃裡的黏膜爲什麼不會被火燒毀？我想，你可以試圖證明惡龍在科學上根本不可能存在，而你一旦做到這一點，就有額外的理由可以相信惡龍不存在。

不過，你倒不是必須證明一個東西不可能存在，才有正當理由可以不相信那個東西。我不是認爲獨角獸不可能存在，只是認爲實際上沒有獨角獸而已。當然，馬的前額上長出一根長角不是不可能的事情，只是實際上沒有這種生物而已。

有了這些觀念之後，我們再回到靈魂的討論。我這個不相信靈魂存在的物理論者，也就是認爲所謂的靈魂就是肉體以外的一種無形個體，是不是需要證明靈魂不存在（你看，這裡沒有靈魂，那裡也沒有靈魂）？不需要。我只需要檢視支持靈魂存在的論點，先解釋那些論點爲什麼不具說服力，再加以駁斥即可。我不需要證明靈魂是一種不可能的東西，只需要推翻支持靈魂存在的論證，只要沒有充分理由相信靈魂存在，就有理由相信靈魂不存在。

你如果想要，當然可以進一步試圖證明靈魂不可能存在，就像惡龍一樣。不過，就我個人而言，我不認爲這種不可能的主張特別令人信服，即使我不相信靈魂存在，不表示我就認爲像靈魂這種無形個體的觀念不可能成立。

當然，也許有人會說，假定無形的東西存在違反了我們已知的科學，尤其是物理學。既然如此，我們不是有充分的科學理由可以否認靈魂存在嗎？不過，科學總是不斷自我修正，一再回頭相信自己原本不相信的個體或性質。所以科學說不定只是還沒找到相信靈魂的理由而已。因此，雖然當前的科學規則排除了靈魂存在的可能性，我們也許應該說：「這是當代科學的損失。」

所以，我無意聲稱我們能夠證明靈魂不存在。實際上，我不認爲我們能夠證明實際上沒有靈魂。至少，我絕對不認爲靈魂的概念有任何矛盾之處。當然，有些哲學家認爲靈魂的概念自相矛盾，但我不是其中之一。

不過，眞正的關鍵在於，我不認爲我需要證明靈魂不存在才有正當理由可以不相信靈魂存在。

獨角獸並非不可能存在，但我還是有正當理由可以認為實際上沒有獨角獸存在。為什麼？因為所有支持獨角獸存在的證據就是無法令人信服。同樣的，靈魂並非不可能存在，但我認為我還是有正當理由相信實際上沒有靈魂存在。為什麼？因為你一旦檢視那些試圖說服我們靈魂存在的論點，就會發現那些論點實在不太具有說服力。至少我是這麼認為。

因此，從現在開始，我將假設我們有正當理由接受物理論的觀點。我將會假設物理論的觀點是正確觀點。當然，這不表示我們自此以後就完全不會再討論到靈魂。我不時會停下來思索二元論者對於某些議題可能會有什麼想法，不過這麼做的目標主要是為了更加了解物理論的另類觀點。所以，隨著我們將探討焦點轉向各種有關死亡的問題，接下來的主要關注將是如何從物理論的角度對這些不同議題獲得最明白的了解。

我如果已經說服你相信物理論（或是你原本就已傾向於接受這種觀點），這樣當然很好，但你如果仍然相信靈魂存在，那怎麼辦呢？若是這樣，那麼你只能把以下的討論視為一個冗長的虛擬條件句：如果沒有靈魂，那麼這就是我們必須針對死亡提出的論點。簡言之，你如果還不信服物理論，就隨你便吧！我已經盡全力說服你了。不過，我確實希望你至少會有興趣看看我們如果認同物理論者的觀點，認為人基本上只有肉體，那麼我們對死亡將必須提出什麼樣的論點。

什麼是「存在」？

讀者想必還記得，我在本書一開始就指出，我們如果要適切思考我能否在死亡之後繼續存活下去的問題，首先就必須釐清兩件事情。第一，我們需要知道：我是什麼？我由哪些部分構成？我只是肉體而已嗎？或者我是有形肉體與無形靈魂的組合（或者也許只是靈魂？只不過依附於特定的肉體）？檢視過這個問題之後，接下來就要把目光轉向第二個基本問題：怎麼樣才能夠**存活**？像我這樣的東西要怎麼樣才能夠繼續存在？當然，由於本書的探討焦點是死亡，因此也會想要知道：像我這樣的東西要怎麼樣才能夠在肉體死亡之後繼續存活下去？所謂人在肉體死亡之後繼續存活下去的想法有可能**說得通**嗎？

你也許會合理推論最後這個問題的答案必然是否定的，至少，我們如果是物理論者，這個問題的答案顯然必須是否定的。畢竟，我如果就只是我的肉體，那麼我不可能在肉體死亡之後繼續存活下去豈不是不論可知的事情嗎？

如同我說的，這個結論看起來相當合理，而實際上，我們後續將會看到，事情其實沒有乍看之下那麼簡單。我認爲這個問題的答案一點都不明顯可見。

無論如何，在我們開始探討我在肉體死亡之後繼續存活下去是不是一種合乎邏輯的可能性之前，我想我們應該先試圖釐清一個更基本的問題：對我而言，什麼叫做存活？什麼叫做**繼續**存在？

想想這個簡單的例子。今天，星期四，我在這裡，坐在我的書桌前面，在鍵盤上打著這些文字。到了星期一，無疑會有**某個**人在這裡，坐在我的書桌前面，在鍵盤上打著更多文字。即便是這麼簡單的一個例子，也還是能夠讓我們提出有關存活的問題。星期一坐在這裡打字的人，和現在坐在這裡打著你現在正在閱讀的這些文字的人，是不是同一個人？現在正在打字的這個人，能不能存活過這個週末？

我當然**預期**自己能夠活過這個週末。但怎麼樣叫做活過一個週末？存活到底有哪些構成要件？

當然，這個問題的答案已經有了雛型。我要存活到星期一，就是必須有某個人在星期一活著，而且關鍵是星期一的那個人必須和今天（星期四）在這裡打著這些字的人是**同一**個人。畢竟，我要是在這個週末喪生於一場墜機事故，而有另外一個人在星期一接替我繼續寫這本書，那麼還是確實有某個人在星期一坐在我的書桌前書寫著文字。不過，那個人當然不是我。所以，我們要釐清的問題是：星期一的某個人要怎麼樣才會和星期四坐在這裡打字的人是同一個人？

我們可以把這個問題問得更大一點，跨越漫長的時間。假設有個人活在四十幾年後的二〇五五年。那個人有可能是我嗎？問我會不會活到二〇五五年，就是問那個活在二〇五五年的人和現在坐在這裡打字的這個人是不是同一個人。可是未來的某個人要怎麼樣才會和今天在這裡的這個人是同一個人？這正是我們必須釐清的問題。

哲學家把這種問題稱爲個人同一性的問題，因爲這種問題詢問的是兩個不同時間點的人要怎麼樣才會是同一個人。所以，我們要釐清的就是個人同一性在跨時間情形下的本質。

不過，在思考這個問題的過程中，我們必須避免犯下若干極易引人上鉤的錯誤。你也許會忍不住這麼說：「你看，在星期四寫著這本書的這個人至少還有不少頭髮，而且還有鬍鬚。可是假設活在二〇五五年的那個人頂上無毛又身形佝僂，而且沒有鬍鬚。那麼他們怎麼可能是同一個人？一個有頭髮，另一個沒有。一個有鬍鬚，另一個沒有。一個身形挺直，另一個身形佝僂。他們不可能是同一個人。」

我們必須避免犯下這樣的錯誤。活在二〇五五年的那個人就算頂上無毛，而我並沒有禿頭，但那個人還是有可能眞的是我。不這麼想絕對是個錯誤。

不過，這是一項非常容易引人上鉤的錯誤，而我們也很容易在這一點上搞混。所以，我要仔細探討這項議題。我要先從幾個不容易讓人困惑不解的同一性案例談起。實際上，我一開始要探討的幾個例子，根本和人無關，也和時間無關。我們一旦檢視過這些簡單的案例，就可以回頭探討比較複雜的案例，也就是涉及人與時間的案例。

好，假設你和我走在路上，我們看見了一列火車，見圖6.1，隨著我們走近那列火車，我指向火

圖6.1

車尾（假設我們從左側走向那列火車）說：「你看那列火車。」我們不斷往前走，不斷往前走，不斷往前走。我們走到火車前端，於是我指向火車頭，說：「哇，你看這列火車有多長！這列火車和我五分鐘前所指的是同一列火車。我們在這列火車旁邊走了這麼長一段時間。」

假設你在這時候說：「這列火車和我們在五分鐘前所指的不是同一列火車。畢竟，你現在指的是火車頭，但你在五分鐘前指的是火車尾。火車尾和火車頭不是同樣的東西。你怎麼能夠說這兩者是同樣的東西？怎麼可能有人會犯下這樣的錯誤？火車頭噴著煙，火車尾沒有，還有其他許多不同之處。你怎麼會犯下這麼愚蠢的錯誤？」

當然，你絕不可能說出這麼蠢的話。但假設你這麼說了。那麼，我當然會對你說犯錯的人其實是你，不是我。明顯可見，我會同意火車頭和火車尾不是同一件東西，但我並沒有宣稱這兩者是同一件東西。在我們剛開始走路的時候，我手指的雖是火車尾，但我說的卻是那整列火車。我說的是：「你看那列火車。」所以，我說的不只是火車尾，而是一整列占了很長一段空間的東西，也就是那列火車，而火車尾只是其中的一部分。現在，到了我們這段步行旅程的結尾，我指向火車頭說：「你看那列火車。」這時我手指的雖是火車頭，但我說的仍是整列火車，也就是一整列占了很長一段空間的東西，而火車頭只是其中一部分。所以，我說：「這列火車和我五分鐘前所指的是同一列火車」，這句話絕不是一項顯而易見的錯誤。我尤其不是說火車頭和火車尾是同一個

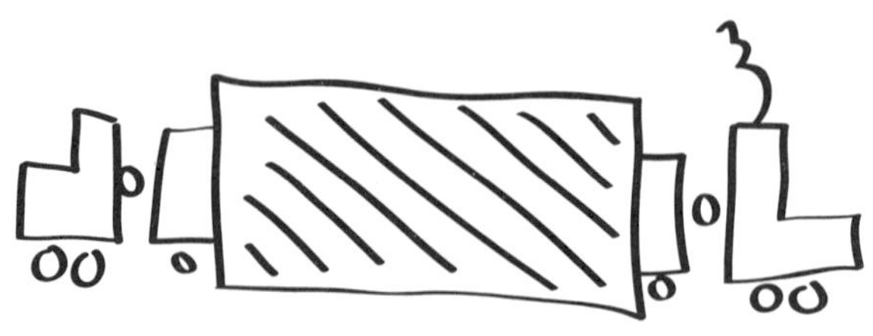

圖6.2

東西。我的意思是說，我現在手指的那一整列占了很長一段空間的火車，和我在五分鐘前所指的那一整列占了很長一段空間的火車是同一列火車。這項主張眞確無誤。

當然，就像我說的，絕對沒有人會眞的犯下這樣的錯誤。不過，如果不小心，我想這大概也是個有點容易引人上鉤的錯誤。而且，我們一旦開始思考跨時間的同一性案例，同樣的這個錯誤就會顯得更加吸引人。不過，且讓我們再繼續談談火車的問題。

假設在我們走路的過程中，火車有一部分看不見，被擋在一座大倉庫後面，見圖6.2。我們往前走，看見了火車尾。我說：「哈！那裡有一列火車。」然後我們又走了一段路，但在這段時間裡除了倉庫以外其他什麼都看不見。接著，我們走過倉庫之後（一座很長的倉庫），我看見火車頭，於是說：「你看，那裡有一列火車。」然後我問你：「你認爲這列火車和我們剛剛看到的那列火車是同一列嗎？」

同樣的，我們絕不該誤解這個問題。我問的不是我們現在看到的這個火車頭和我們剛剛看到的火車尾是不是同一個東西。當然不是！火車頭和火車尾不是同樣的東西。可是這不是我的問題。我早先指向火車尾，提到那裡有一列火車，我說的是那一整列占了很長一段空間的火車。現在，我指向火車頭，提到那裡有一列火車，我說的也是一整列火車，一列占了很長一段空間的火車。所以，我問的根本不是火車頭和火車尾，而是我藉著指向火車頭與火車尾而提出的一整列火

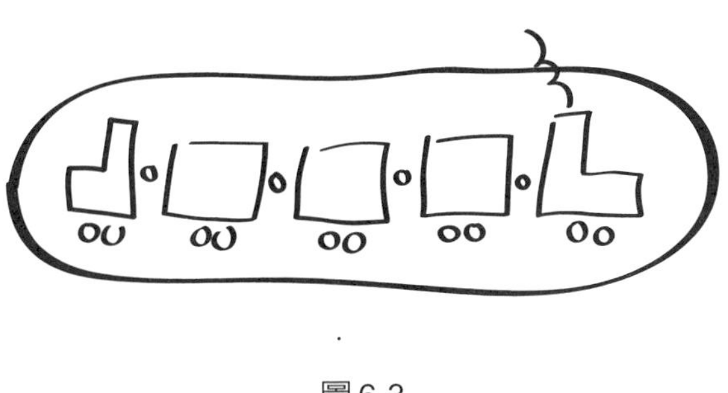

圖6.3

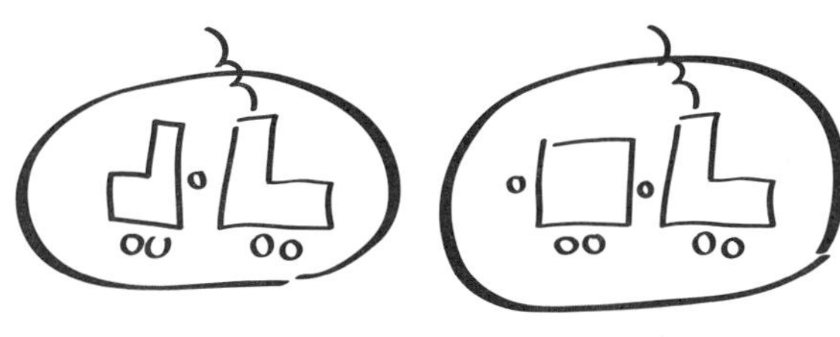

圖6.4

車。剛剛看到和現在看到的火車是不是同一列火車？還是不一樣的兩列火車？答案是：「我不知道，我不確定。那棟建築物遮擋了我們的視線。」

假設我們有X光視力，能夠看穿建築物。那麼我們就可以根據我們看見的情形提出兩種不同答案。如果是像圖6.3的狀況，那麼答案當然是我們看見的確實只是單獨一列火車，也就是我在我們的步行旅程結尾之際所提及的那一列占了很長一段空間的火車，和我在步行之初提及的那列占了很長一段空間的火車，乃是同一列火車。

不過，實際上也有可能不是如此。實際上也有可能是我用X光視力觀看之後，卻見到圖6.4的狀況。這麼一來，答案就會是不只有一列火車，而是兩列，也就是我指向火車頭所提及的那列占了很長一段空間的火車，和我指向火車尾所提及的那列占了很長一段空間的火車，原來是不同的

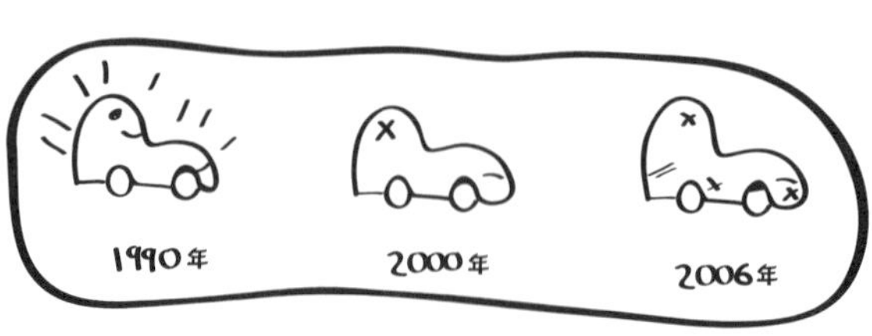

圖6.5

兩列火車。

當然，事實是我沒有X光視力，所以我不知道這兩種形上假設究竟何者正確，儘管如此，我們還是完全能夠理解任一種答案成立的條件。我們知道火車的同一性如何成立（至少在這些案例當中是如此）。

接下來，且讓我們談談另一件同樣不會太過複雜的東西——汽車。我以前有一輛車，是在一九九〇年買的。那輛車在一九九〇年的時候是新車，看起來閃閃發亮，不過我開了幾年之後，車身上有了些凹陷和刮痕。到了一九九六或二〇〇〇年，那輛車看起來已經沒有那麼耀眼迷人，車身烤漆也已不再閃亮，出現了一些鏽斑。這是那輛車在二〇〇〇年的狀況。到了二〇〇六年，那輛車已有許多凹痕，引擎也開始有問題。實際上，我那輛車終於在二〇〇六年壽終正寢，見圖6.5。

我認為我們全都了解我在二〇〇六年擁有的那輛車和我在一九九〇年擁有的那輛車是同一輛車的主張。當然，你在這個案例中也必須小心，不要誤解了這麼說的意思。我們全都知道那輛車到了二〇〇六年已有許多刮痕，而且一側已被撞凹；在二〇〇六年，由於刮痕、鏽斑，以及烤漆褪色，那輛車看起來已經老舊不已，相對之下，那輛車在一九九〇年原本新穎閃亮又光滑。不過，你也許會說那輛車在二〇〇六年的「階段」和一九九〇年的階段明顯不是同一個東西，這就有點像是說火車頭和火車尾不是同一件東西。不過，我說一九九〇年和二〇〇六年的車是同一輛車，指的並不是汽車的「階段」，我指的是跨時間存在的單

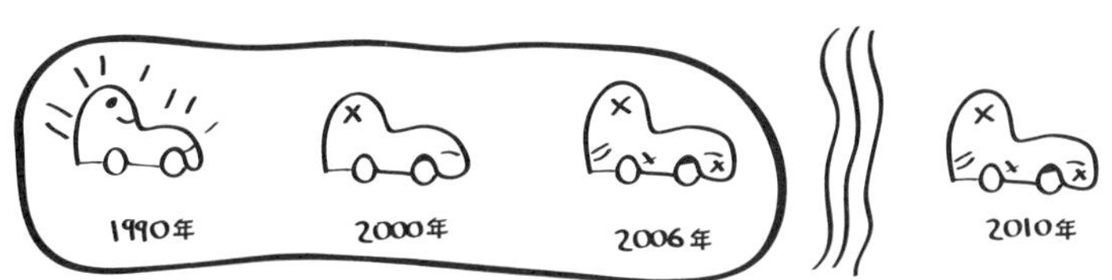

圖6.6

獨一件東西。

在一九九〇年的時候，我傲然站在我的新車旁邊說：「這是一輛車。這輛車存在的時間不只有幾分鐘，而是會存在許多許多年（儘管當時我沒想到那輛車能夠耐用十六年以上）。」我提及我的汽車，而不是汽車的階段或者時間片段，我在一九九〇年提及那輛汽車的時候，我指的是那一整個跨時間存在的物體。同樣的，在二〇〇六年，我指向那輛老舊的破車說：「這輛車我已經開十六年了。」我的意思顯然也不是指當時的汽車階段或者時間片段。那個汽車階段當然沒有延續了十六年！那個汽車階段或者時間片段，頂多只存在幾個月或是一年而已（或者也許只有短短一下子，端看我們把這些「片段」畫分得多細）。不過，我談及那輛車的時候，我指的不只是那輛車當下的時間片段或者階段，而是整個跨時間存在的物體。我說：「那輛車就是我已經開了十六年的車。」我的意思是說：「想想我藉著指向當下這個時間片段而提及的那件跨時間長久存在的物體。那件物體和我在十六年前藉著指向當時的那個時間片段而提及的那件跨時間物體是同一件物體。」兩個時間片段明顯不同，但那輛車卻是同一輛車。

接著，再來想像一個稍微比較複雜的案例。在二〇〇六年底，我的汽車引擎失效了，於是我把那輛車賣給了廢物回收商。不過，假設我在二〇一〇年在一座垃圾堆置場看見一輛車，發現那輛車看起來很眼熟，見圖6.6。我說：「哇！那是我的車。」那麼，那輛車究竟是不是我的

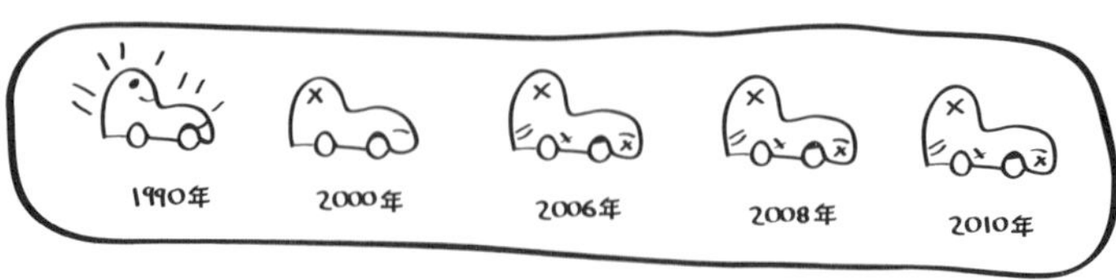

圖6.7

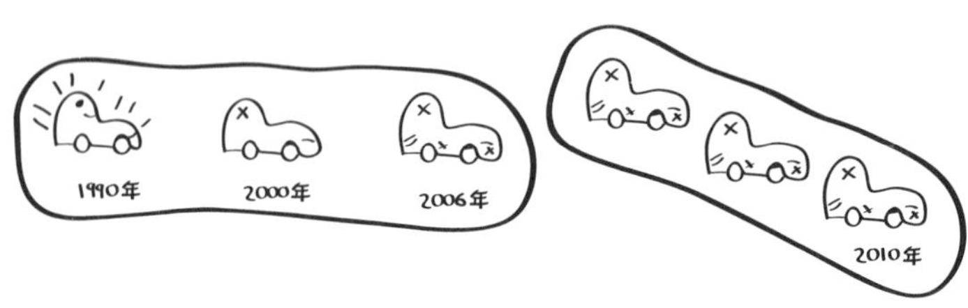

圖6.8

車？

這有點像是我們先前討論過的視線被工廠擋住的案例。不過，這一次遮擋視線的不是建築物，而是時間的迷霧。從一九九○到二○○六的這十六年間，我每天都看到那輛車，所以很容易得知那輛車的演變。不過，在二○一○年的現在，由於已經過了四年，我實在不知道事實是怎麼樣，所以我只能問：「那是不是同一輛車？」

到了這時候，我想我應該不必再提醒你如何適切理解我的問題。不過，爲了安全起見，我還是再說明一次吧。我問的不是二○一○年的汽車階段和二○○六年的汽車階段（我上一次看到我那輛舊車的時候）是不是同一個階段。明白可見這兩個階段並不相同。我指向二○一○年的汽車階段之時，提及的其實是那一整個跨時間存在的個體——那輛車，而且我問的是那輛車，也就是那件跨時間存在的個體，和我以前擁有的汽車（一件跨時間存在的個體）是不是**同一輛車**？這才是我想知道的事情。而這個問題的答案是：我不知道！因爲時間的迷霧遮擋了我的視線。

我不知道答案，但我知道有哪些可能性。其中一個可能性是那的確是同一輛車。我的車不曉得怎麼從廢物回收商那裡被移到了這座垃圾堆置場。那輛車也許因爲又過了幾年而顯得更加破舊，但的確是同一輛車，見圖6.7。

不過，還有另一種可能性。說不定我把我的車子賣給廢物回收商之後，對方將那輛車壓成了一堆廢鐵，於是我的車就此不復存在。如果是這樣，那麼我在二〇一〇年在垃圾堆置場裡看見的車必然是另一輛車，帶有其本身的歷史，見圖6.8。

且來介紹一個術語。再看看圖6.7，其中可以見到我的車，也就是我擁有的那單獨一輛車，橫跨存在於不同的空間與時間裡。我畫了一個圓圈圍住各個不同階段，藉此表示其中的階段雖然各不相同，但我們見到的只有單獨一件物體，橫跨存在於不同的空間與時間。這整幅圖看起來有點像是一條蟲。所以，哲學家說我畫了一個時空蟲。這只是一種比較花俏的說法，意思仍是說那輛車本身是一件橫跨空間與時間而存在的物體。

我在二〇一〇年看見一輛和我的舊車（上一次見到是在二〇〇六年）顯得有點相似的汽車之時，我想知道的是：我面對的是一條時空蟲還是兩條？構成這輛車的時空蟲和構成我那輛舊車的時空蟲是不是同一條？當然，我們不知道答案。我們不知道事實如何，但至少這是我想知道的問題。

實際上，我們剛開始討論的這些形上議題有些不盡相同的描述方式。以火車爲例，聲稱火車由個別車廂連結而成，包括火車頭、火車尾，以及其他車廂，的確是種看似合理的說法。一列火車似乎有點像是三明治。就形上角度而言，構成火車的基本元素似乎是火車尾、火車頭，以及夾在這兩者之間的車廂。這些車廂如果以適切的方式「黏」在一起，就會構成火車。而火車的形上接著劑是什麼？就是以那些小小的聯結器將車廂連接在一起。

不過，對於我所謂的汽車階段或時間片段而言，這種思考方式倒是不一定正確。當然，就某些形上觀點而言，這種情形確實就像火車一樣。汽車的階段是形上基本元素，而汽車這個跨時間存在的東西，則是由各個汽車階段像三明治一樣黏在一起所構成。不過，我們如果接受這種觀點，自然就必須問其中的形上接著劑是什麼（不同於火車的車廂，構成汽車的各個汽車階段不是連接在一起；那麼，此處的形上接著劑到底是什麼呢？）不過，根據其他形上觀點，眞正形上優先的東西是汽車本身，所謂的汽車階段只是一種方便的說法，一種將汽車這項基本元素「切開」的方式。按照這種觀點，我們不該把汽車想成三明治，而是比較像一條可以切片的臘腸。爲了特定目的，談論（或者創造）片段可能有其用處，但形上基本元素是那一整條臘腸①。

因此，在思考汽車的時候，我們該不該說汽車階段是基本元素，而且這些基本元素會像三明治一樣黏著在一起而構成汽車？或是我們應該認爲基本元素是跨時間存在的汽車本身，而這個東西可以「切片」（爲了從事特定的哲學討論）形成汽車階段？所幸，就我們的目的而言，我認爲我們不必設法解決這個問題。這個問題的答案其實不重要。只要我們接受時空蟲的概念（汽車本身），也接受時間片段或階段的概念，就不需要問何者具有形上優先性。這兩種觀點應該都行得通。

我也希望避開其他的形上爭議。舉例而言，我在先前的討論中，其實在沒有明言的情況下把橫跨時間類比於橫跨空間。所以我才會先從火車這項空間案例談起，接著再談到汽車這項時間案例。有些哲學家認爲這是思考這種議題的正確方式（物品具有時間部分，就像它們也具有空間部分一樣）。不過，也有些哲學家認爲，過度採用空間與時間的類比可能會造成誤導（這些哲學家指出，一件物體橫跨時間而存在，那整件物體都存在於每一個時刻裡；但一件物體橫跨空間而存在，則是在每一個地點都只有那件物體的一部分存在）。這些都是値得注意而且極爲困難的問題。不過，就我們的目的而言，我不認爲我們需要探究這些問題。

無論如何，我將繼續採用這種時空蟲的說法，談論不但橫跨空間而且也橫跨時間而存在的物體。此外，我也會繼續將整條蟲與個別片段或階段（不論是蟲由這些片段構成，還是可以將蟲畫分成這些片段）區分開來。在這樣的情況下，有一個方法可以陳述我所強調的重點：構成蟲的各個階段和整條蟲本身不能混為一談。個別階段就算共同構成單一條蟲，那些階段還是各自不同，至少在數目方面是如此，也許在質方面也是一樣。

然而，不同階段究竟要怎麼樣才能夠結合起來而構成一條時空蟲？其中的形上接著劑是什麼？如同我們見過的，在火車的案例當中，要描述火車頭、火車尾，以及其他車廂需要什麼條件才能黏在一起而構成單一列火車是相當容易的事情：那些車廂必須以正確的方式連接在一起。不過，那是空間部分的案例，不是時間部分的案例。「階段」或「時間片段」要怎麼黏在一起？以我的車為例，一九九〇年的汽車階段和二〇〇六年的階段要怎麼樣才會是同一輛車？同一條時空蟲？這些階段由什麼形上接著劑黏在一起？這兩個片段要怎麼樣才會是同一輛車的不同片段？

我認為答案是這樣的，如果那是同一團金屬、塑膠與電線，那麼就是同一輛車。畢竟，汽車是什麼？汽車只不過就是金屬與塑膠還有橡膠與電線構成的物體。我的車的確就是如此。有一團這樣的東西是我的車，那團東西從一九九〇年就開始存在，並且一路存續至二〇〇〇年，再到二〇〇六年。汽車的形上接著劑，也就是跨時間同一性的關鍵，就是身為同一團東西（當然，如果那團東西遭到撞爛而不再是一輛車，這個條件就不再成立！我的車繼續存在的條件，就是必須要有一輛由同一團東西構成的車）。

這不表示那輛車的每個原子都必須一模一樣。我們知道實際上並非如此。想想我的方向盤。我每次握住方向盤開車，都會磨掉數以千計的原子，而方向盤就算損失了一些原子，仍然可以是同一個方向盤，這點看來顯而易見。汽車就算損失了一些原子，也仍然是同一輛車。同樣的，我每隔一

圖6.9

陣子會更換汽車的輪胎，儘管如此，我的車在這些變化之下仍然繼續存在。爲什麼？因爲那輛車整體而言仍是同樣的那一團東西。

明顯可見，這樣的說法不免引發一項值得注意又重要的問題。構成部分可以有哪些類型的變化，而仍然使那團東西維持爲同一團東西？如果這是一本專門探討跨時間同一性的書，那麼我們就必須認眞面對這個問題。不過，由於我們只是要對同一性的問題取得足夠的理解，以便進而探討我們眞正想要思考的問題，也就是跨時間的個人同一性本質，因此我不打算再繼續探究這個問題。我只想要指出這一點：一團東西的部分組成原子就算有所變化，仍然可以是同一團東西。此外，就算你更換了一些比較大的組成部分（例如頭燈或輪胎），那團東西也仍然可以是同一團東西。我的車無疑就是如此。我的車從一九九○年一直存續到（至少）二○○六年，因爲那輛車一直都是同一團東西。我在二○一○年在垃圾堆置場看見一輛車而問道：「那是不是我的車？」這個問題的答案就必須取決於我面前的那團東西和我以前的那輛車是不是同一團東西。我不知道那團東西和我的舊車是不是同一團東西，不過這正是關鍵所在。這就是汽車同一性的形上接著劑。

因此，我們現在終於可以把焦點轉向我們眞正想要了解的案例，也就是個人同一性的案例。我，雪萊．卡根，在二〇一一年的當下坐在這裡打著這些文字。想像有個人活在二〇五五年，而你問道：那個人是不是雪萊．卡根？我們還不知道答案，所以爲了保險起見，且讓我們先爲那個人物階段取個名字，叫做「X先生」，見圖6.9。你指向X先生問道，他和雪萊．卡根（以下簡稱SK）究竟是不是同一個人？

到了這時候，我相信你已不會再受到我一再提醒的那種錯誤所引誘。你完全了解這個問題眞正的意思。我們問的不是X先生那個人物階段和你在二〇一一年看見的這個人物階段是不是同一個階段。且讓我們把時間較早的這個階段稱爲「SK 2011」（聽起來很像一部電腦，對不對？「幫我買一部SK 2011！」）明顯可見，X先生和SK 2011不是同一個階段。畢竟，SK 2011有頭髮，有鬍鬚，而且站起來身體也頗爲挺直。另一方面，X先生則是禿頭、沒有鬍鬚，而且走起路來彎腰駝背。我們問的不是X先生這個人物階段與SK 2011這個階段是不是同一個階段。我們問的是：這裡到底有幾個人，意指有幾個橫跨時間長久存在的個體。你想知道的是X先生所屬的那個人和SK 2011所屬的那個人是不是同一個人。

這兩個人物階段明顯不同。不過，藉著觀看這兩個階段，我們卻能夠挑出構成一個人的一整條時空蟲。而你提出的問題是，那條時空蟲（也就是你看著X先生的時候所指出的那一條）和你先前指出的那一條（也就是你看著SK 2011的時候）是不是同一條時空蟲。

這個問題的答案想必會是：看情形，端看那兩個不同的階段是否以正確的形上方式黏在一起。所以，我們必須知道的其中一件事情，就是兩個人物階段要怎麼樣才能構成同一個橫跨時間而存在的人。個人同一性的關鍵是什麼？相關的形上接著劑是什麼？我們如果能夠確認這個問題的答案，至少就能夠知道我們必須找出什麼樣的資訊，才能分辨這兩個人物階段究竟是同一個人還是不同的兩個人。

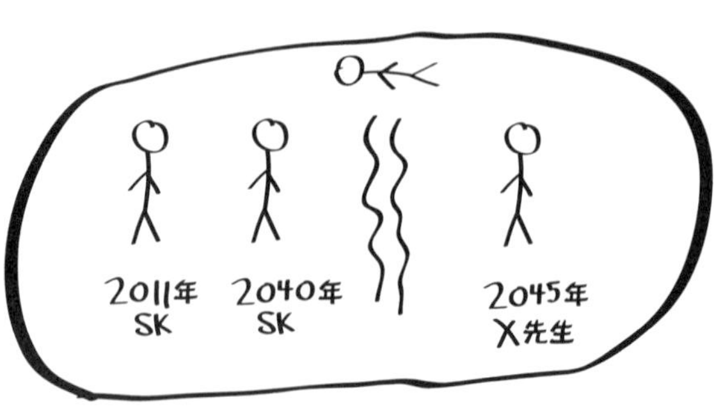

圖6.10

當然，我們最終想要知道的是我能不能在死後繼續存活下去。不過，讓我們暫時回到一個比較簡單的例子：我能不能活過這個週末？達到這點需要有什麼樣的條件？要活過這個週末，一定要有一個人在星期一活著，而且那個人必須和今天星期四寫著這些文字的這個人是同一個人。或者，以階段的說法表達這個概念，就是必須有個人物階段在星期一活著，而且那個階段必須和當下這個階段（也就是現在坐在我的桌前的這個人物階段）屬於同一條時空蟲，這兩個階段必須以正確的方式黏在一起。

當然，要知道實際上究竟是不是如此，我們首先必須知道相關的接著劑是什麼。不過，我預期，也不僅僅預期，我可是熱切這麼盼望！實際上的確是如此。我假定星期一會有一個人物階段以正確的方式和現在坐在我桌前的這個人物階段黏在一起。

那麼，假設我問：我會不會在死後繼續存活下去？且讓我樂觀一點，假設我會活到二〇四〇年。在二〇四〇年，我甚至還沒九十歲！所以這樣不算太過度樂觀（雖然樂觀，卻不是太過度樂觀）。接著，假設我的肉體在二〇四一年死了。於是我問，我能不能在二〇四一年死亡，也就是肉體死亡之後繼續存活下去？這點要怎麼樣才能夠成立？這個嘛，舉例而言，必須要有一個人活在二〇四五年，而且那個人必須和我是同一個人。或者，以人物階段與時空蟲的用語來說，二〇四五年必須要有一個人物階段，和目前在二〇一一年坐在我桌前的這個人物階段屬於同一條時空蟲，見圖6.10。

這樣當然很好，但是有可能嗎？在我的肉體死亡之後，有可能還會有個人和我是同一個人嗎？眞的有可能嗎？不幸的是，我們還沒辦法回答這個問題，至少在我們釐清跨時間的個人同一性之前沒有辦法。我們面對的如果是人，不是火車，不是汽車，而是人，那麼相關的形上接著劑是什麼？個人同一性的關鍵是什麼？我們如果不先找出這個問題的答案，就沒辦法知道人有沒有可能在死亡之後繼續存活下去。

靈魂觀點

假設我們相信靈魂，那麼我們就可以在這時候提出一個順理成章的提議：個人同一性的形上關鍵就是擁有同一個靈魂。

所以，我如果是二元論者，也許會這麼說：「現在坐在這張桌前的是一具特定的肉體。不過，和這具肉體以一種特殊而緊密的方式連結在一起的則是一個特定的靈魂，也就是雪萊．卡根的靈魂。下星期一撰寫著這本書的那個人會不會也是雪萊．卡根，即是取決於屆時那個人的靈魂是不是同一個靈魂。只要這個靈魂在星期一同樣又在這裡寫書，那麼那個人就仍然會是雪萊．卡根。然而，如果屆時在這裡寫書的是另一個不同的靈魂，那麼那個人就不會是雪萊．卡根。」

我們如果相信靈魂，提出這樣的建議自然是順理成章。這雖不是二元論者唯一能夠採用的選項，卻是最顯而易見的一個提議。個人同一性的關鍵就是擁有相同的靈魂。只要有相同的靈魂，就是同一個人。如果是不同的靈魂，就是不同的人。我們可以把這種說法稱為個人同一性的靈魂理論，或者簡稱為靈魂觀點。

那麼，想像上帝或者魔鬼或是其他各種神魔，因為某種變態理由而切斷了我的肉體與靈魂之間的尋常連結，然後又重新接線，以致在星期一為這具肉體賦予生氣並且予以操控的乃是另一個靈魂。再接著想像，由於某種變態理由，也許只是為了釐清某個哲學論點，那個人決定在星期一來到我的辦公室寫我這本書。根據靈魂觀點，在星期一寫下那些文字的那個人不會是我。為什麼？因為我們已說明了那個靈魂不是我的靈魂，是另一個靈魂。而根據個人同一性的靈魂理論，個人同一性的關鍵乃是相同的靈魂。

因此，根據這個觀點，我一旦這麼問自己：「我會不會活過這個週末？」我問的其實是：「到了星期一，我的靈魂還會不會在這裡？」只要我的靈魂仍然存在，仍然發揮著功能，那個人就仍然是我；我存活了下來。實際上，先稍微提一下後續將要探討的內容，就算我的肉體在這個週末死亡，但只要我的靈魂繼續存在，我就繼續存在。畢竟，個人同一性的關鍵就是擁有相同的靈魂。只要我的靈魂繼續存在，我就仍然存在，不論我的肉體是否還活著。

當然，就是基這個原因，所以對於靈魂的信念才會至少帶來死亡之後繼續存活下去的可能性。我們只需要相信靈魂存在，同時也相信個人同一性的靈魂理論即可。我們也許無法知道靈魂會在肉體毀滅之後繼續存在，但至少有這樣的可能。所以，就算我不能證明我的靈魂會在肉體死亡之後繼續存在，至少我還是能夠這麼說：我也許能夠在肉體死亡之後繼續存活下去。

相對之下，我們如果不相信二元論，我在肉體死亡之後繼續存活下去的前景就不是那麼光明了。我們如果同意物理論的觀點，認為人只是個具有P功能的肉體（見第二章），那麼一個人的肉體一旦死亡之後，他怎麼可能還在？在我看來，這仍是一項看起來相當不合理的觀點。

我們後續會再進一步談談物理論者擁有的選項，但目前且讓我們回到靈魂觀點上。如同我們看過的，根據這種觀點，只要是同一個靈魂，就仍然是我。如果是不同的靈魂，就不會是我。那麼，請想想以下這種可能性。假設在週末期間，在星期日凌晨三點，上帝（趁著我在睡夢中）把我的靈魂取代成另一個靈魂。祂把那個新靈魂連接在我的肉體上，然後爲那個替代靈魂賦予了我所有的記憶、信念、渴望與意圖。假設上帝做了這些事情。接下來會怎麼樣呢？如此一來，星期日早晨就會有個人醒過來，說：「嘿，這眞是個美好的一天。能在這一天活著，在這一天身爲雪萊．卡根，在這一天工作，眞是太美妙了。」不過，這裡似乎有個問題。他說他是雪萊．卡根，但他並不是。根據靈魂觀點，那個人不是我，因爲根據個人同一性的靈魂理論，那個人如果要是我，就必須擁有我的靈魂。但在這個故事裡，他沒有我的靈魂。假設我的靈魂在星期日凌晨三點遭到摧毀，而有一個新的靈魂被創造了出來，所以那個人不是我。確實有一個人沒錯，但那個人沒有多少過去的歷史。說不定他會活上很長一段時間，但他不是現在正在寫著這些文字的這個人，他不是我，他不是雪萊．卡根。因爲根據靈魂觀點，那個人如果要是我，就必須和我擁有相同的靈魂，而我們卻已經說明了那不是同一個靈魂。

想想這代表什麼意思。上帝如果在星期六晚上替換了我的靈魂（並且摧毀了原本的靈魂），那麼我就死了。在星期日早上醒來的那個人不是我。當然，他會以爲自己是我。他會這麼想著：「我就是上星期書寫著哲學的那個人。」但他錯了。他不是同一個人，因爲他的靈魂和我的靈魂不是同一個。他錯了，但是他卻完全無從知曉，這點尤其重要。他可以檢視自己的信念，可以檢視自己的渴望，可以檢視自己的記憶，可是根據靈魂觀點，這些都不是個人同一性的關鍵所在。根據靈魂觀點，個人同一性的關鍵是擁有同一個靈魂。你沒辦法檢視靈魂，你沒辦法看看自己的靈魂是不是同一個。所以，如果眞的發生了這樣的事情，那麼在星期日早上醒來的那個人就不會是雪萊．卡根，不會是在上星期書寫著哲學的那個人。不過，他根本無從知道這一點。

現在，你必須問自己的問題是：你怎麼知道這樣的事情沒有在昨晚發生在你身上？你今天早上醒來，心裡想著：我仍是同一個人，不管你的名字叫喬、蘿拉、莎莉還是什麼，和昨天看著這本書的那個人是同一個人。可是你怎麼知道？你怎麼可能知道？上帝如果把那個人的靈魂換了一個新的，把舊的靈魂摧毀掉，並且把所有原本的記憶、信念、渴望、目標等都賦予了新的靈魂，那麼昨天看著這本書的那個人就已經死了。現在讀著這本書的這個人並沒有活了二十年或者四十年，而是在幾個小時前才剛出生。可是你完全不可能知道這一點。

你怎麼知道這種事情不僅沒有在昨晚發生在你身上，而且不會每一夜、每個小時、每分鐘乃至每秒鐘都發生著？上帝扯掉舊靈魂，加以摧毀，再換上一個新的。說不定靈魂的壽命只有一分半鐘呢！如果眞是如此，那麼根據靈魂觀點，人的壽命實在不太長。肉體可能存在二十年、五十年、八十年、一百年，但人的壽命卻只有一個小時，或者如果靈魂每分鐘更換的話，就只有一分鐘。然而，你卻完全無從知曉。

這些擔憂是偉大的十七世紀英國哲學家洛克提出的。他認爲這種觀點實在太令人難以置信②，實在令人難以接受。我們不可能眞心認爲我完全無從分辨明天的我還是不是我，下一個小時的我還是不是我，下一分鐘的我還是不是我。這麼說實在不可信。倒不是說這項觀點有任何前後矛盾之處。這項觀點沒有任何違背邏輯的地方。你只需要這麼問自己：「個人同一性眞的有可能是這樣嗎？我眞的完全無從辨別自己這一分鐘是不是還活著，自己這一小時是不是還活著？」洛克認爲答案是否定的。你如果想想靈魂觀點隱含了什麼樣的後果，就不可能對這種觀點認眞看待。

順帶一提，這項論證並沒有聲稱靈魂不存在。你如果認爲這項論證具有說服力，那麼這項論證的主張是：就算靈魂存在，也可能不是個人同一性的關鍵。這項論證反駁的對象不是二元論，而是個人同一性的靈魂理論。所以，我們必須問自己的是，還有什麼其他選擇？還有什麼比較好的建議？我們還可以找到什麼形上接著劑，也就是個人同一性的關鍵？

肉體觀點

看起來順理成章的另一個選項，就是主張身為同一個人的關鍵不在於擁有同樣的靈魂，而是擁有相同的肉體。這種想法可以稱為個人同一性的肉體理論，簡稱肉體觀點。值得注意的是，就算你相信靈魂存在，也無礙於你接受個人同一性的肉體理論；二元論沒有任何內容排除了肉體可以是跨時間個人同一性關鍵的可能性。因此，就算你相信靈魂，也還是可以接受肉體觀點。另一方面，你如果不相信靈魂，那麼你看起來就不能不接受個人同一性的肉體理論。

不過，實際上並非如此。物理論者除了肉體觀點之外，還有另外一種選項。我們待會兒會探討那種選項，但首先且讓我們仔細檢視肉體觀點。

當然，按照這項理論，身為同一個人的秘訣就是擁有同一個身體。相信讀者還記得，本章稍早，在我探討我要怎麼樣才能活過這個週末的段落裡，我一再指出當時是星期四。不過，現在星期四已經是昨天了。就在我寫著你現在正在閱讀的這些文字之時，今天已是新的一天，是星期五了。所以，且讓我以較為謹慎的態度問道：我剛剛這樣的描述正確嗎？我說我和星期四寫了那些文字的那個人是同一個人，這麼說是對的嗎？

根據肉體觀點，這個問題的答案取決於現在正在寫著這些文字的這具肉體，也就是這團骨頭與血肉，它和昨天寫著那些文字的肉體是不是同一具肉體。如果是的話（順帶一提，眞的是耶！），那麼就是同一個人。所以，我就是昨天撰文探討個人同一性的那個人，因為是同一具肉體。這就是肉體觀點的說法。

在靈魂觀點當中，你完全無從得知自己的靈魂是不是受到了更換；但在肉體觀點當中，我們卻很輕易能夠確認自己的肉體是不是同一具。儘管你沒有這麼做，但你可以溜進我家，看著我的肉體上床睡覺，然後在早上醒來。你可以一直跟著我的肉體，直到這具肉體坐下來開始在鍵盤上打出這些文字。你可以橫跨空間與時間追蹤這具肉體，然後說：「你看，這具肉體和星期四在這裡寫書的那具肉體是同一具。」就像我們在先前的例子裡能夠追蹤汽車（至少就原則上而言），然後宣稱那輛車是同一團金屬與電線、橡膠與塑膠，我們也可以橫跨空間與時間追蹤一個人，而宣稱那個人是同一具肉體。既然是同一具肉體，就是同一個人。這就是個人同一性的肉體理論。

假設我們接受肉體觀點，而轉向這個問題：我能不能在死亡之後繼續存活下去？我能不能在肉體死亡之後繼續存活下去？乍看之下，答案似乎必然是：「當然不能。」因爲我的肉體一旦死亡，就會開始腐爛，開始分解成分子而被土壤吸收。我的肉體要完全分解，可能得花上幾年或數十年或甚至數百年，但肉體一旦死亡之後，就不復存在。所以，如果我要存活下去就必須有個人是我，而且那個人必須和我擁有相同的肉體，那麼我怎麼可能在我的肉體死亡之後繼續存活下去？我如果要在肉體死亡之後繼續存活下去，肉體就必須仍然存在。可是我的肉體已經不存在了！所以我不可能繼續存活下去。那個問題的答案乍看之下確實就是如此。

不過，若是再仔細看看，就會發現我在肉體死亡之後繼續存活下去似乎至少在邏輯上並非完全不可能。只要把我的肉體重新組裝起來即可，也就是肉體復活。我在這裡不打算探討我們是否該相信肉體復活眞的會發生，而僅是指出有些宗教傳統曾經教導過並且相信這種可能性。值得一提的是，早期的基督徒信奉的正是某種類似於個人同一性的肉體理論的觀點，並且相信肉體復活會發生在審判日當天或前夕。但無論如何，我們絕對能夠了解這樣的可能性：上帝會創造奇蹟，把相關的分子重新組合起來，再度啓動我的肉體。因此：到了審判日，我就仍然會是同一具肉體，同一個人。這是一種可能性。所以，至少値得強調的是，就算我們不相信靈魂，只要我們願意相信肉體復活，那麼我們就還是能夠相信人有可能在死亡之後——在肉體死亡之後，還能繼續存活下去。至少表面上看起來是這樣。

不過，且讓我們再進一步加以檢視。這種說法的假設是，上帝在審判日重新組裝起來的肉體仍然是我的肉體。這樣對嗎？我傾向於認爲這是對的。如果上帝把原本構成我的肉體的所有分子收集起來，以正確的排列方式重新組裝，把這個鈣分子放在那個氫分子旁邊，又把哪些分子和哪些分子擺在一起，那麼那具重新組裝而成的肉體看起來應該就是我的肉體（當然，上帝一定要以正確的方式把那些分子重新組裝起來；他如果用我的肉體的分子組裝出一部汽車，那顯然就不是我的肉體）。

且來舉個類比，讓你對這種情形比較有概念。假設我的錶故障了，於是我把它拿到鐘錶店修理。爲了清潔與修復我的錶，鐘錶店老闆把錶拆開，去除齒輪上的鐵鏽（現在的錶裡面還有齒輪嗎？假設這是一具老舊的懷錶）。他清潔了所有的零件，一一擦亮之後再重新組裝起來。一個星期後，我回到鐘錶店問道：「我的錶呢？」他把修好的錶交還給我。就這樣，一切看來都沒有問題。

不過，假設我對鐘錶店老闆說：「等一下，你這傢伙。別想騙我。這不是我的錶。這個錶所有的零件雖然都和我的錶相同，而且排列方式也完全一樣，但這不是我的錶。」這麼說顯然不對。相反的，我認爲在這個例子裡，正確的說法應該是說那個錶的確是我的錶（當然，我的錶被拆開來了一段時間。說不定，我們應該說我的錶在那段時間不存在。不過，所幸它終究還是重新組裝了起來。而既然重新組裝了起來，那個錶就還是我的錶）。

如果這樣的說法對於錶而言是正確的，而且我確實認爲這麼說是正確的，想必上帝也能夠在審判日做出同樣的事情。祂可以把我們散落於全球各地的分子收集起來，重新加以組裝，然後說：「哈！你的肉體回來了。」如果個人同一性的肉體理論沒錯，那麼那具肉體就會是我。至少我是這麼認爲。

不過，我們也必須擔心另一個不同的例子，這個例子反駁了肉體能夠分解之後再重新組裝起來的概念。提出這個例子的人是范因瓦根（Peter van Inwagen），一位當代的形上學家③。假設我的兒子用積木精心蓋出了一座高塔，蓋得非常漂亮。他對我說：「請在媽媽回家後讓她看我蓋的這座高塔。」然後，他就上床睡覺去了。在他睡著之後，我清掃家裡，卻不小心把那座高塔碰倒了。我心想：「老天，他一定會很生氣。我向他保證我會小心的。」於是，我撿起那些積木，重新蓋出一座高塔，和我兒子蓋的那一座形狀相同，結構也一模一樣。實際上，我蓋得非常仔細，也許積木上都有編號——連每一塊積木的所在位置都分毫不差。

好，我蓋好了（或者該說是重蓋）這座高塔。我太太回家之後，我對她說：「看我們兒子蓋了什麼東西。這是他蓋的高塔。」嗯……聽起來不太對。這座高塔不是我們的兒子蓋的，而是我蓋的。這是我仿蓋而成的高塔。當然，我的兒子醒來之後，我如果不告訴他，他也不會知道這座高塔是一件複製品。不過，你一旦把一座積木高塔拆散，再把所有的積木按照原狀組裝起來，如此完成的高塔就不是原本的那座高塔。范因瓦根是這麼說的，而且我必須承認我覺得這種說法聽起來沒錯。我如果指向那座高塔，說：「那是我兒子蓋的。」或者「那座高塔就是我兒子蓋的那一座。」那麼我就是在撒謊。

於是，范因瓦根得出這項結論：你如果把一件物體拆解之後再重新組裝起來，這件物體就不再是原本的那一件物體。所以，就算審判日眞的降臨，上帝把所有分子重新組裝起來，讓肉體復活，那具肉體也不會是你原本的肉體。而如果擁有相同的肉體是個人同一性的關鍵，那麼那個人就不會是同一個人。到了審判日，只會有我的複製品，但不會有我。如果肉體復活是這麼一回事，那麼范因瓦根就會這麼說。

我必須坦承：我不曉得該怎麼解釋這些形上問題。我一旦想到高塔的案例，確實覺得自己傾向於認同范因瓦根的觀點，認為那座高塔不是我兒子蓋的那一座。可是我一旦想到錶的案例，卻又覺得那個錶仍然是同一個。所以，我只能邀請你思考這兩件案例，並且詢問自己：我們該怎麼說？當然，如果有人認為那座高塔仍是同一座高塔，自然沒有任何問題。這麼一來，我們就可以說，在這兩件案例中，包括錶與高塔，重新組裝而成的物體仍是原本的那個物體。因此，我們如果把肉體重新組裝起來，那具肉體想必就是同一具肉體。當然，如果有人認為范因瓦根的說法確實沒錯，並且因此斷定錶的案例也是如此，重新組裝而成的錶不是原本的那個錶，也同樣不會有什麼問題。這些人可以直接堅持復活的肉體不是原本的肉體。所以，在審判日醒來的那個人不會是我。

但你如果像我一樣，覺得錶是一回事，高塔又是另一回事，那該怎麼辦呢？我們能不能在錶與高塔的案例當中找出某種相關的不同，而能夠指出重新組裝的錶仍是同一個錶，但重新組裝的高塔卻不是同一座高塔？明顯可見，單是指稱這兩者有所不同是不夠的，我們需要解釋這兩者在重新組裝的情形當中為什麼不同。接著，我們當然也必須進一步探究肉體復活的案例。你一旦把一具肉體重新組裝起來，這具肉體到底比較像是錶的案例，還是比較像高塔的案例？

我必須坦承，我不知道最好的答案是什麼。我覺得自己傾向於這麼認為：重新組裝而成的錶是同一個錶；重新組裝而成的高塔卻是不同的高塔。說不定這兩者有所不同。我不知道。對於這兩者有什麼不同，我實在提不出足以令人信服的理論。而由於我不知道這兩者的差異何在，因此我也沒有立場認定重新組裝而成的肉體是不是同一具肉體。我實在不知道。所以，如果有人想要充分確立同一性理論，顯然仍有不少形上問題需要解決。

儘管如此，至少看起來可能的是：我們一旦確立了形上理論，即可知道復活的肉體會不會是同一具肉體。所以，我想至少還是有可能肉體復活的結果會是我。

既然如此，我們如果接受肉體觀點的話，應該怎麼說呢？可不可能有死後的生命？我有沒有可能在肉體死亡之後繼續存活下去？就我所知，這種可能性看起來的確仍然存在，儘管其中確實有些我不曉得怎麼解開的謎團。請注意，這不是說我相信一定會有審判日，而且上帝會在那一天把肉體重新組裝起來。不過，至少這看起來像是個合乎邏輯的可能性。

讓我們進一步琢磨肉體觀點。根據這種觀點，如果要是同一個人，就必須擁有相同的肉體。不過，正如我們經由思考衆所熟悉的日常事物所得知的，一件物品不需要具備所有原本的組件才能算是同一件東西。如同我早已提過的，我每次開車都會磨掉方向盤上的一些原子。可是這沒關係。那個方向盤仍是同一件物理物體。一個方向盤就算喪失了原本的一些組成部分，也還是同一個方向盤。肉體當然也是如此。你一旦遭到曬傷就會脫皮，從而喪失肉體上的一些原子。但這其實沒關係。你的肉體仍是同一具肉體。所以，肉體如果是個人同一性的關鍵，我們其實不必擔心自己無時無刻不斷增加以及喪失原子的現象。

接下來，請想想一個減掉了大量體重的人。她覺得自己彷彿變了一個人，別人對待她的態度也與以往不同。她對自己的感覺可能也會變得很不一樣。我們甚至也許會以粗率的語意說她是「一個全新的人」。但嚴格說來，我們其實不認爲她眞的是一個全新的人。我們可不是說：「可憐的琳達，她接受水療而減掉五十磅的體重之後就死了。現在這個人雖然擁有琳達所有的兒時回憶，卻是個仿造品。」我們不會說：「她是不一樣的人。」而是說：「她是同一個人，只是減了許多體重而已。」

明顯可見，這點對於肉體觀點並不構成問題，因爲肉體觀點只注重是不是同一具肉體。儘管琳達減掉了那麼多體重，卻仍然是她的肉體。同樣的，你吃過晚餐之後，你的肉體雖然吸收了許多原本沒有的分子，卻仍然是你的肉體。你的肉體可以出現某些變化，而仍然是同一具肉體。

當然，這不是說所有的變化都是可以接受的。假設琳達上床睡覺，而我們在午夜裂解了她的肉體，並且在床上擺放另一具新肉體。這是百分之百的改變，而這樣顯然已超出能夠接受的範圍。不過，有些比較小的改變確實顯得可以接受。吃一頓飯對肉體造成的改變不是問題，就算是比較大幅度的改變，例如減掉許多體重，看起來也不是問題。

什麼樣的改變會造成肉體變成一具不同的肉體，什麼樣的改變又能夠讓肉體維持爲同一具肉體？說得更精確一點，如果把肉體視爲個人同一性的關鍵，該怎麼思考這項議題？面對這個問題，我想我們會傾向於指出，肉體不是每個部位都具有同等的重要性。舉例而言，你如果減掉了一些體重，甩掉了體內的一些脂肪，這樣不構成問題，因爲你的肉體仍是同一具肉體。

接下來還有另一個例子，這是我很喜歡的一個例子。在《星際大戰》系列電影中，黑武士抽出光劍，斬斷了路克．天行者的手。「路克，我是你爸爸！」黑武士以低沉的嗓音說道。「不可能！」路克高喊一聲。咻，手沒了。但在下一個場景裡（這個場景總是令我深感訝異），路克的肉體上安裝了一隻人工手掌，然後就再也沒有人提起這回事了！沒有人說：「唉，可憐的路克，黑武士斬斷他的手之後，他就死了。」

明白可見，顯然不是肉體的所有部位都不可或缺。你就算喪失了一隻手，還是可以繼續存活下去，畢竟你的肉體仍是同一具肉體，只是現在少了一隻手而已。假設黑武士揮劍揮得高了一點，斬掉了路克的一整條手臂，而路克仍然是路克，他的肉體仍然是同一具肉體。假設狀況更糟糕，黑武士斬掉了路克的雙臂與雙腿，而路克仍然會是路克，因爲他的肉體仍是同一具肉體，只是現在沒有了雙臂與雙腿。

究竟肉體的哪個部位是不可或缺的？這個嘛，這裡有一項提議。如果遭到摧毀的是路克的大腦，我認爲我們的說法就會變得非常不一樣。假設黑武士利用原力（當然是黑暗面的原力）把路克．天行者的大腦熔化成一佗漿糊，這麼一來，我想我們可能會說：「糟糕！路克沒了。」就算他們端出一顆人工大腦，某種替代大腦，並且設法安裝在他身上，那也不會是路克。

所以，這是肉體觀點一種可能的版本。根據這個版本，思考個人同一性的關鍵在於是不是同一具肉體，但不是肉體的所有部位都具有同等重要性。肉體最重要的部位是大腦。爲什麼是大腦？不意外，因爲（正如我們現在知道的）大腦是肉體當中的人格殿堂——所謂的人格，即是你的信念、渴望，以及記憶、恐懼、志向、目標。這一切都貯存在大腦當中。所以，大腦的那個部位就是個人同一性當中的關鍵肉體部位。

我傾向於認爲這是肉體觀點的最佳版本。我們在許多地方都會見到這種想法——大腦乃是關鍵所在，那麼容我和你分享這麼一個例子，這是網路上的一段文字，是我弟弟在幾年前寄給我的，據說這段文字是一場實際官司當中律師交叉詰問一名醫師的文字紀錄，我不知道是眞的如此，或這只是某個人捏造出來的一段文字，不過據說這是一段眞實的文字紀錄。

問：醫生，在你進行驗屍之前，你有沒有先檢查脈搏？

答：沒有。

問：你有沒有檢查血壓？

答：沒有。

問：你有沒有檢查呼吸。

答：沒有。

問：所以，在你開始驗屍的時候，驗屍對象有可能還活著？

答：不可能。

問：你怎麼能夠這麼確定呢，醫生？

答：因爲他的大腦就放在我的桌上，封在一個罐子裡。

問：可是那名驗屍對象有沒有可能還活著？

答：他有可能還活著在某個地方當律師。

當然，這段文字之所以好笑，原因是由此可見那名律師是個白痴。可是那名律師爲什麼明顯可見是個白痴呢？因爲我們會這麼想：「少了一隻手，那個人還有可能活著；少了一條手臂或是少了一條腿，他還有可能活著；但是沒了大腦，他絕對不可能還活著。」這實在算不上是什麼哲學證據，但是由此看出我們有多麼輕易接受大腦是肉體關鍵部位的想法。

想想這項觀點可能帶來的後果。假設我們採信這個版本的肉體觀點。想像我接受了肝臟移植。我躺在手術台上，醫生取出我的肝臟，把瓊斯的肝臟放了進去。我接受了肝臟移植，而我仍然是我。或者，假設醫生取出我的心臟，放進了瓊斯的心臟。我接受了心臟移植，而我仍然是我。或者，假設醫生取出我的肺臟，放進了瓊斯的肺臟。這下我接受了肺臟移植，而我仍然是我。最後，假設醫生取出我的大腦，放進瓊斯的大腦。我是不是接受了大腦移植？不是！這樣的結果是瓊斯接受了身體移植。說得更精確一點，是軀體移植。我們如果接受這種版本的肉體觀點，那麼我們就是說個人同一性的關鍵不在於同一具軀體，而是同一顆大腦。就像我們如果相信個人同一性的靈魂理論，可以說：「跟著靈魂走就對了。」所以我們如果相信個人同一性的肉體理論的這種大腦版本，也可以說：「跟著大腦走就對了。」同一顆大腦，同一個人。不同的大腦，不同的人。

如同我說的，我認爲這可能是肉體觀點的最佳版本。不過，不是所有的肉體理論家都同意這個看法。舉例而言，有些肉體理論家認爲肉體的關鍵部位是軀體④。所以，你如果要跟著同一個人，就要跟著軀體，而不是大腦。我傾向於否決這種說法。至少，在我願意接受肉體理論的情緒下，我傾向於認爲你應該跟著大腦走。所以，就算軀體理論家會說，接受大腦移植的人眞的就是接受了大腦移植，因爲那個人的軀體沒有變；但我個人仍然認爲比較可信的說法是，你一旦接受了所謂的大腦移植，眞正的情形其實是另一個人接受了軀體移植。你如果想要跟著同一個人，就要跟著大腦。

我們需要大腦的多少部分？全部嗎？也許不是。畢竟，如同我們已經看過的，不屬於貯存人格所必需的肉體部位都可以捨棄。所以，我們也許該這麼問自己：人格是不是需要由整顆大腦貯存？

科學研究顯示大腦裡頭其實有不少冗餘之處。你絕對可以喪失大腦的若干部分，而仍然是個功能完好的人。大腦的兩個半球尤其有不少重複之處。既然如此，意思是不是說你的大腦可以有一整個半球遭到摧毀，而你卻仍然能夠保有人體的一切功能，而且人格也完全不會流失？可惜不盡然是如此。大腦的兩個半球顯然不是完全重複。

不過，假設大腦的兩半球完全重複。讓我們暫且從科幻的角度來進行討論。假設演化機制基於備份安全的目的，而產生出高度冗餘的大腦，所以我們只需有半個大腦就足敷使用。在這種情況下，讓我們再來進一步想想大腦移植的問題。

第一個版本。史密斯與瓊斯發生了一場意外。瓊斯的軀體遭到摧毀，但大腦沒有損傷。史密斯的大腦遭到摧毀，但軀體沒有損傷。我們把瓊斯的大腦植入史密斯的軀體裡。我們連接了一切該連接的東西，於是有個人醒了過來。這個人是誰？簡單，跟著大腦走就對了。雖是史密斯的軀體，卻是瓊斯的大腦——所以醒來的這個人是瓊斯。

第二個版本。又發生了一場可怕的意外。瓊斯的軀體再次遭到摧毀，就和第一個版本一樣，但這次他大腦的左半球也遭到了摧毀。所幸，他大腦的右半球安然無恙。史密斯的軀體沒有損傷，但整顆大腦都遭到摧毀。我們把瓊斯的右半腦植入史密斯的軀體，連接了所有該連接的東西，於是有個人醒了過來。這個人是誰？是瓊斯。跟著大腦走就對了。說得精確一點，是跟著足以貯存人格的大腦部位，也就是種種相關的記憶、信念、渴望等。半個大腦恐怕不足以貯存人格，但假設這樣就已足夠，那麼只要有半個大腦即可。這麼一來，醒來的人就是瓊斯。

所以，物理論者可以提出的一項主張是：「個人同一性的關鍵在於肉體。身為同一個人，重點就在於擁有同一具肉體。」接著，我傾向於補充這一點，肉體觀點的最佳版本是大腦觀點。這絕對是物理論者能夠熱切接納的一種立場，不過也是二元論者能夠熱切接納的一種立場。畢竟，就算有靈魂，也不表示我們就一定必須認為靈魂是個人同一性的關鍵。即便在靈魂存在的情況下，說不定相同的肉體（尤其是相同的大腦）才是個人同一性的關鍵。

這是物理論者或二元論者可以提出的一種主張。不過，如同我先前提過的，這不是物理論者（二元論者也行）唯一能夠採納的觀點。就算沒有靈魂，也不一定需要說個人同一性的關鍵是相同的肉體，可以說個人同一性的關鍵是相同的人格。

人格觀點

回到洛克對個人同一性的靈魂理論所提出的擔憂。他要求我們想像這麼一個案例，一個人的記憶、信念、渴望、目標、志向與恐懼雖然都維持不變，但靈魂卻不斷改變。在這樣的案例中，儘管靈魂一直不斷改變，還是很難相信這個人不是同一個人。這個人為什麼顯得如此明白可見是同一個人？簡單說，因為這個人具備相同的人格。

或是再進一步想想肉體觀點。我提過肉體觀點的最佳版本是大腦觀點，但這種說法看起來為什麼合理？路克．天行者被斬斷手的時候，我們為什麼沒有說他死了？明顯可見，原因是大腦是肉體中貯存人格的部位。實際上，我甚至還指出不需要有整顆大腦，只需有足夠的部分即可。可是多少才夠？只要足夠保存人格就好。

可是，我們如果認為真正重要的是人格，為什麼不直接這麼說就好？為什麼不說個人同一性的關鍵是人格？為什麼不直接說，只要有一個人和我擁有同一套信念、渴望、目標、記憶等，那麼那個人就是我？簡單說，就是同樣的人格。所以，按照這項提議，個人同一性的秘訣不在於同一具肉體，而是同一個人格。且將這種觀點稱為個人同一性的人格理論，簡稱人格觀點（必須說明的是，以這種方式陳述這項觀點，我當然是把「人格」一詞當成專門術語使用，用於指涉人的一整套信念、渴望、回憶、目標等）。

必須記住的是，這種新觀點（人格觀點）與物理論完全相容。畢竟，我們沒有說人必須擁有非物質的部分才能擁有人格。身為物理論者，我們還是可以說人格的基礎是一具以特定方式發揮功能的肉體。但儘管如此，身為同一個人的關鍵可能是在於擁有相同的人格，而不是擁有同一具肉體。當然，在一般情況下，你必須擁有同一具肉體才能擁有同一個人格，但我們如果問道：「此處的形上條件是什麼？身為同一個人的關鍵是什麼？」我們可以說儘管同一具肉體讓我們得以擁有同一個人格，卻是同一個人格使得那具肉體得以是同一個人。

有沒有其他方式能夠讓人擁有相同的人格？有沒有什麼方法能夠讓人不需要有相同的肉體，卻仍然擁有相同的人格？也許有。假設我罹患了一種可怕的病症。醫生對我說這項疾病終將把我的大腦化為一團漿糊。但幸運的是，在這樣的結果發生之前，他們能夠把我所有的人格轉移到一顆替代的人工大腦裡。就像病患可以植入人工心臟、人工肝臟或人工腎臟，暫且假設我們也可以植入人工大腦，並且在人工大腦中輸入受植入者的人格。所以，就在我的大腦化為漿糊之前，他們會把我的人格輸入一顆人工大腦內。那顆人工大腦將會具備我所擁有的一切記憶、信念、渴望、恐懼和目標。

明顯可見，我們實際上做不到這樣的事情，至少目前還沒辦法。這是一種科幻想像。不過，這麼假設可以讓你清楚看出肉體與人格能夠如何互相分離。至少就原則上而言，看起來我們顯然能夠在沒有同一顆大腦的情況下擁有同一個人格。如果人格眞的是個人同一性的關鍵，那麼換了人工大腦之後的我仍然是我。

無論如何，我想要強調的重點是，就算我們是物理論者，也還是能夠接受個人同一性的人格理論。不過，既然身爲物理論者，我們自然會堅稱我們爲什麼擁有人格必定有物質上的解釋，當然與肉體有關。但儘管如此，個人同一性的關鍵終究在於擁有同一個人格。

同樣值得注意的是，即便是二元論者也能夠接受人格觀點。舉例而言，現代人格理論之父洛克，也相信靈魂的存在。他只是不認爲靈魂是人格同一性的關鍵。所以，物理論者聲稱人格貯存於肉體當中，或是以肉體爲基礎，你也許會認爲這種說法是錯的。你可以是二元論者，而認爲人格貯存於無形的靈魂裡，儘管如此，二元論者還是可以說擁有同一個靈魂不是個人同一性的關鍵。擁有相同的人格才是關鍵所在。因此，再次回到洛克所舉的例子：就算上帝每十分鐘爲我替換一個靈魂，但只要祂將我的人格一模一樣地複印在新的靈魂上，那麼我就仍然是我（靈魂受到置換就像我身上的部分原子受到置換一樣毫無影響）。簡言之，個人同一性的人格理論可以受到二元論者與物理論者的一致接納。

因此，簡單統計一下，我們已經有了三項個人同一性的基本理論：靈魂觀點、肉體觀點與人格觀點。我們還沒嘗試（至少是沒有認眞嘗試）從中挑選出一項，但這終究是我們必須做的事情。我們將會在下一章這麼做。不過，首先且讓我們再稍微琢磨一下人格觀點。

我相信我們全都同意這一點：儘管肉體的某些部位會有所增減，卻無損於這具肉體身爲同一具肉體。肉體會增添一些原子，損失一些原子。路克．天行者被斬斷了一隻手，莎莉姨媽換了髖關節。不是肉體中的每一項改變都會造成新的肉體（當然，肉體經過改變之後的質可能不會一模一樣，但在數目上仍然完全相同，也就是是同一具肉體）。

在人格方面，我們也應該提出類似的說法。你的人格裡就算有些元素改變，還是可以擁有同一個人格。畢竟，我把「人格」定義為一整套信念、記憶、渴望、目標等，但這些東西卻是隨時不斷改變。我現在擁有許多記憶，是我十歲的時候所沒有的，例如結婚的記憶。我十歲的時候當然還沒結婚。人格理論者難道必須說：「糟糕，這是個不同的人格。所以，以前是小孩的那個人已經不存在了。那個人死了。他結了婚，記憶改變，所以他死了？」我們如果必須這麼說，那麼人生就會非常非常短，畢竟我現在就擁有一些兩個小時或甚至十五秒鐘前還沒有的記憶。如果你每次獲得新記憶就是換了一個人格，而且我們接受人格理論，認為擁有同一個人格是存活的關鍵所在，那麼我們所有人的壽命就都不會超過幾秒鐘。

答案想必是人格理論的最佳版本不要求人必須具備一模一樣的信念、記憶、渴望等，而是只要有足夠的交疊即可。只要是逐步漸進的改變，就可以接受。

你的人格可以隨著時間過去而有所演變。所以，現在我是個十歲的小孩。我有若干渴望、若干記憶、若干信念。隨著一年年過去，我獲得了一些新的記憶，流失了一些舊的記憶。我對一些事物的觀感出現了改變，進而產生了一些新的信念，同時也流失一些舊的信念。此外，我的目標也會改變。舉例而言，我十歲的時候想要在長大後成為清潔隊員（這是我這輩子選擇的第一項職業），不過，在成長的過程中，我卻在某個時間點放棄了這個目標，我不再想要成為清潔隊員。同樣的，我十歲的時候對於幼稚園還懷有很鮮明的記憶，現在我對幼稚園卻只剩下模糊的記憶。儘管如此，這樣的改變卻不是突如其來，而是逐步漸進的。所以，我的記憶、信念、渴望等隨時不斷改變，但是關鍵在於這些改變全都是逐步漸進的。舉例而言，我在人生中流失了許多記憶，但從來不是突然間一次全部消失。我的人格在多年來出現了緩慢的演變。因此，人格理論者指稱個人同一性的關鍵是擁有同一個人格，他們的意思不是指信念與渴望等各種東西都必須一模一樣，而是指同一個緩慢演變的人格。

舉個例子比擬這種情形。假設我有一條繩子，從房間的一端延伸到另一端。這條繩子的這一端和那一端當然都是同一條繩子。繩子是由什麼東西構成的？繩子基本上是一團纖維，一團很細的纖維以特定的方式編織在一起。但值得注意的是，纖維本身其實沒有那麼長。纖維可能有幾英寸長，頂多一英尺左右，所以沒有一條纖維能夠延伸整個房間的長度。或者，就算有少數幾條纖維能夠達到那麼長，大多數的纖維也還是達不到。我們會不會因此被迫必須說：「啊，所以這條繩子的尾端和這一端不是同一條繩子？」不會。我們完全不需要這麼說。我們會說，只要這些纖維的交疊模式相同，就是同一條繩子。在繩子上的任何一個點，都有某些纖維達到盡頭，有些纖維繼續延伸。有些纖維在中途插入，而這些纖維也會延伸一段距離。最後，這些纖維可能也會達到盡頭，但在這過程中也又有其他新的纖維加入。有些舊的纖維達到了盡頭，有些新的纖維才剛開始，只要這些改變是逐步漸進，就仍然會是同一條繩子。另一方面，假設我拿一把剪刀把這條繩子從中剪斷。這麼一來，我們就必須說這不是正確的交織與延伸模式，因此也就成了兩條繩子：一條繩子在這裡，一條繩子在那裡。但相對之下，如果有正確的交疊與延伸模式，也就是說，如果我畢竟沒有剪斷那條繩子，那麼延伸於房間裡的就是同一條繩子，儘管這條繩子裡沒有一條纖維一路從房間的一端延伸到另一端。

人格理論家也必須提出類似的說法。就算我現在沒幾項記憶和十歲的時候一樣，也沒有關係。我們還是可以說我擁有同一個人格，同一個緩慢演變的人格，只要我的人格當中維持著相同的交疊與延續模式。新的記憶會添加上去，有些記憶不免流失。新的目標會添加上去，有些目標不免消失。新的信念會添加上去，有些信念不免消失。也許有少數信念、渴望或目標會延續一生。不過，只要有正確的交疊與延續模式，我們的人格就是同一個。而根據人格觀點，身為同一個人的關鍵就是擁有同一個人格。我們不需要保有任何特定的信念、渴望或記憶。

---

① 這種類比方式（物體與階段之間的關係應該視同三明治還是臘腸？）是我向洛杉磯加州大學的哲學家大衛・卡普蘭學來的。

② John Locke, *An Essay Concerning Human Understanding*, Book II, Chapter 27。

③ Peter van Inwagen, "The Possibility of Resurrection," in *The Possibility of Resurrection and Other Essays in Christian Apologetics* (Westview, 1997)。

④ 這是約翰・派瑞的*A Dialogue on Personal Identity and Immortality* (Hackett, 1978)書中女主角葛楚所提出的觀點。當然，肉體觀點還有其他版本，但我不會在本書中討論。

第七章
肉體、人格，以及靈魂的關係

兩件案例

我在上一章介紹了個人同一性關鍵所在的三項不同理論：靈魂觀點、肉體觀點與人格觀點。可是哪一項理論才是正確的？由於我自己不相信靈魂，因此我說我不認爲個人同一性的靈魂理論是正確的理論，應該不會讓你感到意外。對我來說，重點就是必須在個人同一性的肉體理論與人格理論之間做出選擇。當然，這兩者在現實生活中是互不分離的。至少在尋常的案例當中，我們如果擁有同一具肉體，就擁有同一個人格，反之亦然，所以這兩項理論都會指出這個人是同一個人。此外，你如果相信靈魂，大概也會認爲這樣的人擁有同一個靈魂。因此，在尋常的案例中，你唯有擁有同一具肉體，唯有擁有同一個人格，你才會擁有同一個靈魂（如果眞有靈魂的話）。簡言之，在尋常案例中，這三項觀點對於你是不是同一個人大概會有同樣的看法。

所以，你如果想要思索這三者究竟何者才是人格同一性的關鍵，就必須想想能夠將這三者分開的案例，也許是有點天馬行空而且帶有科幻色彩的案例。在這樣的案例裡，肉體與人格必須分道揚鑣（由於我不相信靈魂，因此不必擔心靈魂往哪裡去）。

所以，我接下來要做的是講述一個故事，在這個故事裡，你的肉體位在一個地方，人格又是位在另一個地方。此外，我也要邀請你思考這兩者造成的結果究竟何者是你。你一旦認定何者是你，即可知道該接受肉體觀點還是人格觀點。

你要憑藉什麼引導自己的判斷呢？說來有點恐怖，我要凌虐這兩個結果的其中一個（當然不是在現實生活裡！這是個科幻故事）。我要問你，你希望何者受到凌虐？或者說得正確一點，應該是你希望何者不要受到凌虐？因爲我會假設你應該會希望自己不要受到凌虐！所以，只要看你希望保護誰的安全，我們就可以知道你認爲哪一個結果是你。

當然，我必須確認你會以適當的方式進行思考。我不認識你，但你應該很有可能是個正派又富有同情心的人，而且你不希望任何人遭到凌虐。我如果對你說：「哈哈，我要凌虐琳達。」你很可能會說：「不，不要！不要凌虐琳達。」就像我說的，你是個正派的人。但儘管如此，我如果對你說：「我要凌虐你。」你一定會說：「不，不要！不要凌虐我！」而且你的口氣當中一定會多了些恐懼，對不對？

在我講述這則故事，並且問你：「好，你希望是誰受到凌虐，這個人還是那個人？」請你把上述的那種恐懼記在心裡。我要你從我們所有人都熟悉的自我本位角度思考這個問題。如果一定要有人受到凌虐，你會希望那個人是誰？哪個人才是你眞心關注的對象？這將會是我們在那兩項理論當中做出選擇的憑藉。

所以，請你暫時拋下自己對於凌虐別人或者同意讓別人遭到凌虐，所可能感到的道德疑慮。就我們當下的目的而言，重點純粹是這樣：我如果把你和某個陌生人拖進我的祕密實驗室裡，然後問你希望誰受到凌虐，你還是那個陌生人？這時你應該提出的答案是：那個陌生人。你的回答應該是：「讓那個人受到凌虐吧，不要是我。」在我即將講述的這則故事裡，我就是希望你採取這樣的思考方式。

實際上，我要讓我自己——雪萊．卡根，來扮演這則故事的主角。這樣會讓我比較容易入戲。不過，一如往常，我要邀請你把自己想成這則故事的主角。這樣也許會讓你比較容易產生相關的直覺反應。

好，以下就是一號案例①。一個瘋狂科學家綁架了我，對我說：「誠如你可以看到的，我把你監禁起來了。你要是轉頭往那邊看看，就會看到我在實驗室的另一端還監禁了另一個人，她叫做琳達。我爲什麼綁架了你們兩個人呢？因爲我研發了一部心智轉換機器，需要找人來試驗。我要把你們兩人接上我的機器，掉換你們的心智。說得更精確一點，我要做的事情是：首先，我要從你的大腦中讀取所有的記憶、信念和渴望（以及其他種種東西），然後把你的大腦「抹除」得乾乾淨淨，絲毫不留下任何原本的信念與渴望。接著，我會從琳達的大腦讀取她的記憶、渴望和信念（以及其他種種東西），再把她的大腦抹除乾淨。然後，我會把琳達的記憶和信念以及其他一切東西植入你的大腦，再把你的記憶和信念以及其他一切東西植入琳達的大腦。當然，我進行這項作業之前會先麻醉你們（怎麼，你以爲我是毫無人性的禽獸嗎？）可是等你醒來之後，你就會在那邊，在琳達的身體裡。」

瘋狂科學家繼續說道：「想想你在那邊醒來之後，在實驗室的另一端。一開始你會覺得頭腦一片糊塗。你會說：『我在這個不一樣的身體裡面做什麼？我的鬍子到哪裡去了？我說話的聲音爲什麼像女生一樣這麼尖？』不過，你終究會想起來。你會說：『對了，那個瘋狂科學家綁架了我，他掉換了我們的心智。難怪我——雪萊．卡根，會在琳達的身體裡。看來那部機器眞的有效！』啊！那對我來說會是多麼光榮的一刻！」瘋狂科學家呵呵大笑：「我這段時間以來的努力終於有了代價。」

瘋狂科學家停頓了一會兒，讓我慢慢理解到自己所處的境地。不過，我終究明白了，手術結束後將有兩個人醒過來，這裡的這個人將會擁有我的身體（雪萊的身體）以及琳達的人格。那個人將會想著：「我怎麼會變到這裡來？我爲什麼長了鬍子？我怎麼會在雪萊的身體裡？」至於那邊，在實驗室另一端的那個人，則是會有琳達的身體和我的人格（雪萊的人格）。那個人將會想著：「嗯，看來我（雪萊）眞的被轉換到琳達的身體裡了。」

瘋狂科學家一旦確信我理解了這一切，就接著提出這項結論：「轉換完成之後，我會凌虐你們其中一個人。畢竟，我不只是個瘋狂科學家，還是一個邪惡的瘋狂科學家。所以，我要凌虐你們其中一人。不過，由於我是個寬宏大量的邪惡瘋狂科學家，所以我要給你一個選擇。告訴我，我該凌虐誰？由你選。」

我思考過這個問題之後（再次提醒，我要邀請你從第一人稱的角度思考這則故事，想像這一切都發生在你身上），覺得自己不禁想要說：「轉換完成之後，請你凌虐這邊的這個人吧（雪萊的身體，卻是琳達的人格）。」因爲在我看來，我顯然會在另外一邊，也就是在琳達的身體內，對於發生的這一切感到驚恐不已，對於琳達遭到凌虐感到驚恐不已，但至少慶幸遭到凌虐的不是我。這就是我思考這個例子的直覺反應。

畢竟，假設他凌虐了那邊的那個人。那個人一定會想著：「我是雪萊．卡根。我怎麼會落到這種古怪的境地？不曉得他是不是眞的。啊！好痛，好痛！快住手！別再傷害我了！」我絕對不會想要這樣的狀況發生在我身上。相對之下，如果這邊的這個人遭到凌虐，儘管還是一件很可怕的事情，但至少不會有人這麼想著：「我是雪萊．卡根，我遭受了嚴重的痛楚。」所以，我寧可由這邊的這個人遭受凌虐。

想想看這項直覺反應隱含的意義。我的意思似乎是說，我，雪萊．卡根，來將會在那邊。因爲在手術之後，我希望不要遭到凌虐的對象是那邊的那個人。所以，我認爲那個人將會是我。不過，請注意，那個人不會擁有我原本的身體。那個人擁有的是琳達原本的身體。雪萊．卡根原本的身體還是在這邊。所以，肉體不是個人同一性的關鍵，人格才是。因爲那邊的那個人將會擁有我的人格（雪萊．卡根的人格），我在芝加哥長大以及成爲哲學家的記憶，我希望我的子女怎麼規畫人生的想法，我對於要怎麼向我太太說明發生在我身上的這件事情所感到的恐懼，以及其他種種感受。簡言之，如果那邊那個人會是我，而且我的直覺確實這麼告訴我，那麼個人同一性的正確理論就不是肉體觀點，而是人格觀點。

你和我是不是有同樣的直覺反應？或者應該說，你一旦把自己想像成這則故事的主角，是不是也有這樣的直覺反應？我想大多數人都會有這樣的反應。如果你也是這樣，那就表示你直覺上認爲個人同一性的人格理論比較合理。

接著，再來講述另一則不同的故事。這是另一個可讓我們思考的例子。那個瘋狂科學家又再次綁架了我和琳達。他對我說：「雪萊，我要告訴你一項消息，我要凌虐你。」我說：「不要，不要！請你不要這樣對我！求求你，求求你不要凌虐我！」他想了想，回答說：「這個嘛，你也知道我是個瘋狂科學家，這就是我的工作，所以我還是要凌虐你。不過，由於我是個寬宏大量的瘋狂科學家，所以我凌虐你之前會先洗掉你的記憶。我會把你的大腦抹除乾淨，這樣你就不會記得自己是雪萊．卡根，你不會有在芝加哥長大或者決定成爲哲學家的記憶，你不會記得自己結過婚，生過小孩。實際上，我不只要抹除你的記憶，還要抹除你所有的渴望、信念、目標與恐懼，你的大腦會抹除得乾乾淨淨。在我凌虐你之前，你會徹底失去一切記憶，這樣你難道不會覺得比較欣慰嗎？」

不會，我一點都不覺得比較欣慰。我一樣會遭到凌虐，只不過他這下不但要傷害我的肉體，還要羞辱我的心靈，我一點都不覺得欣慰。「好吧，」他說：「我再爲你提供一項貼心服務。我抹除你的記憶之後，還會在凌虐你之前把你逼瘋，讓你以爲自己是琳達。我研究過琳達，她就在實驗室的另一端。我研究了她的腦波、她的心理，所以我已經知道她所有的信念、渴望和記憶。我會把這些東西全部灌輸進你的腦子裡，我會讓你產生自以爲是琳達的假象。你會擁有琳達在賓州長大的記憶，也會記得琳達的家人，而且就像她一樣，你也會想要成爲深海潛水員，還有她腦子裡的其他種種東西也都會成爲你的。到時候你心裡會這麼想著：『我是琳達，我怎麼又陷入了這種亂七八糟的狀況？』然後，在我完成了這一切準備工作之後，我才會凌虐你。這樣你高興了吧？」

不高興，這樣我一點都不高興。第一，我還是一樣會遭到凌虐。第二，我的記憶會遭到抹除。而且現在還加上了第三，他會把我逼瘋，使我以爲自己是琳達。我一點都不覺得欣慰。「好吧，」他說，語氣顯得有點氣急敗壞：「你這個人實在不太講理，我再給你最後一項優待。我把你逼瘋而讓你以爲自己是琳達之後，也會對琳達做同樣的事情，我會抹除她的記憶，再把她逼瘋，讓她以爲自己是雪萊．卡根！我會把你所有的記憶、信念和渴望灌輸到她的腦子裡。這下你能不能接受我凌虐你了呢？」

不行，我不能接受。我要遭到凌虐，還要被抹除記憶以及被逼瘋，這樣就已經夠慘了，現在他又要抹除另外一個人的記憶，並且也把她逼瘋，這樣對我實在沒有任何好處。無論如何，我還是不想要他凌虐我！他如果一定要凌虐某個人，那我寧可他去凌虐琳達。我知道，這樣的想法實在不太應該，可是在當下這種自私冷酷的情緒中，這的確就是我的反應。不要找我，去找她。不要凌虐我，不要凌虐這邊的這個人，去凌虐那邊的那個人，儘管她會因爲發瘋而以爲自己是雪萊．卡根。

這是我思考第二個案例的直覺反應。我猜你一旦把自己想像成這則故事的主角，應該也會有同樣的反應。不過，想想這種反應對於個人同一性理論所帶有的意義。我不希望這邊的這個人遭到凌虐，因爲我認爲這個人是我。可是如果這個人是我，那麼個人同一性的關鍵是什麼？不是人格，因爲這邊的這個人終究不會擁有我的人格，不會擁有雪萊．卡根的人格。實際上，雪萊．卡根的人格會在那邊那個人的腦子裡，留在這邊的不是雪萊．卡根的人格，而是雪萊．卡根的身體。所以，我如果不希望留在這邊的這個人遭到凌虐，那就表示我相信的是個人同一性的肉體理論。所以，如果要決定是不是同一個人，就要跟著肉體走，而不是人格（儘管那個瘋狂科學家會互換我們的人格，但他凌虐的對象仍然是我）。這就是我思考這第二個案例的直覺反應。

就哲學觀點來看，我們這下陷入了困境。因為我們思考第一個案例的時候，直覺反應是人格才是個人同一性的關鍵，而我們一旦思考第二個案例，直覺反應就變成了肉體才是個人同一性的關鍵。所以，我們的直覺似乎相互矛盾。至少我的直覺反應是如此，因為以上的描述的確是我思考這兩個案例之時的直覺反應。所以，我面對了一項哲學問題：兩個不同案例使我們對同一個問題產生了正好相反的兩種不同答案。你如果和我一樣，你如果和我有相同的直覺反應，那麼你也面對了這個問題。

不過，問題還不只如此。我們要是再仔細想想，就會發現上述的狀況其實不是兩個不同案例，而是只有一個案例。上述的兩個案例其實是同一則故事說了兩遍而已。畢竟，在那兩個案例裡，經過心智抹除和心智交換的手術之後但是在凌虐之前，這邊的人同樣都是擁有雪萊．卡根的肉體與琳達的人格，那邊的人則是擁有琳達的肉體與雪萊．卡根的人格，而且我們必須回答的問題都是：你希望受到凌虐的是這兩個「結果」當中的哪一個？這兩個案例的設定完全相同，我只是把同一則故事說了兩遍，強調其中的不同元素，藉此操弄你的直覺反應，儘管如此，這兩個案例畢竟只是同一個案例。

因此，明顯可見的是，我們不可能在其中一個案例裡應該跟著肉體走，而在另一個案例中又應該跟著人格走，這樣絕對不可能是對的！如果這兩個案例其實是同一則故事，答案就不可能會是如此！

我們非常難以知道該怎麼看待這一切。面對這兩種互相衝突的直覺反應，我們有理由信任其中一種直覺反應而排除另一種嗎？但究竟是哪一種？又是爲什麼呢？

以下有個值得注意的提議：我一直表現得彷彿肉體觀點與人格觀點在這兩則故事裡互不相同，原因是肉體位於原處不動，人格則是受到了互換。不過，也許實際上不是如此，畢竟我先前曾經指出，肉體觀點的最佳版本可能是大腦理論，也就是說關鍵的問題不在於軀體，而在於大腦。因此，可能有人會說，那個瘋狂科學家把我的人格放進琳達的體內之時，也必須修改琳達的大腦，使得那顆大腦變得更像是我的大腦，而不是她的。也許，在這項手術過後，實際上就是我的大腦在琳達的軀體裡！如果是這樣，那麼人格理論與肉體觀點（至少是肉體觀點的大腦版本）就都一致認爲那邊那個人會是我，因爲那個人擁有我的人格以及我的大腦。這麼一來，我們也許能夠認定我在兩個案例中都改變了位置，因爲在那兩個案例中，我的大腦與人格都改變了位置，從而證明我們的第一個直覺反應才是正確的。這項提議的意思是說，我在思考第二個案例的時候，滿心只注意到我的軀體位在哪裡，而沒有注意到我的大腦位在哪裡。因此，我們也就有理由揚棄第二個案例的直覺反應。

如同我說的，這是個值得注意的提議。但我認爲這項提議錯了！我不認爲我們可以說我的大腦改變了位置。假設你問我：在手術之後，雪萊．卡根的雙腿在哪裡？答案是：仍然在這邊。我的心臟呢？仍然在這邊。因此，你如果問我的大腦在哪裡，答案也一樣是仍然在這邊。畢竟，那個瘋狂科學家可沒有切開我的頭蓋骨而把我的大腦取出來，他的手術完全都是透過電子程序完成的，他沒有換掉琳達的大腦，只是重新設定了她的大腦。

我們也許可以舉個例子來比擬這種狀況。想想一部電腦以及儲存在那部電腦上的程式與檔案之間的不同，一個人的人格就像是儲存在電腦上的程式與檔案。所以，那個瘋狂科學家所做的事情其實是徹底清除琳達的硬碟，然後下載了雪萊．卡根這部電腦上的各項程式與檔案，儘管如此，琳達的電腦仍然保有原本的中央處理器和原本的硬碟。至少在我看來是這樣。

當然，經過這場手術之後，琳達的大腦在若干重要面向上會類似於雪萊．卡根的大腦（他接受手術前的大腦）。不過，我們如果問雪萊．卡根的大腦跑到了哪裡去，答案仍是在這邊，一直都沒有動過，而不是在那邊。

所以，在這則故事裡，肉體（包括大腦）確實待在原地沒動，而人格卻改變了位置。所以，我們對於個人同一性提出的兩項理論——肉體觀點與人格觀點，對於手術後的哪個結果是我，的確看法不同。不過，問題當然是我在思考這則故事的時候，發現自己竟然會因為陳述方式的不同而產生兩種不同的反應，儘管就形上學而言，這兩個案例其實是同一則故事。

結果就是這樣。至少就我自己而言，思考這「兩個」案例其實沒有太大幫助。我們如果要決定肉體觀點與人格觀點究竟何者正確，也許需要思考另一種不同的論點。

複製

除了在這兩種理論之間二者擇一之外，另外還有一種頗為不同的作法，則是來自於對人格觀點的一項反駁。這種觀念認為，人格觀點似乎帶有一種我們不可能接受的意義，如果這種觀念確實沒錯，那麼我們就應該揚棄人格觀點，而採納肉體觀點。

這項反駁是這麼說的（說不定你也早已想到這一點）：根據人格理論，一個人是不是我乃是取決於那個人是否擁有我的信念、記憶，以及其他各種東西，例如我認為自己是雪萊．卡根，而且在耶魯大學擔任哲學教授的信念。當然，我不是一個特別有趣的人物，所以，為了增添一點戲劇色彩，我們就來想想拿破崙吧！你也許看過這種報導：每隔一陣子，就會有某個瘋子自以為是拿破崙。想像在密西根州的一座瘋人院裡有個人這麼想著：「我是拿破崙。」那麼根據這項反駁的說法，這個人顯然只是瘋了，對不對？他不是拿破崙，他是大衛．史密斯，生長於底特律。他只是腦筋不正常，自以爲是拿破崙而已。然而，根據人格觀點，他卻眞的是拿破崙，因爲他擁有拿破崙的信念，他擁有拿破崙的人格。所以，這項反駁的結論指出既然這個說法明顯不正確（他不是拿破崙），我們就應該揚棄人格觀點。

不過，先別那麼快下定論。人格觀點沒有說任何人只要擁有我人格當中的任何一項元素，那麼那個人就會是我。一項眾人皆有的信念顯然不足以達到人格觀點的標準。想想看，我們全都相信地球是圓的，但擁有這項信念不足以讓別人成爲我。當然，「我是拿破崙」的信念比較罕見。我猜想你沒有這樣的信念，我也沒有這樣的信念。不過，拿破崙絕對擁有這項信念，而密西根州的大衛．史密斯也有這項信念。但又怎麼樣？單獨一項信念，就算是非常不尋常的信念，也不足以讓人依據人格理論而成爲拿破崙。要成爲拿破崙，你必須要有相同的整體人格，其中包含了一整套龐大複雜的信念、渴望、志向與記憶。

大衛．史密斯沒有這些東西。密西根州瘋人院裡的大衛．史密斯沒有自己受到加冕成爲皇帝的記憶，他沒有征服歐洲的記憶，也沒有戰敗而被放逐到厄爾巴島的記憶。他沒有這些記憶。更重要的是，拿破崙的母語是法語，但大衛．史密斯不會說法語！除此之外，拿破崙其他許多的記憶、信念、渴望、目標與意圖在大衛．史密斯身上也都不存在。簡言之，大衛．史密斯實際上沒有拿破崙的人格。

所以，大衛．史密斯的案例並不令人傷腦筋。這個例子不足以構成人格理論的反例。人格理論指出，你必須擁有拿破崙的人格才會是拿破崙，但大衛．史密斯其實沒有拿破崙的人格。因此，我們大家都可以同意，儘管大衛．史密斯認爲自己是拿破崙，實際上他卻不是，即便是人格觀點的支持者也可以同意這一點。所以，這個案例對於人格觀點其實不構成問題。

但我們可以修改這項案例。人格理論的反對者也許可以要求我們想像密西根州的那個人眞的擁有拿破崙的人格，他擁有受到加冕、征服歐洲、遭到戰敗等的記憶，也說得一口流利的法文。此外，他也擁有拿破崙的一切信念與渴望、目標與恐懼。實際上，既然我們要想像這個人確實擁有拿破崙的人格，而不是拿破崙的人格與大衛．史密斯的人格混雜而成的結果，乾脆指稱瘋人院裡的那個人沒有大衛．史密斯原本的記憶、志向或目標。舉例而言，他沒有在底特律長大以及其他各種事物的記憶（拿破崙怎麼可能有在底特律長大的記憶？拿破崙可是生長於法國呢！）。這項反駁接著指出，就算這個人確實擁有拿破崙本身的人格，仍然不會是拿破崙。所以，人格觀點必然是錯的。

這一次，我們的故事沒有問題了。這一次，人格觀點確實必須指稱這個人是拿破崙，但我現在卻不再那麼確定這項說法是錯的了！

讓我們試著從拿破崙的觀點來想像這個案例。生活在十九世紀的他，被加冕爲皇帝、征服了歐洲，最後遭到戰敗。他被放逐到厄爾巴島上，並且死於聖赫勒拿島上。眞正的拿破崙擁有這一切記憶，包括生病以及病重瀕死的記憶。光線開始黯淡下來；他喪失了意識。接著，他醒了過來，至少這是我們的描述方式，他在密西根州醒了過來。他心中想著：「Allo. Je suis Napoleon!」我接下來將會以英文寫出他內心的念頭，不過想像他是以法文想著這一切：「我是拿破崙！我在密西根州做什麼？我記得的最後一件事是在聖赫勒拿島上拖著病體上床睡覺。我是怎麼來到這裡的？不曉得我有沒有機會重新召集軍隊，征服新大陸。」

你懂我的意思，你可以繼續填補其他細節。密西根州有這麼一個人，但他現在的人格在所有相關面向上卻都與拿破崙的人格形成延續和重疊。如果眞有這樣的事情，那麼我實在看不出說他是拿破崙有什麼不對！我是說，這絕對是一種很古怪的現象。這種事情實際上不會發生，不過，我的猜測是，如果這樣的事情確實發生了，那我們大可說，拿破崙不曉得怎麼而重生或轉世於這個世界上。藉由某種「附身」的效果（我們也許會這麼說），拿破崙占據了大衛．史密斯的肉體。這具肉體原本是大衛．史密斯，現在卻變成了拿破崙。我認為這也許會是正確的說法。

當然，這時候我們也許不免擔憂這項結論是不是下得太快了。舉例而言，這個人眞的擁有拿破崙的記憶嗎？這一點都不明白可見，畢竟，眞正的拿破崙擁有被加冕為皇帝的經驗，但這個人沒有身為皇帝的經驗。也許我們應該說他認為自己記得被加冕為皇帝的經驗，但這卻是一道虛假的記憶。這是個假象，或者也許是幻想，如果要的話，也許可以稱之為準記憶（quasi-memory），但無論如何，總之他沒有眞正的記憶。要擁有眞正的記憶，他必須是曾經被加冕為皇帝，但事實他沒有這樣的經驗，被加冕為皇帝的是拿破崙。

我們也許可以這麼說，但是卻不該在認定他不是拿破崙之前這麼說。畢竟，他如果眞的是拿破崙，那麼這些記憶就不只是準記憶，而是眞正的記憶。你如果堅稱這些記憶不是眞正的記憶，而只是假象，那麼你一定認為他不是眞正的拿破崙。這麼一來，你得到的發現就是你其實不相信人格觀點（不過，為了謹慎起見，也許我們應該從擁有相關準記憶等條件的角度陳述人格理論，這樣我們就不必先決定一個人是什麼人，然後才能認定他是不是擁有相關的人格）。

他為什麼不是眞正的拿破崙？你如果認為他只是個腦筋不正常的假冒者，而不是眞正的拿破崙，那一定是因為你認為關鍵在於他沒有拿破崙的肉體。至少，這正是肉體理論者希望你會說的話。我們可以盡情把那個人的人格塑造得和拿破崙一模一樣，但這樣還是沒有用，要身為拿破崙，你就必須擁有拿破崙的肉體。

可是就像我說的，我實在不確定這樣是對的。假設密西根州的那個人擁有一項記憶（如果你要採取比較保留的態度，也可以稱之為準記憶），是拿破崙人生中的記憶，而且就我們所知，拿破崙從來不曾和別人分享這項記憶，也不曾寫在日記裡，不曾在任何演說中提過。密西根州的那個人在心中想著：「我記得小時候在法國玩耍，把我小小的玩具軍刀埋在土裡。」假設我們到法國去挖掘，結果確實挖到了那把軍刀！假設那個人知道只有拿破崙才會知道的種種事情。如此一來，我不禁認為他也許眞的是拿破崙。

或者，假設拿破崙這樣的案例是日常現象。每隔幾天，就會有人的肉體受到「附身」，被新的人格占據，原本的人格消失無蹤，而且這種現象從來不會逆轉。假設這種情形其實有某種繁複的物理解釋，這樣我們會怎麼說？如果這種現象發生得夠頻繁，我想大可說一個「新」的人，也就是新出現的人格所屬的那個人，占據了原本由另一個人使用的肉體。我猜我們應該不會跟著肉體走，而是會跟著人格走。

所以，就我個人而言，我不認為拿破崙的反駁案例具有效力。當然，我對自己先前提及的各種直覺反應沒有足夠的信心，所以沒辦法根據這些直覺支持人格觀點。但儘管如此，思考這項案例確實不會讓我覺得人格觀點必須受到揚棄。

不過，我們可以再進一步探討拿破崙的案例！回頭看看身在法國的拿破崙，懷有他一切的記憶、信念，以及其他一切。死亡降臨，於是他失去了意識。在我剛剛講述的故事裡，他在密西根州醒來，或者至少是他的人格不曉得怎麼被轉移到了密西根州。不過，如果這樣的事情能夠發生在密西根，那麼我想也能夠發生在紐約。而如果這件事能夠發生在紐約，也能夠發生在密西根，那麼我想這件事就能夠同時發生於紐約與密西根。所以，假設現在有兩個人擁有拿破崙的人格，其中一人在密西根，另一人在紐約。

哇！這下我們該怎麼說？人格觀點對於這項案例要怎麼說？

我認為用圖畫的方式應該有助於釐清我們的選項。首先且用一張圖顯示拿破崙的人格前往了

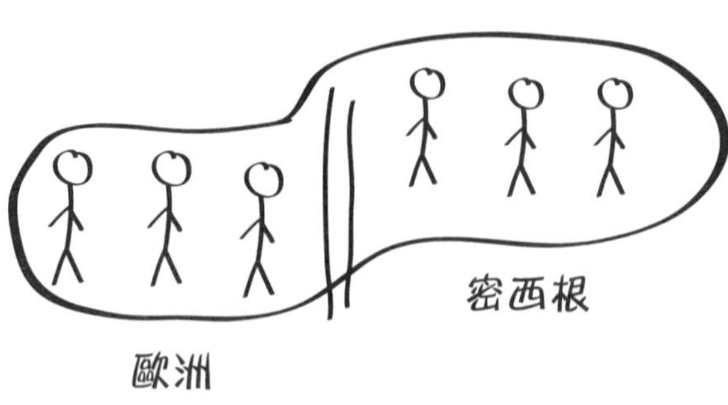

圖7.1

密西根，而且只有到密西根而已。我不太確定該怎麼畫人格，所以只在圖中畫出幾個小小的火柴人；不過，這些火柴人代表的是人格階段，不是肉體階段，見圖7.1。圖左是拿破崙在歐洲時持續不斷演變的人格。假設在中線前的火柴人是他臨死前的人格，接著，在中線右側，拿破崙的人格又延續了下去，只不過現在他的人格卻是在密西根！

有一點我先前沒有清楚說明，也許該在此處提出。在中線右側，就在拿破崙的人格初次出現於密西根的時候，那個人格階段自然會與中線左側的最後一個人格階段非常類似，也就是他臨死前的人格階段。這兩個階段的記憶、信念、目標等幾乎一模一樣、完全的「重疊」。不過，隨著時間過去，人格當然會繼續演變。身在密西根的那個人會繼續學習新東西，獲得新記憶，產生新目標。因此，隨著時間過去，密西根那個人的人格階段將會與歐洲的拿破崙愈來愈不相似。不過，這點並無損於人格觀點的主張，亦即中線右側的那個身在密西根的人不但是拿破崙，也會繼續身為拿破崙。畢竟，歷史上實際的拿破崙也有持續不斷演變的人格。當然，需要記住的重點是，我們必須把人格想成能夠隨著時間演變的東西。改變是可以接受的，只要不是太過突然，只要熟悉的重疊與延續模式仍然存在即可。

既然我們認為這個例子確實具有這種重疊與延續的模式，因

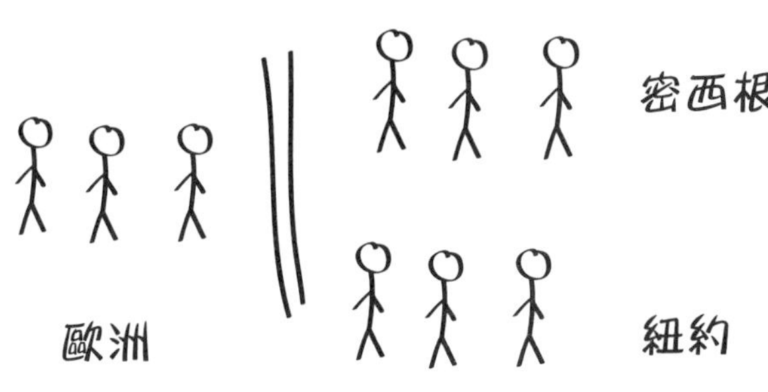

圖7.2

此可以說，中線右側的那個身在密西根的人和中線左側的拿破崙擁有相同的不斷演變的人格。當然，這就表示如果我們接受人格觀點的話，我們面前的人真的是拿破崙，不只是中線左側的那個人，也包括中線右側的那個人。所以我才會畫一個圓圈把所有人格階段一起圈起來，包括中線左側與右側的人格階段，藉此表示這張圖中只有單一個人，也就是拿破崙。

接著，再來想像第二個版本的拿破崙案例。除了密西根的那個人擁有拿破崙的人格之外，紐約也有一個人擁有拿破崙的人格，見圖7.2。我們對這個案例該怎麼說？

當然，如果沒有密西根那個人，那麼我會做的事情就是，如果我相信人格觀點的話，則畫一個圓圈把歐洲與紐約的那幾個人格階段全部圈起來，顯示中線兩側的是同一個不斷演變的人格。我會說：「看，拿破崙轉世於紐約。」如果紐約那個人是當今唯一擁有拿破崙人格的人，那麼人格觀點對於這個案例就會這麼說。

當然，問題是我們現在想像的這個案例中，拿破崙的人格不只延續於紐約，也不只延續於密西根。我們面對的狀況是密西根有個人擁有拿破崙的人格，而且紐約也有個人擁有拿破崙的人格。拿破崙的肉體在歐洲死亡之後，他的人格有兩份延續了下來。這下我們該怎麼說？這個案例中到底有幾個人？一個？兩

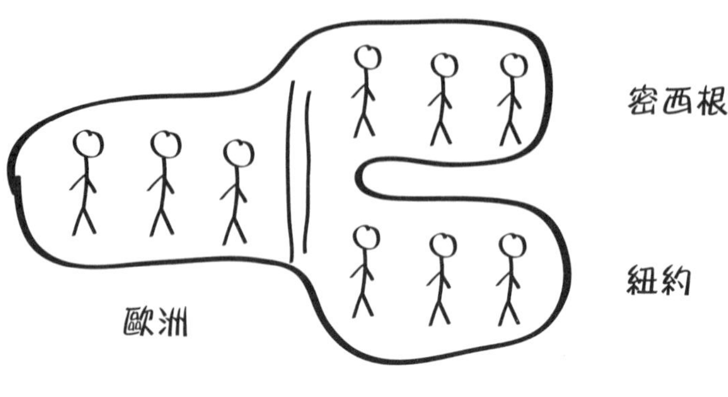

圖7.3

個？三個？由於答案一點都不清楚可見，我也就沒有在這張圖裡畫圓圈把相關的人格階段圈起來，我們實在看不出在這個案例中面對的是多少個人。

所以，我們有什麼選擇？我們可以怎麼說？我想，其中一種可能是指稱紐約的那個人是拿破崙，但密西根的那個人不是。密西根的那個人是個瘋子，只不過恰巧擁有拿破崙的人格而已。你可以這麼說。不過，這個答案很難令人接受，因爲我們同樣可以反過來說，堅稱紐約那個人其實不是拿破崙，密西根的那個人才是。明顯可見，我們沒有充分理由偏好紐約的那個人，就像也沒有充分理由偏好密西根的那個人。所以，聲稱他們其中一人是拿破崙，而另一人不是，看起來實在不是個吸引人的答案，這種立場太令人難以置信。

既然如此，我們還有什麼選擇呢？我想，另一個可能是聲稱那兩人都是拿破崙（見圖7.3，我在這張圖裡畫了個圓圈以顯示這種觀點）！說來古怪，拿破崙不曉得怎麼一分爲二。現在，拿破崙擁有兩具肉體，而且這兩具肉體都是同一個拿破崙的一部分。此處非常重要的一點是，我們必須了解這項提議有多麼古怪。這個案例的主張不是說我們擁有「兩個」拿破崙，而這兩人也當然不盡相同（儘管他們目前的心理狀態非常類似）。不，不是這樣的，這個案例中只有一個拿破崙，這個拿破崙曾經身在歐洲的一個地方，但現在卻同時身在美國的兩個地方。這個案例中只有一個拿破崙，而且他會持續同時身在兩個地方，直到其中一個新肉體死亡爲止。

這種說法看起來非常難以置信。就形上學而言，這個答案似乎違反了我們對於人所擁有的一項基本概念。我們不免會想要這麼說：人不可能同時身在兩個地方！不過，說不定我們唯一需要做的就是揚棄這項形上主張。說不定我們應該說：在正常情況下，人不可能同時身在兩個地方，但在適當情況下卻有可能。因此，在我們的例子裡，身在密西根的那個人是拿破崙，身在紐約的那個人也是拿破崙，而且儘管這點非常令人難以置信，密西根的那個人與紐約的那個人是同一個人。紐約的那個人和密西根的那個人實際上不是兩個人，而是同一個，只有一個人，也就是拿破崙，只不過他現在同時位於兩個地方。在現實生活中，這種事情自然不會發生。不過，說不定這樣的事情有可能發生，而這樣的事情一旦發生，說不定我們就該這麼說：拿破崙目前同時身在兩個地方（因此，按照這項觀點，圖7.3裡的所有人格階段都只構成單一個人。這就是爲什麼圖中的圓圈圍住了所有的人格階段：這張圖裡只有一個人）。

也許我們確實該這麼說，但無論如何，我覺得就一般狀況而言，這樣的代價未免太過龐大。人不能夠同時身在兩個地方。聲稱人是橫跨空間與時間而存在的時空蟲是一回事，但聲稱他們可以是Y字形的時空蟲又是另一回事。這種觀點似乎違反了我們對於人所懷有的基本形上信念。

不過，我必須提醒你，此處的所有選項都不太吸引人。所以，我一再說著：「你可不想這麼說，你可不想那麼說」的時候，也不要忘了我這項提醒：我們快要沒有選項了。這些選項都不怎麼吸引人，所以，歸根究柢，說不定你確實應該這麼說。

但就目前而言，聲稱拿破崙身在密西根而不在紐約實在不是非常具有說服力的說法；聲稱他身在紐約而不在密西根也一樣不太具有說服力；至於聲稱他同時身在兩個地方，也一樣不怎麼具有說

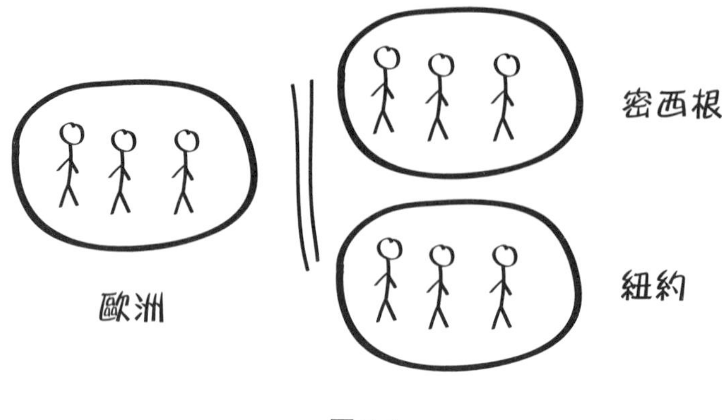

圖7.4

服力。

可是除此之外，還有什麼別的可能性呢？拿破崙如果不只是其中一人，也不是兩者皆是，那麼唯一剩下的另一個選項就是他兩者都不是。這麼一來，那兩個人就都不是拿破崙，見圖7.4，於是我們面對的就成了三個不同的人。其中一個人，也就是拿破崙，是一條結束於歐洲的時空蟲，除此之外，另外還有兩個人：一個是目前位在密西根的時空蟲，另一個是目前位在紐約的時空蟲。不過，那兩個人都不是拿破崙。在我看來，這無疑是我們擁有的選項當中最不難令人相信的一項。

不過請注意，我們如果說那兩個人雖然擁有拿破崙的人格，卻都不是拿破崙，那麼個人同一性的人格理論就虛妄不實，這項理論遭到了揚棄。我們放棄了這種觀點，因爲人格觀點畢竟是這麼說的：你如果擁有拿破崙的人格，你就是拿破崙。現在我們卻說那兩個人雖然擁有拿破崙的人格，卻不是拿破崙，所以如果說那兩個人都不是拿破崙，那麼人格理論（「跟著人格走」）就是錯的。不過，如同我們剛剛看過的，聲稱那兩個人都不是拿破崙似乎是最不難令人相信的一個選項。所以，人格理論必須受到揚棄。

實際上，我認爲這是正確的結論，人格理論確實必須受到揚棄。至少，我至今為止提出的這種人格理論必須受到揚棄。不過，這不表示我們不能加以修改，說不定我們可以改變這項理論，一方面保有原始版本的精神，同時又得以避免我們剛剛檢視的那些問題。

因此，以下這種修改人格觀點的方法，是我認為最有希望的作法。人格理論的支持者應該指出，我們一旦這麼說：「跟著人格走就對了，你如果擁有拿破崙的人格，這點就足以讓你成為拿破崙。」這其實是犯了過度簡化的錯誤。實際上，這麼說是不夠的，我們必須再加上一項額外條款，規範我剛剛提及的那種「分支」與「分裂」的案例。概略而言，我們必須說未來如果有個人擁有我的人格，那麼那個人就是我，但前提是只有一個人擁有我的人格。我的人格如果有好幾份，出現分裂、複製的現象，就沒有一個人是我（說得更精確一點：如果在未來某個時間點，有好幾個人物階段都同樣擁有我的人格，而且那些人物階段都同時存在，那麼那些階段就都不是我的一部分）。

所以，原本的人格理論聲稱擁有同樣的人格就足以判定是同一個人，現在的新版本卻加上了一條無競爭者條款，一條無分支條款。這個版本指出，擁有同樣的人格確實足以判定是同一個人，但前提是不能有分支現象；一旦有分支現象，那麼所有的分支就都不是我（還有其他方法能夠進一步精修這項觀念，但現在這樣應該就足敷我們使用了）。

我們如果接受無分支條款，就能夠這麼說：在原本的故事裡（密西根有個人擁有拿破崙的人格，但紐約沒有），密西根的那個人真的就是拿破崙，因為他擁有正確的人格，而且又沒有其他競爭者。同樣的，如果有一個人在紐約擁有拿破崙的人格，但在密西根沒有，那麼那個人就會是拿破崙，因為他擁有正確的人格，又沒有其他競爭者。但具有分支現象的案例，也就是在密西根與紐約都各自有個人擁有拿破崙的人格，由於違反了無分支規則，所以只能說那兩人都不是拿破崙。

就像我說的，這在我看來的確是人格理論最佳的修正版本，可是我們仍然必須要問，有可能相信這個修正版本嗎？有可能接受無分支規則嗎？可嘆的是，無分支規則本身看起來也頗爲古怪。

想想一個衆所熟悉的普通案例：我當然和上星期寫著這本書的人是同一個人。根據人格觀點或是修正過的人格觀點，這是因爲我擁有相同的人格。上星期的那個人認爲他是雪萊．卡根，也認爲自己是個哲學教授。我同樣認爲我是雪萊，也認爲我是個哲學教授。上星期的那個人擁有孩提時期的種種記憶，我也擁有同樣的記憶。他擁有完成這本書的渴望，我也有同樣的渴望。當然，我還可以繼續提出其他許多類似的例子。所以，上星期的那個人和我擁有同一個人格，因此他就是我。這是人格觀點的說法。所以，我可以得出那個人是我的結論。我知道你很擔心我是不是活過了這個週末。好消息：我活過來了！

話說回來，我眞的活過來了嗎？還是也許我該問：「他活過來了嗎？」沒錯，上星期這裡有一個人（雪萊．卡根），現在這裡也有一個人，而且現在這個人確實和上星期在這裡的那個人擁有相同的人格。然而，根據無分支規則，我們卻還不能斷論我和上星期寫著這本書的那個人是同一個人。要得出這項結論之前，我們必須先確認沒有其他競爭者，亦即現在沒有其他人也擁有相同的人格。今天，我如果是唯一擁有雪萊的人格的人，那麼，可喜可賀，我的確就和上星期寫著這本書的那個人是同一個人。然而，如果在我不知情的狀況下（而且我猜想你應該也不知情），目前在密西根也有一個人同樣擁有雪萊的人格，那麼就必須說我終究不是雪萊，那個人也一樣不是。我們兩人都不是雪萊，他死了。

所以，我到底是不是雪萊？可嘆的是，我們沒辦法確定，除非我們知道密西根那邊的狀況！這種說法看起來實在非常難以令人置信。要決定我和上星期寫這本書的那個人是不是同一個人，目前發生在密西根的事情看起來實在絲毫無關（畢竟，我是在康乃狄克州寫著這些文字）。直覺想來，我究竟是不是同一個人應該僅取決於上星期在這裡寫作的那個人，以及今天在這裡寫著這些文字的這個人，也許還涉及那個人和這個人的關係，但顯然不該與發生在密西根的事情有關（換句話說，我究竟是不是同一個人，應該取決於先前的人物階段與當下的這個人物階段，以及這些階段之間的關係，就這樣而已）！

我是什麼人的問題怎麼可能取決於發生在密西根的事情？我和上星期寫這本書的那個人是不是同一個人，這個問題怎麼可能取決於發生在賓州、澳洲或甚至火星上的事情？以哲學術語來說，同一性的本質看起來應該只取決於我本身，或者也許只取決於我的各個階段之間的關係，但不該取決於發生在其他地方的外部事件！然而，我們如果接受無分支規則，意思就是說我們是否具備同一性必須取決於發生在其他地方的事情。在無分支規則下，同一性不再是一項僅限於內部的問題，而是在部分上成了外部問題。如同我說的，這種說法非常難以令人置信。然而，你如果不接受這項規則，顯然就必須放棄人格觀點。

裂變

且讓我們簡要回顧一下導致人格觀點崩解的問題。簡言之，麻煩源自於複製的可能性。人格可以複製，同一個人格可以有許多份複本同時存在。那麼，人格觀點對於這種案例該怎麼說？看來唯一合理的說法，就是指稱在複製的案例當中，那些複製的結果都不是與原本那個人相同的人，就算他們擁有同樣的人格也沒有用。所以，我們如果不想徹底揚棄人格觀點，就必須加以修正，納入一條無分支規則。問題是，無分支規則本身看起來也嚴重違反直覺，因爲這項規則使得同一性變成一種外部問題，而不純粹只是內部問題。因此，看來我們終究必須揚棄人格觀點，原因是人格理論者沒有合理的方式能夠解決複製的問題。

就在人格觀點遭遇這些令人絕望的轉折，終究無力因應複製問題的同時，肉體觀點的支持者卻是樂翻了。我總是想像肉體理論者站在一旁，看著這一切呵呵大笑。「哈！」他們說：「你們這些可憐的呆瓜。個人同一性的人格理論根本不可信，原因就是存在著複製的可能性，因為人格可以有多個複本（實際上，如果可以有兩個複本，就沒有理由不能有一百個、一千個或更多的複本！），可是肉體不會分裂！肉體沒有分支！所以，只要揚棄人格觀點，接納肉體觀點，即可輕而易舉地避免複製的問題。」

想想看，肉體不會分裂；肉體不會一分為二或者出現分支。舉例而言，你弟弟的肉體絕不可能一夕之間分裂成兩個一模一樣的肉體。所以，我們直接就避開了令人格觀點頭痛不已的那個問題。肉體理論家不需要思考該怎麼針對同一具肉體的多件複本提出解釋，因為肉體不可能有多件複本。當然，說不定可以有另一具肉體和我的肉體看起來極為相似，例如我如果有個雙胞胎兄弟的話。但不論另一具肉體和我本身的肉體有多麼相似，都沒有另外一個人能夠真正擁有我的肉體：不同於我的人格，我的肉體不可能同時位於兩個地方。因此，我們如果想要知道未來的某個人和我是不是同一個人，只需跟著這具不會分支的單一肉體就行了。至少就原則上而言，這是一件相當直截了當的事情。

所以，這下看來顯然有個頗具可信度的理由，足以說服我們接受肉體觀點而揚棄人格觀點。人格觀點對於複製的問題提不出合理的回答，但肉體觀點卻根本不需要針對複製的問題提出解釋，因為肉體不可能一分為二。

至少這是肉體理論者可能會說的話。可是真的是這樣嗎？肉體觀點真的不會遭遇複製問題嗎？人體真的不會也不能分裂嗎？此處的關鍵字眼自然是「不能」。畢竟，人格實際上也不會分裂。我先前探討的雖是人格會分裂的科幻案例（以致我們看到了拿破崙人格的兩份一模一樣的複本），但

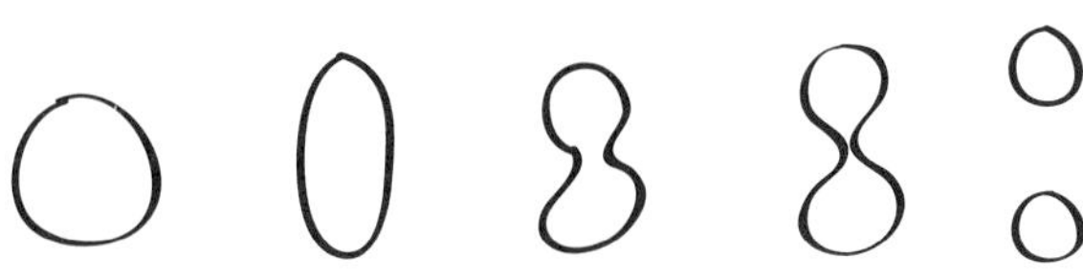

圖7.5

那畢竟是個實際上不會發生的科幻例子。如果思考人格分裂的可能性可以使用科幻案例，那麼思考肉體分裂的可能性顯然也可以使用科幻案例。既然如此，就讓我們來試試看吧。

實際上，我們在現實生活中早已對某種低度的肉體分裂現象頗爲熟悉。假設有一隻變形蟲在這裡游動著，突然間，這隻變形蟲開始分裂，牠把自己扯了開來（我不會嘗試詳述其中的生物細節），並且將自己的兩側愈扯愈遠，直到，砰！原本的一個細胞變成了兩個，變形蟲分裂爲二，見圖7.5。

不同於變形蟲，人體不會這樣分裂。不過，說不定人體的生物構造當中沒有任何條件會排除這種可能性。假設我明天翻開《耶魯每日新聞》，而看到耶魯變形蟲研究中心得到一項重大突破，發現了一種方法，能夠讓人體像變形蟲一樣複製分裂。這看起來無疑是個合乎邏輯的可能性。這麼一來，我們就可以問肉體觀點打算怎麼因應這個案例。我們對於肉體的分支現象該怎麼說？

不過，與其探討這個例子，且容我提出另一個稍微不同的案例，一個在哲學文獻中受到不少討論的案例。相信讀者還記得，我們先前談及肉體觀點的時候，我曾說肉體觀點的最佳版本其實不需要整具肉體，而是只要有相同的大腦就夠了（跟著大腦走）。不過，我們後來又更進一步，提及我們可能甚至也不需要整顆大腦，只要有足以貯存人格的大腦部位即可（不論這樣的部位有多大）。最後，我又假設儘管實際上不是如此，只需要大腦的一個半

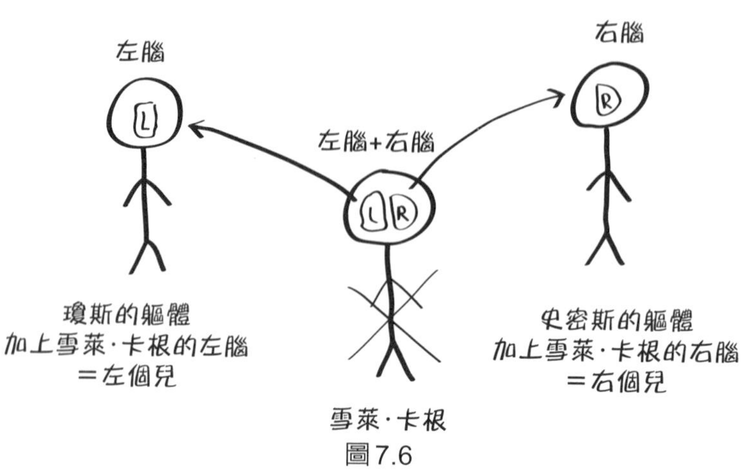

圖7.6

球。現在，我要你再次採用這項假設，想像大腦具有相當程度的冗餘，就算你的右腦遭到摧毀，左腦也還是足以讓你擁有所有相同的記憶、渴望、信念等。當然，如果你的左腦遭到摧毀，右腦也一樣足以保有你原本的人格。由此可見，我接下來要講述的故事同樣是一則科幻故事，但總之思考這項案例是一件相當引人入勝的事情。

好，假設我在即將來臨的這個週末遭遇了一場嚴重事故。我的軀體遭到摧毀，但醫生保住了我的大腦，並且進行了一場前所未見的移植手術，把我的大腦植入多餘的軀體內（那些多餘的軀體是從哪裡來的？說不定有些人（史密斯和瓊斯）罹患非常罕見的大腦疾病，以致他們的大腦突然液化，只剩下軀體）。然而，由於大腦移植手術的失敗率非常高，所以為了保險起見，手術團隊因此將我的大腦切成兩半，將兩個大腦半球各自移植到不同的軀體內。他們猜想這麼做將可讓我的存活機率增加一倍。

圖7.6應有助於我們明瞭這個假設情境。圖中央是我，雪萊。我的身體上畫了個大叉叉，表示我的軀體已經遭到摧毀。在我的頭骨當中，自然是我的大腦，至少在大腦的左右半球受到移植之前，我的大腦原本位在我的頭骨內。好，第一個手術團隊將我的左腦植入瓊斯的軀體，形成圖

左的那個人物。同時間，另一個手術團隊也將我的右腦植入史密斯的軀體，形成圖右的那個人物。兩個手術團隊都把各種「線路」（神經元、靜脈、動脈等）連接起來，然後靜待結果。

出乎所有人的意料之外，手術竟然完全成功！實際上，的確是非凡的成功，兩個「手術結果」都醒了過來。擁有瓊斯的軀體以及雪萊左腦的那個人醒了過來，擁有史密斯的軀體以及雪萊右腦的那個人也醒了過來。這下我們就必須問了：這兩個人究竟誰是誰？

我們必須以某種中性的方式稱呼這兩個人，所以且讓我們為這兩個手術結果取個不會引發太多疑問的名稱。我們把擁有雪萊左腦的那個人稱為「左個兒」，擁有雪萊右腦的人則稱為「右個兒」。當然，我們的任務就是要確認左個兒和右個兒究竟是什麼人！

畢竟，手術完全成功，左個兒和右個兒都醒了過來。由於我們假設我大腦的一個半球就足以保有我的人格，因此左個兒和右個兒都同樣擁有我的人格！因此，他們兩人都認為自己是雪萊。他們兩人都懷有在芝加哥長大的記憶（或是準記憶）；他們兩人都認為自己結了婚，生了三個子女；他們兩人都想要把自己的下一本書寫完，也都擁有我人格中的其他每一項元素，這兩個人都認為自己是雪萊。可是我們必須問的是：根據肉體觀點，到底誰才是雪萊？

我們有哪些選項呢？當然，其中一種選項是指稱左個兒才是雪萊，而右個兒不是。右個兒只是個被幻想蒙蔽的假冒者。然而，肉體觀點沒有給予我們做出這種選擇的任何理由。左個兒確實擁有雪萊的半個大腦，而這樣也確實已經「足夠」（也就是說，足以擁有雪萊的人格），不過右個兒同樣也擁有雪萊的半個大腦，所以也一樣足夠。因此，我們沒有理由說左個兒是雪萊而右個兒不是。當然，肉體觀點也沒有給予我們任何理由指稱右個兒是雪萊，而左個兒不是。

那麼，我們還剩下什麼選項？我想，我們可以說他們兩人都是雪萊。於是，雪萊開心地繼續活下去，只不過他現在同時活在兩個地方。畢竟，肉體理論者可能會說，我大腦的足夠部位存活了下來，只不過是現在同時存在於兩個不同地方而已。假設左個兒去了加州，右個兒搬到了佛蒙特州。那麼，雪萊從此以後就同時住在美國的兩岸。

我們確實可以這麼說，可是聽起來實在不對勁。別忘了，這種說法不是說有兩個非常相似（非常像是原本的雪萊）但不盡相同的人。不是，這種說法是說左個兒與右個兒都是雪萊，所以他們兩人是同一個人。因此，根據這種觀點，事故發生之後存活下來的只有一個人：雪萊，只不過現在雪萊可以同時身在兩個地方。這種觀點看來實在令人難以置信。

那麼，肉體觀點還能怎麼說？也許我們該說左個兒與右個兒都不是雪萊，他在那場可怕的事故中死亡了。儘管現在有左個兒與右個兒這兩個人，各自都擁有雪萊的半個大腦，而且也各自擁有他所有的記憶、信念、渴望等，但這兩人卻都不是雪萊。我們確實可以這麼說。然而，這個說法看起來卻是所有選項當中最令人難以信服的一個。

不過，我們如果確實這麼說，就等於是揚棄了肉體觀點。畢竟，肉體觀點指稱一個人如果要身為雪萊，只需擁有此人足夠的大腦部位即可。而在我們思考的這個案例中，左個兒與右個兒確實看起來都擁有雪萊足夠的大腦部位。所以，我們如果認定這兩人都不是雪萊，而且這種說法看起來實在不具可信度，那麼我們就是揚棄了肉體觀點！或者，如果要說得保留一點，可以說我們是揚棄我至今為止所陳述的那種肉體觀點。

你也許料得到我接下來要怎麼說。就我所見，到了這個時候，肉體理論者最好的選項就是添加一條無分支條款！肉體理論者應該說：「個人同一性的關鍵是擁有同一具肉體，也就是同一個大腦，也就是足夠保有人格的大腦部位，前提是不能有分支現象，不能有分裂現象，不能有一模一樣的競爭者。如果不只一個人擁有足夠保有人格的大腦部位，那麼這些人就都不是原本的那個人（同樣的，我們也可以用人物階段的方式把這項論點陳述得更精確，但我在這裡就不多費力氣了）。」

我們剛剛探討的這個例子，在哲學文獻中稱為裂變案例（因為這種情形有點像是核裂變，也就是一個大原子分裂為二）。那麼，假設肉體觀點添加了一條無分支規則。如此一來，我們就可以說裂變案例違反了無分支要求，因為大腦分裂為二，所以左個兒與右個兒都不是雪萊，儘管他們兩人都擁有我足夠的大腦部位。

讓我們比對一下一般的平凡案例。我為什麼和上星期寫這本書的那個人是同一個人？因為我頭骨內的大腦（雖然我看不見，但我知道我的大腦確實在那兒！）和上星期寫這本書的那個人頭骨內的大腦是同一顆大腦。肉體觀點要我們跟著肉體走，尤其是跟著大腦走。在日常案例當中，這麼說的確實已經足夠。但在裂變的特殊案例裡，也就是發生了分裂現象的情況下，我們即可說擁有足夠的大腦部位並不夠。左個兒與右個兒都不是我。

如果添加了無分支規則，肉體觀點就可以這麼說。然而，這麼一來就回到了先前提過的那個問題，也就是無分支規則就直覺上而言實在不太合理。畢竟，如果接受無分支規則，那麼我和上星期寫這本書的那個人是不是同一個人，就必須取決於週末期間有沒有人在我不知情的狀況下切除了我的半個大腦，塞進另一具軀體，然後又把我的頭殼縫合起來。可是這點怎麼可能對我是什麼人造成影響呢？根據無分支規則，如果有人切除了我的半個大腦而把它丟掉，我就和上星期寫著這本書的那個人的確是同一個人；但我被切除的那半個大腦如果妥善移植於另一具肉體上，我就不再是上星期的那個人。這怎麼可能呢？我是什麼人怎麼可能取決於一個不曉得距離我多遠的大腦部位？同一性應該是內部事件呀，不是嗎？

然而，你如果覺得無分支規則難以接受，那麼你這個肉體理論者就陷入了困境。實際上，你陷入的困境正與人格理論者一模一樣。這兩種觀點都在分裂案例中面臨了一個問題。這兩種觀點都可以藉著採取無分支規則避免那個問題。而且這兩種觀點也都必須承認無分支規則實在不怎麼吸引人。

因此，裂變的例子不但為肉體觀點提供了一個絕佳的分裂案例，其實也一樣為人格觀點提供了一個相當不錯的分裂案例。在事故發生之前，這裡原本有雪萊這個人，他擁有一套特定的信念、渴望、記憶、目標等。在事故發生之後，則是有左個兒與右個兒，兩人都同樣擁有雪萊的記憶、信念、渴望與目標。大腦的分裂顯示了人格原則上也可以出現分裂。所以，肉體觀點與人格觀點都因為同一個案例而面臨了相同的問題。就我所見，唯一的解決方案（至少是最佳的解決方案）是接受無分支規則。如果你不喜歡無分支規則，實在很難看出你還有什麼其他選擇。或者應該這麼說：我們其實可以看出你還有其他哪些選擇，只是看不出那些選擇是不是真的比較好。

就在大家論述著肉體觀點與人格觀點的這些問題之時，靈魂理論者卻是開心不已。我們可以輕易想像靈魂理論者這麼說：「看吧，各位，你們因為分裂的問題，而發現自己需要採取無分支規則，但這條規則卻顯得愚蠢又缺乏可信度。我們現在已經看到，人格和肉體都可能分裂。但你們要是聰明一點，堅持採納人格同一性的靈魂理論，這些問題就都能夠受到避免。因為，靈魂和肉體還有人格不一樣，靈魂不會分裂。」

當然，就像你已經知道的，我其實不相信靈魂。所以，我實在沒辦法張開雙臂擁抱個人同一性的靈魂理論。不過，暫且讓我們忘記這一點。假設實際上真的有靈魂，那麼靈魂理論是不是真的至少具有這項優勢，能夠避免複製與分裂的問題？我不確定。

且來問問看，如果有個人接受個人同一性的靈魂理論，那麼這個人對於裂變案例會怎麼說？好，現在發生了一場可怕的事故。我的大腦分裂為二，一半被植入瓊斯的軀體，另一半被植入史密斯的軀體。經過這場手術之後，左個兒醒了過來，認為自己是雪萊；右個兒也醒了過來，同樣認為自己是雪萊。靈魂理論者對於這個案例該怎麼說？

別忘了，根據靈魂觀點，身為同一個人的關鍵就是擁有同一個靈魂。舉例而言，在我們一再提及的普通案例中，我和上星期寫著這本書的那個人之所以是同一個人，原因是我和那個人擁有同一個靈魂。今天為這具在鍵盤上打著這些文字的肉體賦予生氣的靈魂，與上星期為那具寫著這本書的肉體賦予生氣的是同一個靈魂，所以我才是同一個人。

可是，靈魂理論者對於裂變案例要怎麼說？我不太確定，一部分是因為這個問題的答案取決於我們先前提過但尚未回答的這個形上學問題：靈魂可以分裂嗎？裂變導致人格觀點與肉體觀點遭遇了難以解決的問題，因為這兩者至少在原則上都可以分裂。但是靈魂呢？靈魂到底能不能分裂？

當然，我不知道這個問題的答案，就讓我們來想想這兩種可能性。

第一種可能：靈魂就像肉體和人格一樣，也可以分裂。假設裂變案例中的狀況就是如此。我們原本只有一個靈魂──雪萊的靈魂，但是在這場可怕的事故以及後續的手術當中，靈魂卻出現了分裂。所以，左個兒體內有雪萊的其中一個靈魂（或是與這個靈魂有所連結），而右個兒體內也有雪萊的另一個靈魂（或是與那個靈魂有所連結）。左個兒與右個兒都擁有分裂開來的其中一個靈魂（當然，這兩個靈魂可不只是零碎的靈魂破片而已；不是的，這兩個靈魂都是完整而且功能正常的雪萊的靈魂）。

如此一來，我們就可以這麼問自己：「根據靈魂理論，哪一個才是雪萊？」當然，你現在大概已經能夠自行推想所有的可能性了！舉例而言，我們可以說左個兒與雪萊才是同一個人，而右個兒不是。可是靈魂理論中沒有任何條件足以支持這項主張。左個兒與右個兒同樣都擁有由雪萊．卡根原本的靈魂分裂而來的靈魂。所以，我們沒有理由說左個兒是雪萊，而右個兒不是。同樣的，我們也沒有充分理由可以說右個兒是雪萊，而左個兒不是。

那麼，我們是不是應該說他們兩人都是雪萊，也就是說，你只要擁有雪萊（分裂後）的靈魂，你就是雪萊？但這麼一來，左個兒與右個兒就都是雪萊，於是他也就同時位於美國的兩岸，因爲他的一部分身在加州，另一部分身在佛蒙特州。我們該這麼說嗎？我們該說他們其實只是一個人，只不過現在同時身在兩個地方而已嗎？這種說法聽起來也不是很令人滿意。

但除此之外，還有什麼其他選項呢？看來另一個最好的選項，就是由靈魂理論者指稱他們兩人，不論是左個兒還是右個兒都不是雪萊。可是，如果他們兩人都不是雪萊，那麼這個人就死了。但我們如果接受靈魂理論，又怎麼能這麼說呢？左個兒與右個兒都擁有雪萊的靈魂（擁有足夠的部分），至少這是我們想像的情形。所以，如果這兩人都不是他，那麼擁有雪萊的靈魂（擁有足夠的部分）就不足以讓人身爲雪萊。這麼一來，我們就是揚棄了靈魂理論，或者應該說是揚棄了我們至今爲止所探討的這種靈魂理論。靈魂如果可以分裂，而我們又希望避免徹底揚棄靈魂理論，那麼靈魂理論者在這時候必須做的（你早已看出來了，對不對？）就是接受無分支規則！「就是這樣，」靈魂理論者應該這麼說：「跟著靈魂走，除非靈魂出現分裂，這麼一來所造成的人就都不是雪萊．卡根。」

當然，問題是我們認爲無分支規則不太可信。這種規則違反我們的直覺，但到了這個時候，你說不定會開始覺得，也許我們就是該學著接納這項規則！如果人格理論需要無分支規則，肉體理論需要無分支規則，靈魂理論也需要無分支規則，也許我們就是必須接受無分支規則，不論喜不喜歡。而我們如果必須接受無分支規則，當然就不能藉此反駁採用這項規則的理論。至少，我們如果是靈魂理論者，而且認爲靈魂可以分裂，也許就可以這麼說。

可是我們還是需要考慮靈魂不能分裂的可能性。說不定靈魂理論者擁有另一個選項，是其他理論所沒有的。假設雪萊的靈魂不能分裂。這樣代表什麼？這表示我的大腦受到分割之後，我的靈魂只會落在左個兒或右個兒體內，而不會同時落在他們兩人體內。畢竟，我的靈魂如果不能分裂，就不可能同時由他們兩人所擁有。

靈魂爲什麼不能分裂？也許是因爲靈魂沒有任何構成部分！也許靈魂是單純的個體，而不是複合的個體。如同我們所知道的，這正是柏拉圖在《斐多篇》裡提出的論點。他沒有說服我，但暫且不追究這一點。說不定靈魂是單純的個體，而單純的個體確實不會分裂。如果單純的東西不會分裂，而且靈魂又眞的是單純的個體，那麼靈魂就明顯可見不會分裂。

我也許該在這時候坦承其實我不知道單純的東西是不是眞的不會分裂，就形上學而言，我實在不確定這是不是一種可能性。不過，暫且讓我們把這種顧慮擺在一旁，讓我們假設，由於某種原因，不論是因爲其單純性還是其他因素，靈魂純粹就是不會分裂。有了這項假設之後，我們要問的是，在裂變的案例中，哪個人是雪萊？左個兒還是右個兒？

答案當然取決於誰擁有雪萊．卡根的靈魂。由於靈魂不會分裂，所以他們不可能同時都擁有我的靈魂，因此其中一人將會擁有我的靈魂，另一人則沒有。你想知道哪個人是我？就是擁有我的靈魂的那一個！左個兒如果擁有我的靈魂，那麼左個兒就是雪萊，而右個兒則是個被幻想蒙蔽的假冒者。右個兒認爲自己是雪萊．卡根，可是他不是，因爲他沒有雪萊的靈魂，而雪萊的靈魂在左個兒體內。另一方面，如果右個兒擁有我的靈魂，那麼右個兒當然就是雪萊，左個兒則是假冒者。

問題是，從外在觀察這個狀況，你根本沒辦法分辨這兩人究竟哪一個才是雪萊，因爲你沒辦法知道哪個人擁有我的靈魂。按理說，他們其中一人確實擁有我的靈魂，因此那個人眞的是我，可是你完全沒辦法知道是哪個人。

値得注意且也更加令人意外的是，就算我們從內在觀察這個狀況，也一樣沒有辦法分辨誰才是雪萊。左個兒會說：「拜託，我當然是雪萊，我當然擁有這個人的靈魂，我當然才是正牌的雪萊。」可是，右個兒也會說：「拜託，我當然是雪萊，我當然擁有這個人的靈魂，我當然才是正牌的雪萊。」如果靈魂不會分裂，他們其中一人就是錯的，可是他們卻無從知道誰是受到矇騙的那一個人。

不過，這也許不是個你不願意接受的後果。如同先前看過的，此處所有的觀點都各自有其問題。所以，說不定你覺得這個問題是你可以接受的。在裂變的狀況中，哪個答案才正確？說不定你只想要堅持指出，重點在於誰擁有雪萊的靈魂。雖然沒有辦法確認，但這終究是此一形上問題的答案（如果這兩人都沒有雪萊的靈魂呢？這麼一來，他們兩人就都是假冒者。這種情形有點像是我們剛開始探討個人同一性的靈魂理論之時所擔心過的那個案例。上帝要是在昨晚摧毀了我的靈魂，並且置入一個新的靈魂，那會怎麼樣呢？根據靈魂理論，那麼雪萊就死了。同樣的，根據靈魂理論，雪萊的靈魂如果沒有轉移到左個兒或右個兒身上，那麼他們兩人就都不是雪萊。既然如此，那麼雪萊怎麼了？一方面，如果那個靈魂遭到摧毀，那麼雪萊就死了。另一方面，靈魂如果沒有遭到摧毀，只是遷移到了另外某個地方，那麼也許某個我們根本不曉得的人就是雪萊）。

所以，就像我說的，靈魂理論至少能夠為我們提供一個迴避了無分支規則的答案。靈魂如果是單純的個體，而且單純的個體確實不會分裂，那麼就不可能會有兩個東西同時擁有同一個靈魂。因此，我們不必藉著添加（違反直覺的）無分支規則修正靈魂理論。這點無疑可以是靈魂理論的一項優勢，如果我們相信靈魂的話。我同時也必須指出，裂變案例卻可能指出靈魂理論特有的一項劣勢。

假設上帝向我們透露了一項形上祕密，左個兒擁有雪萊的靈魂。這麼一來，按照靈魂觀點，左個兒自然就是雪萊，右個兒則是被幻想蒙蔽的假冒者。右個兒相信自己是雪萊，他擁有雪萊一切的記憶、信念與渴望，但他卻不是，原因是他沒有雪萊的靈魂，擁有這個靈魂的是左個兒。對於裂變問題而言，這當然是個不錯的答案，但請注意，這個答案也為相信靈魂存在所需的許多論證造成了問題。

我們在第三章探討過支持靈魂存在的一套重要論證，這些論證全都是最佳解釋推論的例子。其中的想法是，人有些熟悉而平凡的特徵，需要由靈魂加以解釋。也許你需要相信靈魂，才能夠解釋肉體為何具有生氣，或是人為何擁有理性，或是人為何能夠發揮創意，或是擁有自由意志，或是擁有意識。不論我們怎麼填空，總之這項主張認為你需要相信靈魂才能解釋那些東西。

但如果真是如此，那右個兒的案例是怎麼回事？右個兒擁有意識、擁有創意，也有自由意志。右個兒會規畫、能夠理性思考，肉體也具有生氣。根據許多二元論者的說法，我們需要相信靈魂才能解釋人為什麼是人。然而，右個兒也是人，儘管他沒有靈魂！二元論者要怎麼解釋這個情形呢？（上帝難道創造了一個新靈魂，塞進右個兒體內嗎？說不定。可是上帝為什麼要這麼麻煩？為什麼不乾脆讓左個兒帶著我的靈魂醒來就好了？）

所以，假定靈魂不會分裂雖然似乎為裂變案例提供了不錯的答案，但這個案例卻也瓦解了二元論當中若干最重要的前提論證。畢竟，右個兒如果可以是個沒有靈魂的人，儘管不是雪萊，但畢竟還是人，那麼我們其他人說不定也是如此，而這當然也正是物理論者的主張。

且讓我再提出另一個可能性，因為這點相當有趣②。假設靈魂理論者對於最後這項反駁的答覆是：「絕對不可能。」他們坦承指出，右個兒如果能夠在沒有靈魂的情況下醒來，確實會對相信靈魂存在的觀點造成問題。不過，由於我們已經設定雪萊的靈魂會在左個兒體內，右個兒就不會醒來。當然，結果也有可能是右個兒醒來，但左個兒沒有。醒來的人可能是這兩人的任何一人，但也只有一人。

假設大腦移植手術經常發生，而且總是會帶來以下的結果：移植整顆大腦，病患在手術後會醒過來；移植大腦的一個半球，病患在手術後同樣會醒過來；大腦的兩個半球分別移植到不同的軀體上，手術後只有一個病患會醒來，但絕對不會兩個人一起醒來。如果是這樣，我們對於靈魂的存在就有了一項絕佳的新論證。有什麼理由能夠解釋，我們如果只移植大腦的一個半球，就足以讓那個人存活下去？有什麼理由能夠解釋，我們如果把大腦的兩個半球分別移植到兩個軀體上，爲什麼只有其中一個半球會發揮效果，而從來不是兩個半球都有效？有什麼理由能夠解釋這種現象？靈魂可以解釋這種現象。如果靈魂不會分裂，那麼任何一個靈魂就都只能跟著大腦的其中一半，左腦或右腦的哪一半都可以，但絕對不會同時跟著大腦的兩半。

所以，我們如果發現這樣的結果，就能夠爲靈魂的存在提供一項新的實證論證。當然，這是個非常令人難以置信的假設。請不要以爲我剛剛所說的眞的是爲靈魂提出了一項新論證。我們實際上不會進行大腦移植手術，更遑論半顆大腦的移植手術。沒有任何實驗能夠證明我們如果從事了這種左右半腦的分別移植手術，結果一定只有其中半顆大腦會醒來。我只是說，如果有一天我們確實從事這種大腦移植，並且得到了這種結果，那麼我們到時候就會擁有一項支持靈魂的新論證。

接下來，且讓我再次把靈魂理論擺到一旁。我剛剛之所以探究靈魂理論，原因是思考這種理論的意涵頗爲有趣。不過，由於我不相信靈魂，所以我只想在肉體觀點與人格觀點之間做選擇。如同我們先前看過的，這兩種理論都需要某種版本的無分支規則。因此，這兩種理論如果有任何一項要成立，顯然就必須加上無分支規則。我看不出其他可行的選項。

當然，無分支規則不會因此就變得比較不怪異，這種規則看起來仍然深深違反直覺。不過，如果這兩種觀點都避免不了無分支規則，也許我們就是避免不了這項規則。至少，這點顯示我們不能以分裂、複製與分支的問題做爲在人格觀點與肉體觀點之間做出選擇的判斷基準。這兩項理論在這方面都面臨了相應的問題，而且也都以相同的方式加以因應，也就是採納無分支規則。

那麼，我們該接受這兩項理論當中的哪一項？肉體觀點還是人格觀點？這兩者的何者是個人同一性較佳的理論？我的答案是：我不確定。

在我的哲學職業生涯當中，我一直擺盪於這兩種觀點之間。我曾經有很長一段時間認為人格理論（加上適切的無分支規則）是比較好也比較可信的理論。在當代哲學界裡，這種觀點也確實有些支持者。不過，在我職業生涯中的其他時候，我卻又認為肉體理論（加上適切的無分支規則）是比較可信的理論。在當代哲學家當中，肉體理論同樣也有其擁護者。

儘管這麼說可能沒有太大意義，但我已有好一段時間傾向於接受肉體理論。我傾向於認為個人同一性的關鍵是擁有同一具肉體，前提是沒有分支或分裂的現象。不過，你當然可以認為人格理論比較可信，這個問題我無從解答。針對這項議題，我已經提不出其他哲學論證了。

不過，我確實還有另外一項值得考慮的論點。儘管我傾向於認為肉體理論可能是探討個人同一性關鍵的最佳觀點，但我也傾向於認為這點其實不重要！

什麼是存活中最重要的事？

我們一直在問著這個問題：我要怎麼樣才能夠存活下去？可是現在我要提議這個問題可能不是我們眞正應該思考的問題！當然，我認為如果沒有先探討過個人同一性的幾項主要理論，就不可能看出這一點。可是現在既然已經探討過了，終於可以提出這個至關緊要的問題：我們問人要怎麼樣才能夠存活下去，這樣的問法正確嗎？還是說我們其實應該問存活當中最重要的事情是什麼？

在這個新的問題當中，我顯然預先假設了我們能夠區別這兩個問題：一個是「我能不能存活下去？存在於未來的某個人是不是我？」，另一個是「我說我要存活下去，其實是想要什麼？在尋常的存活當中，最重要的事情是什麼？」我確實認為這是兩個不同的問題。更重要的是，我認為這兩個問題的答案可以分開看待。

要了解這一點，我們可以再度來思考靈魂觀點。假設靈魂眞的存在。我雖然不相信靈魂，但暫且這麼想像。另外，假設靈魂是個人同一性的關鍵所在。所以，如果有個人擁有我的靈魂，那個人就是我。只要有個人擁有我的靈魂，我就存活了下去。我在一百年後還會不會活著？如果我的靈魂還在，那麼我就會。這就是靈魂理論的說法，且讓我們假設這樣的說法確實沒錯。

接著來想想以下這種可能性。假設人可以轉世。意思是說，人的肉體死亡之後，他們的靈魂會占據另一具降生於世界上的新肉體，也爲那具肉體賦予生氣，棲息於那具肉體內，與那具肉體產生連結。不過，和通俗文化中所謂的轉世不同的是，通俗文化中轉世的靈魂在適當情況下還能夠擁有前世的記憶，而我們在此處的想像卻是靈魂一旦轉世，就會被清洗得乾乾淨淨，完全不殘留上一輩子的任何痕跡。在我們想像的狀況中，完全不可能拾回上一輩子的記憶，也沒有任何可能再度浮現的潛藏人格。轉世後不會與前世有人格上的相似或是其他任何方面的相關；轉世後的靈魂純粹就是從零開始，就像一塊空白的石板。我們可以把轉世後的靈魂想像成一面擦拭乾淨的黑板，而雖是同一面黑板，現在卻寫上全新的文字。假設靈魂的轉世就是這個模樣。

所以，如果有人問你：「你在一千年後還會不會活著？」答案是會。我還是會活著，原因是我的靈魂會不斷轉世。一千年後，還是會有個人擁有現在爲我的肉體賦予生氣的這個靈魂。當然，屆時的那個靈魂不會記得自己曾經是雪萊。那個靈魂不會擁有前世的記憶。就雪萊．卡根的渴望、志向、目標或恐懼而言，那個靈魂與雪萊將不會有任何相似之處（同樣的，未來那個人格也不會因爲因果業報而受到我這輩子所作所爲的任何影響）。未來的那個人之所以會是我，純粹是因爲他擁有雪萊的靈魂，可是，他和我在人格、記憶、渴望，以及任何面向上都不會有任何重疊之處。

每當我想到這個案例，就忍不住會想要說：誰在乎呀？我在這種情況下雖然會存活下去，但是對我而言卻沒有任何重要性。未來的我如果和前世不會有相似的人格，也沒有記憶、信念或其他任何相同的元素，那麼我就算得知自己會存活下去（「因爲靈魂畢竟是個人同一性的關鍵」），也不覺得有任何欣慰可言。在這種情況下，誰在乎未來那個人究竟是不是我？

你如果感受得到這種感覺有多麼強烈，那麼你就可以看出「我會不會存活下去？」這個問題如何能夠與「什麼才重要？我們在乎的是什麼？」這個問題分開看待。就算靈魂眞是個人同一性的關鍵，靈魂的單純存活下去仍然不能爲我帶來我想要的東西。

這種感覺就像是有人對你說：「你有沒有看到這塊指節骨？在你死後，我們會把這塊指節骨植入另一個人的體內，所以這塊指節骨將會存活下去。」你覺得這句話能夠爲人帶來任何安慰嗎？如果是我，我一定會回答：「哦，那還滿有趣的，這樣我的指節骨在一百年或一千年後還會繼續存在。不過，誰在乎呀？」如果那個人提出個人同一性的指節骨理論，而這麼說道：「你應該要在乎的。你看，那個植入了這塊指節骨的人就會是你，因爲個人同一性的關鍵就在於擁有同一塊指節骨。」我會再這麼回答：「好吧，所以那個人會是我。那又怎麼樣？誰在乎？」指節骨本身純粹的存活下去不會爲我帶來我所重視的東西。

個人同一性的指節骨理論是個非常愚蠢的理論，相對之下，個人存活的靈魂理論並不是個愚蠢的理論。但儘管如此，這項理論卻不能爲我帶來我要的東西。我們一旦想到清洗得乾乾淨淨的靈魂繼續存活下去的可能性，即可看出存活其實不是我們眞正想要的一切。我們想要的，至少是我想要的，而我也邀請你問問自己是不是也想要同樣的東西——不只是存活下去，而是帶著同樣的人格存活下去。所以，就算靈魂理論是個人同一性的正確理論，也不足以爲我帶來我重視的東西。重要的不僅是存活下去，而是帶著同樣的人格存活下去。

接著來探討肉體觀點。假設個人同一性的肉體理論才是正確的，只要未來的某個人擁有我的肉體，我就會存活下去。此外，也讓我們假設肉體理論的大腦版本是最佳的版本，接下來，再想像明年會有一個人擁有我的大腦。不過，假設那顆大腦被清除得乾乾淨淨，一切的記憶都被完全抹除，我們所說的是無可逆轉的完全失憶，大腦的硬碟完全被清除一空。想像我的人格絲毫沒有存留下來，不論採取什麼樣的手段（不管是手術還是心理治療），都無法取回我任何的記憶、渴望、意圖或信念。沒有，我人格的一切都消失了。

經過這項無可逆轉的完全失憶之後醒過來的人，無疑將會發展出一個新的人格、一套新的信念與記憶。不過，假設沒有人知道他是誰，只發現他遊蕩在街道上，於是將他稱爲張三。張三終究會對世界的運作發展出一套信念、做出一些規畫、產生一些記憶。根據肉體理論，張三就是我。如果個人同一性的肉體理論正確無誤，那麼張三確實就是我。

不過，我一旦思考這個案例，我對於張三是我所唯一能夠提出的回答是：誰在乎呀？我存活了下來，但又怎麼樣？我如果知道自己在五十年後仍會活著，但那個是我的人卻沒有我的人格，那麼這點並不會爲我帶來任何安慰。

純粹的肉體存活不足以爲我帶來我想要的東西，我要的不僅僅是肉體的存活，而是帶著同樣的人格存活下去。所以，就算個人同一性的肉體理論是個人同一性的正確理論，我還是要說：那又怎麼樣？真正關鍵的問題不是：「我有沒有存活下去？」而是：「我有沒有自己希望存活下去之時所想要的東西？」事實是，擁有同一具肉體並不保證我能夠得到自己想要的東西。我要的不只是存活下去，而是要帶著同樣的人格存活下去。

因此，我們眞正需要釐清的問題是這一點：在存活當中，什麼事情才是最重要的？當然，我們可以說，在正常的存活案例中，確實能夠得到那最重要的東西。畢竟，這大概就是爲什麼我們會這麼關注自己的存活：因爲存活下來通常能夠帶來那最重要的東西。儘管如此，我們在不尋常的案例中卻能夠看出純粹的存活——不帶其他條件的存活，可能不足以為我們帶來那種東西。

如果有一種案例是我雖然存活了下來，卻沒得擁有我在存活下來的情況下通常可以擁有的東西，以致我沒有最重要的東西，那麼在這樣的案例中，我其實沒有自己希望存活下去之時所想要的東西。儘管如此，在典型的存活案例中，我當然還是有可能擁有那個最重要的額外東西，不論那個東西是什麼。不過，我們如果可以想像出這樣的案例，也就是我存活了下來，卻沒有那個額外的東西，我就沒得擁有對我而言最重要的所有東西。所以，也許該說純粹的存活不會眞的為我帶來最重要的東西，我要的是存活加上某種更多的東西。

不過，那個額外的東西是什麼？那個「更多的東西」是什麼？我們至今為止討論過的那些例子顯示，我要的是帶著同樣的人格存活下去。這是正確的結論嗎？在存活當中，最重要的是不是不僅是存活，而是要帶著同樣的人格存活下去？我認為這樣的說法頗為接近，但不完全正確。

要了解這一點，先讓我們再看看人格觀點。假設個人同一性的人格理論是正確的。那麼，這項理論是不是能夠保證我不但存活了下來，還會擁有那最重要的東西？我不這麼認為。

還記得嗎？人格觀點當中的存活並不要求我的人格絕對不能改變。人格觀點沒有說我所有的信念、渴望與記憶都不能有任何變動，因為人格觀點要是眞的這麼要求，那麼我一旦產生了一項新信念，就必須說我死了！我對自己在二十分鐘前所做的事情一旦忘卻了細節，那麼我就死了！不是這樣的。根據人格理論的說法，個人同一性的要件不是人格中的每一項因素都必須保持不變，而是我必須保有同一個隨著時間演變的人格。我可以產生新的信念、新的渴望、新的目標，我流失一些過往的記憶、喪失一些以往的信念，這一切都沒有關係，前提是我的人格是同一個緩慢演變的人格，帶有正確的重疊與延續模式。

所以，且來想想以下這個案例。我現在已經將近六十歲，擁有一套特定的信念。舉例而言，我相信自己的姓名叫做「雪萊·卡根」，而且我教導哲學。我擁有在芝加哥長大、和我太太結婚，以及其他許多的記憶。此外，我也有若干渴望，例如我想完成這本書。不過，我當然會逐漸變老，人格也會改變。我會產生新的信念與新的記憶，我會有新的渴望與新的目標。那麼，想像我的年紀愈來愈大。假設我的年紀增長到非常老的程度，非常、非常、非常老，我的年紀增長到一百歲、兩百歲、三百歲，甚至更老。

假設在兩百歲左右的時候，我的朋友爲我取了個新綽號。他們把我叫做袞袞。誰曉得爲什麼，總之他們叫我袞袞。結果，這個綽號流傳了開來。等到我兩百五十歲的時候，所有人都叫我袞袞，不再有人叫我雪萊。實際上，到了我三百歲、三百五十歲、四百歲的時候，我已經忘了曾經有人叫我雪萊，我也不再記得在芝加哥長大的經歷。當然，我還記得「年輕」時期的一些事情，也就是我才一百五十歲之時的事情。不過，我已記不得早年的事情，記不得我二十、三十、四十歲之時的事情，就像你也記不得自己三、四歲之時的事情。此外，想像在這整個過程中，在我的年紀愈來愈大的過程中，我的人格也出現了其他許多面向的變化。在這段過程中，我對哲學失去了興趣，而對自己先前從來不曾喜歡過的一種事物產生了興趣，也許是有機化學。我變得對有機化學的細節深感著迷。

而且，我的價值觀也出現了改變。今天的我是個富有同情心而且和善熱情的人，對於弱勢族群心存關懷。不過，到了三百歲左右，我開始失去同情心。到了四百歲，我開始會說出：「弱勢族群？誰需要他們呀？」這種話。到了五百歲，我已成了一個完全只關注自己的自私鬼：我成了一個惡毒、殘忍、卑鄙的人。接著，我又活到了八百歲、九百歲。

《聖經》裡的瑪土撒拉活了九百六十九歲，他是聖經裡最長壽的人。所以，假設我也活到了九百六十九歲。

讓我們將這個案例稱為瑪土撒拉案例，這項案例的關鍵重點，在於我們設定在這九百多年的人生當中，我的人格都沒有出現劇烈的突然改變。一切都是緩慢而漸進的演變，就像眞實人生中一般的狀況一樣，只不過我活了很長很長很長一段時間。在人生的後期，例如七百或八百歲左右，我可以說是已經成了一個「完全不同的人」。當然，我的意思不是說我眞的變成一個不同的人，只是說我彷彿變成一個完全不同的人，原因是我的人格已與先前非常不同。

別忘了，根據個人同一性的人格理論，一個人之所以會是我，原因是他和我擁有同一個隨著時間演變的人格。而我也已經設定了這個案例中的人格的確是同一個逐漸演變的人格。所以，六百年、七百年後的那個人仍然會是我（如果你是個吹毛求疵的人，那麼且讓我再補充指出，這個案例也滿足了無分支要求，所以那個人的確是我）。

不過，我一旦想到瑪土撒拉案例，我還是會說：「那又怎麼樣？誰在乎呀？」我一旦想到這個案例，就不禁想要指出，儘管我們剛設定了這個七百年後的人會是我，但這樣還是沒有為我帶來我要的東西，那個人和現在的我完全不同。他不記得自己是雪萊．卡根，不記得在芝加哥長大的經歷，不記得我的家人，而且他的興趣、品味與價值觀也都和我完全不同。我不禁想要說：「那是我，但又怎麼樣？這樣並沒有為我帶來我要的東西，沒有為我帶來最重要的東西。」

我想要的東西，不只是有一個人擁有我那經過長期演變而變得面目全非的人格。我要的是那個人與我相似，而不只是他純粹是我而已（當然，說得更精確一點，我要那個人相似於現在的我，相似於當下的這個人物階段。不過，我不會一再明言指出這項條件）。可嘆的是，在瑪土撒拉案例中，後來的我卻一點都不像我。所以，這個案例也不會為我帶來我想要的東西，儘管我帶著同一個漸進演變的人格存活了下來。

簡言之，我想要的不只是存活下去，也不只是帶著同一個隨著時間演變的人格存活下去。概略來說，我要的是帶著相似的人格存活下去。我未來的人格當然沒有必要和過去的人格完全一模一樣，但還是必須有相當程度的近似，才不至於和我現在的人格差別太大。給我這一點，那我就擁有了存活當中最重要的東西；不給我這一點，我就沒有那最重要的東西。當然，你想要的可能是不同的東西。我只能邀請你問問自己你要的究竟是什麼，存活當中的什麼東西對你而言最重要。不過，以上所提大概就是我自己想要的東西。

實際上，我還傾向於更進一步。你一旦告訴我說未來的那個我將會擁有和我相似的人格，我認為這也許是唯一重要的事情。所以，就某方面而言，我先前所說的一切不免有誤導之嫌。我一直說純粹只有存活本身是不夠的，你需要存活加上某種更多的東西。可是嚴格來講，唯一重要的可能就是那「更多的東西」。也許，我只要擁有那一點，我就擁有了最重要的東西，就算我不存活下去也沒關係。

舉例而言，假設眞的有靈魂存在，也假設靈魂眞的是個人同一性的關鍵。此外，再假設洛克擔憂的那種現象確實會發生：每天午夜，上帝都會摧毀我們原有的靈魂，再換上一個新靈魂，但是會為新靈魂賦予我們原本的人格，也就是同樣的信念、渴望等。如果我不曉得怎麼樣發現了這些形上事實，那麼我會說：「嗯，原來我活不過今晚，我今晚就會死了。可是誰在乎呢？明天同樣會有一個人擁有我的信念、我的渴望、我的目標、我的志向、我的恐懼、我的價值觀，這樣就夠了。我其實不在乎我是不是會存活下去，我在乎的是未來會不會有一個人擁有和我當下相似的人格。而這下我已知道確實會有。」

所以，我們先前努力探討「要怎麼樣才能存活下去？」這個問題，說不定根本是搞錯了方向。眞正的問題也許不是「要怎麼樣才能存活下去？」而是「什麼最重要？」當然，在一般的情況下，擁有最重要的東西和存活下去是密不可分的。我們通常只有藉著存活下去才能得到那最重要的東西，不過，至少就邏輯上而言，這兩者確實可以區分開來。眞正最重要的東西，至少在我看來，根本不是存活本身，而是擁有相似的人格（相信讀者應該看得出來我的意思不是說這是人生中唯一重要的事情！我的意思純粹只是說，我一旦想到存活的問題，這就是最重要的事情）。

想像看看，如果在今天晚上，上帝趁著所有人酣睡的時候把我的肉體換成了另一具一模一樣的肉體，也爲那具肉體賦予和我上床睡覺前一模一樣的人格。既然我傾向於認爲肉體觀點是個人同一性的正確理論，而且既然那具新的肉體無疑不是我的肉體，因此我認定明天醒來的那個人不會是我。我活不過今天晚上，我今晚就要死了。可是沒關係，對我而言，重要的不是存活本身，甚至根本不是存活，而是會有一個人擁有和我相似的人格，這樣就夠了。

所以，假設我們死亡的時候發生的是這樣的狀況：上帝把我死前那一刻的人格相關資訊全部取走，然後在天堂創造一個新肉體（也許是個新的天使肉體），再爲那個肉體賦予我的人格。由於肉體觀點是正確的觀點，所以我認爲天堂上的那個人不會是我（天堂上的那個肉體不是我的肉體；我的肉體正在人世間慢慢腐爛）。如此一來，我們死後就不會存活下去。但儘管如此，我還是不禁想說：那又怎麼樣？反正存活本來就不是最重要的事情。天堂上的那個人雖然不會是我，但這樣可能還是會爲我帶來最重要的東西。

簡言之，物理論者不需要感到絕望。儘管我們一開始沒有想到這一點，但即便是物理論者也能夠相信死亡不會剝奪我們最重要的東西。一方面，如同我們探討過的，物理論者如果接受人格觀點，那麼我的肉體就算死亡了，在邏輯上也不蘊含我就不能存活下去。我的人格還是有存續的可能性，而這麼一來，我就會存續下去。另一方面，就算物理論者接受肉體觀點，因此我的肉體一旦死亡我就跟著不復存在，但仍然有可能會有另一個人擁有和我足夠相似的人格，從而爲我帶來眞正重要的東西。

因此，至少就邏輯上而言，我在肉體死亡之後仍然有可能擁有眞正重要的東西。實際上，我甚至還可能繼續存活下去，如果眞有肉體復活，或者如果個人同一性的正確理論是人格觀點而不是肉體觀點。無論如何，我其實認爲這些事情都不會發生，尤其就我所見，實在沒有什麼充分理由相信我的人格會在肉體死亡之後存續下去。因此，就我所見，我也沒有充分理由相信我在肉體死亡之後還會擁有眞正重要的東西。

當然，這些問題有一部分是神學問題。我絕對無意說服你拋棄你的神學信念，要你不再相信上帝將會讓你的肉體復活，或是把你的人格移植到某個新的天使肉體裡。你如果相信這種事情，那也沒關係，我在此處的目標不是要針對這些神學可能性提出支持或反對的論述。

儘管如此，事實是我自己並不相信這兩種可能性。我不認爲我死亡之後肉體還會復活，也不認爲我的人格會獲得移植。相反的，我認爲死亡眞的就是終點，是我的終點，也是我的人格的終點。在我看來，事實純粹就是如此，死亡即是終點。

① 我其實要提出兩個案例，這兩個案例都來自於幾年前去世的英國哲學家伯納德·威廉斯。這些案例出現在他的論文 The Self and the Future 裡，收錄於 *Problems of the Self* (Cambridge, 1973)。

② Derek Parfit, *Reasons and Persons* (Oxford, 1984), part III。

第八章
死亡的本質

死亡是什麼？

根據物理論者的觀點，人只是一具以正確方式運作的肉體，一具能夠思考、感受、溝通、具有愛戀與規畫能力，以及擁有理性與自覺的肉體。如同我先前提過的，是一個具有P功能的肉體。根據物理論者的觀點，人就只是一個具有P功能的肉體。

我們如果接受這項觀念，那麼對於死亡本身該怎麼說？根據物理論者的說法，怎麼樣叫做死亡？這是我接下來要探討的問題。而且，我們探討這個問題可以藉由思考另一個緊密相關的問題：我什麼時候會死？

這個問題的答案看起來似乎應該頗為直截了當。至少，概略而言，物理論者應該會說我擁有具備P功能的肉體之時就是活著，所以一旦沒有這項條件——肉體一旦損壞，不再正常運作，我就死了。實際上，從物理論者的觀點來看，這個答案確實八九不離十。不過，我們接下來將會看到，這個答案還需要再修改得更精確一點。

首先，我們必須要問：哪些功能是界定死亡時刻的關鍵？想想一具正常運作的人類肉體，例如你自己的肉體。你的肉體現在正發揮著許許多多的功能，其中有些涉及單純的消化食物、移動肉

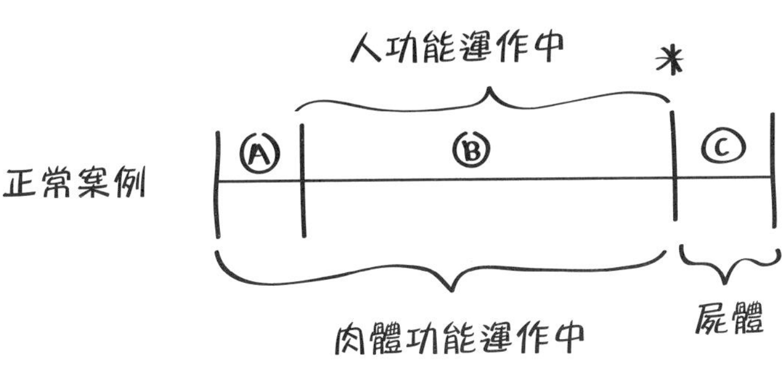

圖8.1

體、促使心臟跳動以及肺臟開闔等。我們可以把這些功能稱爲肉體功能，簡稱爲B功能。除此之外，人類的肉體當然還有許多比較高階的認知功能，也就是我所謂的P功能（人功能）。概略而言，肉體的功能一旦停止，我就死了。可是哪些功能是此處的相關功能呢？是B功能還是P功能？還是兩者皆是？

這個問題的答案不明顯可見，原因是在正常的情況下，B功能一旦停止，P功能也會跟著停止。如果不談科幻的例子，P功能必須仰賴B功能。所以，我們通常不需要問自己究竟哪一類功能是界定死亡時刻的關鍵，通常都是多多少少同時喪失這兩種功能。

這就是圖8.1的狀況。我在這張圖中概要畫出了我的肉體歷史，從肉體開始存在（圖左）到結束存在（圖右）爲止。我們可以把這段歷史畫分爲三大階段：A、B與C。在前兩個階段裡（A與B），我的肉體都正常運作，至少肉體功能運作得很正常（諸如消化、呼吸、活動）。不過，在一開始的A階段，我的肉體純粹只能發揮肉體功能，那時我的肉體還不能從事P功能這種較高階的認知運作。在剛開始的那段時間裡，大腦尚未發展到能夠進行溝通、理性思考、發揮創意與自覺等工作的程度，所以這時候的我們還沒有P功能。P功能要等到B階段才會開始出現。最後，在末尾的C階段，我的肉體不再能夠發揮P功能與B功能，完全不再運作，而成了一具屍體（明顯可見，我們還可以再做出更細的畫分，但現在這樣對我們的討論目的而言已經足夠）。

所以，這是正常的案例。肉體開始存在，在A階段期間只能夠發揮B功能而無法發揮P功能。不過，經過一段時間之後，肉體就能夠發揮B功能與P功能，這是B階段。接著，又經過一段比較長的時間之後，這兩種功能都不免停止。說不定我發生了車禍，或者心臟病發作，或是因為罹患癌症而死亡。不論實際上的原因是什麼，總之我的肉體不再能夠發揮B功能與P功能。當然，我的肉體還會繼續存在，至少還會存在一小段時間。不過，這時的肉體已然變成屍體，這是C階段。

那麼，我是什麼時候死的？一般的自然反應是說我死於B階段的結尾，在我的肉體停止發揮功能的時候。所以我在那裡畫了個星號，標示出那個時間點。由於我們現在思考的是正常案例，也就是我的肉體功能與人功能在同時停止運作，因此我們說我死於星號標示的那一刻應該沒有任何爭議。那就是我死亡的時刻。

不過，我們還是可以問，哪一種功能的喪失才是關鍵所在？P功能還是B功能？哪一種功能的喪失能夠界定我的死亡時刻？思考正常案例無法得知這一點，因為B功能與P功能都會同時停止。不過，假設我們另外畫一張異常案例的圖。假設我罹患了某種可怕的疾病，這種疾病終將會摧毀我從事任何高階認知運作的能力，也就是我們所謂的P功能，但關鍵是在我遭到這種疾病的摧殘之後，肉體在後續的幾個月或幾年間仍然能夠正常發揮B功能。當然，我的肉體最後也會喪失發揮B功能的能力，但在我想像的這個案例中，P功能會遠比B功能更早停止。這是圖8.2的狀況。

這一次，我把我的肉體歷史畫分為四個階段。同樣的，在A階段裡，肉體只能發揮B功能，但還無法發揮P功能；在B階段裡，肉體這兩種功能都能夠發揮；到了C階段，則是兩種功能都已消失。不過，現在又多了一個新階段：D階段。這是肉體喪失了P功能但仍可正常發揮B功能的階段（明顯可見，圖中的各個階段不再按照字母順序排列；我之所以把D擺在中間，是爲了讓其他階段保有原本的標籤）。

在這個案例中，P功能與B功能的喪失區分了開來。肉體功能在D階段結束之際停止，人功能則是在B階段結束之際停止。這是我們可以清楚知道的事情。可是死亡究竟發生於什麼時候？我什麼時候會死？關於這一點，看來至少有兩種提議值得認眞看待，而我也分別以星號加以標示出來，死亡可能發生在人功能停止的時候，也可能發生在肉體功能停止的時候。值得注意的是，哪一種答案看起來比較合理，可能取決於我們接受肉體觀點還是人格觀點。

假設我們接受人格觀點。這麼一來，一個人如果要是我，就必須和我擁有同一個逐漸演變的人格。當然，這樣的意思是說，我如果要存在，我的人格就也必須存在。

因此，這項觀點所帶來的一項頗爲直截了當的意涵，就是我在C階段不會存在。畢竟，在C階段裡沒有任何東西帶有我的人格。沒有人認爲自己是雪萊．卡根。沒有人擁有我的記憶、信念、渴望與目標。所以，明顯可見的是，按照人格觀點，我在C階段不會存在。當然，以不太嚴謹的用詞來說，我們可以說我在C階段只是個屍體。不過，這麼說可能會造成誤導，因爲這種說法似乎是說我仍然存在，只是以屍體的方式存在。但嚴格來說，事實並不是如此。比較精確的說法，應該是說我唯一剩下的只有一具屍體。在C階段裡，我已不復存在。

可是，那D階段怎麼說呢？在這個階段，至少我的肉體仍然正常運作。或者，說得精確一點，我的肉體仍然發揮著B功能，儘管如此，我的人格卻已經遭到了摧毀。沒有任何東西帶有我的信念、記憶、渴望、恐懼或志向。然而，根據人格理論，我如果要存在於任何一個時間點，那個時間點就必須要有某個東西擁有我的人格。可是D階段不是如此。所以，我在D階段也不存在。簡言之，由於我的人格在B階段的結尾消失了，因此人格理論的支持者顯然應該要說我在B階段的結

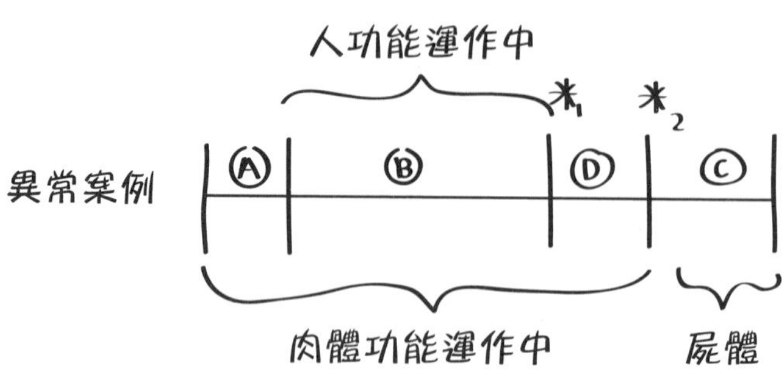

圖8.2

尾已經死亡。我的死亡時刻是在第一個星號標示的地方，也就是我的肉體喪失P功能的那個時刻。

這一切都相當直截了當。不過，其中卻有個問題。假設我不是問我存不存在，而是問我是不是活著。這麼一來，D階段就顯得比較令人費解了。

想來我們全都同意我的肉體在D階段仍然活著。畢竟，我的肉體仍然正常發揮著B功能。但是我呢？我是不是還活著？這實在有點令人難以置信。想想看我們即將說的話：我不存在，但我活著！這樣的組合看起來實在很難讓人接受。我如果根本不存在，又怎麼可能活著？所以，看來我們必須說我在D階段並沒有活著。我不只不存在，而且也沒有活著。

我雖然沒有活著，我的肉體卻是活著。所以，人格理論者必須將我活著和我的肉體活著這兩者區分開來。在正常案例中，以圖8.1爲例，我的肉體在我不再活著的那一刻就跟著不再存活。這兩者的死亡同時發生。但在異常案例中，如圖8.2，這兩者的死亡卻分開了。我的肉體在第二個星號標示的時刻死亡，我則是在第一個星號處死亡。

至少，這是我們接受人格觀點的情況下所應該採取的說法。可是，如果我們接受肉體觀點呢？這麼一來，就更加有趣了。

根據肉體觀點，我在任何一個時間點要活著，那個時間點就必須要有個人擁有我的肉體。那個人不必擁有我的人格，只要有我的肉體就已足夠（跟著肉體走）所以，我們來看看C階段吧。我唯一剩下的就是一具屍體。可是屍體是什麼東西？屍體是一具肉體，而且我的屍體就是我的肉體。由於我的屍體仍然存在，所以表示我的肉體仍然存在。因此，按照肉體觀點來看，這樣就表示我也仍然存在。當然，我已經死了，但我仍然存在（肉體理論者爲什麼會同意我在C階段已經死了？不同於人格理論者，肉體理論者不需要把我活著和我的肉體活著這兩者區分開來。我的肉體在C階段既然已經不再活著，肉體理論者即可合理主張我也不再活著）。

想想本書一開始所問的問題。你能不能在死後繼續存活下去？你會不會在死後繼續存在？根據肉體觀點，我們有好消息，也有壞消息。好消息是，你在死後還會繼續存在。壞消息是，繼續存在的你會是一具屍體。這麼說似乎是個冷笑話，可是如果肉體觀點是正確的，那麼這句話就根本不是笑話，而是眞眞切切的事實①。在我死後，我還會繼續存在，至少有一小段時間是如此，當然我的肉體終究會腐爛，分解爲原子，到了那個時候，肉體就不再存在，於是我也就不再存在。不過，至少在C階段的這段時間裡，肉體理論者應該說：「是的，雪萊．卡根仍然存在。他存在，但他沒有活著。」

這點進一步證實了我在上一章所提出的論點，亦即關鍵的問題不是存活本身。關鍵的問題是，你想要存活當中的什麼東西？我在存活當中想要的其中一個東西是活著。無可否認，根據肉體觀點，我在C階段仍會繼續存在，但我不會活著。所以，我不會擁有那最重要的東西。我認爲這是肉體理論者應該說的話（當然，若是按照人格觀點，我如果只剩下一具屍體，那麼我就根本也不存在）。

接下來，肉體理論者對於D階段又該怎麼說？某種類似的說法。當然，我在這個階段裡同樣存在，因爲我的肉體存在。更重要的是，不同於C階段，我在D階段還活著，因爲我的肉體仍然活著。但儘管如此，這個階段的我卻不是人。我的肉體無法發揮P功能。因此，我在這個階段仍然沒能擁有最重要的東西。單是存在還不夠，單是活著也不夠。我要的是身為一個活著的人，而我只有在B階段才擁有這一點。

簡言之，根據肉體觀點，我在第二個星號標示的時刻死亡，也就是我的肉體不再活著的時候。不過，我在第一個星號標示的時刻就已失去了最重要的東西，因為我在那時就已不再是人。

「我不再是人。」這句話聽起來不但古怪，也頗為令人訝異。我想，大多數人都認為我們只有不再繼續存在之後，才有可能不再是人。以哲學術語來說，身為人是我的其中一項本質屬性：這是我要存在所必須擁有的一項屬性。不過，我們如果接受肉體觀點，似乎就必須說身為人不是我的本質屬性。我可以不再是人，卻仍然繼續存在。

當然，我實際上是人，但是根據肉體觀點，我不一定絕對是人。我一旦成為屍體，我就不再是人，但我卻會繼續存在。如果我陷入異常案例當中，也就是肉體繼續消化、循環血液，以及呼吸，卻不再能夠思考、推理等，那麼就必須說我仍然存在，甚至還活著，但卻不是人。

因此，根據這項觀點，身為人是一件你可以在一段時間裡這麼「做」，而且不做之後也不會因此不再存在的事情，就像是身為小孩或者身為教授一樣。你可以在一段時間裡具備某些身分，而事後一旦不再具備這些身分，對你的存在也不會造成任何影響。我曾經是個小孩，現在早已不是，但我仍然存在。身為小孩只是我經歷過的一個「階段」而已。同樣的，根據肉體觀點，身為人也只是我，亦即我的肉體，可以經歷的一個階段。身為人是我的肉體可以在一段時間裡做的事情。我的肉體在A階段沒有這麼做，在C階段也無疑沒有這麼做。而我要是陷入異常案例中，那麼我的肉體在D階段也同樣不會這麼做。身為人不是我的本質；我只有在自己的存在過程中的部分階段是人，而實際上，只有在我部分的人生中是如此。至少，這是肉體觀點的說法（相對之下，在人格觀點中，身為人顯然的確是我的本質屬性之一。我如果不以人的狀態存在，就根本不可能存在）。

順帶一提，我們如果眞的採取這種立場，那麼對於我們在過去幾章所探討的那些問題，一般的標準哲學標籤就多少有誤導之嫌。我們在先前探討了個人同一性的本質，也就是說，一個人要怎麼樣才能成其爲我。但請注意，「個人同一性」這個標籤本身似乎就內含了這項假設：身爲我的那個東西不論是什麼，都一定會是人（所以我們必須思考的問題純粹只是某一個人和我是不是同一個人）。然而，我們現在卻發現這項假設，也就是直接內含於「個人同一性」這個標準的標籤當中，有可能虛妄不實。按照肉體觀點，某個東西就算根本不是人，卻仍然有可能是我。因此，哲學家說不定不該把這項議題稱爲個人同一性的問題，而純粹只是同一性的問題（我們先前針對個人同一性所進行的討論可能也不免對人造成同樣的誤導。舉例而言，我在第六章曾經指出，只要未來有某個人和我是同一個人，我就會存活下去。但我們現在已經可以看到，這個條件其實超出了我的純粹存活所需）。

除了我們針對生命終點所提出的這些問題，另外當然還有涉及生命起點的問題，尤其是我們該怎麼看待A階段（也就是肉體發揮B功能，但大腦卻還沒發展到能夠發揮P功能的程度）？我在那個階段是否存在？如果接受肉體觀點，那麼想必應該說我在A階段確實存在。毋庸諱言，我在A階段還不是人，但沒有關係；如同我們已經看過的，根據肉體觀點，我能夠以不是人的狀態存在。相對之下，我們如果接受人格觀點，那麼我們就應該說我的肉體雖然存在於A階段，但我卻還不存在，原因是我隨著時間演變的人格尚未開始。即便在這裡，也還是有其他進一步的問題（例如我的肉體究竟在什麼時候開始存在），但由於生命的起點嚴格說來不是我們探討的主題，所以我只好把這些引人入勝又極爲困難的問題擺在一旁。

相反的，且讓我們再進一步思考D階段。假設我的肉體發揮P功能的能力遭到了摧毀，但發揮B功能的能力完好如初。於是，我的肉體躺在醫院的病床上：心臟持續跳動，肺臟持續呼吸，胃也還是能夠消化食物，但這具肉體卻再也不能夠思考、推理、溝通、愛戀或者擁有知覺。

接下來，想像有個需要接受心臟移植手術的病患。組織相容性檢測顯示我的身體適合為對方捐贈心臟。這麼一來，你必須知道的是，從我的體內取出心臟是不是道德上容許的事情？

當然，在正常案例中，我們如果想知道從某個人體內取出心臟是不是道德上容許的事情，只需要這麼問：「捐贈者是不是還活著？」畢竟，捐贈者如果活著，而你卻取出她的心臟，那麼她就會因此死亡；你這麼做將會殺了她。明顯可見，這是道德上不允許的事情：人有生命權，其中顯然包括不被殺的權利。

不過，思考異常案例有助於我們理解事情其實沒有我們以為的直截了當。舉例而言，假設我們接受人格觀點，那麼，對於D階段的正確說法顯然是我已不再活著，但我的肉體還活著。當然，這表示你就算從我的胸腔裡取走那顆仍然跳動著的心臟，你也不會殺了我，畢竟我早就已經死了，而只是殺了我的肉體而已。至於這種行為是否不為道德所允許，則是受到各方爭議。

毫無疑問，對於從一具活生生的肉體中取出仍在跳動著的心臟，我們大多數人都會感到不太自在，至少應該會如此吧！單是想著這麼做，就已讓人覺得極度不道德了。不過，也許這只是我們自己思緒不清的結果，原因是我們未能仔細思考這些議題。

看來我們必須決定的，是什麼人或什麼東西實際上擁有不被殺的權利。到底是我擁有生命權，還是我的肉體擁有這項權利（或是說這項權利其實有兩種：一種屬於我所有，另一種屬於我的肉體所有）？就一方面而言，我的肉體如果擁有生命權，那麼取走我的心臟就的確是不道德的事情，就算我已經死了也還是如此！但另一方面，如果擁有生命權的只是我，如果人才是權利持有者，而不是肉體，那麼你大概就可以取走我的心臟（也許在取得我的家屬同意之後），因為這麼做雖然會殺死我的肉體，卻不會侵犯我的生命權。毋庸諱言，接受人格觀點解決不了這個問題（我們必須進行冗長的道德哲學討論，才能夠試圖解決這個問題）。但值得注意的是，人格觀點至少已指出我們在道德上可以殺死肉體，只要這麼做不會殺死人即可。

如果我們接受的是肉體觀點，而不是人格觀點，那又會如何呢？當然，根據肉體觀點，我在D階段仍然活著。所以，在這種情況下，我們必須說取走心臟是不對的行為，因為這麼做會殺死我的肉體，從而殺死我。當然，我們也許會想要這麼說：如果有什麼東西會侵犯我的生命權，那麼在我還活著的時候取走仍然跳動的心臟就會造成這樣的結果，因此這絕對是道德上不允許的行為。

即便在這種情況下，事情也還是沒有那麼簡單。如同我們早已看過的，活著其實沒有一般號稱的那麼重要！就獲得真正重要的東西而言，最關鍵的問題不是我是不是活著，而是我是不是人。在D階段當中，我雖然還活著，但我卻已經不是人了。因此，我們一旦充分省思過這種案例之後，也許終究會認定所謂的「生命」權這個詞彙其實多少具有誤導之嫌。也許重點不在於我擁有不被殺的權利，而是我擁有不被「去人化」的權利，也就是擁有人格不被摧毀的權利。如果這才是我真正的權利，那麼在這個階段取走我的心臟就沒有任何不可接受之處，因為我的人格早就已經遭到了摧毀。當然，在正常案例中，殺死一個人的確會摧毀其人格，因此是不可允許的行為；但在異常案例中，我雖然還活著，卻已不再是人，因此殺死我說不定具有道德上的正當性。

我希望讀者可以清楚看出這些問題都是重要而且困難的問題。不過，我們沒有足夠的空間在這裡充分加以探討。因此，在純粹指出一些可能的答案之後，我也只能將這些進一步的問題擺在一旁。

什麼樣的狀態才算是死亡？

如同我們看過的，如果接受人格觀點，那麼死亡時刻就應該由P功能界定，而不是B功能。

概略來說，只有在我的肉體能夠發揮P功能的情況下，我才活著，如果我的肉體不再能夠發揮P功能，就算我的肉體仍然活著，我也已經不再活著了：我已經死了。

根據人格觀點，我們無疑必須提出這樣的說法。可是這樣的說法不盡然正確。要看出這一點，想想昨晚吧！假設昨晚在凌晨三點二十分的時候，你正深深沉睡著。的確，假設你當時正深深沉浸在無夢的睡眠當中。你沒有思考，沒有推理，沒有溝通，沒有回憶，沒有規畫，沒有發揮創意，完全沒有以任何型態從事P功能的運作。

不過，我們如果接受先前提出的那種觀念，亦即你的肉體一旦停止發揮P功能，你就因此而死，那麼我們就必須說，儘管這樣的說法完全無法令人接受：你在昨晚凌晨三點二十分的時候死了！的確，由於你無疑反覆經歷過幾次做夢之後跟著進入無夢睡眠的循環，因此我們必須說你死了之後又活了過來，然後又死了一次，就這麼反反覆覆了一整夜。這麼說顯然不正確。因此，我們對於死亡的定義必須更仔細一點，不能單純說你的肉體只要沒有發揮P功能，你就會因此死亡。我們需要採取更細膩的說法。

在這種情況下，人格理論者的一種自然回應是：你的肉體沒有發揮P功能其實沒關係，只要這種現象是暫時的就沒有問題。你的肉體如果曾發揮過P功能（所以你已經是人），而且在未來也會再度發揮P功能，那麼你就仍然活著，就算你的肉體現在沒有發揮P功能也沒關係。這項回答輕易解決了無夢睡眠的案例，因為你在凌晨三點二十分的時候雖然沒有發揮P功能，卻在後來又恢復了P功能的運作，所以我們可以適切指出，你即便在陷入無夢睡眠的期間也仍然活著。因此，根據這項回應，死亡的條件不僅是欠缺P功能，而是P功能的永久停止。

不過，這項修正也不太足夠。這種經過修正的觀點還是會對某些例子做出錯誤的歸類，把我們直覺上認為還活著的人視為死亡，又把其他我們直覺認為已經死了的人視為活著。要舉第一個類型的例子，我們可以修改一下無夢睡眠的案例。假設法蘭克昨晚在凌晨兩點到兩點半之間沉浸於無夢睡眠當中，然後在兩點半因爲心臟病發作而死於睡眠中，從此以後不再重拾意識，也不再恢復任何P功能。根據我們當下的觀點，法蘭克死於兩點，原因是兩點是他最後一次停止發揮P功能的時間。然而，就直覺上而言，這個答案看起來卻是錯的。法蘭克在兩點十五分的時候仍然活著，只不過是沉浸在無夢的睡眠當中而已。他直到兩點半才因爲心臟病發作而死亡。所以，P功能停止之後就永遠不再恢復的這項單純事實，並不構成死亡的充分條件。

而且也不是必要條件。意思是說，至少在我們可以想像得到的某些案例中，一個人的P功能就算終究會恢復，他仍然有可能算是死了。舉例而言，假設上帝在審判日會讓死者復活。這麼一來，屆時就會有一個人（而且只有一個人）擁有和你死前相同的同一個人格。如同我們所知的，根據人格觀點，那個復活的人將會是你。屆時你將會活著，你將會復活。此外，且讓我們假設所有人都是如此：每一個曾經死去的人都會再度活過來。

這是我們會想要說的話。然而，根據我們當下的觀點，這樣的說法卻不正確，因爲我們雖然這麼以爲，但所有人其實根本都沒有死過！畢竟，在審判日的復活之後，所有先前「死亡」的人都會再次發揮P功能。也就是說，儘管那些人的P功能曾經一度停止——有些人停止的時間可能長達幾百年或幾千年，卻沒有永久停止。P功能的中斷只是暫時的，就像無夢的睡眠一樣，只不過時間拉長了許多而已。所以，這些人一直都還活著，從來沒有死過。

這就是當下的觀點所必須提出的說法，但這樣的說法看起來實在不對。在審判日，上帝會讓死者復活，而祂可不只是把「沉睡中」的人喚醒而已。所以，當下的這種觀點，亦即死亡的條件是P功能的永久（不只是暫時）停止，看起來也不太正確。

以下有個不同的提議，而且我認爲此一提議可能比較接近正確的論述。這個提議以一項重要的觀察為起點：你在睡覺的時候，就算你實際上沒有發揮P功能，你卻仍然具有發揮P功能的能力。舉例而言，你睡覺的時候並沒有背誦九九乘法表。但儘管如此，你還是有能力背誦九九乘法表。我們怎麼知道這一點呢？因為只要把你叫醒就行了！我可以把你叫醒，問你說：「請問三乘三等於多少？」你咒罵我之後，就會回答說：「答案是九。」同樣的，你如果懂得一種外國語言，假設是法語，那麼你在睡覺的時候雖然沒有說著法語，但你同樣還是具備說法語的能力。我只要把你叫醒，請你列舉出某個動詞的變化，你一樣可以答得出來。因此，以較為一般性的說法來說，你睡覺的時候就算沒有發揮P功能，你還是擁有發揮P功能的能力。

能力不一定隨時都會展現。你現在展現了P功能，原因是你正在思考；但你不在思考的時候，也不會喪失思考的能力。因此，假設人格理論者指稱活著就是具備發揮P功能的能力，而死亡則是失去了這種能力。你為什麼失去了這種能力？想必是因為大腦當中支持這項能力的認知結構損壞了，不再能夠運作。你一旦死亡，你的大腦就損壞了。如此一來，你就不只是目前沒有發揮P功能，而是徹底喪失了發揮P功能的能力。

這樣的論述似乎能夠適當處理我們先前提過的那些案例。在無夢的睡眠中，你雖然沒有發揮著P功能，但仍然具備發揮P功能的能力。即便是很快就會因為在睡眠中心臟病發作而去世的法蘭克，在心臟病發作之前也不算死亡，因為在最後那半小時的無夢睡眠中，他仍然具備發揮P功能的能力（儘管他沒有這麼做）。所以，這項論述不會誤將活人歸類為死人。此外，這項論述也不會誤將死人歸類為活人。上帝如果在審判日讓死者復活，那麼屆時那些人確實會再度發揮P功能。儘管如此，卻不表示現在死亡的人具有發揮P功能的能力。相反的，那些死者現在沒有能力發揮P功能；他們的大腦損壞了，或甚至更糟！所以，在上帝把他們修好之前，在上帝讓他們復活之前，死者確實是死了，就和我們認為的一樣。

我們思考其他令人費解的案例之時，這樣的論述也能夠爲我們提供有用的指引。假設有個人身陷昏迷，以致沒有發揮P功能。此外，且讓我們設定他的肉體仍然活著（心臟仍然跳動著，肺部仍然呼吸著）。但我們不禁納悶，這個人是不是還活著呢？他確實沒有發揮著P功能，但我們現在已經知道關鍵的問題是：他是不是還具備發揮P功能的能力？

當然，要回答這個問題，我們必須對潛在的生理狀況獲得更多了解。答案將取決於細節。相關的認知結構是不是還存在？還是說那些結構已經損壞或者遭到了摧毀？再想想我們睡覺時的狀況。人在睡覺的時候，我們必須做些什麼事情才能把他們叫醒，做些什麼事情再次啓動他們的P功能。沉睡者的認知結構仍然存在，只是暫時關掉開關而已。一個人身陷昏迷，或者某些種類的昏迷的時候，說不定就是這種狀況。假設眞是如此，那麼我們可以將昏迷案例一描述如下：大腦當中與P功能有關的認知結構仍然健在，只是開關卡在關閉的位置（或者，我們也可以說開關上有個鎖）。所以，我們沒有辦法以正常的方式把開關打開。搖晃身陷昏迷的那個人，對他叫著：「吉米，快醒過來」並不會產生效果。但儘管如此，雖然開關卡在關閉的位置，只要大腦中的認知結構仍然健在，只要我們一旦把開關打開，那個人就還是能夠發揮P功能，那麼也許我們就應該說那個人仍然活著。

相對之下，我們還有昏迷案例二（我不知道這個案例從醫療角度來看是否還算是昏迷，但我們在此處沒有必要考慮這個問題）。假設在這個案例中，大腦內支撐認知運作的相關結構出現了衰敗，以致問題不再只是開關卡在關閉的位置而已。說得更確切一點，大腦已不再有能力發揮較高階的P功能，因爲大腦的損傷太嚴重了。在這種情況下，我們似乎應該說這個人已不再活著。他的肉體仍然活著，但人已經死了。

簡言之，我們如果接受人格觀點，以喪失P功能作爲界定死亡的條件，那麼最合理的說法顯然是死亡需要喪失發揮P功能的能力。純粹喪失P功能本身不足以構成死亡的要件，單是P功能停止運作，就算是永久停止也不例外，一個人只要仍然保有發揮P功能的能力，就不算是死亡。

然而，你要是接受肉體觀點而不是人格觀點呢？這麼一來，死亡的時刻顯然就應該由B功能加以界定，而不是P功能。所以我們會說（至少乍看之下是如此）：只有在我的肉體發揮著B功能的情況下，我才算活著。我的肉體如果沒有發揮著B功能，那麼我就不再活著，而是死了。

這項論述是不是也需要稍加修正？在這項論述當中，我們是不是也不該只把重點放在功能的喪失，而應該著重於發揮功能的能力？肉體理論者是不是應該以喪失發揮B功能的能力做爲界定死亡的條件？還是說肉體只要停止發揮B功能就足以構成死亡（無論如何，我們想必不會認爲死亡需要B功能永久停止。如果眞的這麼認爲，恐怕就必須提出這項令人難以接受的說法：上帝如果眞的會在審判日讓我們的肉體復活，那麼所有的「死者」就不曾眞正死去）？

我們很難知道在這裡該怎麼說，部分原因是我們很難想出肉體停止了B功能卻仍然保有B功能能力的案例（肉體理論者沒有像無夢睡眠這種顯而易見的類比案例）。肉體只要停止B功能一段時間，就會立刻發生腐敗現象，於是肉體發揮B功能的能力也就會跟著喪失。

當然，我們不難想出某一項B功能停止，而其他B功能仍然持續運作的案例。假設有個人心臟病發作，心臟因此停止跳動了一會兒，直到接受電擊之後才再度開始跳動，這個人在心臟停止跳動的那段期間是不是死了呢？有時候我們會這麼說，可是我不確定肉體理論者是否該這麼說，尤其是其他各種B功能在這段期間仍然持續運行。我們想要找的案例是所有B功能都完全停止，但肉體發揮B功能的能力卻沒有遭到摧毀。

這個例子怎麼樣？假設我們讓一個人陷入徹底休眠的狀態，將他的肉體冷卻至所有代謝運作都完全停止。不過，假設我們只要適切爲他加溫，他的肉體就會再度正常運作。我們目前當然還沒有辦法這麼做，至少對人類沒有辦法，不過卻也沒有明顯可見的理由認爲這是不可能的事情。所以，想像我們終於得知怎麼對人類這麼做，於是讓賽門陷入這種徹底休眠的狀態，在這種情況下，他是不是死了？

老實說，思考這個案例的時候，我實在不確定該怎麼說，也看不出肉體理論者該怎麼說。有時候，我傾向於認爲賽門已經死了；但有時候我又傾向於認爲他還活著（另外還有些時候，我則是認爲我們也許需要第三種類別來因應這樣的案例：說不定賽門不是死也不是活，而是暫停生命）。我猜想許多人也都和我一樣有這種困惑難解的感覺。無論如何，就讓我們來探討兩種（主要的）可能性吧。

我們如果說賽門在休眠期間仍然活著，那麼肉體理論者想必應該把死亡定義爲喪失發揮B功能的能力。畢竟，根據這項案例的設定，他在休眠期間完全沒有任何B功能的運作。所以，如果B功能的中止就足以構成死亡，那麼就必須說賽門在休眠期間死了（因此，我們一旦爲他加溫，讓他的肉體恢復運作，即是令他死後復生）。相對之下，我們如果把死亡定義爲喪失發揮B功能的能力，那麼我們也許就能說賽門在休眠期間仍然活著。畢竟，在賽門休眠期間，相關的大腦及其他肉體結構（發揮B功能所需的基礎結構）都仍然存在，也都沒有損壞。我們可以明顯看出休眠狀態就如同昏迷案例一，開關卡在關閉的位置，而且是眞眞確確的凍結在那裡！因此，重新讓賽門的肉體恢復運作不是令他死後復生，因爲他根本就沒有死過。這麼做只是讓B功能（以及P功能）恢復運作而已。

另一方面，我們如果認爲賽門在休眠期間死了，那麼肉體理論者也許應該堅持認爲B功能的中止確實足以構成死亡要件。按照這種觀點，賽門的肉體是否在原則上仍然具備發揮B功能的能力並不重要。反正他的肉體沒有發揮B功能，我們就可以說他死了。

順帶一提，從人格理論者的觀點來看，休眠的案例也可能令人深感費解。我提議人格理論者應該把死亡定義爲喪失發揮P功能的能力，這項提議如果沒錯，那麼我們顯然就必須說賽門在休眠期間仍然活著。因爲，如同我剛剛指出的，這個案例確實讓人覺得賽門的肉體在休眠期間仍然保有發揮各種功能的能力，包括P功能在內。可是，人格理論者如果想要說賽門在休眠期間其實是死了呢？人格理論者既然不能主張實際發揮P功能是活著的必要條件（因爲他們要是這麼主張，你在無夢睡眠中就算是死了），因此想必只能從能力的角度著手，也就是說賽門在休眠期間不再擁有發揮P功能的能力。他有可能重拾此一能力，如果他的肉體獲得加溫而重新恢復運作的話，但在休眠期間卻沒有這種能力。明顯可見，要採取這種立場還需要更進一步的論述：我們必須區分能力的不同概念，也必須解釋昏迷中的人爲什麼可能仍然擁有相關能力，但休眠中的人卻沒有。在我看來，人格理論者的確有可能提出相關的區別並且加以辯護，但我在這裡不會再進一步探究這個問題。

無論如何，除了休眠案例該怎麼歸類的問題之外，我認爲我們一旦成爲物理論者，死亡就沒有任何特別深奧或者神秘之處。健康的人體能夠發揮各方面的功能。只要相關的低階B功能持續運作（或者也許該說是具有持續運作的能力），肉體就會活著。當然，在一切順利的情況下，肉體也能夠發揮若干高階的認知功能，也就是P功能。這麼一來，我們面對的就是一個活人。可嘆的是，肉體終究會逐漸損壞。肉體終究會喪失發揮P功能的能力。到了這個時候，我們面對的就不再是活人。最後，也許在同一個時間，也許再過一段時間之後，肉體又會進一步損壞，連發揮B功能的能力也跟著喪失。這麼一來，肉體即告死亡。

當然，從科學的觀點來看，可能還有許多細節必須釐清。不過，就哲學觀點而言，這種現象完全沒有任何神秘之處。肉體原本正常運作，但後來損壞了。死亡就是如此。

①佛瑞德．菲爾德曼提及肉體觀點的這項意涵，並且將這種情形比擬爲冷笑話。參見他的 *Confrontations with the Reaper* (Oxford, 1992), chapter 6。

第九章
關於死亡的兩項出人意料的說法

不相信我會死

由於肉體終究會損壞，就像以前無數的其他人一樣，所以我一定會死。實際上，我認為「我們所有人都會死」是一句尋常而且衆所熟悉的話，我們都知道，或者至少看起來是這樣。不過，這項觀念，也就是我們全都知道自己會死，有時候卻會受到否認，有些人甚至提議指出，不曉得為什麼，在某種程度上，其實沒有人眞心相信自己會死。這項說法頗為出人意料，我們有充分理由相信這個說法嗎？

當然，我們已經區辨了所謂的人的死亡與肉體的死亡，接下來是區辨這項出人意料的說法的兩種不同解讀方式。這個說法到底是什麼意思？是指沒有人眞心相信身為人的自己終有一天會不繼續存在嗎？還是說沒有人眞心相信自己的肉體會死亡？讓我們來探討一下這兩種可能（一般人通常不會區辨這兩種解讀方式，所以這兩者到底是什麼意義，其實一點都不明白可見）。

對於沒有人眞心相信身為人的自己終有一天會不繼續存在這個說法——所謂的人，就是具有意識與思維的個體，而最常見的論點採取以下這種形式。這項論點首先指出我們不可能在心目中構築出死亡的模樣，也就是說，我不可能在心目中構築出我自己死亡的模樣，你也不可能在心目中構築出你自己死亡的模樣。可是，我如果無法在心目中構築出自己死亡的模樣，我就不可能眞正加以想像。舉例而言，我不可能眞正想像自己不存在。所以，這項論點的結論指出：我無法眞心相信自己終有一天會不繼續存在。

明顯可見，這項論點假設你無法相信自己沒有辦法想像或者沒有辦法在心目中構築出來的可能性。所以，我們首先要指出的第一點，就是這項假設可以受到質疑。實際上，我認爲我們也許不該相信這種聲稱你只有對於自己想像得出來的東西才能夠相信的理論。我認爲這種觀點誤解了信念形成的條件，儘管如此，我們暫且還是假定這項假設成立，就算只是爲了討論的目的也好。假設你確實必須在心目中構築一個東西，才能夠加以相信，這麼一來，會怎麼樣呢？我們要怎麼從這項假設得出我無法相信自己會死的結論？我們要怎麼從這項假設得出我無法相信身爲人的自己終有一天會不繼續存在的結論？當然，這項論點還有一個前提，就是我無法在心目中構築或是想像自己死亡的模樣。

我們必須先做出一些區辨。我絕對能夠在心目中構築出自己生病的模樣。我躺在病床上，因爲罹患癌症而瀕臨死亡，渾身愈來愈衰弱。我甚至能夠在心目中構築自己死亡的那一刻。我已經向家人和朋友道了別，一切都顯得愈來愈灰暗模糊，我也愈來愈難集中注意力。然後，在那一刻之後，就沒有「然後」了。我死了。所以，看來我的確能夠在心目中構築出自己瀕死時的模樣。

可是這麼說不是重點所在。這項論點不是說我沒有辦法在心目中構築出自己生病或瀕死的模樣，而是說我沒有辦法構築出自己死了的模樣。好，我們來試試看吧。試著在心目中構築自己死了的模樣。死了到底像什麼？

有些人聲稱這是個謎。他們說我們不知道死了到底像什麼，因爲每當我們試圖加以想像，總是不免以失敗收場。我們想像不出來。假設你爲自己設定這項目標，要求自己從第一人稱的觀點想像死了到底像什麼。也許你先剝除自己的意識，因爲你知道自己死後將不再擁有意識：你聽不到任何聲音、看不見任何東西，也不會有任何思緒。接著，你也許會試著想像沒有任何思緒、情感、聽覺或視覺是什麼模樣。但你不太想像得出來。於是你兩手一攤，說：「唉，看來我實在不知道死了到底像什麼。我沒辦法想像，那是個謎。」

然而，以這種方式思考這項議題其實是搞錯了方向。實際上根本沒有任何謎可言。假設我問你，身爲我的手機會像什麼？答案當然是根本不像任何東西。請注意，我們絕對不能誤解這個答案。這個答案的意思不是說身爲手機有某種特殊的感受，只是和身爲其他東西都不一樣；不是說手機有某種特殊的體驗，不但和其他體驗完全不同，而且根本無法描述。不是，完全不是這個意思。手機根本沒有體驗。身爲手機沒有任何可以描述或想像的東西。身爲一支手機，不論就其內在或其本身而言，並不會像任何東西。

假設我試著問自己，身爲我的原子筆會像什麼？我也許會先試著想像自己非常僵硬，因爲身爲原子筆可沒有柔軟的身軀。我也沒有辦法移動。此外，我可能也會想像自己非常無聊，因爲身爲原子筆不會有任何思緒或興趣。我可能會嘗試做這一切。不過，就身爲原子筆會像是什麼而言，這種思考方式顯然完全錯誤，因爲明白簡單的事實就是，身爲原子筆根本不像什麼。身爲原子筆沒有任何能夠描述、能夠想像的東西。身爲原子筆會像什麼根本沒有任何謎可言，就如身爲手機會像什麼也沒有任何謎可言。

因此，我同樣要告訴你，死了會像什麼也沒有任何謎可言。死了不會像是任何東西，在這一點上，我們也絕對不能誤解這項反駁。我的意思不是說死了有什麼特殊感受，只是和身爲其他東西的感覺都不一樣。不是的，我的意思是說死了沒有任何可以描述的東西。你一旦死了，這種狀態的內在並沒有什麼可以想像的東西。

假設這麼說是對的。那麼我們是不是應該斷定這下已經有了那項論點所需的另一個前提？畢竟，如果死了沒有任何東西可以想像，那麼我當然就無法想像。既然我們已經假設（儘管只是爲了討論的目的），我無法相信我沒有辦法在心目中構築或者加以想像的東西，那麼我們難道不該下結論認定那項論點是健全的嗎？也就是說，你確實無法相信自己會死。

不對，我們根本不該做出這樣的結論。要看出那項論點有問題，只需想想這一點就行了：你不但無法從內在想像死了會像什麼，而且你也同樣無法從內在想像處於無夢睡眠中會像什麼。畢竟，你一旦處於無夢的睡眠裡，就沒有任何的體驗或想像。身在無夢的睡眠中根本不像是任何東西，所以你沒有辦法從內在想像這種狀況。同樣的，我們也不可能在心目中構築出或者想像昏迷之後完全喪失意識（在認知方面完全沒有活動）會像什麼模樣。從內在想像這種狀況，根本就沒有任何東西可以想像。

既然如此，那麼我們是不是應該做出以下這些結論：沒有人眞心相信自己有過無夢的睡眠，也沒有人眞心相信自己曾經昏迷？這樣的結論顯然相當愚蠢。你當然會相信自己偶爾會陷入無夢睡眠。會暈厥的人當然也知道自己有時候會昏迷不醒。若說不是如此，未免也就太荒謬了。

單是說你無法從內在想像身處於無夢睡眠中的模樣，不表示就沒有人會相信自己曾經處於無夢的睡眠中。單是說你無法從內在想像身陷昏迷的模樣，不表示就沒有人會相信自己曾經昏迷過。因此，單是說你無法從內在想像自己死了的模樣，同樣也不表示就沒有人會相信自己終將不免死亡。

不過，我剛剛不是說我要假定這項假設成立嗎（就算只是爲了討論的目的）？也就是說，你要相信一件事物，就必須在心目中構築得出來才行。另外，我剛剛不也說了：「你看，你沒有辦法在心目中構築出自己死了的模樣？」既然如此，我是不是食言了？我如果堅稱你能夠相信自己終將不免死亡，同時卻又認爲你沒有辦法從內在想像自己死了的模樣，那麼我不就是收回了那項假設？

不盡然。我對於信念需要以想像爲前提的說法雖然抱持懷疑的態度，但還是要爲了討論的目的而繼續假定這項假設成立。所以，我要主張的是你畢竟能夠在心目中構築自己死了的模樣，只是你沒有辦法從內在加以想像而已，可是沒有關係，因爲你還是可以從外在想像自己死了的模樣。

讓我們再次想想無夢睡眠的案例。我可以輕易想像自己身在無夢的睡眠當中。實際上，我現在就正在這麼做：我的心目中浮現了一個小小的影像，只見我的身體躺在床上睡覺，而且完全沒有作夢。同樣的，我也可以輕易想像自己陷入昏迷。我只需要想像自己的身體躺在地上，失去了意識。當然，我同樣可以輕易想像自己死了。我們心目中有個小小的影像，只見我的身體躺在棺材裡，體內沒有任何功能的運作。就這樣，很簡單。

所以，就算信念眞的需要以想像爲前提，而且就算你眞的沒有辦法從內在想像自己死了的模樣，也不表示你就無法相信自己終究不免死亡，你只需要從外在想像就行了。因此，我的結論是你當然可以也絕對相信自己終究免不了死亡。

不過，有一項頗爲尋常的說法可以回應我剛剛提出的這項論點。也許有人會這麼反駁：「假設我從外在想像自己死了。我試著想像一個我這個人不存在的世界。我不再有意識，不再有任何體驗。舉例而言，我也許想像著我自己的葬禮。我絕對做得到這一點，儘管如此，我這麼做的時候，卻發現自己觀看著那場葬禮，我看著那場葬禮，看見了葬禮的過程。簡言之，我在思考，所以我終究沒有想像出一個我不再存在的世界，我終究沒有想像出一個我無法從事思考與觀察的世界。我把自己偷渡了進去，成爲那場葬禮的觀察者。實際上，每次我試著想像自己死了的情景，總是會把自己偷渡進去，仍然以一個有意識的人的狀態存在著，所以根本沒有死。我也許能夠想像我的肉體死了的模樣，卻永遠不能夠眞正想像我這個人死了的模樣。由此可見，根據信念需要以想像爲前提的假設，我其實不眞心相信我終究不免死亡。我不相信這一點，原因是我沒有辦法想像。」

這種論點在不少地方出現過。我只舉一個例子，在佛洛伊德的著作裡。佛洛伊德曾經寫下這段文字：

> 畢竟，個人本身的死亡是超乎想像的。每當我們試圖想像自己死亡，即可發現我們其實仍然以觀眾的身分存活著。因此，精神分析學派大可提出這項箴言：基本上，沒有人相信自己會死。或者，換個意思相同的說法：在潛意識當中，每個人都深信自己永生不死①。

所以，佛洛伊德基本上提出了我剛剛為你概述的那項論點。他說，你一旦想像自己死了，其實還是會把自己偷渡進去擔任觀眾的角色。所以，佛洛伊德下的結論指出，在某個程度上，沒有人真的相信自己會死。

然而，我卻認為這是一項極糟的論點。我真心希望你沒有受到這項論點說服。要看出這項論點*必然*是個拙劣的論點，且讓我們思考一個比較不具爭議性的例子。假設你是一個俱樂部的會員，該俱樂部今天下午要舉行一場會議，但你沒有辦法參加。請問問自己，相不相信這場會議會在你沒有出席的情況下舉行？乍看之下，你顯然相信這一點。不過，接下來請想像一個人提出像佛洛伊德那樣的論點證明你其實不這麼相信。那個人指出：「試著想像那場會議，就是你沒有辦法出席的那場會議。你心目中也許有個小小的影像，顯示出那間會議室，說不定還有人圍坐在會議桌旁，討論著俱樂部的事務。可是等一下！你在心目中觀看著這一切；你把自己偷渡了進去擔任觀眾的角色（你如果像我一樣，那麼你在心目中也許是從一個角落或者一面牆壁上的視角觀看著那間會議室，有點像是一隻蒼蠅的觀點）。不過，這表示你其實沒有想像出那場會議在你不在場的情況下舉行。你就是沒辦法這麼想像。由此可見，你終究不真心相信那場會議會在你不在場的情況下舉行。」

我相信你和我一樣認爲這項論點必然有什麼問題。明顯可見，我們全都相信會議隨時都有可能在我們不在場的情況下舉行。這點證明了我就某方面而言將自己偷渡進去成爲觀衆的現象，並不足以代表我其實不相信我試圖想像的那種可能性。我可以相信會議在我不在場的情況下舉行，儘管我想像這種會議的時候（就某方面而言）都會把自己偷渡進去。因此，我同樣可以想像一個沒有我的世界，儘管我想像這麼一個世界的時候（就某方面而言）總是會把自己偷渡進去。

可是，這項論點的問題究竟出在哪裡？如果要了解這個答案，我認爲有兩點必須銘記在心。第一點是，你觀看一張圖的時候，必須區辨兩件事情：第一件事情是你的確看著那張圖，第二件事情是你自己究竟是不是圖中的一項元素。我們必須記住的第二點是，圖片總是會（至少一般而言是如此）從一個特定的觀點，一個特定的地點，呈現出一個場景。

假設我拿起一張空無一人的海灘照片，這張照片有沒有把我呈現在其中？說得更明確一點，這張照片有沒有顯示我在海灘上？當然沒有。我們已經指出這張照片的內容是空無一人的海灘，所以我也不在其中。當然，我看著那張照片的時候，不論是實際上看著還是在心目中想像，我自己一定都存在！我不可能在自己不存在的情況下觀看或想像一張圖片。但儘管如此，在我這麼做的時候，我自己卻沒有必要是圖中的一個元素；那張圖裡不需要有我。所以，這項論點出錯的其中一個地方，就是邀請我們從這項無可否認的事實，我試圖想像一件沒有我的事物（一片海灘、一場會議或是一個世界）之時，我當下一定存在，我一定觀看著那張圖片，推導出這項特定的結論（而且就前提而言也是錯誤的）：我自己一定是圖片中的一項元素，也就是那張圖片裡一定有我。實際上沒有必要如此，我可以輕易想像一場沒有我參與其中的會議。當然，想像一個在我死後沒有我的世界也是一樣。

既然如此，那麼這項錯誤爲什麼這麼吸引人？我認爲也許和第二點有關。一張海灘的圖片（或是一場會議，或是一個沒有你的世界）一定必須從空間中的某個點呈現那幅場景。這個地點可能是在海岸上（或是在牆壁上，或是在一場葬禮的後方）。所以，我們也就很容易認爲看著這幅場景的人必然身在那個空間點。因此，既然我是從事觀看的人，也就很容易認爲我一定想像著自己身在那個特定的地點，不論是在海灘上，還是在會議室裡，或是單純身在世界上而沒有死去。如同我說的，我猜想這點能夠解釋人們爲什麼這麼容易犯下這項錯誤。這的確是一項錯誤。實際上，要想像一個沒有我的世界根本是一件易如反掌的事情，只要我們從外在想像即可。因此，就算信念確實必須以想像爲前提，那麼我們所有人還是能夠輕易想像自己死了的模樣。

在這個段落一開始，我針對沒有人相信自己終將不免死亡的說法區辨了兩種可能的解讀。我們至今爲止只討論了第一種解讀，也就是沒有人相信身爲意識與思維個體的自己終有一天會不繼續存在。如同我剛解釋過的，這項觀念最常見的論證並不成功。可是第二種解讀，也就是沒有人相信自己的肉體會死亡，又該怎麼說呢？原本的那項說法若是採取這第二種解讀，我們是不是比較有理由加以相信？

首先，且讓我們指出這種說法有多麼古怪。就表面上看來，人無疑相信自己的肉體會死亡。畢竟，就算你相信你永生不滅的靈魂有一天會上天堂，所以你將永遠存在爲一個具有意識與思維的個體，你可能也還是會體認到這項看似無可否認的事實：你的肉體終將不免死亡。當然，我們全都認知到自己的肉體終將會停止運作，舉例而言，我自己的肉體將會變成一具屍體，而必須埋葬或者火化。

實際上，人如果不眞心相信自己的肉體不免死亡，那麼他們從事的許多行爲就會變得非常難以理解。舉例而言，人會保人壽保險。爲什麼？想必是因爲他們相信（沒錯！）自己在一段特定時間內有相當的機會可能會死亡，也就是說，他們的肉體會死亡，所以希望自己的子女和家人能夠獲得照顧。你如果不眞心相信自己會死（肉體的死亡），爲什麼會去保人壽保險？同樣的，人會寫遺書，說明自己死後所留下的資產該怎麼處置。你如果不眞心相信自己會死，又怎麼會花費心思寫遺書？既然許多人確實都會寫遺書、保人壽保險或是從事其他各種相關的行爲，因此我們面對這種狀況的自然說法，顯然就是指稱許多人（也許是大多數人）確實都認知到自己終將會死。

我們有什麼理由不這麼認爲？我們之所以不這麼認爲，之所以不會對這項提議嗤之以鼻，原因是一般人一旦罹患無可救治的重病，經常都會顯露出意外的模樣。文學中一個著名的例子是托爾斯泰的中篇小說《伊凡·伊里奇之死》。在那個故事裡，伊凡跌倒摔傷，結果傷勢卻沒有好轉，而是愈來愈惡化，終究導致他喪命。令人訝異的是，伊凡竟然對自己不免一死的現象深感震驚。當然，托爾斯泰藉著這個例子想要說服我們，想要論證的是，我們大多數人其實都與伊凡處於相同的立場。我們只是嘴巴上說著自己不免一死，可是就某種程度上而言，我們其實不眞心這麼相信。

爲了避免誤解，我要強調此處的信念（或者說缺乏信念）指的是肉體的死亡，伊凡感到意外的是這一點。他之所以震驚不已，原因是他發現自己的肉體竟然會死，畢竟就我們所知，他仍然相信靈魂，認爲自己會上天堂。令他訝異的不是身爲人的自己不免死亡；實際上，他可能根本不相信身爲人的自己會死。令他感到意外的，是他的肉體竟然不免死亡。托爾斯泰描繪了一幅極爲眞實可信的畫像，鮮明呈現出一個發現自己不免一死而大感意外的人。

儘管如此，我認定伊凡應該還是留有遺書，而且就我所知，他也保了人壽保險。所以，這樣的狀況就顯得頗爲令人費解了，因爲他的部分行爲顯示他眞心相信自己終究不免死亡，完全認知到自己有一天會死，但儘管如此，實際上病倒而必須面對自己不免一死的事實之時，他感受到的震驚卻也強烈顯示，他聲稱自己其實一點都不相信終究會死的說法確實沒錯。

這怎麼可能呢？這種現象實在令人困惑不解。即便在我們詢問這種現象有多麼普遍之前，單是我們能夠理解這種案例就足以令人費解了。一個人怎麼可能同時相信又不相信自己終究不免一死？

也許我們必須區辨一個人意識上相信的事情以及潛意識裡相信的事情。也許，伊凡在意識上相信自己終將一死，但在潛意識裡卻相信自己永遠不會死。或者，也許我們必須區辨他嘴巴上空口說說的話以及他內心眞正相信的事情，說不定他只是在嘴巴上說自己不免一死。你要是這麼問他：「你是不是不免一死的凡人？」他也許會回答：「當然是。」而且他也因此買了人壽保險。可是他是不是眞心相信自己終將不免一死呢？說不定不是。無論如何，我們如果要合理解釋伊凡的狀況，絕對需要進行類似這樣的區辨。

就我的認知，我想我們都認為這是個非常可信的例子。也就是說，我們認為一個人確實有可能在某種程度上不是眞心相信自己會死。不過，我也認為托爾斯泰要表達的不只是實際上有可能有這樣的人（看看他有多麼古怪，讓我描述他的樣子給你聽），而是要告訴我們這其實是個典型的例子。也許我們所有人都和他處於同樣的立場，或者大多數人如此，不然至少也有許多人如此。我們如果有理由同意許多人在這方面都與伊凡一樣，那麼他的案例就不再只是一件有趣的奇聞。

可是，有什麼證據能夠支持這項主張？由於大多數人或甚至所有人想必都會堅稱我們眞的相信自己不免一死，那麼有什麼論證可以證明我們錯了呢？

我想，我們需要的是類似於以下這種說法。假設我們許多人都會從事某種行為，也假設這種行為需要解釋，最後再假設我們如果要充分解釋這種行為，就必須同意我們在某種基本程度上其實不眞心相信我們平常聲稱自己相信的事情。如果眞是如此，也許就有充分理由承認我們其實不相信我們聲稱自己相信的事情；對那件事只是純粹在嘴巴上講講而已。

我們可以舉一個例子說明這種論點。假設有個人患有必須不斷洗手的強迫症。我們問他：「你的手髒嗎？」他可能會回答：「當然不髒。」儘管如此，他卻又再次走進洗手間去洗手。要解釋這種行為，唯一的方法大概就是說他雖然嘴巴上聲稱自己的手不髒，卻在某種程度上其實相信自己的手是髒的。因此，我們如果可以在我們自己身上找出一種需要解釋的行為，而且最佳的解釋就是我們在某種程度上其實不是真心相信自己不免一死，那麼就有理由可以認為我們其實不相信自己不免一死，儘管我們嘴巴上說我們是這麼相信的。

舉例而言，假設你如果真心相信自己不免一死，那麼此一認知所帶來的恐懼將會導致你開始尖叫，而且持續尖叫不停（伊凡·伊里奇在病中一度開始尖叫，並且從那一刻開始就一直不斷尖叫，幾乎直到他死為止）。如果真是如此，如果你認真看待自己不免一死的念頭，就會無法停止尖叫，那麼我們就有了一項相關的論證，因為實際上大多數人當然都不會尖叫不停。所以，你如果真心相信自己不免一死，就真的會尖叫不停，那麼由此即可推導出我們其實不真心相信自己不免一死。就像我說的，這會是一項良好的論證，不過前提當然是我們如果真心相信自己不免一死，就真的會不停尖叫。但明顯可見，我們沒有什麼理由相信這種事情。

不過，你也許會問，是不是有其他行為能夠證明我們其實不真心相信自己不免一死？以下是我認為最合理的一種提議。就我們所知，有些人曾經與死神擦身而過。舉例而言，他們可能發生事故，雖然差點送命，卻幸運地毫髮無傷。或者，他們也許心臟病發作，在手術台上躺了一段時間，然後因為心臟手術或什麼治療手段而被救活了過來。人一旦有過這種與死神擦身而過的經歷，就很容易認為他們對於自己不免一死的事實會有更鮮明的感受，這項事實比較容易出現在他們的心目中。這麼一來，他們就會真心相信這一點。值得注意的是，人一旦遭遇這樣的經歷，經常會說：「我必須改變我的生活。我必須減少工作時間，多和家人相處。我必須多做對我而言真正重要的事情，少花點時間煩惱追求成功和金錢。我必須讓我愛的人知道我愛他們。」

假設我們所有人都是如此，或者至少大多數人是如此。我們一旦鮮明意識到自己不免一死的事實，充分感受到自己是壽命有限的肉身凡胎，就會改變自己人生中各項事務的優先次序，不再把所有時間精力投注於職場上的爭強鬥勝當中；會花更多時間陪伴心愛的人，從事對我們而言眞正重要的事情。假設這項說法是眞的，這麼一來，我們也許就會注意到大多數人確實花許多時間追求成功，努力賺錢；而不會把大部分的時間拿來從事自己眞心認爲最重要的事。我們不會告訴朋友與家人我們有多麼重視他們，多麼愛他們。那麼，我們該怎麼看待這種現象？這種現象的解釋也許是，儘管我們嘴巴上都會說自己不免一死，但在某種基本程度上，我們並不是眞的這麼相信。這項信念在我們心中並不鮮明，我們不是「打從心底深處」相信這一點。

我想，這項論點至少有機會可能是正確的，至少在我看來是如此。這項論點雖然一點都不令我信服，但至少不是一看就毫無正確的機會。人一旦有過與死神擦身而過的經驗，對自己的行爲確實會有大幅度的改變。所以，我們平常都不以那種方式過活，確實讓人有些理由相信我們在某種程度上不是完全，不是眞心、不是在根本上，相信我們終究不免一死。就像我說的，我不確定這項論點究竟正不正確。不過，至少這是一項值得認眞看待的論點。

獨自死亡

現在且讓我轉向另一項偶爾可見的有關死亡的說法。這項說法指稱所有人都是獨自死亡。這句話的意思是說，我們雖然能夠一同用餐、一同度假、一同聽音樂，但死亡卻是每個人都必須獨自面對的一件事：我們所有人都是獨自死亡。這就是那項說法的意思。如果眞是如此，那麼這句話似乎對死亡的本質提出了一項深刻的洞見。這句話看起來似乎頗有深度。每個人都是獨自死亡。這句話似乎針對死亡的本質爲我們提出了一項深刻、重要又值得注意的論述。

不過，就我所見，這句話其實不成立。當然，這句話該怎麼解讀也不是很清楚可見。不過，就我看來，不論我們怎麼解讀，這句話終究就是不合理，或者純粹虛妄不實，或是根本不值一顧。所以，我要狠狠駁斥這項說法。

我非常鄙視這項說法，以致有時候我甚至不確定這項說法是否值得討論。實際上，我在幾年前已差不多決定在我的課堂上將不再討論這項說法。我認定一般人都不眞心認爲我們所有人都是獨自死亡，所以又何必浪費時間檢視這項觀點？結果，我不蓋你，我那天下午就看到了一段文字，表達的似乎就正是那種想法！接著，過了一兩天之後，我女兒又給我看了另一段類似的文字。實際上，你一旦開始留意，就會發現這種觀念簡直到處可見。所以，我猜想這項觀念確實極爲普遍，因此確實值得受到檢視。

以下就是我提到的那兩段文字。第一段來自民謠歌手羅登・溫萊特三世的歌曲〈地球上最後一人〉：「我們學習一同生活，卻必須獨自死去②。」我們獨自死去，這無疑是一句值得注意的說法，這句話似乎對死亡的本質提出了某種重要的論述。接下來是另一段文字，出自童書《龍騎士二部曲——勇者無懼》，作者爲鮑里尼。「『獨自死亡，』艾瑞岡說：『連你最親近的人都不在身邊，是多麼可怕的事情呀。』」艾瑞岡接著聽到的回答是什麼呢？「每個人都是獨自死亡，艾瑞岡。不論你是一位身在戰場上的國王，還是一個卑微的農夫，在家人的圍繞下躺臥在床上，一樣都沒有人能夠陪伴你進入死後的虛無③。」每個人都是獨自死亡。

如同我說的，這是一種相當普遍的觀點。我只提出了兩段引文，但我絕對還舉得出更多例子。所以，我們要問的問題是：針對這項說法——所有人都是獨自死亡，有沒有可能找出什麼樣的解讀，能夠讓這句話合乎事實？

實際上，這句話單是合乎事實恐怕還不能滿足我。假設由於某種古怪的巧合，人都剛好在星期一死亡，他們沒有理由不能在其他日子死亡，但只是剛好都發生在星期一，這種現象無疑會引來一些注意的目光，但不會讓我們對死亡的本質獲得任何深刻的了解。如果人同樣可以在星期二死亡，只是剛好所有人都死於星期一，那麼這點就無助於我們了解死亡的本質。我想，我們所尋求的是死亡的某種必然眞理。同樣的，如果每個人都只是剛好獨自死亡，那麼這點也不足以幫助我們了解死亡的本質，畢竟如果每個人都只是剛好獨自死在房間裡，在死時沒有別人陪在身邊，這種現象無疑會引來若干注意，而我們也可能會納悶是什麼原因造成這樣的情形。不過，如果人死的時候只是湊巧身邊都沒有別人，這點就不足以爲死亡的本質帶來任何深刻的洞見，所以這句話光是合乎事實還不夠，而必須是一項必然的眞理。

還不只如此：我們一旦適切理解了這項說法的意思，其內容也最好要値得我們的注意！我們對每個人都是獨自死亡這句話的解讀，如果只是以一種比較裝模作樣的態度表達每個人都會死，那麼我們也許可以回應指出，這句話雖然眞實不虛，而且還是必然的眞理，卻不是一項特別令人意外的眞理！這句話沒有爲死亡的本質帶來什麼深刻的新洞見。我們都知道所有人都會死。你如果用某種具有誤導性的語言包裝這項熟悉的事實，而聲稱所有人都是獨自死亡，那麼你只不過是假裝針對死亡的本質提出深刻洞見而已。

最後，所謂每個人都是獨自死亡，這句話理當是針對死亡提出了某種特殊的觀點。最好不要說所有人從事任何事情都是獨自爲之，不論「獨自」這個字眼到底是什麼意思。因爲，如果所有人從事任何事情都是獨自爲之，那麼這點也許有値得注意之處，也可能是一項非常重要的洞見，但如果所有人吃午餐也是獨自爲之（就「獨自」的同一種意義而言），那麼你就沒有針對死亡提出了什麼特別値得注意的事實。毋庸諱言，堅持這項關於死亡的說法只能純粹適用於死亡，也許是要求有點太多，也許我們有些其他事情一樣也是獨自爲之；不過，最好不要所有事情都是如此。

我之所以仔細列出以上這些條件，原因是我認爲一般人都是自欺欺人，以爲自己聲稱所有人都是獨自死亡乃是針對死亡提出了某種深刻（而且眞實）的洞見。不過，我自己的猜想卻是這句話根本沒有表達出任何深刻的眞理。實際上，我猜大多數人說出這句話的時候，根本也沒有認眞想過自己這麼說是什麼意思。你一旦追問他們，要求他們解釋自己這麼說是什麼意思，結果只會得到種種不符事實、不必然、不引人注意，也不是專屬於死亡的提議。

以下是一項可能的解讀，這是我能想到最自然而然、最直截了當、最合乎字面意義也最平實的一項解讀。說一個人獨自從事一件事情，意思就是說那個人在沒有其他人在場的情況下從事那件事情。想想一個獨居的人上床睡覺。如果臥房裡沒有別人，那麼他就是獨自睡覺。因此，按照最直截了當的解讀，所謂所有人都是獨自死亡就是說我們每個人死亡的時候身邊都沒有別人在場。如果眞是如此，不免會令人感到訝異。我們也許會納悶這究竟是一種必然的眞理，還是只是巧合。不過，至少這樣還會是一件值得注意的事情。

不過，這當然不是眞的。我們全都明白知道人有時候會在別人的陪伴下死去。舉例而言，蘇格拉底就是在朋友與門徒的陪伴下喝下毒芹汁而死，他沒有獨自死亡。當然，我們也知道還有其他許許多多人死亡的時候都有朋友、家人，以及愛人隨侍在側。所以，按照第一種解讀，所謂所有人都是獨自死亡的說法根本不合乎事實。這項說法如果是這個意思，那麼純粹就是虛妄不實，因此挑戰就在於找出其他比較可信的解讀方式。

以下是第二種可能的解讀。一般人聲稱所有人都是獨自死亡，意思也許不是否認你有可能在別人在場的情況下死亡，而是說就算有人陪在你身旁，死亡仍是一件你獨自從事的事情。別人沒有死，死的只有你。因此，舉例而言，蘇格拉底的朋友和門徒沒有死，當時死的只有他一個人，所以，所有人也許都是在這種意義上獨自死亡。

這句話如果合乎事實，無疑也是一項值得注意的說法。然而，這句話並不合乎事實。舉例而言，在許多戰場上，都有許多人同時死亡。瓊斯在戰場上性命垂危，但他不是獨自死去；史密斯也在同時死亡，而且就在他身邊。所以，如果一般人所謂的所有人都是獨自死亡是這個意思，這項說法顯然也不符事實。我只能假設這不是一般人的意思，但如果是這樣，他們這麼說到底是什麼意思？

我們可以提出更好的解釋。我們也許可以指出，即便是在戰場上，儘管史密斯與瓊斯「死在一起」，也不表示死亡是一種合作的行為，這種現象不是協調規畫的結果，沒有人與別人合作死亡。這種狀況就像是你走在人行道上，而席薇亞剛好也同時走在人行道上。儘管你們兩人都走在人行道上，而且就在彼此身邊這麼做，人們卻可以明顯看出你們並不是一起走在人行道上。當然，你可以和別人一起走路，你也許會轉向納森，對他說：「嘿，我們一起到圖書館去吧。」然後你們兩個人就一起沿著人行道走向圖書館。走路是一種你可以和別人一起做的事情，也就是說這可以是一種共同進行的活動，一種共同從事的事情。

因此，也許一般人的意思是說死亡不是一種能夠共同從事的事情。就算你身在醫院裡或是戰場上，身邊有其他人和你同時死亡，死亡仍然不是，也不可能是一種共同從事的事情。

所謂的所有人都是獨自死亡有可能是這個意思。但如果眞是如此，那麼我一樣只能說這句話顯然虛妄不實。

無可否認，共同從事死亡的行爲比起獨自死亡要罕見得多，但別忘了，我們尋求的是對於死亡本質的某種深刻洞見。如果要達到此一目標，死亡就必須不可能是一種能夠共同從事的事情，然而，實際上卻不是如此。舉例而言，你可以立下某種自殺協定。實際上，過去的確發生過一大群人爲了集體死亡，爲了共同死亡，而一起服毒自殺的可怕案例。另外還有一些比較不那麼可怕，但同樣令人嘆息的案例，則是情侶相偕跳下懸崖一同自殺，以便自己不必獨自死亡，而能夠與對方共同走上黃泉路。我認爲這種案例確實會發生，而且看起來也的確有可能發生，所以如果有人說共同合作死亡是不可能的事情，那麼這樣的說法顯然不符事實。

共同從事的事情有點像是弦樂四重奏演奏室內樂一樣（實際上，這正是哲學界裡對於共同活動所舉的標準例子），是一種你和別人一起做的事情。畢竟，別人和你同時演奏音樂不只是巧合，那些人不只是湊巧在你身旁演奏著小提琴、中提琴或者大提琴，他們是刻意相互協調，以便共同製造出美妙的音樂。共同合作在弦樂四重奏當中看起來是可能的，在共同立下的自殺協定當中看起來也同樣有可能。

儘管如此，「所有人都是獨自死亡」這句話的擁護者仍可能提出這樣的回應：「在弦樂四重奏的案例中，我雖然和別人共同演奏著音樂，但我可以由別人取代。別人可以代替我演奏第二小提琴。相對之下，在我死亡的時候，就算我和別人一起死，也沒有人能夠代替我。」因此，也許這才是所有人都是獨自死亡的意思：沒有人能夠代替你死；沒有人能夠取代你的位置。

如果一般人所謂的所有人都是獨自死亡眞是這個意思，那麼我至少也要指出他們沒有把自己的意思表達得很清楚。在我看來，如果有人說「所有人都是獨自死亡」，我們就應該意識到那個人的意思是說：「沒有人能夠代替我死，沒有人能夠取代我的位置。」這未免有點太過牽強。在我看來，這種說法顯然是種誤導人而且缺乏效果的表達方式，不過暫且讓我們把這項埋怨擱在一旁。

眞的沒有人能夠取代我的位置嗎？在弦樂四重奏當中，別人絕對能夠取代我的位置。但在死亡當中，眞的沒有人能夠取代我的位置嗎？這點在我看來也不是那麼明顯。我希望你已經看過狄更斯的《雙城記》，因爲要是沒有的話，我接下來就要透露這部小說的故事內容了。以下是這部小說中的一段核心情節。故事主角愛上了一名女子，但那名女子卻不愛他，而是愛著另一個男人。然而，另外那個男人卻在法國大革命期間遭判死刑。由於故事主角長得和那個男人頗爲相似（這畢竟只是一部小說），於是他就趁著那個男人被運往刑場的途中取代了他，從而說出這句名言：「這件事遠勝於我以前做過的其他所有事情。」故事主角犧牲了自己，好讓他所愛的女子能夠擁有她所愛的男人。不過，就我們此處的目的而言，這段愛情故事不是重點，重點是故事主角顯然取代了另一個即將赴死之人的位置，就像別人能夠在弦樂四重奏裡取代我的位置，看來別人也一樣可以在斷頭台上取代我的位置。

美國在南北戰爭期間曾經實施過徵兵制度。不過，你要是財富過人，就可以花錢找人取代你接受徵召。所以，假設你的部隊參與一場戰役，你身旁的同袍都紛紛喪生。想像那支部隊的所有成員都戰死沙場，而且你要是在那支部隊裡也必然無可倖免。不過，實際上送命的卻是代替你接受徵召的那個人。在這種案例中，我覺得聲稱那個人取代你而死並不是一種令人難以置信的說法。所以，所謂所有人都是獨自死亡的意思，如果是沒有人能夠代替我死，沒有人能夠取代我在死亡中的位置，那麼這句話看起來仍然虛妄不實。

不過，這項觀點的擁護者還是有可能再度反駁，指出《雙城記》的主角雖然在斷頭台上取代了另一個人的位置，但他終究還是面對了自己的死亡，他並沒有取代另一個人的死亡，畢竟另外那個人的死亡是在二十、三十、四十年後才發生的！所以，別人同樣也不能取代我的死亡，因爲別人要是取代了我的位置，他們一樣也只會經歷他們自己的死亡，而不是我的死亡，我的死亡只有我自己能夠經歷。所以，說不定一般人所謂所有人都是獨自死亡指的是這個意思，他們的意思是說沒有人能夠代替我經歷我的死亡。

如果這眞是一般人的意思，那麼我要再次指出，以「獨自死亡」表達這樣的觀念未免頗有誤導之嫌，以這樣的語言表達那樣的意思，顯然是種頗爲令人費解的用詞選擇。不過暫且不追究這一點，儘管這種表達方式不夠精確，但我們每個人似乎確實都必然只能經歷自己的死亡，而無法經歷別人的死亡。的確，沒有人能夠代替我經歷我的死亡似乎是一項必然的眞理。此外，這項事實（這點看起來的確是事實）似乎也確實揭露了死亡當中某種值得注意的深奧特質。

不過，我認爲這種表象，亦即我們終於對死亡的本質取得了一項深刻的洞見，有誤導之嫌。我認爲這句話根本沒有讓我們對死亡獲得任何特殊的了解！

想想一件普通至極的事情，例如上理髮廳剪髮。當然，別人可以在理髮廳取代你的位置。某個人走進理髮廳，說：「我必須趕赴一場約會，我快遲到了。可不可以把你和理髮師約的時間讓給我？」由於你爲人相當慷慨大方，因此你答道：「沒關係，我可以等。你先剪吧。」於是，就某種粗略的意義上而言，那個人剪了原本該由你剪的頭髮。不過，那個人實際上當然不是剪了你該剪的頭髮，而是剪了他自己的頭髮。剪髮本來就是這麼一回事，沒有人能夠代替我接受剪髮，只有我能夠接受我自己的剪髮，如果有人想要代替我接受剪髮，結果只會是剪了他們自己的頭髮。

當然，這並不是剪髮特有的現象。想想移除腎結石的例子。沒有人能夠代替我移除我的腎結石，只有我能夠讓自己的腎結石接受移除。或者，想想吃午餐吧。沒有人能夠代替我吃我的午餐，如果有人想要代替我吃我的午餐，那麼他們吃下去的就會變成他們的午餐，他們爲他們自己吃了午餐。除了我之外，沒有人能夠代替我吃我的午餐。

你要是想想，就會發現幾乎所有事物都可以提出這樣的說法。說不定實際上所有事物都是如此。只要把「我的」一詞強調到某個程度，那麼任何人一旦代替我從事任何事物，那件事物就不再會是我的事物。簡言之，就算眞的沒有人能夠代替我經歷我的死亡，這也不是對死亡的特殊本質所提出的某種深刻洞見，而只是針對「我的」一詞的意義提出了一項微不足道的文法論點。

因此，我們截至目前爲止都還沒爲所有人都是獨自死亡這句話找出一種解讀方式，能夠爲死亡提出真正值得注意（而不是微不足道）又真實的洞見！不過，我在理解這項說法的過程中也許陷入了盲點。我一直在爲這項說法尋求一種合乎事實的解讀，但說不定這項說法根本不是就事實而言，說不定這項說法其實是一種隱喻。不是說我們真的都是獨自死亡，而是說我們死亡的時候，會感覺自己彷彿只有獨自一人。我們死亡的時候感覺就像是獨自一人一樣。說不定「所有人都是獨自死亡」這句話是一種心理上的說法，也就是說我們死亡之時所處的心理狀態近似孤獨的狀態。那種感覺就像是我們有時候會體驗到的孤獨感。

想像有個人就快死了。我們可以假設她實際上不是獨自一人，相反的，臨終之際的她身旁圍繞了不少人。但儘管如此，她還是覺得自己遠遠疏離於其他人，儘管身在人群中，她卻還是深感孤獨，說不定這才是一般人所謂的「獨自」的意思。

我們無疑很容易相信實際上會有這樣的例子，也就是人在臨死之際覺得自己和別人距離非常遙遠。說不定托爾斯泰筆下的伊凡．伊里奇就是如此。他和家人與朋友愈來愈疏遠，而他們在心理上和他的距離也的確愈來愈遠。他懷著一種疏離與孤獨的感覺面對自己的死亡。他實際上不是獨自一人，這只是一種隱喻，但這項隱喻確實針對他的心理狀態提供了一項重要的洞見。

所以，我們必須問自己的是，類似於這樣的現象是不是存在於所有人身上。別忘了，我們尋求的是關於死亡的一項必然眞理，也就是對於其本質的洞見。我們尋求的不只是在部分案例中湊巧爲眞的現象。我們必須知道的是，是不是所有人死亡的時候都會處於這種孤獨的心理狀態。我只能說，看起來顯然不是如此。

首先，請注意這項顯而易見的事實：有些人會在無預警的情況下死於睡夢中，他們沒有生病，只是在睡夢中突然心跳停止而死，這些人在死亡的時候想必沒有任何孤獨或疏離的感覺。當然，也許有人會說那項說法的意思是指人如果在醒著的情況下死亡，就會帶著這種孤獨與疏離的感受而死。可是實際上也不是如此。假設你一面和朋友聊天，一面橫越街道，你們聊得極爲起勁，以致你根本沒有注意到一輛卡車即將撞上你，結果那輛卡車撞上你，你就在當下毫無痛苦地立即死亡。你在臨終前有沒有疏離的感受？當然沒有。所以，聲稱所有人在醒著的情況下死亡必然都會帶有這種特定的心理感受，顯然也是不成立。

也許我們必須再次修正那項說法。也許那項說法只是純粹指稱所有人一旦意識到自己即將死亡，就會產生孤獨以及與別人距離遙遠的感覺。說不定所有意識到自己死在臨頭的人，都會「獨自」死亡。這項限定條件（也就是僅限定於意識到自己死在臨頭的人）能夠因應睡夢中死亡的案例，也能夠因應卡車車禍的案例，而且即便加上這個限定條件，這項說法也仍然頗爲值得注意。可是這項說法眞不眞實？所幸，看起來並非如此。

還記得蘇格拉底嗎？蘇格拉底與他的朋友從事著哲學討論，他知道自己馬上就要死了，他已經喝下了毒芹汁，坐在那兒向所有人道別，看起來一點都沒有疏離的模樣，看起來一點都沒有和別人距離遙遠的孤獨感。所謂所有人一旦知道自己死在臨頭，就一定會懷著孤獨的感受面對自己的死亡，這種說法看起來就是不成立。

另一個例子是哲學家大衛・休謨（David Hume）。休謨臨死之時還相當好客。在他生病末期的時候，經常邀請人坐在他的床邊和他談話，直到死之前都表現得心緒愉快又和藹可親。就我所見，我們完全沒有任何理由認爲休謨感到孤獨寂寞，或是與陪伴他的那些人感到疏離。簡言之，對於所有人都是獨自死亡這項說法的心理解讀，也絲毫不勝於先前的其他解讀方式。

當然，也許還有其他值得考慮的解讀方式，但如果眞的有，我也不知道是什麼。所以，我邀請你自行思考這個問題。我們所有人眞的都是獨自死亡嗎？這項說法有沒有什麼理解方式能夠讓我們對死亡的本質產生眞正的洞見？如果有，至少我找不到[4]。儘管一般人都經常說所有人都是獨自死亡，我卻認爲這項說法純粹是無稽之談，或許一般人提出這項說法的時候，其實根本沒有想過自己這麼說到底是什麼意思。

---

① 佛洛伊德的文字引用自華爾特・考夫曼的論文 Death，收錄於 *The Faith of a Heretic* (Doubleday, 1961), pp. 356-357。

② Last Man on Earth 收錄於羅登・溫萊特三世的專輯 *Last Man on Earth* (Red House Records, 2001)。

③ Christopher Paolini, *Eldest* (Knopf, 2005), p. 441。

④ 採取宗教解讀方式如何？所謂「我們都是獨自死亡」的說法，是不是表示我們都是獨自進入天堂？還是說我們受到上帝審判的時候不會有人爲我們辯護？有些宗教也許教導了這樣的想法，如果眞是如此，那麼也許是這種觀念的起源。無論如何，我們如果不承認相關的宗教觀點，就實在很難爲「我們都是獨自死亡」的主張找到任何可信（而且眞實）的解讀方式。

第十章
死亡有什麼不好？

我們來回顧一下。大體上來說，我們目前為止探討的都是形上學，試圖釐清人的本質，以便能夠明白存活的本質，而這點又使我們得以對死亡的本質獲得更佳的了解。

當然，我辯護了物理論的觀點，這種觀點基本上認為人僅是肉體，只不過這種肉體能夠耍出花俏的把戲，能夠發揮P功能。此外，如果不提細節，死亡就只是肉體損壞，以致不再能夠發揮各項功能而已。當然，如同我們看過的，依照我們所接受的個人同一性理論，我們對於肉體死亡是否代表我不復存在，可能就必須提出稍微不同的說法，而且也可能必須區別肉體的死亡與人的死亡等。如果不談細節，至少以下這一點確實成立：肉體損壞之後，身為人的我就不再繼續存在。就算我們堅持我在肉體死亡之後繼續存活下去的邏輯可能性確實存在，我也看不出有什麼良好的理由，足以讓人相信這種邏輯的可能性會發生在現實當中。

因此，就我所知，肉體一旦死亡，我就跟著沒了。當然，身為肉體觀點的擁護者，我相信在肉體死亡之後還會存在一小段時間，我會以屍體的方式存在。不過，這種存在無法帶來對我而言真正重要的東西，因為我不只是要存在而已，甚至也不只是要活著，而是要身為人，而且是個擁有大致上相同人格的人。事實上的情形是，我的肉體一旦死亡，這一切也都會隨之消逝。

所以，這就是我們目前在形上學當中的立場。我們可以將以上這一切總結為這句話：我一旦死了，就不再繼續存在。當然，這麼說未免有些誤導之嫌，因為按照我所認同的那項觀點，我死後還是會以屍體的形式存在一小段時間。不過，這些問題不影響我們接下來要探討的議題，爲了簡化接下來的討論，我提議把那些複雜的細節暫時拋到一旁，直接假設我的肉體一旦死亡就會立刻摧毀。說不定我原本開心地走在路上，結果一顆炸彈突然在我身邊爆炸，導致我當場死亡，我的肉體也被炸得粉碎。如果是這樣，那麼我的肉體、我的存在、我這個人以及我最重視的東西就都會在那一刻同時畫下句點。死亡就是終點，而且是徹底的終點。當然，在其他沒有這麼乾淨俐落的情境裡，這幾項元素可能會在不同的時間畫下句點。不過就像我說的，這些細節不影響以下探討的題目。

我們在後續的章節所要做的事情，就是把注意力轉向價值理論。我們利用了本書的前九章試圖釐清形上事實，而現在我要把討論的焦點轉向道德與評價性問題，依照我們認爲死亡就是終點的結論（儘管這麼說是經過稍微簡化的結果）加以探究。舉例而言，我們都認定死亡是不好的。可是死亡**爲什麼**不好？死亡可以**怎麼樣**不好？如果死亡眞是不好的事情，那麼永生不死會比較好嗎？我們很快就會發現，這方面也有許多令人費解的議題可供探究。

剝奪說

我們要探討的第一個問題是：死亡有**什麼**不好，又是在**哪些方面**不好？畢竟，我認爲大多數人確實都認爲死亡是不好的（或者，如果死亡眞的就是終點，那麼至少死亡**會是**不好的事情）。所以，我們必須問的第一個問題，就是死亡是不是眞的像我們一般認爲的那麼不好。如果眞是如此，那麼死亡到底不好在哪裡？

當然，在思考這個問題的過程中，我（自此以後）會直接假設先前概述的那種形上觀點是正確的，物理論合乎眞實。我的肉體一旦死亡，身爲人的存在就會隨之終結。死亡是我的終點。可是如果這麼說是對的，那麼死亡對我而言怎麼可能有害？畢竟，我一旦死了，就不繼續存在。既然不存在，那麼死了又對我有什麼壞處？

當然，你如果認爲自己會在死後繼續存活下去，就很容易看出你爲什麼會對死亡的壞處感到擔憂。舉例而言，你如果相信靈魂存在，那麼你就有理由擔心你的靈魂在你死後會遭遇什麼樣的事情。你會上天堂嗎？會下地獄嗎？你可能會擔心自己死後究竟會落入多麼糟糕的境地。在這種情況下，這是個非常合理的問題。但相對之下，一般人也經常認爲，死亡如果眞是終點（這當然也正是我的假設）那麼死亡對我而言就不可能眞的有害。我一旦死了，怎麼可能有任何東西能夠對我有害？我如果不存在，那麼顯然可以合理認爲任何事情都不可能對我有害。

面對這項觀點，一般人有時候會回應指出，死亡不是對死了的人有害，而是對活著的人有害。弗瑞德的死對於弗瑞德而言沒有任何壞處，弗瑞德的死之所以有害，是對那些深愛他卻必須在失去他之後繼續活下去的人而言。弗瑞德的死是對弗瑞德的朋友與家人有害。一個人一旦死了，我們就不再有機會能夠和那個人繼續互動。我們不再能夠和那個人說話，不再能夠和那個人一起相處、看電影、欣賞日落、共同大笑；我們不再能夠和那個人分享我們的煩惱，也不再能夠得到對方的忠告，我們不再能夠與那個人互動。一個人一旦死了，這一切就都隨之消逝。

所以，有些人可能會說這就是死亡最核心的壞處，不是說死亡會對死了的人造成什麼影響。死亡對於死了的人沒有任何壞處，死亡的壞處是在於其對活著的人所造成的影響。

首先我要指出，我一點都無意貶低對於心愛的人去世所感到的痛苦與哀傷。死亡剝奪了我們（這些活著的人）的朋友與心愛的人。這無疑是死亡當中一項核心的極大壞處。以下這首詩強調了這種想法，這首詩的作者是德國詩人克洛普施托克（Friedrich Gottlieb Klopstock），詩名爲〈分離〉（Separation）①：

你的神情變得極爲嚴肅，
在那具屍體抬經我們面前之時；
你害怕死亡嗎？「哦，我怕的不是那個！」
那你怕的是什麼？「臨死的那段時間。」

我甚至也不怕那個。「那你豈不是什麼都不怕？」
唉，我怕，我怕……「老天，你怕什麼？」
我怕和我的朋友分離。
而且不只怕我自己離開，也怕他們離開。

所以我在心靈深處，
才會變得比你更加嚴肅，
在那具屍體
抬經我們面前之時。

從克洛普施托克的這首詩看來，死亡的關鍵壞處在於失去你的朋友。他們一旦死了，你就失去了他們。而如同我剛剛說過的，我一點都無意貶低這一點。可是，就死亡有什麼壞處而言，我不認爲這一點是核心要素，不認爲這一點可以算是死亡最關鍵的壞處。要看出這一點，我要請你比較以下兩則故事。

第一則故事。你的朋友即將搭乘一艘太空船去探索一座遙遠的太陽系，她會離開很長一段時間。實際上，那艘太空船要一百年後才會回來（由於「相對論」效應，屆時你的朋友只會老了十歲，而你卻是早就死了）。更糟的是，那艘太空船起飛二十分鐘後，就會與地球完全斷絕通訊，因此，你從此以後就再也不可能和你的朋友聯絡。這點很可怕，你即將失去你最要好的朋友，再也沒有辦法和她說話，無法獲得她的洞見與忠告；你再也無法將自己人生中的經歷告訴她，無法得知她的經歷。這就是克洛普施托克所描寫的那種分離。很可怕，很令人難過。這是第一則故事。

第二則故事。那艘太空船順利升空。但才起飛二十五分鐘後，那艘太空船就突然爆炸，船上所有人當場死亡，包括你的朋友在內。

我認為第二則故事比較糟糕，因為這則故事裡發生了更糟的事情。可是這件更糟的事情是什麼？不可能是你和你朋友的分離。當然，第二則故事帶有分離的元素。你以後再也不能和你的朋友聯絡，她也不可能和你聯絡。可是這一點在第一則故事裡就已經存在了。如果說第二則故事比較糟糕，而且我認為這點明顯可見，那麼絕對不是因為分離，而是因為你的朋友死了。無可否認，這點對你而言也更加糟糕，因為你關心你的朋友。你對她的死之所以感到難過，想必是因為她死了這件事對她有害。她的死之所以對她有害，不只是因為你們兩人的分離，因為這點在第一則故事裡就已經成立。你無法和她聯絡，她也無法和你聯絡。

在我看來，我們如果想要找出死亡的核心壞處，就不能把焦點放在分離的壞處，不能把焦點放在死亡對於活著的人所帶來的壞處。我們必須思考死亡會對死去的那個人造成什麼樣的壞處，這才是死亡的核心壞處，也是我會聚焦探討的面向。不過，這樣只是為我們指出了正確的方向，卻還沒有回答我們的問題。死亡怎麼可能對死去的人有害？我的死亡，或是我即將死亡的事實，到底有什麼地方會對我有害？

思考這個問題，我們必須清楚了解自己究竟在問些什麼。尤其必須強調的是，我們問的不是死亡的過程有沒有任何不好或是有什麼不好。因爲，我認爲死亡的過程會爲人帶來相當大的痛苦，這應該是一件毫無爭議，也一點都不令人費解的事情。舉例而言，假設我有一天會被孟加拉虎撕成碎片，如果是這樣的話，那麼我的死亡過程一定極爲可怕，一定會極度痛苦。所以，如果說死亡的過程是一件可能對我有害的事情，這樣的說法明顯合理。

另一方面，我們也必須承認死亡的過程不必然會特別痛苦，而且其本身也不一定會對我有害。畢竟，我有可能在睡夢中死亡，這麼一來死亡的過程本身就沒有什麼不好。無論如何，我認爲對大多數人而言，雖然多少會擔心自己的死亡過程可能會相當痛苦，但卻不是我們面對自己即將死亡之際所擔憂的核心問題。

同樣的，我們許多人都認爲死亡的前景是一件不愉快的事情。也就是說，死亡對我帶來的其中一項壞處，就是預期自己終將會死的這個事實會替自己帶來一些不愉快的念頭。但話說回來，這也不可能是死亡的核心壞處，因爲唯有死亡本身對我有害，終將一死的前景才會有理由讓我感到痛苦或不愉快。如果我想到自己終將會死，就不免感到恐懼、焦慮、擔憂、悔恨或苦惱，那麼按照邏輯而言，我這種反應應該是奠基在死亡本身對我有害的前提上。如果沒有這項前提，我就沒有理由感到恐懼、焦慮、擔憂或苦惱。

假設我對你說：「明天有一件事情會發生在你身上，那件事情非常棒，完全令人無法相信，美妙至極。」然後你回答：「我相信你。可是我必須告訴你，我想到這一點就深感恐懼和焦慮。」這麼說根本一點都不合理。唯有在你預期的那件事情本身有害的情況下，你才有理由感到恐懼或焦慮。舉例而言，你如果認爲看牙醫是一件痛苦而且不愉快的事情，那麼對於自己即將去看牙醫感到害怕就是合理的反應。不過，如果看牙醫本身不是一件令人不愉快的事情，那麼你就沒有理由對看牙醫感到恐懼。

所以，如果想要找出死亡的核心壞處，我認為就必須把焦點放在我的死亡這一點上。死亡本身對我有害的地方到底是什麼？乍看之下，這個問題的答案似乎應該簡單又直截了當。一旦我死了，就不再存在（別忘了，我們已暫時將我死後可能仍會以屍體的形式存在一小段時間的問題擺在一旁；為了簡單起見，我們假設我死於一場爆炸當中，因此我的肉體也在同時遭到了摧毀）。這點不就對死亡的壞處提出答案了嗎？如果我死了，就不會再繼續存在，對於死亡的壞處而言，這不正是一項直截了當的解釋？

我的回應是：我認為不再繼續存在這一點的確是釐清死亡有什麼不好，以及為什麼不好的關鍵所在。不過，我卻不認為這點有任何直截了當之處。後續將會提到，我們其實必須花點心力找出不存在到底有什麼壞處。而且就算我們做到了這一點，也還是會有些令人費解的問題無法解決。

當然，這項基本觀念在一開始看來確實相當直截了當。一旦死了，就不再存在。不存在對我而言是一件不好的事情，這點難道不是顯而易見嗎？不過，這個答案很快就會顯得不夠令人滿意。不存在怎麼可能對我有害呢？畢竟，不存在的概念就是你根本不存在！而你一旦不存在，怎麼可能有任何東西對你有害？就邏輯上而言，如果有什麼東西對你有害，那麼你不是應該在場接受那件東西嗎？舉例而言，頭痛可能對你有害，不過，你在頭痛期間當然是存在的。頭痛不可能對不存在的人有害，不存在的人不可能體驗或者患有頭痛。你一旦不存在，怎麼可能有任何東西對你有害？因此，回到我們的議題上，你一旦不存在，不存在又怎麼可能有什麼事情對你有害？

所以，就像我說的，相較於直接將注意焦點集中在死亡上，訴諸不存在以解釋死亡的壞處，其實一點都不直截了當。我如果說死亡之所以對我有害，原因是我死了之後就不再存在，那麼我們還是不免納悶不存在怎麼可能對我有任何壞處。

我想，要回應這項反駁，就必須針對一件事情可能帶來的壞處區分出三種不同方式。首先，一件事情可能在本質上對我帶有絕對而且強烈的壞處。再以頭痛或是其他種類的疼痛，譬如踢到腳、遭人砍殺或是遭到刑求。疼痛本質上就是一件不好的事情，這種東西本身就會爲人帶來壞處，這是一種本身就會令人想要避免的東西。一般而言，會對你有害的東西通常在本質上就是不好的事情；其壞處就在於其自身的本質。

第二，許多事物是帶有工具性的壞處：一件東西本身可能沒有不好，卻因爲其所導致的後果而變得不好。特別是這種東西可能會導致某種本身就帶有本質上壞處的東西。舉例而言，丟掉工作沒有本質上的壞處，這件事情本身沒有任何不好，卻帶有工具性的壞處，因爲這樣的遭遇可能導致貧窮與負債，從而導致痛苦、哀傷，以及其他本質上不好的東西。

不過，一件事物還有可能以另一種方式對你有害，而且這第三種方式很容易遭到忽略。一件事物可能帶有比較性的壞處。一件事物之所以對你有害，可能是因爲你得到了這件事物，而沒有得到另一件更好的事物。一件事物可能因爲經濟學家所謂的「機會成本」而對你有害。這樣的事物不具有本質上的壞處，甚至也不帶有工具性的壞處；只是因爲你從事這件事物的時候，沒有得到更好的東西。

這怎麼可能呢？且讓我們舉個簡單的例子。假設我待在家裡看電視上的猜謎節目。我看電視看得很開心，這樣怎麼會對我有害呢？就第一種不好的方式而言，也就是本質上不好，這件事沒有不好。以這種方式度過半個小時算是相當愉快。此外，我們也絕對想像得到這件事情同樣不屬於第二種方式的不好：在家看電視不帶有工具性的壞處（且讓我們假設看半個小時的電視不會對我導致任何壞處）。但儘管如此，這件事情仍有可能以第三種方式對我有害。舉例而言，假設我待在家裡看電視的那段時間，其實也可以去參加一場很棒的派對。那麼我們也許會說，就這種比較性的觀點來看，待在家裡看電視其實是一件對我有害的事情。這種行爲本身不是一件不愉快的事情，也不會導致不愉快的後果，只是我有另一個更好的方式可以度過這段時間而已（要是我記得的話）。由於我放棄了比較好的作法，因此我在家裡看電視這件事，經過比較之下也就成了一件不好的事情。我欠缺了比較好的那件事情，欠缺不具有本質上的壞處，也不必然帶有工具性的壞處，但就第三種的比較意義而言仍是一件不好的事情。按照這種比較性的意義，欠缺比較好的東西對我而言就是一件不好的事情。

同樣的，假設我拿出兩個信封對你說：「挑一個。」你挑了第一個信封，打開之後歡呼一聲：「看，十塊錢！眞好。」十塊錢當然很好。無可否認，錢不具有本質上的好處（不因其本身而值得擁有），但無疑帶有工具性的好處（舉例來說，你可以用錢買冰淇淋吃，而因此感到開心）。不過，假設在你不曉得的情況下，另一個信封裡其實裝了一千元！這麼一來，我們就可以說：「你挑了第一個信封對你而言眞是一件壞事。」爲什麼說壞呢？比較性的壞。你要是挑了第二個信封，就可以得到更好的結果。要是做了那個選擇，你就能夠得到更多的好處，或是更大量的好東西。

我希望讀者能夠明白看出不存在不屬於第一種意義的不好。不存在不可能具有本質上的壞處，不是一種因其本身而令人想要迴避的東西。不存在如果要屬於第一種意義的不好，除非是，不存在令人感到痛苦。可是你一旦不存在，就不可能有痛苦的感覺。不存在本身沒有任何特質足以令人想要加以避免。同樣的，不存在也不屬於第二種意義的不好。不存在不會導致我在事後感到痛苦，也不會導致其他本質上不好的事情。所以不存在也不帶有工具性的壞處。但儘管如此，不存在卻可能對我造成比較性的壞處，原因是不存在所造成的欠缺。我一旦不存在，就會欠缺各種事物。

我欠缺什麼？當然，我欠缺了生命，尤其是生命所能夠帶給我的美妙事物。不存在之所以不好，原因是其中涉及的機會成本。喜劇演員菲爾茲（W. C. Fields）曾經提出一項著名的要求，希望自己的墓碑刻上這段文字：「我寧可在費城。」死了的壞處在於你再也沒辦法體驗以及享受生命帶給我們的各種美好。

所以，不存在確實爲死亡的核心壞處提供了理解的關鍵。死亡爲什麼不好？因爲一旦死了我就不存在。而我們如果問，不存在怎麼可能不好？答案就是因爲欠缺生命中的美好事物。一旦不存在，就得不到我活著所能夠得到的種種事物，死亡之所以不好，原因是死亡剝奪了我生命中的美好事物。

這種說法在當今被稱爲死亡壞處的剝奪說，因爲這種說法主張死亡的核心壞處在於剝奪了你要是活著即有可能得到的好處。在我看來，剝奪說基本上是正確的。當然，我認爲死亡還有其他面向，剝奪說裡沒有提及的面向，也可能是其壞處的來源。我們將在後續的章節裡談到這些面向。但儘管如此，我認爲剝奪說的確指出了死亡的核心壞處。人們一旦死了，就得不到生命中的美好事物，會被剝奪掉那些事物，這就是死亡之所以不好的主要原因。

死亡是否對我們有害？——伊比鳩魯的觀點

剝奪說雖然就整體上而言頗具可信度，卻也不是毫無問題。這項論點仍然面對了不少反駁。有些人發現這些反駁令人無可招架，從而斷定我們終究不該接受剝奪說。實際上，有些人甚至提出這項頗爲出人意料的結論，認爲死亡實際上對我而言根本沒有任何不好！

第一項反駁源自於一個頗爲一般性的形上原則：如果有一件事情是眞的，那麼這件事實必然有某一段時間是成立的（那段時間可能是過去，或者現在，也可能是未來）。事實的成立有其確切的時間。舉例而言，我現在正在打字論述死亡的壞處。這是一件事實，這件事實在什麼時候成立呢？

也就是說，我在打字是什麼時候的事情呢？現在這個時刻：二〇一一年八月十六日星期二晚上十點半。以下又是另外一件事實：傑佛遜曾經是美國總統，這件事實在什麼時候成立呢？從一八〇一年三月四日到一八〇九年三月四日。事實的成立有其確切的時間。

好，這麼說看起來似乎沒錯。可是如果眞是這樣，我們立刻就面對了一個難解的問題。我的死亡有可能眞的對我有害嗎？畢竟，死亡如果對我有害，那麼這無疑是一件事實。這麼一來，我們可以問，這件事實在什麼時候成立？死亡在什麼時候對我有害？如果說死亡現在對我有害，這個答案看起來並不合理。死亡現在不會對我有害，因爲我現在又還沒死！那麼，也許死亡是在我死後對我有害？可是這麼說看起來也很難令人相信。我是說，一旦我死了，就根本不存在。既然如此，那時候又怎麼可能會有任何事物對我有害？你總要存在才可能會有事物能夠爲你帶來壞處吧！所以，死亡的壞處究竟在什麼時間成立，顯然是個令人費解的問題。

古希臘哲學家伊比鳩魯寫出以下這段文字的時候，心裡所想的可能就是這個有關死亡的壞處成立於什麼時間的難題。這段文字困擾世人已有兩千年之久。伊比鳩魯所談的似乎是死亡當中一件眞正令人費解的問題，但是卻很難確切指出他感到困惑的對象到底是什麼。以下就是伊比鳩魯所寫的那段文字：

> 所以，所有禍害當中最令人害怕的死亡，對我們其實毫無傷害，因爲我們只要存在，就不受死亡的影響；而死亡一旦來臨，我們就不再存在。因此，活人與死者都不需要擔心死亡，因爲前者不受死亡的影響，後者則是不復存在②。

讀者可以看到，從這段文字當中無法明白看出令伊比鳩魯感到困擾的究竟是什麼東西，不過一種可能的解讀認為，他心中所想的正是死亡的壞處成立於什麼時間的問題。死亡不可能現在對我有害，因為我現在還活著。死亡也不可能在我死後對我有害，因為那時候我就已經不再存在（那時候怎麼可能還會有任何事物對我有害？）可是，死亡如果沒有任何一個時間對我有害，那麼所謂死亡對我有害就不可能真的是事實。因此，相反於我們一般的認知，死亡其實不會對我們有害。

不論伊比鳩魯當時思考的究竟是不是這個問題，我們必須問自己的是，要怎麼回應這項論點？當然，一種方式就是加以接受，並且斷定死亡對我其實沒有壞處。有些哲學家也確實採取了這項結論（包括伊比鳩魯在內），不過大多數人仍然想要堅稱死亡真的是一件不好的事情。既然如此，我們就必須證明這項論點在哪裡出了錯，而就我所見，要揚棄這項論點其實只有兩種方法，第一，我們可以直搗要害，同意事實的確有其成立的確切時間，然後指出死亡究竟在什麼時間對我有害。第二，我們可以質疑所有事實的成立都有確切時間的假設。

先從第二種方法談起。有沒有可能有什麼事實是沒有確切時間的？也許有。以下是個可能的例子。假設我在星期一開槍擊中約翰，我的槍口中射出的子彈擊傷了他，可是沒有正中他的心臟，他開始流血，而且流得很慢，所以他沒有在星期一死亡。他雖然受了傷，而且命在旦夕，但沒有在星期一死亡。接下來，想像我在星期二心臟病發而死，約翰還活著，雖然仍然不斷流血，但是還活著。到了星期三，約翰終於因為失血過多死亡。這幾個事件的先後順序是這樣的：我在星期一開槍擊中約翰，我在星期二死亡，約翰在星期三死亡。

我殺了約翰。我想我們全都同意這一點。我如果沒有對他開槍，他就不會死。我殺了他，這是一件事實。可是我是什麼時候殺了他呢？我是在星期一殺了他嗎？也就是我對他開槍的那一天，這麼說感覺不太對，他在星期一沒有死，所以我怎麼可能在星期一殺了他？如果說是星期二，顯然也沒有比較好，約翰在星期二也還仍然活著。約翰直到星期三才死，那麼我是不是在星期三殺了他？

可是這怎麼可能呢？我在星期三根本不存在呀！我在星期二死了，我怎麼可能在死後殺了他？所以我沒有在星期一殺了他，沒有在星期二殺了他，也沒有在星期三殺了他，那麼我到底是什麼時候殺了他？

答案也許是我殺了約翰的事實並沒有確切的時間，儘管如此，我的確還是殺了他。我殺了他的事實爲什麼成立？這件事實之所以成立，原因是我在星期一開槍擊中他，結果他在星期三因爲槍傷而死亡，這就是造成這件事實成立的原因。可是我什麼時候殺了他？也許我們無法確切指出這一點的時間。假設眞的沒辦法。我們如果無法確切指出這一點的時間，那麼有些事實就沒有確切的時間，例如我殺了約翰這項事實。如果眞的有些事實沒有確切時間，那麼說不定就還有一件事實也是如此：亦即我的死亡對我而言是一件不好的事情。我的死亡在什麼時候對我有害？也許這項事實並沒有確切的時間，儘管如此，這點畢竟仍是事實，所以這是反駁先前那項論點的一個方法：我們也許可以否決所有事實都有確切時間的假設。

當然，認爲所有事實都有確切時間的想法是一種非常強烈的念頭。說不定你會忍不住深入思考這個例子，而終究針對我在什麼時候殺了約翰這個問題提出一項可以接受的答案。實際上，說不定你經過一番思考之後，最後還是認定所有的事實的確都有確切的時間（當然，除了我剛剛提出的那個例子之外，另外也還有其他令人費解的案例需要思考）。你如果確實認定所有事實都有確切時間，卻還是想要堅持我的死亡對我而言是一件不好的事情，那麼你就必須採取另一種方法，指出死亡對我有害的時間。我們有可能做到這一點嗎？我們能夠指出死亡在什麼時候對我有害嗎？

我認爲聲稱死亡現在對我有害的說法不是很有可信度。我現在沒有死，所以實在很難看出我的死亡怎麼能夠在現在對我有害。不過，我不是百分之百確定另一種說法也同樣不可接受。何不說死亡在我死後對我有害呢？畢竟，頭痛在什麼時候會對我有害？在頭痛發作的時候。所以，何不同樣說死亡在我死後對我有害？

根據剝奪說的論點，死亡的壞處在於你一旦死了，就會被剝奪掉生命中的美好事物。所以，死亡什麼時候對你有害？想必是在被剝奪了生命中那些美好事物的時候。好，那麼你是在什麼時候被剝奪了生命中的美好事物呢？在你死了以後。這種剝奪的現象實際上是發生在什麼時候？在你死了以後。所以，也許我們應該直接對伊比鳩魯說（如果這眞是他的論點的話）：「你說的對，伊比鳩魯，所有事實都有確切的時間。不過我們的確可以指出死亡壞處的確切時間。我的死亡在我死後的那段時間對我有害，因爲我在那段時間被剝奪掉了生命中的種種美好事物。我活著原本可能享有的東西，死後就得不到了。」

對於那項論點，這的確是一種可能的回應。不過，這項回應當然也會立刻引來先前的那個問題。到了那個時候，死亡怎麼可能對我有害？我一旦不存在，死亡又怎麼可能對我有害？當然，任何事物要對我有害，或是對我有益也是一樣，前提總得是我要存在吧！一件事物要對你有益或有害，難道不需要先有你的存在嗎？

這種想法爲伊比鳩魯的論點指出了另一種可能的解讀。也許他心中的論點其實是這樣：

（A）唯有你存在，事物才有可能對你有害。

（B）你一旦死了就不存在。

所以，（C）死亡不可能對你有害。

再看一次伊比鳩魯的那段文字：

所以，所有禍害當中最令人害怕的死亡，對我們其實毫無傷害，因爲我們只要存在，就不受死亡的影響；而死亡一旦來臨，我們就不再存在。因此，活人與死者都不需要擔心死亡，因爲前者不受死亡的影響，後者則是不復存在。

當然，伊比鳩魯這段文字的意思仍然不是那麼清楚明白，不過他心中的想法也許就像是這一項新的論證。也許伊比鳩魯認爲：（A）唯有你存在，事物才有可能對你有害；（B）你一旦死了就不存在；所以，（C）死亡不可能對你有害。

不論伊比鳩魯內心是不是這麼想的，我們對於這項新論證該怎麼說？就此處的目的而言，暫且把（B）視爲既定的事實。一旦你死了就不存在。所以，如果我們接受了（A），就必然會推導出（C）的結論：死亡不可能對你有害。我們可以把（A）稱爲存在要求。任何事物要對你有害（或是有益），前提是你必須存在。這就是事物對我們有害或有益的存在要求。

我們如果認同存在要求，看起來似乎就必須接受死亡不可能對你有害的結論。既然如此，我們該怎麼說？也許我們應該直接揚棄存在要求。不可否認，在典型案例中，涉及疼痛、失明、跛腳、丟掉工作等案例，那些事物都是在你存在的時候對你有害。實際上，在尋常案例中，你必須存在才能接受事物帶來的壞處。不過，也許只有尋常案例才是如此，而不是所有案例都是如此。就某些種類的有害事物而言，說不定你根本不需要存在，也能夠遭受到那些事物的壞處。

什麼樣的有害事物有可能會是這樣呢？也許是像剝奪這種比較性的有害事物。畢竟，你不需要存在也能夠欠缺事物。實際上，你不存在的這件事本身可能足以解釋你爲什麼遭到了剝奪，你爲什麼有所欠缺。當然，不是所有的欠缺都是這樣。還記得看電視的例子嗎？你在家看電視，但其實可以去參加一場精彩的派對。明顯可見，你在看電視而被剝奪了參加派對的機會之時是存在的。同樣的，在信封的例子裡，你挑中了裝有十塊錢的信封而沒有得到一千元的時候也是存在的。所以，有時候剝奪與存在會同時發生。不過，剝奪的關鍵重點在於你甚至不需要存在，也能夠遭受到剝奪。不存在就保證了你一定會受到剝奪。

所以，也許我們應該直接揚棄存在要求。也許我們應該說，我們一旦談及欠缺，我們一旦談及剝奪，（A）就是錯誤的。就算你不存在，一件事物還是有可能對你有害。存在要求謬誤不實。我們可以用這種方式回應對於伊比鳩魯的論點所提出的第二種解讀。藉由揚棄存在要求，我們即可保有死亡是一件壞事的想法。

問題是，揚棄存在要求卻可能帶來一些令人難以接受的後果。想想我們在這種情況下會怎麼說。一旦揚棄存在要求，我們的意思就是說一件事物，尤其是不存在，可能會對某人有害，即便那個人不存在也是一樣。就是因為這樣，我的死亡才會對我有害。可是不存在如果能夠對不存在的人有害，那麼不存在即有可能對從來不曾存在過的人有害。不存在有可能對純粹只是可能存在的人有害，一個可能存在但實際上從來不曾出生過的人。

這樣的人很難想像，所以且讓我們至少設法說得具體一點。我需要兩個志願者。我需要在我的讀者群中找一名男性志願者和一名女性志願者。好。接下來，我要請你們兩位做這件事：請上床性交，生個小孩。

我要假設這件事實際上不會發生，儘管如此，我們還是可以想像出一個這件事情實際發生了的世界。我們可以想像這項永遠不會實現的可能性：亦即這個特定的男人和那個特定的女人上床性交，生了個小孩。男人的精子和女人的卵子結合，形成一顆受精卵。受精卵發展成為胎兒。假設這個胎兒是由第三十七號卵子與第四百萬三百零九號精子結合而成的結果。這個胎兒後來誕生了下來，而且這個嬰兒也長大成人。這一切都不會發生，但可以有發生的可能。

因此，這裡就有一個可能出生，但實際上未曾出生的人。且讓我們把這個有可能出生卻未曾眞正出生的人，稱爲賴瑞。賴瑞是個可能的人。他有可能存在（我的兩個讀者有可能交合生子），但他不會存在（那兩個讀者實際上不會交合生子）。正因如此，賴瑞才會只是個可能的人。好，有多少人爲賴瑞感到難過？大概不會有人這麼覺得。畢竟，賴瑞從來不曾存在過。我們怎麼可能爲他感到難過？

我們如果接受存在要求，亦即事物只有在你存在的情況下才有可能對你有害，這個答案就完全合理。由於賴瑞從來不曾存在過，所以不可能有任何事物對賴瑞有害。可是我們一旦放棄存在要求，一旦我們說一件事物即便在你從來不存在的情況下也可能對你有害，那麼我們就再也沒有理由遏止我們對賴瑞的同情。我們可以說：「老天！想想看，賴瑞要是得以出生，他在人生中可以享有多少美好的事物。可是他從來沒有機會出生，所以他被剝奪了所有這些事物。」如果死亡因爲會剝奪我在生命中能夠享有的美好事物而對我有害，那麼不存在就也對賴瑞有害，原因是不存在剝奪了他在生命中能夠享有的一切美好事物。我很倒楣，我終究不免一死，可是賴瑞比我更慘，我們實在應該深深爲賴瑞感到難過，可是我敢說你一定不覺得自己有必要爲賴瑞這個永遠不會誕生的人感到難過。

思考這個案例的時候，絕對不能回頭落入某種二元論的思考方式，尤其是不要想像賴瑞已經有了個靈魂，迫切希望自己能夠誕生於人世上。荷馬史詩裡有個獻祭儀式的場景，只見許多亡靈漂浮在旁，渴望著能夠復生，盼望自己能夠再度享受食物的美味與香氣。你心目中想像的那個僅只是可能存在但永遠不會出生的人，如果已經以某種鬼魂般的形式存在，盼望著自己能夠誕生於人世上，那麼也許你確實應該爲那個人感到難過。可是我假設的這個物理論案例完全不是那麼一回事。不存在的人不會以某種「我希望我能夠誕生於人世上」的鬼魂型態存在，不存在的人就是不存在，就是這樣。所以，我們一旦對賴瑞懷有這樣的認知，就難以爲他感到難過。

當然，在我述說著賴瑞怎麼樣被剝奪了人生中一切美好事物的時候，你說不定已經因此而開始爲賴瑞感到難過。所以，在此有必要清楚說明這一點：我們如果眞心認爲永遠不得誕生對於僅只是有可能存在的人是一件不好的事情，那麼會帶來什麼樣的後果呢？我要你體會一下僅只是有可能存在的人究竟有多少。我們需要同情的對象不只有賴瑞，不只有這個在想像中由第三十七號卵子與第四百萬三百零九號精子結合而成的結果。我們一旦眞心要同情這種人，就必須爲極大量僅只是有可能存在的人感到同情。實際上，這種僅只是有可能存在，但是永遠不會出生的人爲數之多根本難以想像。

有多少呢？很多。到底是多少？我一度嘗試計算過，而且最近又稍微更新了計算結果。讀者將會看到，我的計算其實很粗略，就各方面而言都不夠充分。不過，這項計算至少能夠讓你對於可能存在的人到底有多少人數稍微有些概念。

我們先提出這個比較保守的問題：我們當下這個世代能夠製造出多少可能存在的人？這個嘛，目前全世界實際上有多少人？在我寫作當下的二〇一一年，全世界大約有七十億人，男女大概各占一半。

因此，我們想知道的是，這三十五億個男人和三十五億個女人能夠製造出多少可能存在的人？思考這個問題的關鍵在於理解這一點：你只要將一個不同的卵子和一個不同的精子配對起來，就會產生一個不同的人。如果用一個卵子配對一個不同的精子，就會產生不同的遺傳密碼，而成長爲不同的人。或者，你要是把那個精子拿來配對一個不同的卵子，也會產生不同的人。因此，假設我父母交合的時間早了五分鐘或晚了五分鐘，和卵子結合的可能就會是另一個精子，於是生下來的嬰兒就不會是我。這麼一來，我父母生下來的就會是我的某個兄弟姐妹，而不是我。改變卵子，改變精子，就會產生不同的人。所以，我們眞正想要知道的是，在全世界有七十億人口的情況下，可以造就多少精子與卵子的組合？

我們來看看。世界上有三十五億個女人。一個女人能夠排出多少卵子？我們將會看到，確切的數字其實沒有那麼重要，所以我們只要找個近似值就可以了。概略而言，女人一年會排出十二個卵子，能夠排卵的年齡大概有三十年。所以，這就是每個女人排卵的數量。實際上，我完成這項計算之後，才發現可能的卵子數目其實還比這個數字高出許多。女人在生育年齡期間排出的卵子雖然差不多有這麼多，但我猜想實際上還有其他許多細胞有可能發展成卵子卻沒有，因此可能出現的卵子數目其實比我的估計還要多出許多。不過，就我們此處的討論目的而言，我估計的這個數字就夠了：一年十二個卵子，乘以三十年。

接下來是男人。全世界約有三十五億個男人，每個男人能夠產生精子的期間更長。我們概略估算，就說男人的生育年齡共有五十年吧。一個男人一天可以性交幾次？這個嘛，絕對不只一次。不過，我們還是保守一點，就算一天一次好了。所以，這樣就是一年三百六十五次再乘以五十年。男人每次射精都會射出許多精子。多少精子呢？很多。實際上，我查過這個問題。概略來說，男人每次射精會射出四千萬個精子。所以，我們必須把男人一生當中能夠射精的次數乘以四千萬個精子。

好，接下來我們把目前活在世界上的所有男人和女人集合起來，然後問：這樣總共有多少可能的精卵組合？只要算出這個數字，我們大概就能夠知道當下這個世代能夠製造出多少可能存在的人。當然，這些人絕大多數根本都不會出生，但我們想要知道的是可能存在的人究竟有多少。

到底有多少可能存在的人呢？以下就是我們的算式：

三十五億個女人×每個女人三十年×每年十二個卵子×三十五億個男人×每個男人五十年×一年三百六十五天×一天四千萬個精子＝大約是三×十的三十三次方

我在這個算式裡都是採取概略的整數，包括最後計算出來的結果也是如此。不過，按照這個相當概略的計算結果，可能存在的人共有三乘以十的三十三次方這麼多。概略來說，下一個世代可能存在的人就是這麼多；但明顯可見，其中只有一小部分實際上會出生。此處的關鍵是：你如果會為賴瑞感到難過，就一定也會為每一個可能存在的人感到難過，每一個有可能出生但從來沒有出生的人。這樣的人有多少呢？三乘以十的三十三次方。

當然，我們計算出來的這個數字根本還只是冰山的一角而已。因為我們接下來還得想想那些可能存在的人所可能生下的子女。我們僅以七十億人就計算出了這個數目，如果是計算我們的孫子輩可能會有多少人，將會是多大的天文數字（總數約是五乘以十的六十六次方）！我的意思不是說這些人能夠全部同時存在，而是說這些人每一個都是有可能存在的人，況且這還只是經過兩個世代之後的結果！你要是再增加一個世代，得到的人數就會比全宇宙的粒子數量還多。再加上一個世代，又會有更多。想著那些可能存在的人，可能存在但實際上永遠不會存在的人，到底有多少，得到的數字只會令人眼花撩亂。

所以，假設我們捨棄了存在要求，因此就算你實際上根本從來沒存在過，事物仍然可能對你有害。這麼一來，我們就必須針對那些不知幾千億兆的可能存在的人指出，他們根本沒得出生真是令人難過的悲劇，因為他們都被剝奪了人生中的美好事物。如果我們捨棄存在要求，那麼那些可能存在但從來不曾出生的人，所遭遇的處境就是一項令人難以想像的巨大道德悲劇。即便是人類歷史上最可怕的道德慘案，也比不上這些可能存在但不曾出生的人所遭遇到的剝奪。

我不曉得你怎麼認為，一旦想到這一點，只能說我並不覺得這是一項道德災難。對於那些無可計數的沒有出生的人所遭遇到的剝奪，我一點都不覺得難過、哀傷或沮喪。然而，我們要是捨棄存在要求以便藉由剝奪說解釋死亡對我造成的壞處，那麼我們就必須說那些數以億兆計的人從來沒有機會出生，乃是一項不可言喻的道德悲劇。

我們如果不打算承認那是一項道德悲劇，就可以藉著回歸存在要求而避免這項結論。但是當然，我們要是回歸存在要求，就必須接受伊比鳩魯的論點。只有在你存在的情況下，事物才有可能對你有害。你一旦死了，你就不存在，所以，死亡不可能對你有害。

這下子，我們眞的把自己給逼進了一個哲學困境，對不對？我要是接受存在要求，就必須接受死亡對我沒有壞處的論點，而這項論點實在頗爲出人意料，也很難令人相信。另一方面，我可以藉著捨棄存在要求而堅持死亡對我有害的主張。然而，我要是捨棄了存在要求，就必須承認賴瑞以及那些無可計數的人遭到剝奪生命也是一項悲劇。可是這點看起來實在令人難以接受。既然如此，我們該怎麼辦？我們該怎麼說？

問題一樣在於這裡：我們要是不納入存在要求，就必須爲那些無可計數的對象感到難過。這種情形看起來實在難以接受。所以，看來我們的確需要某種存在要求。可是我們要是納入存在要求，似乎又只能承認死亡對我沒有壞處，因爲我死了就不存在。這種說法也令人難以接受。不過，說不定我們一直以來都誤解了存在要求的意思。說不定這項前提所要求的沒有我們以爲的那麼多。或者，若以稍微不同的角度來說，也許我們可以區辨出存在要求的兩種不同版本：一種版本比較強烈，另一種版本比較保守。我們先前一直都在無意間直接採用了比較強烈的版本，但比較保守的版本其實能夠讓我們避免那兩種難以接受的後果。

我認爲這是一種頗有希望的想法，所以且讓我提出這兩種理解存在要求的不同方式：

保守版本：只有你在某些時間存在的情況下，事物才可能對你有害。

強烈版本：只有在你和一件事物同時存在的情況下，那件事物才可能對你有害。

以上就是理解存在要求的兩種不同方式。保守版本之所以稱爲「保守」，原因是這種版本的要求比較小。這種版本認為，事物如果要對你有害，前提是你必須在某個時間存在。強烈版本則添加了進一步的要求。這種版本指出，唯有你和一件事物同時間存在，那件事物才有可能對你有害。一定要有同時發生的條件。一件事物如果要對你有害，你就一定要在那件事物發生的同時存在才可以。這樣的要求比保守版本還要嚴格。保守版本不要求你和對你有害的事物同時存在，只要求你在某個時間存在。

假設我們接受強烈版本，一件事物如果要對你有害，你就必須和那件事物同時存在，這麼一來，死亡就不可能對你有害，因為你死了就不存在。我們大多數人都認為這項結論難以接受。不過，我們要是轉而接受保守版本，情況看起來就不同了，這麼一來，一件事物如果要對你有害，你只需要在某個時間存在即可，而不需要和那件事物同時存在。就這樣的條件來說，我當然在某個時間存在，畢竟我現在就存在，所以死亡可以對我有害。毋庸諱言，我死後不會存在，但沒有關係。保守版本的存在要求並不要求我必須和對我有害的事物同時存在，而強烈版本雖然這麼要求，但保守版本沒有，所以按照保守版本的存在要求，我們還是可以說死亡對我有害。

但請注意，而且這正是關鍵所在：保守版本沒有說不存在也對賴瑞有害，因為賴瑞根本沒有存在過！由於賴瑞從來沒有存在過，因此他就沒有達到保守版本存在要求的條件。所以，不存在對賴瑞沒有壞處，對於那些無數可能存在的人也沒有壞處。

簡言之，在沒有存在要求的情況下，我們就必須說不存在對於那些無數可能存在的人有害，但這點看來實在令人難以接受。在強烈版本的存在要求下，我們則是必須說死亡對我沒有壞處。這點看來也令人難以接受。不過，我們要是接受保守版本的存在要求，就可以說不存在對賴瑞沒有壞處，但是對我卻有。我們因此得以避免兩種令人難以接受的結論。所以，最可信的立場似乎就是接受保守版本的存在要求。

我們如果接受保守版本的存在要求，就是說一件事物如果要對你有害，你就必須在某個時間存在。你至少必須短暫存在，才能夠獲得我們給予道德上的關懷。要成爲我們關懷的對象，你就必須存在一段時間（不論在過去，現在，還是未來）。不過，你一旦成爲我們關懷的對象，事物就可能對你有害，就算你不存在於那件事物發生的時刻也還是一樣。

我們如果接受保守版本的存在要求，就可以說賴瑞不存在對他沒有壞處，因爲賴瑞根本不是我們關懷的對象。要成爲我們關懷的對象，就必須至少在某個時間存在過，但賴瑞以及其他那些無數可能存在的人根本從來就不存在，因此也就沒有達到必須在某個時間存在的要求。所以，我們不必爲他們感到難過。儘管如此，我們還是可以爲上星期夭折的十歲兒童感到難過，因爲我們可以指出她確實存在過，儘管存在的時間相當短暫，這麼一個小孩屬於我們可以感到難過的對象。她現在不再活著，這件事對她而言確實具有壞處（想想她要是還活著，將可享有人生中多少美好的事物。）所以，保守版本的存在要求可讓我們避免兩種極端，看來這正是我們應該接受的立場。

不幸的是，即便是保守版本的存在要求，也不免帶來違反直覺的後果。想想某個人的人生。假設有個人活了長壽美滿的一生。他出生而存在於這個世界上，然後活了十、二十、三十、四十、五十、六十、七十、八十、九十歲，人生很美滿。接下來，假設他不是活了九十歲，而是只活了五十歲。在新的假設下，他活了五十歲就告別人世，而不像原本的假設活了九十歲。這麼一來，我們當然會說第二種假設對他比較不好，因爲他只活了五十歲，而沒有活到八、九十歲。我們要是接受保守版本的存在要求，確實就可以這麼說，因爲不論你活了五十歲還是九十歲，你畢竟都曾經存在過一段時間，所以你喪失了四十年的人生無疑對你有害。好，這是我們要的答案，這個答案沒有違反直覺。

接下來，想像這個人不是活了五十歲，而是只活了十歲或是二十歲。這樣的狀況無疑更糟，想想他要是沒有那麼早死，在人生中能夠享有的美好事物不曉得會多上多少。我的假設要是讓他在二十歲即告死亡，而沒有活到五十歲或是九十歲，那麼我無疑把情形變得更糟。接下來，想像我假設他只活一歲就不幸夭折，這樣又更是糟糕。這一切都很合乎直覺，那個人的壽命愈短，對他而言就愈是不好，就是剝奪了他更多人生中的美好事物。

簡言之：活九十歲，不錯。活五十歲，不太好。活十歲，更糟。活一歲，更糟。活一個月，更糟。活一天，更糟。活一分鐘，更糟。活一秒鐘，更糟。

最後，想像我假設這個人根本沒有存在過。哦，那就沒有關係。

什麼？怎麼可以說沒有關係？可是這就是接受保守版本的存在要求所帶來的結果。我如果徹底縮短這個人原本能夠享有的人生，以致他根本連出生都沒有機會（或者，說得更精確一點，是根本沒有存在的機會），那麼他就沒有達到必須在某個時間存在的條件。所以，我們一再縮短這個人的壽命，雖然對他造成的壞處是愈來愈大，但我們一旦剪除那最後一秒鐘，卻反而根本沒有對那個人造成任何壞處。這麼一來，我們反倒沒有做出任何有害的行爲。你如果接受保守版本的存在要求，顯然就必須這麼說。

當然，我們如果完全沒有存在要求，就可以說根本沒有機會出生是最糟糕的狀況。但你要是這麼說，就也必須爲賴瑞感到難過，而且還必須爲那些無數可能存在的人感到難過。

所以，整體看來，到底哪一種觀點比較合理？不論你怎麼回答，請注意此處的最合理不表示必須完全合理！我認爲，我們一旦開始思考這些難題，就會發現每一項選擇都有其本身令人難以接受的地方。也許我們頂多可以問的是：此處的哪一種觀點最不可信？老實說，我對這個問題也提不出確切的答案。

我們是否該對死亡感到焦慮？——盧克萊修的觀點

接下來，讓我再轉向剝奪說的另一項難題。我們不論接不接受存在要求都會遭遇這項難題，因為我們要處理的是一個確實在某個時間存在過的人，也就是你或我。這個難題出自羅馬哲學家盧克萊修（Lucretius）③。盧克萊修也認為聲稱死亡對我們有害是錯誤的說法。他認為我們覺得自己終將死亡的前景令人苦惱，其實是因為我們頭腦不清楚。他體認到大多數人對於自己不免一死的事實都頗感苦惱，我們認為死亡對我們是不好的事情。為什麼？就我本身而言，當然是因為我死了之後就不會存在。誠如剝奪說所指出的，我一旦死了，就享受不到活著所能夠享受到的人生中的美好事物。

有道理，盧克萊修說，可是等一下，我不是只有死了之後才不存在。不是只有死了之後，我才會享受不到活著所能夠享有的那些人生中的美好事物。我還有另外一段時期也不存在，也就是在我出生之前。的確，在我死後那段無窮無盡的時間裡，我都不會存在，而理解到這一點不免令我深感沮喪。但儘管如此，在我存在之前，我當然也曾經在一段無窮無盡的時間裡不曾存在過。盧克萊修指出，如果不存在眞的那麼不好，而且依據剝奪說的論點，我們也顯然這麼認為，那麼我難道不該爲自己在出生之前那段恆久的不存在感到懊惱嗎？

不過，盧克萊修接著又說，這樣豈不是很愚蠢嗎？沒有人會爲自己出生之前那段恆久的不存在感到懊惱。因此他的結論指出：對於你死後那段恆久的不存在感到懊惱，是根本不合道裡的行爲。

盧克萊修不是把這點當成難題提出來，而是藉此論證我們不該對自己不免一死感到焦慮。不過，不出意料，大多數的哲學家都不願意跟著盧克萊修提出這項結論，他們反倒堅稱這項論證一定有什麼地方出了問題，挑戰在於找出問題究竟出在哪裡。

我們有哪些選項呢？當然，其中一種可能就是同意盧克萊修的說法。在我出生之前那段恆久的不存在沒有任何壞處，所以我死後那段恆久的不存在也一樣不會有任何壞處。雖然大多數人都不這麼想，但死亡對我其實沒有壞處。這無疑是一種可能的選項，也就是完全同意盧克萊修的說法。

第二種可能性是局部同意盧克萊修的說法。也許我們確實需要同等看待這兩段不存在的時期，但與其跟著盧克萊修指稱出生前的那段恆久的不存在沒有任何壞處，所以死後那段恆久的不存在也沒有任何壞處，也許我們應該轉而指出，正如我們死後那段恆久的不存在有其壞處，因此我們出生前那段恆久的不存在必然也有其壞處！也許我們不該對剝奪說喪失信心，而應該加以堅持。剝奪說指出，我們死後的那段時間對我們有害，因為我們要是沒有死，就還是能夠享有生命中的美好事物。所以，也許我們也應該說，我們出生前的那段時間確實對我們有害，畢竟我們當時要是存在，即可享有人生中的美好事物。因此，盧克萊修說我們必須同等看待這兩段時期也許是對的，但儘管如此，他認為這兩段時期都沒有壞處的結論卻可能是錯的。也許我們應該認為這兩段時期都有壞處。這也是一種可能。

除此之外，還有什麼可能呢？我們也許可以說，盧克萊修指稱我們共有兩段不存在的時期，這個說法雖然沒錯，我們卻有理由以不同的眼光看待這兩段時期。說不定這兩段時期當中存在著一項重要差別，一種不對稱的現象，足以解釋我們為何應該關注其中之一，對另一段時期則無需理會。

大多數哲學家都想要採取這種作法。他們表示，有一項理由可以解釋為什麼我們應該關注死後那段恆久的不存在，卻不必在乎出生前那段恆久的不存在。不過，由此帶來的難題自然是必須指出這兩段時期究竟有何差別，單是聲稱以不同眼光看待這兩段時期是合理的行為當然很容易，但哲學上的挑戰卻是必須指出適當的理由，能夠解釋或者為這種不平等的對待方式賦予正當性。

以下是一種非常普遍的回應。在死後的那段時期，我是不再活著，所以是喪失了生命。相對之下，在出生前的那段時期，我雖然沒有活著，卻沒有喪失生命，因爲那時候我根本還沒有存活過。當然，你不可能喪失你尚未擁有的東西。所以，死後那段時期之所以比較糟糕，原因是死亡會帶來喪失，而出生前的不存在則是不涉及喪失。所以（這項論點指出），我們即可看出爲什麼對死後那段時期的關注更甚於出生前那段時期是合理的行爲。因爲前者涉及喪失，但後者沒有。

就像我說的，這是一種非常普遍的回應。不過，我傾向於認爲這個答案不夠充分。當然，死後那段時期的確涉及喪失，而出生前那段時期則沒有。畢竟，「喪失」一詞的定義就是：你必須不再擁有先前曾經擁有的事物，才能算是喪失。按照這項定義，自然而然即可推導出死後那段時期涉及喪失而出生前那段時期不然的結論。畢竟，就像我們剛剛提過的，在出生前的那段時期，我雖然沒有生命，但我先前也不曾擁有過生命，所以我就沒有喪失任何東西。

當然，出生前的那段時期還有另外一個特質，也就是我原本沒有生命，但我將會取得生命。所以，我尚未擁有一件事物，但這件事物將在未來出現。死後時期卻不是如此，死後是我喪失了生命。在死後的時期，我同樣沒有生命，卻不會在未來取得生命。所以，死後的時期和出生前的時期不太相同：在死後的時期，我不是處於尚未擁有一件事物但即將取得的狀態。這是一項值得注意的差別。

不過，我們沒有名稱可以稱呼另外這種狀態，也就是你尚未擁有一件事物，但即將在未來取得。這種現象就某方面而言和喪失有點像，但又不完全像，且讓我們稱之爲「將得」。因此，我若是喪失了一件事物，就是我現在不擁有這件事物，但我先前曾經擁有過，而我若是將得一件事物，就是尚未擁有一件事物，但未來將會得到。

所以，重點就是這樣：在死後的時期，我喪失了生命，卻沒有將得生命；在出生前的時期，我沒有喪失生命，而是將得生命。這麼一來，哲學家就必須要問：我們關注生命的喪失爲什麼更甚於生命的**將得**？我們沒有一件曾經擁有過的事物，爲什麼會比沒有一件即將擁有的事物來得更糟？

人們很容易忽略這兩者的對稱相似性，因爲我們有「喪失」一詞，卻沒有「將得」這個詞語。不過，這麼說其實沒有提出任何解釋，只是指出了需要解釋的問題。人們爲什麼比較在乎不擁有一件自己曾經擁有過的東西，而不介意不擁有一件未來將會擁有的東西？這種現象的確頗爲令人費解。

想像自己活得久比較容易？——內格爾的觀點

爲了解釋人們面對這兩種不存在時期的不同態度，曾經有不少人提出過各種提議。其中一項提議來自當代哲學家湯瑪斯．內格爾（Thomas Nagel）④。內格爾首先指出，想像自己活得更久是一件非常容易的事情。假設我死於八十歲，也許遭到車輛撞擊而死。不過，想像我如果沒有在那時候死亡，那麼我即可繼續活到九十或甚至一百歲。就算我實際上的確會在八十歲死亡，但我活到九十或一百歲的現象看起來還是的確有可能發生。我的確會在八十歲死亡是一件關於我的**偶然**事實，我在八十歲死亡不是一件必然的事實。所以，想像我活得更久是很容易的事情，只需要把死亡來臨的時間往後推遲即可。這就是爲什麼我對於自己的死亡來臨感到懊惱是合理的行爲：因爲我大可活得更久，只要把死亡來臨的時間往後推遲就行了。

內格爾指出，相對之下，我如果要對自己出生之前那段不存在的時期感到懊惱，我們就必須想像自己出生得更早。我們必須想像自己因爲出生得更早而活得更久。這有可能嗎？我出生於一九五四年。我有可能因爲自己出生於一九五四年而不是一九四四年而感到懊惱嗎？

內格爾認爲我不該因爲自己沒有出生於一九四四年而感到懊惱，因爲我實際上**不可能**提早出生。我的死亡日期是關於我的一件偶然事實，但我的出生日期卻不是關於我的一件偶然事實。嗯，這個說法不太對。我們其實可以稍微改變出生的時間，也許是提早把我接生出來，或是藉由剖腹生產等。當然，嚴格來說，眞正關鍵的時刻乃是我開始存在的時刻。且讓我們假設這個時刻是卵子與精子結合的時刻。內格爾的想法是，這個時刻不是我人生中的一個偶然時刻，而是本質時刻。

這怎麼可能呢？我們難道不能輕易想像我的父母提早十年性交嗎？當然可以。但是別忘了，他們如果提早十年性交，結合的就會是不同的卵子和不同的精子，所以產生的結果就不會是我，而會是我的某個從來沒有出生過的哥哥或姐姐。明顯可見，我可以有某個哥哥或姐姐在一九四四年開始存在，但我絕對不可能在一九四四年開始存在。我們想像中那個提早出生的人不會是我。內格爾指出，由此可見，我們雖然可以說出「我要是早點出生」這句話，但這其實不是一種形上可能性。因此，對於自己開始存在之前的那段不存在時期感到懊惱是沒有意義的事情，因爲你根本不可能藉由提早存在而活得更久（相對之下，我們先前已經看過，你確實可以藉由晚點結束存在而活得更久）。

我必須承認這是一項頗爲有趣的提議。不過，我認爲這項說法實在不太對，或者應該說不可能是回答盧克萊修那個難題的完整答案。因爲我認爲在某些案例中，我們確實能夠輕易想像自己提早開始存在。假設有一家生育診所保存了若干精子與卵子，也許他們冷凍著這些精子與卵子，等到要用的時候再拿出來使用。然後，假設他們在二〇二五年解凍了一對精子與卵子，他們讓那顆卵子受精，於是誕生了一個人。在我看來，我們確實能夠說那個人大可提早開始存在。他可以回顧過去，而聲稱那家診所要是提早十年讓那對精子與卵子結合，他就可以提早十年開始存在，由此造成的結果不會是他的哥哥或姐姐，而會是他本人，畢竟提早結合的仍是同一個精子與同一個卵子，所以產生的也是同一個人。所以，那家診所要是提早十年讓那對精子與卵子結合，他就可以提早十年出生。

如果這麼說沒錯，在我看來也確實沒錯，那麼內格爾聲稱我們不可能想像自己提早出生的說法就是錯的。至少在某些案例中，我們的確可以這麼想像。然而，我們要是想像這麼一個由生育診所製造出來的人而問道：「那個人會不會因為自己沒有早點出生而懊惱？」大多數人顯然還是會回答：「當然不會。」所以，內格爾針對這項難題所提出的解答在我看來不夠充分。

晚點死vs.早點生的人生想像——菲爾德曼的觀點

接下來還有另一個可能的答案。這個答案來自另一位當代哲學家，名叫弗萊德・菲爾德曼（Fred Feldman）⑤。我如果說：「我要是晚點死就好了」，那麼我心目中想像的是什麼？假設我會在二〇三四年，也就是八十歲那年，被一輛車撞死。我們絕對能夠想像我要是沒有在那時候死亡所可能發生的結果。我們會怎麼想像？大概是這樣：與其「僅僅」活了八十歲，我們會想像活到八十五或九十歲，或甚至更久，我們會想像一個更長的人生，我們一旦想像我比較晚死，就會想像我活了比較長的人生。

可是我如果說：「我要是早點出生就好了」，那麼我心目中想像的是什麼？根據菲爾德曼的說法，這時候你想像的不會是比較長的人生，而只是把整段人生往前挪動，提早開始而已。畢竟，假設我要求你想像自己出生於一八〇〇年，而不是你實際上出生的時間。沒有人會這麼想：「嗯，我要是出生於一八〇〇年，那我現在一定還活著。這樣我就可以活到兩百歲以上了！」不會，你只會這麼想：「我要是出生於一八〇〇年，一定會在一八六〇、一八七〇年或者什麼時候去世。」

我們一旦想像自己提早出生，不會因此想像自己活得更久，只會想像自己的人生發生於比較早的時間。當然，根據剝奪說的論點，一段人生早點發生並沒有什麼好處，所以，感嘆自己沒有早點出生其實毫無意義。但相對之下，我們一旦想像自己比較晚死亡，卻不會把整段人生往後挪。我們不會想像自己因此比較晚出生，所以人生的長度仍然相同。不會，我們會想像自己的人生變得更長。所以，菲爾德曼指出，難怪你會比較在乎死後那段不存在的時期，因為你一旦想像死亡比較晚來臨，就會想像比較長的人生，而得以享受人生中更多的美好事物。但你一旦想像比較早出生，卻不會想像自己能夠享有人生中更多的美好事物，而只是會想像自己的人生發生於一段不同的時間。

這同樣也是一項值得注意的提議，而且我認為這項提議大概可以是回應盧克萊修的部分答案。然而，我不認為這項提議可以是完整的答案，因為我們其實可以想像出某些案例，這種案例中的人一旦想到自己早點出生，確實會合理認為自己將會因此擁有比較長的人生。

假設天文學家在下個星期發現一件可怕的事實：有一顆小行星即將撞上地球，毀滅地球上所有的生物。假設那顆小行星將在明年的一月一日撞上地球，接著，想像有個目前才三十歲的人，在我看來，這麼一個人產生以下這種念頭完全是合理的現象：她心想，自己只活了三十歲，而自己要是能夠提早十年出生，即可活到四十歲；她要是提早二十年出生，就可活到五十歲。這樣的想法絕對可以輕易理解。所以，看起來我們只要努力想一想，的確可以想出提早出生造成更長人生而不只是將人生往前挪的案例。在這類案例當中，我們顯然能夠想像藉由「提早出生」，而不只是藉著「延後死亡」，來延長人生。

這點證明了什麼？我不確定。我一旦想到小行星的例子，就覺得出生前與死亡後的不存在也許確實應該同等看待。在這類案例當中，出生前的不存在也許和死後的不存在一樣有害。菲爾德曼指稱我們在一般情況下想到提早出生，只會把整段人生往前挪，而不是延長人生的長度，這樣的說法也許沒錯。但儘管如此，我們要是仔細提出一項提早出生確實會造成人生延長的案例，也許沒有提早出生就眞的對我具有壞處（菲爾德曼大概也會同意這一點）。

人類關注未來勝於過去──帕菲特的觀點

針對盧克萊修的難題，還有人提出另一個答案。這個答案來自另一位當代哲學家，名叫德瑞克．帕菲特（Derek Parfit）⑥。還記得我們先前提過的嗎？出生前的不存在雖然不涉及喪失，卻涉及將得。所以，如果能夠解釋喪失爲什麼比將得來得糟糕，即可有助於我們解決盧克萊修的難題。我們爲什麼比較在乎前者，而不在乎後者？基本上，帕菲特的想法認爲這種現象不是我們自己的主觀偏好，而是人的一種普遍模式，亦即我們對於未來的關注總是甚於過去。這是人類關注的一種根深柢固的現象。我們傾向於未來，滿心關注未來會發生的事情，卻不傾向於過去，而不關注過去發生的事情。

帕菲特舉了一個很好的例子。他請你想像自己罹患了一種疾病，必須接受開刀治療，否則就會死亡。所以，你同意接受手術。不幸的是，這項手術不能夠施行麻醉，你必須意識清醒，也許是爲了在手術過程中告訴醫生：「沒錯，會痛的地方就是在那裡。」你必須在手術過程中意識清醒，而且這又是一件非常疼痛的手術。此外，我們也不能給你止痛劑，因爲這麼一來你就沒有辦法告訴醫生會痛的地方在哪裡。簡言之，你等於是必須在接受凌虐的時候醒著。當然，承受這樣的痛苦還是値得的，因爲如此一來你的病就會獲得治癒，然後你就會擁有美好長壽的人生。不過，在手術過程中，你將會痛苦得有如身陷地獄一般。

由於我們不能給你止痛劑，也不能把你麻醉，所以唯一能夠做的就是：在手術結束後，我們將會開給你一種效果非常強大的藥物，能夠造成一種精準的失憶，摧毀你最近的記憶，你將不會記得手術本身的任何事情。此外，你也永遠不必再回想起遭到凌虐的可怕記憶，你腦子裡的這類記憶都會徹底遭到摧毀。實際上，你在前二十四個小時的一切記憶都會受到完全抹除。總而言之，你將會接受一場極度痛苦的手術，而且在過程中都必須保持意識清醒，不過你在手術之後將可服用一種藥物，能夠讓你完全忘記手術過程的痛苦，甚至忘記那一整天的所有事情。

所以，你在醫院裡醒了過來，而在內心問著自己：「我到底動過那道手術了沒？」當然，你不知道，你確實不記得自己動過手術，可是這點對你沒有任何幫助。一方面，你如果還沒動過那道手術，你自然不會有動過手術的記憶。但另一方面，就算你動過了手術，你在術後也會服用那種藥物，以致對接受手術的過程毫無記憶。於是你問護士：「請問我動過手術了沒有？」她答道：「我不知道，今天這一層樓有幾個像你一樣的病患，其中有幾個人已經動過了手術，有些人則是排定將在今天動手術。我不記得你屬於哪一群病患了。我去看一下你的檔案，等一下就回來告訴你。」她說完隨即走開，再過一、兩分鐘後就會回來。在你等著她回來的時候，你在心裡問著自己：「你希望答案是什麼？你在乎自己屬於哪一群病患嗎？你希望自己已經動過手術，還是還沒動過手術？還是你根本不在乎？」

你如果像帕菲特一樣，或是像我一樣，那麼你一定會說你當然在乎。我絕對希望自己已經動過了手術，我不希望自己還沒動過手術。

我們也許會問，這種反應怎麼可能有任何道理呢？你反正遲早都要接受手術。在你人生中的某個時間點，那道手術一定會發生，所以不論你是昨天已經動過手術，還是即將在今天接受手術，都一樣是在人生中的某個時間點遭受相同程度的痛苦。但帕菲特指出，儘管如此，事實仍然明白可見：我們確實在乎。我們希望痛苦發生在過去，而不是在未來。我們對於未來的關注更甚於過去。

由此可見，我們對自己未來的不存在關注更甚於過去的不存在，也就絲毫不令人意外。所以，也許這正是我們應該對盧克萊修提出的回答：在我們心目中，未來的重要性確實更甚於過去。

這同樣是一項頗為值得注意的提議，而且很可能對我們看待死亡後與出生前的不存在時期的不同態度提出了一項可信的解釋。不過，我們也許還是會納悶這項解釋是否為這種態度賦予了正當性。就我所見，我們對於時間雖然懷有這種根深柢固的不對稱態度，卻不足以證明這樣的態度是否有任何正當性可言。也許演化作用促使我們比較關注未來而不注重過去，而且這種傾向也展現於各種地方，包括帕菲特的醫院案例以及我們面對喪失與將得的態度。但是，我們實際上具備這種態度，並不能證明這是一種理性的態度。

如何能夠證明這是一種理性的態度呢？也許我們必須開始認眞從事形上學的探究（如果截至目前為止所從事的形上學探究還算不上夠認眞的話），也許我們必須探討過去和未來的形上差別，畢竟就直覺上來看，過去已經固定不變，未來則是仍有各種可能，而且時間也顯然有流動的方向，從過去流向未來。也許我們能夠藉由這一切解釋我們看待時間的態度為什麼合理，可是我不打算這麼做，我要說的只是，面對盧克萊修的難題，最好的答案到底是什麼其實一點都不顯而易見。

所以，我如果訴諸剝奪說，而指稱死亡的核心壞處就是你會被剝奪人生中的美好事物，我的意思不是表示剝奪說的一切都言之成理。我認為這項論點對於死亡怎麼能夠不好這一點仍然有些殘留的難題，也就是尙未能夠完全解答的問題。

儘管如此，我認為採取剝奪說的確是正確的方向。在我看來，這項論點確實指出了死亡的核心壞處。死亡最核心的壞處就是，你一旦死了，就無法體驗人生中的美好事物。死亡對你之所以有害，原因是你無法擁有人生在你沒死的情況下所能夠為你帶來的東西。

①*Separation*一書由弗萊德瑞奇・克洛普施托克(Friedrich Klopstock)所著，華爾特・考夫曼在他的論文Death Without Dread當中將其翻譯出來，收錄於*Existentialism, Religion, and Death* (New American Library, 1976), p. 227。

②Epicurus, *Letter to Menoeceus*，引用於The Oxford Book of Death, edited by D. J. Enright (Oxford, 1983), p. 8。

③Lucretius, *On the Nature of Things*。

④Thomas Nagel, "*Death,*" in Mortal Questions (Cambridge, 1979)。

⑤Fred Feldman, *Confrontations with the Reaper* (Oxford, 1992), pp. 154-156。

⑥這個例子取自德瑞克・帕菲特所著的*Reasons and Persons* (Oxford, 1984), pp. 165-166。不過，我應該要指出，帕菲特在此處並非特地討論盧克萊修的著作，我只是把他的一些想法套用在這個難題上（帕菲特對這項難題的探討可見於*Reasons and Persons*, pp. 174-177）。

第十一章
永生不死是好事嗎？

死亡之所以不好，如果是因爲死亡會剝奪我們人生中的美好事物，那麼我們是不是能夠由此推導出永久存活下去就是最好的事情？鑑於死亡壞處的剝奪說，我們是不是可以由此推導出永生不死一定會比較好？

這麼認爲是一種很自然的反應。舉例而言，假設我下星期遭到一輛卡車撞擊死亡，按照剝奪說的論點，這是一件不好的事情，因爲我要是沒有被卡車撞死，就有可能再活個二、三十年。這麼一來，我對於人生中的美好事物就可以再享受個幾十年，這樣對我來說會比較好。當然，我要是在八十歲才死亡，假設是因爲癌症，那樣對我來說仍是一件不好的事情，因爲癌症要是沒有導致我在八十歲死亡，我說不定可以再活個十年、十五年或者二十年，而得以享有人生中更多的美好事物。如果我們想像我在一百歲死亡，也許是因爲鬱血性心臟衰竭，那樣對我來說仍然會是一件不好的事情。我要是沒有在一百歲死亡，我想必能夠享有人生中更多的美好事物。

明顯可見，我們可以一再重複這樣的說法。我要是沒有在一百二十歲死亡，我要是沒有在一百五十歲死亡，我要是沒有在五百歲死亡。我們如果接受剝奪說，那麼不論我什麼時候死亡，我們都可以說我要是沒有在那個時候死亡，即可享有人生中更多的美好事物。所以，不論你什麼時候死亡，死亡都對你有害。由此即可推導出，對你而言最好的事情，就是永遠不要死——永生不死。

在這裡，我們其實有兩個問題必須要問。第一個問題是：在一致性的要求下，我們是否只要接受剝奪說就必須相信永生不死是一件好事？我如果接受剝奪說，卻否認永生不死的價值，這樣算不算是自相矛盾？第二個問題是：就算一致性不要求我們必須重視永生不死，永生不死是否仍然是一件好事？我想從第一個問題開始談起，因爲我認爲這個問題比較容易回答。

我如果接受剝奪說，那麼我是否在一致性的要求下必須主張永生不死是極有價值的事情？一點也不，因爲就邏輯上而言，剝奪說成立並不必然會推導出永生不死的價值。畢竟，剝奪說指出的是，死亡之所以對你有害，原因是你會因此被剝奪人生中的美好事物。舉例而言，你要是沒有被那輛卡車撞到，就能夠成爲職業舞者或者建築師，度過精彩的一生。你如果沒有死，就可以成立家庭、環遊世界、與朋友相處、獲得重要的科學發現，或者其他各式各樣的事情。人生能夠帶給你許多美妙的事物，而你一旦遭到那輛卡車撞死，就被剝奪了那些美妙的事物。這就是爲什麼在那時候死亡對你具有壞處，也就是說，死亡之所以不好，原因是死亡會剝奪你人生中的美好事物。

不過，假設人生已不再能夠帶給你美好的事物。我們不知道實際上是不是真的會這樣，但且讓我們至少思考一下這項邏輯上的可能性。假設人生已不再有任何美好事物能夠帶給你，這麼一來，你要是遭到死亡剝奪生命，並不會被剝奪任何美好的事物，所以你這時候死亡就沒有任何不好。根據剝奪說，只有在未來仍有美好事物等著你的情況下，死亡才會對你具有壞處。或者，說得更精確一點，是在你接下來的人生總體而言對你有益的情況下（人生的美好當中可能會摻雜一些不愉快）。這點一旦成立，若你接下來的人生總體而言較爲美好，那麼喪失後續的人生對你而言就是一件不好的事情。

不過，你往後的人生如果不會帶來美好的事物，而是會讓你充滿痛苦，那麼避免了那段人生就不是壞事，甚至可能算得上是好事。所以，就算我們接受剝奪說，也不一定必須聲稱死亡絕對是不好的。我們必須看看：人生實際上會爲我們帶來什麼？邏輯加上剝奪說並不會強制我們必須認爲永生不死是一件好事。

畢竟，這是一項極為關鍵的重點，在數量有限的情況下能夠為你帶來好處的事物，可能隨著數量增加而變成不好的事情。舉例而言，我很愛吃巧克力。想像有個人帶著一盒歌帝梵巧克力走過來，拿了幾顆給我。我說：「太好了！我愛歌帝梵巧克力。」於是，那個人又多給了我幾顆，接著又多給了我幾顆。十顆巧克力，十五顆，二十顆。我吃了二十顆巧克力之後，實在不太想再吃第二十一顆了。不過，那個人還是繼續塞巧克力給我。三十顆巧克力，四十顆巧克力，一百顆巧克力。在某個時刻，我從來沒吃過那麼多的巧克力，所以我不確定到底會是在哪個時刻，不過總之在其中的某個時刻，我將會說一開始的十顆、十五顆或二十顆巧克力雖然相當美味，但後來的第二十一顆、第三十顆或是第五十顆巧克力已不再能夠為我帶來享受。至少就邏輯上而言，這種情形確實有可能發生。

因此，也許人生的各個方面都是如此。至少就邏輯上而言，也許人生在時間不長的情況下，五十年，八十年，一百年，是相當美好的，但一旦拉長到了某個程度，就會變得不再美好，就像是被人硬塞下一顆又一顆的巧克力一樣。如果人生確實變得不再美好，那麼剝奪說就會允許我們在那個時間點指出，死亡對人並沒有壞處。

所以，純粹的邏輯推理不會強迫我們必須相信永生不死是一件好事。但儘管如此，永生不死當然還是有可能是一件好事。這就是第二個問題。且讓我們思考這個問題：我們應該怎麼想像永久存活會是什麼模樣？活得愈久是不是一定就會愈好？我們是否應該說，如果有一個人在十歲那年死於一場可怕的車禍當中，那麼這個人如果活到四十歲一定會比較好？如果有個人死於四十歲，那個這個人活到八十歲是不是一定會比較好？如果有人死於八十歲，那麼這個人活到一百歲、一百二十歲、一百七十歲或甚至更大的歲數是不是一定會更好？人生真的是愈長愈好嗎？

永生美好似乎有點無聊？

思考這個問題，我們必須仔細釐清自己的想像。以下是想像永生不死的一種方式：假設年齡增長就像當前的現實生活中一樣，身體會隨著年紀愈來愈大而出現各種相應的變化。不過，身體的這些變化卻不會在八十、九十或一百歲的時候導致你死亡。你的身體會不斷老化，卻不會導致你死亡。斯威夫特曾經在《格列佛遊記》一段精彩的篇章裡提出這樣的思想實驗①。斯威夫特想像格列佛來到一個國家，那個國家裡有一小群人能夠永久存活，他們永生不死。一開始，格列佛認為：「哇，這樣不是很好嗎？」可是他忘了考慮我們隨著年齡增長所出現的身體變化。因此，你不但年紀愈來愈大，身體也愈來愈孱弱，各種能力也都愈來愈衰退，不舒服的狀況愈來愈多，老年帶來令人痛苦的影響。那些人雖然永遠不會死，但他們的心智終究會衰退消失，身體處於持續不斷的痛楚，而且什麼事情都做不了，原因是他們的身體又病又弱。這絕對不是一件美妙的事情。斯威夫特指出，永生不死如果是像那樣，未免就太可怕了。永生不死如果是像那樣，那麼死亡反倒是福氣。蒙田也提出過類似的論點，指稱死亡的確是個福氣，因為死亡能夠終結我們老年所遭受的種種不適與痛苦②。

這麼說看起來確實沒錯。不過，我想我們可以這麼回應：我們心目中想要的永生不死不是這種人生永不結束卻又一再走下坡的情形。我們想要的永生不死是過著健康活躍的人生。所以，就算眞實世界不可能讓我們享有這樣的永生，我們還是要問問看永生不死是不是有可能會是一件好事。明顯可見，一旦這麼問，就必須針對永生不死當中若干可能的事實做出一些改變。不過，我們就來這麼做，天馬行空地來發揮一下想像力吧，如果別的不提，永久存活至少就原則上來說難道不會是一件好事嗎？

我們對這樣的想像必須要小心，你要是不小心，就可能會淪入恐怖故事裡的下場，也就是你懷有一些願望，卻忘了細心陳述自己的願望。結果，你的願望雖然獲得實現，卻是變成一場夢魘。面對給你三個願望的精靈，你如果只說：「我想要永遠活著」，卻忘了加上這一句：「而且要永遠保有健康」，那麼你的願望就會變成夢魘。這就是斯威夫特描述的狀況。所以，且讓我們細心陳述這項願望，把健康以及其他一切你想要的東西都包含進去。別忘了納入足夠的錢財，以免你必須過著永久的貧窮生活（過著永久健康但是貧窮的生活，不也是很可怕的事情嗎？），把你想要的一切都包含進去。在這時候唯一必須問的是，有沒有可能想像出一種永生不死的狀況，真的能夠讓永生成為一件美好的事情？有沒有可能想像出一種永久存在的情形，真的對你而言永久都是一件好事？

我們很容易認為自己當然能夠做出這樣的想像。要想像出這樣的情形實在是再簡單不過了，只要想像永遠存在於天堂中就好了，天國的永恆喜樂，還有什麼能比這樣更好？有人會不想永遠存在於天堂裡嗎？問題是，我剛剛並沒有明白描述天堂裡的生活究竟會是什麼模樣。即便是承諾我們能夠在天堂中享有永生的那些宗教，對於細節的闡述也都頗為保守。為什麼？因為，我們不免擔心，一旦試圖列出細節，這種美好的恆久存在恐怕就會變得不再那麼美好。

想像我們全都會成為天使，而且將會永久頌唱著聖歌。實際上，我恰巧很喜歡聖歌，我覺得在禮拜上頌唱聖歌是種享受，我喜歡在週六早晨頌唱希伯來文的聖歌。不過，你要是問我會不會想要永遠這麼做，那麼我會說，這點看起來似乎不是那麼吸引人。

電影《迷魂陣》曾以頗為幽默的方式提出同樣的論點③。在那部電影中，一個人遇到魔鬼，而對魔鬼問道：「你為什麼要反叛上帝？」魔鬼答道：「好，我就讓你知道為什麼。我坐在這裡，你在我周圍載歌載舞，不斷說著：『啊，讚美天主，祢真美好，祢真榮耀，祢真輝煌。』」那個人這麼做了一會兒，然後埋怨道：「這樣實在有點無聊，我們不能交換一下嗎？」魔鬼答道：「我就是這麼說的。」

我一旦想像自己在天堂裡永久頌唱聖歌，實在不覺得這樣是很吸引人的事情。好吧，那我們就不要想像永久頌唱聖歌，我們來想像點別的吧！可是要想像什麼呢？這就是我要邀請你從事的思想實驗。你可以想像出什麼樣的生活，能夠讓人永久都感到心滿意足？不只是過著這樣的生活十年，不只是一百年，不只是一千年，也不只是一百萬年或十億年。別忘了，永久是一段非常非常久的時間。永久是永遠都不會結束。你能夠描述出一種存在，會讓你想要永遠處於那種狀況中嗎？

英國哲學家威廉斯（Bernard Williams）思考這個問題之後，認定答案是否定的④。沒有一種生活能夠永久美好迷人。威廉斯認爲每一種生活終究都會變得無聊乏味，甚至令人深感痛苦，每一種生活終究都會讓你忍不住想要擺脫。簡言之，永生根本不美妙，而是一件可怕的事情。

暫且假設我們同意威廉斯的看法，那麼對於死亡該怎麼說呢？嚴格來說，如果經過仔細思考，而同意永生不死是一件不好的事情，就不能說死亡本身也是一件不好的事情。相反的，我們終究不免一死，是壽命有限的肉身凡胎，實際上乃是一件好事。畢竟，如果不要死亡，唯一的選擇就是永生不死；但永生不死如果是一件壞事，那麼死亡實際上就根本不是壞事。死亡是一件好事：能夠挽救我們免於永生的可怕命運。

當然，就算我們眞的這麼說，也不表示我明天被車撞死對我而言會是一件好事。我們完全沒有必要這麼認爲。我們還是可以說我被車撞死是一件壞事，因爲我要是沒有被車撞死，可不表示我就會因此永生不死！我只是會多活個十年、二十年或三十年而已。而且，那段時間對我而言將會是相當美好。即便在我年老而死的時候，假設我活到高齡一百歲，那麼即便在我於一百歲去世的時候，我們也許還是可以說這對我而言是一件不好的事情。因爲我要是沒有在那時候去世，說不定還可以再多活一、二十年，繼續享有人生中的美好事物，例如含飴弄孫，享受我的曾孫或玄孫的陪伴。

聲稱永生不死不是一件好事，不表示死亡來臨的時候就必然對我們而言是一件好事。你還是可以毫不自相矛盾地認爲自己死得太早。就算死亡遲早有一天對我們而言不會再是壞事，但還是有可能來得太早。

我們如果同意威廉斯的觀點，認爲永生不死不是一件令人嚮往的事情，就可以採取以上的說法。不過，我們尚未決定究竟是否應該同意他的觀點。所以，我們還是必須要問：有沒有可能想像出一種值得擁有的恆久生活？還是說威廉斯確實說得沒錯，不論我們想像出什麼樣的生活，終究都會變得無聊乏味或甚至令人深感痛苦？

無論如何，我個人是傾向於同意威廉斯的觀點。我認爲我們在這個問題中不論怎麼填空，這都是一個很大的空格。必須銘記在心的一項關鍵重點是，永生不只是活上很長一段時間或甚至一段長得出奇的時間，而是真的永無止盡。我認爲要想出一件你會想要永久從事的事情不但極爲困難，而且根本是不可能。

我有個朋友曾經對我說，他想要永生不死，以便永遠都能夠每天吃泰式料理。我也喜歡泰式料理，可是想到要每天吃泰式料理吃上幾千年、幾百萬年、幾十億年、幾兆年，在我看來實在不是一件很吸引人的事情，反倒覺得這像是一種惡夢。同樣的，我已經說過我愛吃巧克力，可是想到要永久不斷吃巧克力，在我看來卻是一件令人作嘔的事情。

想想其他任何活動。也許你喜歡玩縱橫字謎，也許你覺得一天玩上幾個小時的縱橫字謎是一件很愉快的事情。不過，想像你自己每天玩縱橫字謎，連續玩上十年、一千年、一百萬年、十億年、一兆年。至少在我看來，你終究有一天會說：「我玩縱橫字謎實在是玩膩了。」當然，縱橫字謎總是會出現你先前沒玩過的新題目，可是你總有一天會說：「我雖然沒玩過這個題目，可是我已經玩過許多、許多縱橫字謎了。對我來說，這種遊戲已經不再有任何新意可言。我雖然沒有玩過這個題目，可是這點並不足以讓我產生想玩的興趣。」

毋庸諱言，縱橫字謎不是多有深度的東西。我們也許會認爲，如果是從事某種在心智上比較具有挑戰性的事物，也許我們就不會這麼容易感到厭煩。談到這點，我其實有一項頗爲不尋常的嗜好，我很喜歡數學。想到自己能夠有許多時間思考更多元也更艱深的數學題目，的確是一件頗爲吸引人的事情。但即便在這方面，我一旦想到永久思考數學題目，或是永久思考我比數學更喜歡的科目——哲學，也覺得這樣的前景看起來實在不怎麼吸引人。我想不出任何活動是我會想要永久從事的。

當然，採取這種說法不免有點作弊的嫌疑。沒有人說我們在永生的時間當中只能不斷從事同一件事情。沒有人說我們在永生當中只能不斷思考數學問題，而不能從事其他活動。即便在我們有限的五十、八十或一百年的壽命當中，我們也不會整天只從事一種活動。實際上，我們會從事各種不同活動：吃東西、思考哲學問題、和家人以及朋友相處、四處旅遊。因此，說不定我們必須增添一點變化。與其說在永久的時間裡每天吃泰式料理，也許可以是星期一、三、五的午餐吃泰式料理，二、四的午餐是義式料理，星期六的晚餐是衣索比亞料理等。也許我們可以早上花三個小時思考哲學問題，下午花兩個小時思考數學問題，晚上則是看一部電影或者上戲院看戲。我必須承認，這樣的生活聽起來似乎頗爲愜意。不過，這樣其實也沒什麼幫助。因爲我一旦想到自己從事這些活動不只是幾年、幾十年或甚至幾百年，而是恆久不盡，永遠離不開這些活動，永遠擺脫不了這樣的生活，這一切也就不免變得令人厭倦。永生的美夢因此轉爲惡夢，一種永遠逃脫不了的惡夢。

說不定我只是想像力不夠豐富而已。我以前有一個同事曾經向我提到一種享有神聖體驗的例子。說不定那種體驗會永久令人嚮往，她要我想想和朋友談話談得深感愉快的情景，也就是和對方談得極爲投機，而希望這樣的時光「永遠不要結束」。她提議我應該把上帝想成一位極其迷人又知心的朋友，和上帝交流就像是進行一場令人極度滿足的交談，會讓你真心想要永遠不要結束。

我雖然可以這麼說，但我一旦試圖想像這樣的可能性並且加以認真看待，就發現我實在沒辦法這麼覺得。在我談過話的朋友當中，沒有一個會讓我真正想要永久不斷和他交談。當然，我大可說我應該直接想像一個我會想要永久和他談話的朋友，但重點是，我實際上沒有辦法想像那會是什麼模樣。每當我竭盡全力想像一種能夠永久迷人的存在狀態，結果就是不會成功，這樣的想像最後都會變成惡夢。

也許我們需要做的不是想像自己每週不斷反覆從事著同樣的那些活動，而是應該想像自己陸續從事一門接一門的職業。也許你可以花五十或一百年的時間從事哲學這門職業，接著再花五十或一百年的時間從事數學這門職業，然後再花五十或一百年的時間環遊世界，接下來又花五十或一百年的時間擔任水彩畫家等。在我看來，我們的確可以藉著這樣的作法而把人生保持迷人狀態的時間大幅延長。不過，關鍵要點仍是我們必須記住永久真的就是永久，而我實在想像不出有什麼人生會讓我想要活上永久。

你也許會提出反駁：世界上無疑有些生物會想要永遠活著，能夠享受恆久的存在。我認爲這樣的說法大概沒錯，想想看科學家所發現的這種作法。你可以在一隻老鼠的的大腦上貼上電極片。你如果把電極片貼在正確的地方，那麼一旦通電，電極片就會刺激老鼠大腦的快樂中樞，而爲老鼠帶來一股快感，一股相當強烈的快感。實際上，你可以把電極片電線連接到一根控制桿上，教導老鼠推動控制桿而爲自己帶來一股快感。你一旦這麼做，那些老鼠會怎麼樣呢？不意外，牠們會不斷推動控制桿。實際上，牠們會一再推動控制桿，而不再進食，也不再對交配或者其他任何事物感興趣。基本上，牠們會一再讓自己反覆享有那股高潮般的快感，直到死亡爲止。

當然，那些老鼠死亡眞是可惜，但我們也許可以想像牠們永生不死（說不定爲牠們吊點滴，這樣牠們就可以藉此取得營養）。我們可以輕易想像一隻老鼠就這麼永遠不斷推動著控制桿，一再享有那股強烈的快感，而且永生永世都能夠以此為足。如果我們能輕易想像老鼠這麼做，為什麼不能也想像我們這麼做？我們何不戴上屬於我們自己的高潮頭盔，由電極片直接刺激大腦，讓我們一再享有那種強烈的快感？想像自己永遠不斷享受著那樣的快感吧，還有什麼會比這樣更吸引人的？

然而，我一旦這麼想像（我也邀請你從事這樣的想像），卻不覺得這樣的前景特別吸引人。請注意，我的意思不是說我認為我們無法永遠藉由刺激獲得快感，只是人類畢竟擁有某種特質而和老鼠有所不同。我無疑會對那樣的快感樂在其中，也無疑會有很長一段時間都深覺享受。但我猜想，一旦經過相當長的一段時間之後，就會開始出現改變。人類具有回顧自己的經驗或者反思自己的經驗而加以評估的能力。舉例而言，就在我坐在這裡打著這些文字的時候，我雖然一面盯著電腦螢幕看，一面聽著窗外的鳥叫聲，但我內心還是有一部分想著自己的意思表達得明不明確，以及從窗外射進來的光線是否有點太亮等。我們所有人都能夠反思自己的第一階或基本層次的體驗，即便是在我們正經歷著這些體驗的同時也是如此。

所以，想像你身在一部快感製造機器裡。我想，經過一會兒之後，你內心的一部分一定會開始想著：「嗯，這種感覺和昨天、前天還有大前天都一樣。我想明天、後天、大後天也都一樣會是這樣。」最後，這個問題一定會開始縈繞在你心中：「我的人生真的只有這樣嗎？就只有這樣子的單純快感？」

身為人的重點是，你和老鼠不一樣，不會只是活在當下。你一定會採取這種後設層次或者更高層次的觀點，看著你自己的快感，然後在心裡納悶著：「人生真的只有這樣而已嗎？」我想，這個問題終究會在你內心盤旋不去，而導致你不再能夠享受那種快感。最後，你將會對自己困在這種有如老鼠一般的存在狀態當中而感到驚恐不已。當然，你內心中屬於人的那一部分能夠指出，這種有如老鼠般的存在狀態並不足以界定你這個人，正因如此，你內心中屬於人的那一部分將會抗拒這種無窮無盡的單純快感，所以我不認爲永久處於這種狀態下會是那麼美好的事情。對於老鼠也許是，對人而言卻不會是如此。

當然，我們也許可以藉著把我們的思考能力變得更近似於老鼠而解決這個問題。也許適當的腦葉切除術能夠達成這樣的目的。我其實不曉得究竟該怎麼做，不過你無疑能夠切除相關的神經末梢，讓人不再能夠從事高階思考，不再能夠提出「人生只有這樣嗎？」的問題，不再能夠從旁觀者的角度看待自己享有的那種第一階快感。你無疑能夠藉著這種方式把人轉變成有如老鼠的生物，這麼一來，我猜想我們確實就能夠永久享受這樣的快感。

但問題不是你能不能對一個人做出某種事情，而讓他能夠永久感到開心或是至少自得其樂。問題是，在當下這個時刻，一旦你想到那種生活，會不會希望自己過著那樣的生活。你想不想接受腦葉切除術，以確保自己能夠永久享受那樣的生活？至少我自己絕對不想這樣。我一點都不懷疑你一定可以藉由某種方法改變我的大腦，破壞我的省思能力，然後我也許就能夠永久享受某種型態的生活，但這不表示我現在希望自己能夠過著那樣的生活。在我看來，這不像是你送給我的贈禮，而比較像是強加在我身上的某種可怕懲罰，把我從一個擁有完整省思能力的人降級爲像老鼠一樣的動物。所以，我再強調一次，我們一旦提出這個問題：「有沒有一種人生，是我或你會想要永久過著的？」這個問題是針對當下的你所提出的。有沒有一種人生是你會想要永久擁有的？我們如果僅能藉著改變你，把你轉變成你當下不想成爲的某種狀態，才能夠讓你想要那種恆久的生活，這樣的答案絕對不夠充分。

以下是另一種不同的可能。基本上，永生不死的問題似乎就在於你終究不免會感到厭煩。問題在於單調乏味。你思考數學問題一段時間之後，就不免感到疲乏。經過一百年，一千年，一百萬年，或是不管多久之後，你終究會說：「沒錯，這是一道我以前沒有解過的數學題目，可是又怎麼樣？我已經思考過了那麼多的數學問題，這個題目對我實在不再有絲毫吸引力。」或者，你走訪過世界上（或者銀河系中）所有的大美術館之後，而不禁說道：「沒錯，我已經看過數十幅畢卡索的作品。我看過林布蘭與梵谷的作品，還有其他許許多多人的作品。我看過了幾千幅、幾百萬幅、幾十億幅令人嘆爲觀止的藝術作品。我已經從那些作品當中得到了一切可能的收穫，難道沒有什麼新的東西嗎？」問題是，確實沒有。當然，一定有你還沒看過的東西，但那些東西的不同之處已不足以再讓你感到新鮮。

這種問題有什麼解決之道嗎？也許是一種特殊的失憶症，一種持續漸進的記憶喪失現象。所以，我已經活到了一百歲，一千歲，五萬歲，我已經對人生感到頗爲乏味。不過，我們在這時候對我施加某種漸進式的記憶喪失，讓我不再記得自己在一萬年前做過的事情。等到我一百萬歲的時候，我已不再記得自己五十萬歲的時候做過哪些事。到了我一百五十萬歲的時候，我已不再記得自己一百萬歲的時候有過哪些遭遇。我也許知道自己曾經活過那段歲月，但除此之外，那段往事僅是顯得一片模糊，我只記得過去五千到一萬年之間的事情，僅止於此。

既然要對記憶動手腳，何不乾脆也順便更改你的興趣、渴望和品味？假設你的品味與興趣會隨著時間過去而出現漸進而徹底的變化（小幅度的變化想必不夠）。現在你可能喜歡數學，但經過一段時間之後，也許是幾千年，你終究會失去對數學的興趣，而轉變爲對中國詩詞深感興趣。你失去對爵士樂的愛好，轉而喜愛格雷果聖歌。你失去對自然美景的熱愛，轉而對分子生物學深感著迷。你不再想要鑽研陶藝，轉而渴望航行於大海上。

這樣難道不會有效嗎？假設我們的記憶、信念、渴望與品味都會出現這種逐步漸進但徹底的變化，我們難道不會因此永久覺得人生充滿樂趣，而不必淪落到純粹如同老鼠般的存在狀態？我將會專心致志於鑽研中國詩詞、鑽研數學、鑽研天文學、練習伸縮喇叭、航海，或者從事其他各式各樣的活動。這樣的人生比老鼠般的存在狀態好上不知凡幾，而且我絕對不會感到厭煩，因爲我在每一個時期都過著非常不同的生活。

我認爲這樣的說法確實有可能成立，尤其是我們如果納入程度足夠的記憶喪失。不過，這種說法應該會讓你聯想起什麼東西，因爲這種說法就類似於我們先前探討過的一個例子，第七章的瑪土撒拉案例。相信讀者還記得，我們在那個例子裡想像我活上了數百年之久（當時這個時間顯得相當長，不過現在我們談的可是永遠！）在瑪土撒拉案例中，我活到三百歲的時候，已不再記得一百歲之時所經歷過的事情。等到我五百歲的時候，我已和兩百歲的我頗爲不同。等到我八百歲的時候，我擁有的記憶、信念、渴望、目標和興趣都與現在完全不一樣。

當初我思考那個案例所發現的一點，就是儘管我們已設定那個活到八百歲的人仍然會是我——和今天寫著這些文字的是同一個人，但對我來說沒有什麼意義。我當時的反應是：「那又怎麼樣？」我一旦想到我在存活當中想要什麼東西，就會發現在遙遠的未來會有一個人是我，這對我而言並不足夠，那個人還必須和我擁有足夠近似的人格。

你對我說：「未來會有一個人活著。他會是你，可是他和現在的你完全不像。他會擁有不同的品味，也不記得自己曾經教過哲學，對於哲學、政治或民俗音樂都沒有興趣，對你的家人也毫不關懷，還有其他種種不一而足的差異。」那麼我會回答：「這一切從形上學觀點來看都相當有趣，可是就我個人來說，我實在不在乎。純粹的存活下去實在引不起我的興趣，單純不斷說著：『哦，可是那個人是我』，也不會讓那樣的狀況變得比較吸引我。我要的不只是有個人是我，而是要那個人和我有相當程度的相像。」瑪土撒拉案例的問題是，如果把時間拉得夠長，那個人就不再和我具有相當程度的相像。未來的一個人如果和現在的我完全不一樣，那麼就算他仍然是我，對我來說也實在毫無意義。

永生並非是人生的最佳型態

不過，希望讀者看得出來，我們剛剛為了讓恆久的人生不至於令人乏味而描述的那種漸進式記憶喪失，以及在興趣、目標與渴望等方面的徹底改變，帶來的結果正與瑪土撒拉案例相同。在我們剛剛描述的情境裡，十萬年後、五十萬年後、一百萬年後都將會有一個人，而且那個人都會是我。可是我不在乎，這樣的情境沒有為我帶來我對於存活眞正想要的東西。那個人雖然是我，但他和我卻沒有足夠的相似度，因此沒辦法帶給我對我而言眞正重要的東西。

我們可以用兩難的型態呈現這個問題。永生不死有可能是一種值得永久擁有的東西嗎？一方面來說，那個永生不死的人如果和我有相當程度的相像，那麼我遲早會感到無聊乏味。避免這種現象的唯一方法就是對我施行腦葉切除術，但這種作法顯然不是我想要的。另一方面，我們如果藉由漸進的記憶喪失以及徹底的人格改變解決無聊乏味的問題，我也許不會感到乏味，可是那種人生也絕對不是我會特別想要的東西。對我來說，我根本不在乎那個人仍然會是我。就像你如果對我說：「哦，未來會有另外一個人，他喜歡有機化學和無調性音樂。」我也一樣絲毫不會在乎。

所以，有沒有一種永生的方式能夠對人具有吸引力呢？我想不出這樣的永生會是什麼模樣。我傾向於認同威廉斯的說法，亦即永生並不是一件令人嚮往的事情。永生其實會是一種夢魘，一種你會渴望擺脫的東西。

當然，這麼說並不表示我們死的時候，不論是在五十歲、八十歲還是一百歲，死亡對我們而言就是一件好事。就算人生眞的會在經過一千年、十萬年、一百萬年或多久之後變得令人厭煩（我確實認爲會這樣），卻也不表示人生在經過五十年、八十年或一百年之後就必然會變得令人厭煩。在我人生走到盡頭的時候，我對於自己熱愛從事的事物想必只能稍微觸及皮毛，而且我相信你一樣也是如此。

所以，永生不會是最佳的人生型態。我認爲永生一點都不吸引人。不過，我們現在擁有的這種僅僅只有五十、八十或一百年的人生，同樣也不是最佳的人生型態。我想最好的狀況應該是你想活多久就能夠活多久。

作家朱利安．巴恩斯在短篇故事〈夢〉（The Dream）裡描述的大致上就是這種狀況⑤。在巴恩斯的想像裡，人一旦上了天堂，就可以盡情做自己想做的事情，想做多久就做多久。不過，他指出，你終究會有厭煩的一天。而你一旦感到厭煩，就可以終結自己在天堂中的存在。巴恩斯藉著這種說法，你總有一天會想要終結自己在天堂中的存在，表達了永生不會是一件吸引人的事情。不過，他在此處提出的一種新想法是，我們如果能夠活到自己覺得滿足爲止，直到竭盡了生命能夠提供我們的一切美好事物，這就會是一件好事。

因此，由以上這一切可知，對於剝奪說的最佳解讀方式並沒有說我們終將一死是一件壞事。如果我的想法沒錯，永生的確不會是一件吸引人的事物，而且將會成爲一場永無止盡的夢魘，那麼終將一死的事實就是一件好事，因爲如此將可保證我們不必面對永生。儘管如此，我們終將一死雖然不是壞事，死亡在人生走到盡頭的時候仍然有可能是一件壞事。我們仍然有可能死得太早。

最後，在結束探討永生的議題之前，我實在忍不住要和你分享一位前美國小姐參賽者所說出的智慧之語。在比賽中，提問者對她提出這個問題：你想要永生不死嗎？她的回答是：

我不會想要永生不死，因爲我們不該永生不死。因爲我們如果應該永生不死，我們就會永生不死。可是我們不能永生不死，所以我就不會想要永生不死。

這個回答是不是很美妙呢？

---

① Jonathan Swift, *Gulliver's Travels*, part III, chapter 10。

② Michel de Montaigne, "That to Philosophize Is to Learn to Die," in *The Complete Essays*。

③ 我指的是一九六七年那部令人拍案叫絕的原版電影《迷魂陣》，由彼得．庫克與杜德利．摩爾主演。我不曉得後來重拍的《神鬼願望》是否還有這一幕。

④ Bernard Williams, "The Makropulos Case: Reflections on the Tedium of Immortality," in *Problems of the Self* (Cambridge, 1973)。順帶一提，第七章一開頭探討的那兩項思想實驗也是出自作者的手筆。

⑤ Julian Barnes, "The Dream," in *A History of the World in 10 1/2 Chapters* (1989)。

第十二章
生命的價值

我一再論述指出，死亡之所以不好，是因爲死亡剝奪了我們生命中的美好事物，前提是我們如果沒死，生命就能夠繼續提供美好的事物。不過，如果生命在整體上已不再能夠爲你帶來好處，如果你繼續活下去所得到的結果將會是負面，而不是正面的經歷，那麼死亡在這個時刻就不是壞事，而是好事。只有在你因爲死亡而遭到剝奪的人生會是一段美好時光的情況下，死亡才是一件壞事。如果你遭到死亡剝奪的是一段不好的未來，那麼死亡就根本不是壞事，而是一件好事。

以上這段話顯然帶有一項前提假設，就是我們至少在原則上能夠針對自己的生命品質做出這樣的整體判斷，能夠知道自己過得多好或是未來會過得多好。生命帶給你的是美好的事物，還是不好的事物？你的生命值得繼續活下去，還是值得不繼續活下去？

可是人生怎麼樣才算是過得好？我們怎麼評估什麼樣的條件會造就美好的人生（或者人生段落），而不是不好的人生？在這個問題當中，我問的不是什麼條件能夠造就道德良好的人生。我想問的是，什麼條件能夠造就對個人而言美好的人生。在這種人生當中，我們會合理地懷有這種念頭：「這個人生對我有益。」我要問的是，這種意義的美好人生（相對於不好的人生）具有哪些成分或元素？當然，人生不是黑白分明，不可能一刀畫下去，一邊就是美好的人生，另一邊則是不好的人生。人生的好壞是程度上的差別，所以，我們要的是一個衡量標準，能做出這些比較細微的比較。

因此，我們要的是一項幸福理論，一項生命價值理論。不過，如同我們在本書中探討過的其他許多議題，這個議題也一樣相當複雜，討論起來必須花上許多時間。我在此只能以觸及表面的粗略探討為主。

釐清美好人生的本質

在這項議題中，我認爲必須提出的第一點是：你如果開始列出生命中値得擁有的一切事物，也許會覺得自己彷彿不可能找出任何普遍性的整理原則。想想看，有什麼東西是値得擁有的呢？這個嘛，我們來看看：工作是値得擁有的東西；樂趣是値得擁有的東西；金錢是値得擁有的東西；性愛是値得擁有的東西；巧克力是値得擁有的東西；冰淇淋是値得擁有的東西；冷氣機是値得擁有的東西。有哪些東西是値得避免的呢？這個嘛，喪失視力是値得避免的東西；遭到搶劫是値得避免的東西；腹瀉是値得避免的東西；疼痛是値得避免的東西；失業是値得避免的東西；戰爭是値得避免的東西；疾病是値得避免的東西。

我們怎麼可能把這一切整理出一套系統或者秩序？其中的關鍵辨別標準，我認爲我們在先前已經看過了。我們必須區辨出工具性的好事與本質性的好事：前者的價値來自於其所造成的結果，說得更嚴格一點，這種事物只因爲它們造成的結果才會有價値，而後者的價値則是在於其本身，這種事物本身就値得擁有。

以工作爲例，工作無疑値得擁有，可是工作爲什麼値得擁有？因爲，工作除了其他的好處之外，還能夠爲你帶來金錢。金錢無疑也値得擁有，可是金錢爲什麼値得擁有？因爲，金錢除了其他的好處之外，也能夠讓你買冰淇淋。好，可是冰淇淋爲什麼値得擁有？因爲吃冰淇淋會帶給我一種快樂的感受。到這裡爲止都沒有問題。

接下來：快樂的感受爲什麼值得擁有？到了這時候，我們得到的會是一種不同的答案。到了這時候，我們會這麼說：快樂本身就是一種值得擁有的東西。先前其他那些東西之所以具有價值，只是因爲它們是一種手段，歸根究柢，是獲取快樂的手段。可是快樂卻是因其本身而值得擁有，因爲身爲手段而具有價值的事物，就是具有工具性價值的事物。因其本身而值得擁有的事物，哲學家則是稱之爲具有本質性價值的事物。

我們如果回頭看看那一長串無窮無盡的好事與壞事，就會發現其中大多數的好事都是工具性的好事。那些事物之所以好，原因是它們帶來的結果。當然，那份清單中大多數的壞事同樣也是工具性的壞事。舉例而言，疾病爲什麼不好？這個嘛，除了其他壞處以外，疾病會導致你無法自得其樂。疾病會剝奪你的快樂，也會造成痛苦。或者，也許是因爲你一旦生病，就沒有辦法好好工作，所以就沒有辦法賺錢，依此類推。要是認眞想想，你也許會同意我們熟悉的大多數好事與壞事，其好與壞其實都是來自於工具性的效果。

可是，我們如果要在美好人生的本質，在幸福的本質這個問題上有所進展，我們必須聚焦的對象不是工具性的好事與壞事，而是本質性的好事與壞事。你必須這麼問自己：「有什麼事物是因其本身而值得擁有的？有什麼事物本身就值得擁有？」

我們先前已經提過，一項自然而然的提議，就是快樂是一件因其本身而值得擁有的事物。看來同樣合理的另一項提議，則是痛苦是一件因其本身而值得避免的事物。所以，痛苦是本質性的壞事，快樂則是本質性的好事。

我應該指出，一件事物沒有任何理由不能夠同時具備工具性價值（或者反面價值）以及本質性價值（或者反面價值）。舉例而言，我工作時會樂在其中，而我一旦樂在其中，就更容易認眞投入工作。所以，這種快樂同時具備本質性與工具性的價值。另外還有一個比較有趣的例子：我被爐火燙到會痛，因此我會小心不讓自己再次被燙到。所以，這裡的疼痛雖然是一件本質性的壞事，卻具有工具性的價值（能夠預防未來更多的疼痛）。這類例子顯示一件事物可以同時具備本質性價值（或者反面價值）與工具性價值（或者反面價值），我們沒有必要主張一件事物只能具備其中一種價值，而不能兩者同時兼備。

儘管如此，我們如果想要釐清幸福的本質，最關鍵的重點還是要把焦點集中在本質性價值（或者反面價值）上。具有工具性效益或壞處的事物之所以會具備工具性價值，正是因爲這些事物所帶來的本質性好事或壞事。所以，就哲學觀點來看，眞正值得注意的問題是，有哪些事物是因其本身而值得擁有（或者避免）？

當然，我已經指出了兩個例子，這兩件事物在任何本質性好事與壞事的清單上大概都占有一席之地。把快樂視爲本質性好事似乎相當合理，快樂也許不是唯一擁有本質性價值的東西——唯一能夠讓人生在本質上變得更好的東西，但顯然是這種東西的其中之一。另一方面，痛苦則是一件看起來具有本質性壞處的東西，顯然會直接降低生命的價值。因此，我們大多數人都同意快樂是本質性的好事，痛苦是本質性的壞事。

假設我們做出一項大膽的猜測。假設我們不只主張快樂與痛苦是其中兩件本質性的好事與壞事，假設我們主張本質性的好事與壞事就只有這兩件。假設我們推測認爲快樂是唯一具有本質性價值的東西，痛苦則是唯一具有本質性壞處的東西。這種觀點稱爲享樂主義。

從享樂主義者的觀點看人生

享樂主義是一種對許多人都深具吸引力的觀點，說不定你也相信。這種觀點針對幸福的本質爲我們提供了一項非常簡單的理論，幸福就是體驗快樂並且避免痛苦，或是將痛苦的體驗降到最低，這就是享樂主義。稍後我們會談到，如果享樂主義的說法不完善，那麼可能還會有哪些東西也屬於本質性的好事或壞事。不過，現在且讓我們假設享樂主義確實沒錯。請注意，如果享樂主義的確沒錯，那麼我們至少在原則上就應該能夠做出我先前做過的那種評估，例如我說生命如果自此以後在整體上只會爲你帶來負面經歷，那麼死亡對你而言就不是壞事。

我們從事這種判斷的時候，究竟是怎麼一回事？享樂主義爲我們提供了一個非常簡單且直截了當的答案。要決定生命帶給你的東西是否值得擁有，你所需要做的概略而言就是把未來所有的美好時光加總起來，再減掉所有的痛苦時光，看看計算結果是正值還是負值即可。加總所有快樂，減掉所有痛苦。計算結果如果是正值，你未來的生命就值得活下去。而且計算結果的正值愈高，你的生命就愈有活下去的價值。不過，如果計算結果是負值，那麼你的未來所帶來的痛苦就比快樂還多。說來不幸，在這種情況下死了對你而言會是比較好的選擇。畢竟，你要是死了，就不會有快樂也不會有痛苦。以數學用語來說，我們也許該把死了的結果視爲零：不是正值（因爲沒有快樂），也不是負值（因爲沒有痛苦），而只是零。明顯可見，快樂與痛苦相減之後如果是正值，這樣的結果就比零來得好，所以你寧可活著。但計算結果如果是負值，如果痛苦比快樂還多，這樣就比零來得糟。這麼一來，這樣的生命就不值得擁有。這是享樂主義者的說法。

當然，享樂主義觀點的細節有許多不同闡述方式。畢竟，不是所有的快樂都相等，也不是所有的痛苦都相等。踢到腳趾的痛苦顯然遠遠比不上偏頭痛的痛苦，而偏頭痛又遠遠比不上遭到凌虐的痛苦。所以，我們也許需要提出一個比較複雜的公式，把痛苦的強度乘以持續時間，藉此衡量痛苦的量。同樣的，快樂也有持續時間長短以及強度的差異。你可以想像這些細節可能會有多麼複雜，而我也可以向你保證，有些問題確實相當棘手。不過，就我們此處的目的而言，我們其實不需要煩惱這些細節。只要有基本觀念就夠了。我們必須以某種適當的方式衡量快樂與痛苦。我們必須加總所有快樂，加總所有痛苦，再看看快樂的總和是否大於痛苦的總和。相減的結果正值愈大，你的生命就愈美好。

有了這樣的方法之後，我們可以做的一件事情就是評估整段人生。你站在天堂的大門前，回顧著自己的一生。至少就原則上而言，你可以加總所有的快樂，加總所有的痛苦，再以快樂減去痛苦，然後這麼問自己：「我的人生有多好？過了那段人生之後，我有多麼幸福？」接著，說不定你可以想像不同的人生。你當初要是選擇成爲醫生，而不是成爲律師，那麼你會過得更好還是更差？或者，如果你選擇成爲藝術家、學者、遊手好閒的懶惰鬼或者農夫，那麼你的人生會變得更好還是更差？加減之後計算出來的數字會變得更大還是更小？

我雖然一直提到數字，但我們當然沒有理由認爲這一切眞的能夠被賦予確切的數字，而且我們也絕對不認爲大多數人確實能夠計算出任何準確的數字。我絕對沒有辦法準確指出自己當初如果決定成爲農夫而不是哲學家，那麼我的人生會變得怎麼樣。享樂主義者的意思不是說我們能夠做出準確的計算。不過，至少就原則上而言，我們面對選擇的時候所考慮的就是這樣的問題。我們可以這麼問自己：「我的人生會是什麼模樣？做了這樣的選擇會讓我的人生變得更好還是更糟？」而我們試圖用來衡量的標準，就是加總快樂再減掉痛苦。

享樂主義者也會指出，我們雖然無法計算出確切無誤的結果，卻不表示我們不能夠做出有根據的猜測。假設你正決定著該到哪裡上大學，你該去耶魯大學、俄亥俄州立大學、哈佛大學，還是其他哪一家大學？你試著預測自己的未來，而這麼問自己：「我認爲我到哪一所學校去會比較好？哪一種未來會帶來比較多的快樂和比較少的痛苦？」享樂主義者認爲這就是我們應該採取的思考方式。

順帶一提，請注意這一點：從享樂主義的觀點來看，我們為自己的未來做決定的時候，並沒有必要多想過去的事情，因為做了的事情就已經做了。你不可能改變自己在以往享受過的快樂，也不可能改變你已經承受過的苦難，仍有改變空間的是未來。我們不是只有站在天堂門口才能對自己的整個人生做出評估，而是也能夠評估自此以後的人生。我們會問，在我面對的這些選擇當中，哪一個可能會帶給我比較好的未來，讓我在快樂與痛苦的加減帳當中得到比較好的結果？我們盡力追求最好的結果，不論實際上的結果究竟多好或多壞，我們盡力做出這種比較性的評估。

當然，我們不只能夠評估往後的全部人生，也能夠評估明年或是接下來的六個月，或甚至只是今天晚上。我可以思考我今天晚上的人生可能會有什麼樣的發展。我今晚該待在家裡寫書呢？還是應該去參加派對？我今晚在哪裡會比較好？我也許會認定自己去參加派對會比待在家裡寫書更開心（反正這本書還有好一陣子才要出版，所以稍微放下這件工作不會讓我覺得太內疚）。所以，我們評估的對象不只是完整的人生，也可以是人生中的一小部分。

我們如果接受享樂主義，就可以這麼做。可是我們還沒提出這個問題：我們**應該**接受享樂主義嗎？我如果得知你接受享樂主義，並不會感到驚訝。這是一種非常普遍的觀點，這種觀點不只備受哲學家的喜愛（這種觀點存在的歷史和哲學一樣長久），也備受「街頭大眾」的喜愛。這種觀點非常吸引人：唯一因其本身而值得擁有的東西是快樂，唯一因其本身而值得避免的東西則是痛苦。但儘管如此，儘管這種觀點廣受喜愛，我卻傾向於認為這種觀點必然是錯誤的。

怎麼會這樣呢？我絕對不是認為快樂不好，也絕對不是認為痛苦沒有不好。享樂主義的錯誤在於其認為快樂與痛苦是**唯一**的本質性好事與壞事。我傾向於認為最美好的人生不只是享受快樂以及避免痛苦。

我先前提及老鼠按壓控制桿的那種機器，可能已經揭露了一項關於我自己的性格特質。我說你如果把我連接於那麼一部機器，我無疑會樂在其中，但儘管如此，我並不想要那樣的人生。爲什麼？因爲人生不只是享受快樂以及缺少痛苦而已。至少在我看來是這樣。

當然，享樂主義者可以指出世界上不是只有老鼠按壓控制桿的那種快樂。另外還有其他各式各樣的快樂，包括欣賞藝術作品、觀賞美麗的夕陽、閱讀一本令人欲罷不能的小說，以及得到一項讓人難以置信的發現。我不知道你怎麼樣，不過至少我只要一想到老鼠按壓控制桿的實驗，就會覺得那是一種簡單而且無差別的快樂。所以，那種作法確實無法帶給我們最佳品質的快樂，也就是人類最渴求的那一類快樂——友誼與交談、性親密與愛的快樂，這類快樂是老鼠按壓控制桿的機器所無法帶給我們的。

所以，享樂主義是不是仍然可以成立？只要我們著重於取得適當種類的快樂，那麼快樂是不是仍有可能是人生中最重要的事情——人生中唯一重要的事情？不會，我認爲這樣還是不對。不過，要看出這一點，我們就必須提出比老鼠按壓控制桿的機器更花俏一點的例子。以下這項思想實驗是諾齊克（Robert Nozick）提出的。這位哲學家在幾年前去世，生前曾在哈佛任教多年。

從思想實驗體驗永遠快樂的人生

諾齊克邀請我們想像一部體驗機器①。假設科學家發現了一種方式，不只是刺激大腦當中某個小小的快樂中樞，而是能夠帶給你一種完整又徹底眞實的模擬體驗。你一旦連接於這部機器，就會覺得自己彷彿眞的從事著某一件事情（「內在的感受完全一模一樣」），至於這「某一件事情」是什麼，則可以任你自由塡空。舉例而言，你可以擁有實際上攀爬聖母峰的體驗，包括感受到冷風吹拂在臉上的感覺。當然，你實際上不會感覺到任何的風。嚴格說來，你不可能感覺到風，因爲實際上根本沒有風，因爲你實際上當然沒有在聖母峰上。實際上的情形是你漂浮在心理實驗室的水缸裡，大腦連接著許許多多的電極。但你不知道自己漂浮在水缸裡。被連接於那部機器之後，你會全心以爲自己攀爬著聖母峰。你感覺到爬上峰頂的興奮，對於眼前的絕美景色嘆爲觀止，體驗到深切的滿足與成就感，回想到自己剛剛因爲繩索斷裂而差點送命的意外也仍然心有餘悸。

這種情形和觀看ＩＭＡＸ電影（或是一般的虛擬實境機器）不一樣。ＩＭＡＸ電影播放的影像雖然非常眞實，但你還是會意識到自己只是身在戲院裡而已。不過，一旦連接於體驗機器，你不會知道自己只是身在實驗室裡。你一旦連接於體驗機器，大腦就會受到特定方式的刺激，而讓你的內在體驗到和實際上從事那些行爲完全一模一樣的感受。

所以，請想像被連接於體驗機器的人生。想像我們下載了所有最美妙的體驗，不論你認爲最美妙的體驗是什麼。當然，每個人可能都有不同看法，但你可以把自己認爲最美妙的體驗納入其中。舉例而言，你想做的事情如果是寫出一部經典小說，那麼就想像自己擁有種種相關體驗，例如深夜坐在桌前不曉得怎麼編寫接下來的情節、把紙張揉成一團丟到一旁、刪除電腦中的草稿，或是撰寫那部經典小說的過程中所可能出現的各種經歷。

或者，如果你想要找出癌症的治療方法，那麼就想像你擁有各種相關體驗，例如在實驗室裡埋首工作，突然達成重大突破，終於發現什麼樣的組合能夠造就正確的蛋白抑制劑，或是什麼其他的東西。或者，如果你想要欣賞世界上所有最美麗的夕陽，並且走訪最奇特的景點，那麼你就可以擁有實際上從事這種行爲的體驗。或者，也許我剛剛提到的這些事情你都想做，而且同時還想建立一個相親相愛的家庭。那麼，你一旦連接於體驗機器，就會擁有撰寫一部經典小說、環遊世界、找出癌症治療方法以及建立家庭的體驗。

這就是連接於體驗機器的人生。你實際上不會從事那些事物，你只是漂浮在實驗室裡而已。

不過，你感受到的體驗完全一模一樣。這時候，請問問你自己，你會想要一輩子被連接於體驗機器嗎？問問你自己，你如果發現自己的人生都是被連接在體驗機器上，會有什麼感覺？

我必須再補充一點。這個絕妙的哲學例子在近年來被《駭客任務》這部電影給破壞了。現在，我每次只要講述這個故事，別人就會說：「唉呀！邪惡的機器把你的肉體當成電池使用。」或是提起電影裡的其他情節。有些人則是會擔憂：「我擁有這些體驗的時候，外星人會不會偷偷啃食著我的肝臟？」所以，我要向你提出一項請求，請你不要想像這種東西！在這個例子裡，沒有邪惡科學家故意欺騙你以便遂行他的惡毒實驗，完全沒有這回事。此外，在你想像這個例子的時候，也請不要擔心世界貧窮或全球正義的問題，你可以想像**所有人**都連接於一部體驗機器，每個人都享受著最美妙的體驗。

別忘了，我問的是你會不會想要**終其一生**都被連接於體驗機器。我說的不是在這種機器當中體驗個一週、一個月或甚至一年會不會是一件有趣或者好玩的事情。實際上，嚴格說起來，我問的甚至也不是連接於體驗機器的人生對你而言會不會比你當下的人生更好。儘管這樣會讓我覺得很難過，但我猜想你確實有可能過著很糟糕的人生，以致被連接於體驗機器反倒算是一種改善。不過，這不是我的問題。

我的問題是，終生被連接於體驗機器，是不是能夠帶給你人生中值得擁有的**一切**？那種生活是不是人類存活在世界上的**最佳型態**？從享樂主義的觀點來看，答案必然是肯定的。連接於體驗機器的人生**完美無瑕**，只要你下載了正確的體驗檔案即可。按照假設，你在這種情況下所擁有的乃是最精彩的樂趣和令人難以置信的絕妙體驗。按照假設，體驗機器帶給我們的正是這樣的快樂。而依照享樂主義的看法，既然人的幸福就在於享有最大的快樂，那麼人生就不可能有比這更好的東西。我們不可能還會欠缺其他東西。

不過，我一旦想到自己會不會想要一輩子都被連接在體驗機器上，我的答案卻是否定的。我也發現，每當我向別人提起這個例子，並且問他們是否想要一輩子都被連接在體驗機器上，大多數人的回答也一樣都是不要。可是如果這個問題的答案是否定的，那就表示享樂主義必然有誤。連接於體驗機器的人生如果不會帶給我們人生中值得擁有的一切，那麼最美好的人生就一定不僅限於內在的感受。體驗機器能夠帶給我們適當的快樂——帶給我們適當的體驗、適當的心理狀態、適當的內在感受，可是連接於體驗機器如果不能帶給我們人生中值得渴求的一切，那麼最美好的人生一定不僅限於內在感受。這麼一來，享樂主義就是錯的。

當然，我討論這種例子已經有許多年的經驗，所以我知道總是有一些人會認爲，連接於體驗機器的人生確實完美無瑕，只要下載了正確的資料就行。不過，絕大多數人都認爲那樣的生命其實有所欠缺，認爲那樣不是理想的人類存在狀態，認爲那樣不是我們想像得到最美好的人生。

然而，你如果和我一樣認爲那樣的人生有所欠缺，那麼你就必須問自己：那種人生欠缺了什麼？體驗機器有什麼不對？我想，不同的人對於這些問題會有不同的答案。如果篇幅足夠的話，我可以仔細列出其他幸福理論，各自都以互不相同但相當值得注意的方式回答這兩個問題：「體驗機器欠缺了什麼？」以及「體驗機器欠缺的東西爲什麼值得擁有？」不同的幸福理論對於這兩個問題都有不同的答案，但與其按部就班地探究那些理論，且讓我直接指出那種人生所可能欠缺的某些東西。

有所欠缺的人生才美好？

首先，而且可能也最爲明顯的一點，就是你如果一輩子都只是漂浮在科學家的實驗室裡，那麼你實際上就沒有成就任何事情。你以爲自己得到了人生中的種種東西，但實際上並沒有。你想要爬山，但你實際上沒有爬到山，你只是漂浮著而已。你想要寫出一本經典小說，但你實際上沒有寫出小說，只是漂浮著而已。你想要發現癌症的治療方法，但你實際上沒有發現癌症的治療方法，只是漂浮著而已。你想要被愛，但你實際上沒有被愛，只是漂浮著而已（除了科學家以外，甚至根本沒有別人曉得你存在！）你想知道自己在宇宙中所處的地位，但你甚至也沒有這樣的知識，因爲你只是以爲自己寫著小說、尋找著癌症的治療方法，或者攀爬著聖母峰，但你在這些事情上都完全是遭到了欺騙。所以，你連那種自我知識也沒有。

因此，體驗機器看起來欠缺的東西包括了以下這些：我們沒有達到任何成就，我們沒有自我知識，我們也沒有身在相親相愛的人際關係當中。我們如果認爲對於幸福的適切闡述應該也要重視這些東西的價值——不僅是通常伴隨著這些東西的體驗，顯然是相當合理的期待。

當然，不同的幸福理論對於這些東西爲什麼有價值都會提出不同的解釋（舉例而言，那些東西之所以有價值，是因爲我們想要那些東西嗎？還是我們之所以會想要那些東西，是因爲我們體認到那些東西都各自具有其價值？），而且後續也還會有更多必須探究的細節。

以成就爲例。大多數人都認爲有所成就是一件很重要的事情，但不是隨便什麼成就都很重要。如果有人追求的目標是做出美國東部最大的橡皮筋球，那麼我想那個人如果做到這一點確實可以算是一種成就，但這樣的成就在我看來卻不足以造就特別有價值的人生。所以，我們必須設法區辨隨便一項成就以及眞正有價值的成就。

同樣的，不是任何知識都具有同樣的價值。知道自己在宇宙中的地位或者懂得物理基本定律是一回事，知道曼谷在一九八四年的平均降雨量又是另一回事。我不覺得後者這種知識能夠爲你的人生帶來多少價值。所以，我們需要設法分辨眞正有價值的重要知識以及無關緊要的瑣碎知識。同樣的，我們也需要設法分辨眞正有價值的人際關係，例如友誼與愛情，以及不重要的瑣碎關係。

要區辨這一切將會是相當複雜的事情，不過，假設我們做到了。重點是最美好的人生不是只要搞定內在的感受就行，而是也需要適當的成就、知識與人際關係。最美好的人生也涉及外在的事物。最美好的人生不只需要體驗「內在」的美好事物，也需要「外在」的美好事物。

我不打算在這裡提出一項充分的幸福理論，但是請注意，我們如果眞有這麼一項理論，那麼至少就原則上而言，無論實際上會遭遇到哪些困難，還是能夠評估不同的人生。我們還是能夠加總所有的好與所有的不好，再看看加減之後的結果落在哪裡。只不過我們現在必須納入計算的好事會有更多，範圍更廣泛；而且必須納入計算的壞事也一樣更多，範圍更廣泛。現在，我們必須計算的不只是好與不好的內在體驗，還必須納入各種外在的好事與壞事，不論那些好事與壞事究竟有哪些。

所以，我們還是能夠評估不同的人生，或是部分的人生。我當初要是選擇成爲農夫，而不是醫生，那麼我的人生就會過得比較好；或是我的人生在這十年間會過得比較好，但接下來卻會變得更糟。同樣的，我也可以問問自己，我要是出外度假而不是待在家裡，那麼我在接下來的幾個星期會過得比較好還是比較不好。要回答這類問題，我們都會盡力把好處加總起來，減掉壞處，不論我們認定的這些好處與壞處是哪些，然後做出我們力所能及最有根據的猜測，藉此評估自己的人生，不只是整段人生，也可以是一小部分的人生。

那些計算的結果是什麼？你也許會認爲這是個經驗問題，確切的答案因人而異。不過，值得一提的是，有些人認爲我們能夠對所有人概括而論。樂觀主義者認爲，對於所有人而言，在任何一種狀況下，計算結果永遠都是正值。「生命永遠值得活下去，絕對比不存在來得好。」這是樂觀主義者的想法，不只是對他們自己而言，而是對所有人都是如此。計算結果永遠都是正值。

另一方面，則有悲觀主義者。悲觀主義者認爲計算出來的整體結果必然都是負值，對於所有人而言，不論在任何情況下都是如此。悲觀主義者可以承認生命確實有些好處（就像樂觀主義者也能夠承認生命有些壞處），只不過他們認爲好處總是比不上壞處。「對我們所有人來說，死了都是比較好的事情。實際上，對於我們每個人而言，最好的是當初根本就不要出生。」這是悲觀主義者的說法。

介於樂觀主義者與悲觀主義者之間的，則是中庸主義者。中庸主義者指出：「要看狀況而定。對於某些人而言，計算結果是正值；對於其他人而言，計算結果可能是負值。不論是整體的人生，還是人生中的一小段落，都可以是如此。」因此，根據中庸主義者的看法，我們必須依照個案分別討論。也許大多數人都擁有值得活下去的人生，但也許有些人的人生不是如此。舉例而言，想像一個身在疾病末期的人，處於嚴重的痛苦當中。說不定這個人只能臥病在床，什麼事都無法做，而且也遭到了家人遺棄。就算這個人的一生整體而言過得相當美好，但他面對的未來仍有可能一點都不美好。這就是中庸主義者抱持的觀點。狀況因個案而異。

不論我們對這項爭論得出什麼樣的結論，請注意這些立場都具有一項共同的假設。活著有多好，乃是取決於我們所謂的生命內容加總起來的結果。我們把你的快樂與痛苦、成就與失敗（以及其他各種東西）加總起來，然後看看結果。這就是決定人生價值的重點：你的人生當中發生了什麼事。活著本身沒有價值，生命本身只是個容器，可讓我們塡入各種好東西與壞東西。要決定生命有多少價值，要決定我活著是多好的事情，就必須把那些內容的價值加總起來。容器就只是容器，其本身沒有任何價值。

我們可以說我截至目前爲止探討的這種假定是生命價值的中性容器理論。享樂主義是中性容器理論的一個版本。你有多麼幸福，你的生命有多少價值，乃是生命內容，也就是種種快樂與痛苦，所帶來的結果。我們現在已經擴增了你人生當中種種好事與壞事的種類，但儘管如此，我們的前提假設仍然認為中性容器理論是正確的觀點。

不過，有些人認為除了思考生命內容的價值之外，我們也必須記得生命本身就是一件值得擁有的東西。除了人生當中發生了什麼事的問題以外，活著本身也有其好處。這些人主張，我活著這件事實本身就為我的人生賦予了額外的價值。這種觀點稱為珍貴容器理論。

當然，嚴格來說，指稱這種觀點主張有價值的東西就是活著本身也許不太正確。畢竟，草也活著，但我猜想，即便是珍貴容器理論的擁護者，也不認為擁有那種生命會有任何價值可言。「生命」本身也許有其價值，但我們要的不只是生命。我們要的是人類生命，是身為人的生命。所以，雖然有些人指稱活著本身就是有價值的事情，他們實際上的意思想必是指以人的型態活著。儘管如此，為了簡單起見，我在後續的探討當中還是會把這種觀點簡化為生命本身就是一件有價值的東西。

活著本身就已有極高的價值？

實際上，我猜想還可以有另一種更極端的觀點。這種觀點在我看來並不合理，但我想還是值得一提：有些人確實認為活著本身就是一件有價值的事情。「沒錯，就算我的大腦遭到徹底毀損，以致我不再能夠知曉任何事情，不再能夠體驗任何事物，不再能夠與任何人有所交流，不再能夠達到任何成就，就算我處於這種無可挽回的植物狀態，至少我還是活著。」你可以想像有人抱持這樣的觀點。不過，我必須說，這種觀點在我看來實在很不合理。所以，我要把探討範圍局限於特定版本的珍貴容器理論：亦即認為只有身為人的生命才有其本身的價值。不過，如同我剛剛提過的，為了簡單起見，我後續仍會把這種觀點描述成生命本身的價值就在於你活著的這一件事實上。

那麼，請想想接受珍貴容器理論代表什麼意義。如果生命本身就擁有正面的價值，那麼要決定一個人有多麼幸福，就不能只是加總那個人生命中的內容。單是加總所有的快樂再減掉所有的痛苦，或是加總所有的成就與知識與有意義的人際關係，再減掉所有的失敗與無知與欺瞞，都是不夠的。當然，計算出生命內容的結算值，這麼做仍然可以讓你得到一項有意義的小計，但這個數值已不再能夠代表一切。我們如果接受珍貴容器理論，就也必須加上一件額外的東西，也就是計入活著本身的價值。所以，我們先算出生命內容的小計，然後再因為你活著的這項事實而加上若干正分。

請注意，由於我們會因為你活著而加上額外的正分，因此就算內容的小計是負值，最後的總計仍有可能是正值。舉例而言，假設活著本身值得加上100分（隨便提出一個數字）。那麼，就算你的人生內容小計為-10，也不表示你活著沒有比死了好，因為-10額外加上純粹活著的+100，還是會得到正值的總計結果：+90。實際上，之所以要思考接受珍貴容器理論的可能性，目的就是為了提醒我們這一點：如果要決定對你而言死了是不是比較好，通盤來說，死亡是否剝奪了你能夠享有的好處，單純把焦點放在生命的內容上可能是不夠充分的觀點。除了內容的小計以外，我們也許還必須加上一些額外的正分，以便將你活著的這項事實所具備的價值納入考量。

當然，你如果擁護中性容器理論，就不必添加任何正分，因為生命本身的價值等於零。在這種情況下，生命的價值純粹取決於其內容。不過，你如果接受珍貴容器理論，就必須添加額外的分數。所以，即便我的人生就其整體內容看來過得並不好，我活著終究仍然有可能是一件好事。我們必須記得加上額外的分數。

我們必須加上多少額外分數？在這一點上，我們必須針對不同版本的珍貴容器理論做出區辨。我在這裡暫且只提出兩種概略的類別。珍貴容器理論的溫和版本指稱，活著本身雖然是一件好事，但生命的內容如果太糟糕，其壞處還是有可能超過活著的好處，以致總計結果淪為負值。也就是說，溫和容器理論主張活著有一定的價值，但這個價值在原則上有可能受到生命內容的壞處所抵銷。至於生命的價值容不容易遭到抵銷，則是取決於你認爲活著本身的價值有多高。儘管如此，各種溫和理論共有的一項特色，就是認爲活著本身雖然有其正面的價值，這個價值卻可能受到抵銷。

另一方面，你可以想像有人認爲活著本身具有極高的價值，因此不論生命內容有多麼糟糕，最後的總計結果絕對都會是正值。這種觀點等於是說，相較於生命內容的問題，活著具有的價值乃是無窮無盡。相對於其他比較溫和的版本，我們可以把這種理論稱爲絕妙容器理論。我想，這個名稱就透露了我對這種理論的看法。我認爲絕妙容器理論的絕妙程度實在令人難以置信，無法接受。我純粹就是沒有辦法相信這種理論。

倒不是說我對珍貴容器理論毫不認同。毋庸諱言，我經常受到中性觀點的吸引，我覺得生命本身其實沒有價值。不過，我有時候也會傾向於認爲活著本身對人有好處。儘管如此，即便在我受到珍貴容器理論吸引的情況下，我比較偏好的也總是溫和版本，我從來不曾受到絕妙版本的吸引。

做出了這樣的區分之後，且讓我們回到我們一直在探究的那個主要問題：死亡爲什麼不好？剝奪說指出，如果死亡現在降臨會剝奪掉你往後的一段美好人生，那麼死亡對你而言就是一件不好的事情。但另一方面，死亡剝奪你的那段未來人生如果是一段不好的人生，那麼死亡對你而言就不是壞事，而反倒是好事。此外，我們現在已經知道，如果要判別我們未來面對的是哪一種人生，或者會不會這兩種人生都有可能，就必須決定我們接受的是中性容器理論、溫和容器理論，還是絕妙容器理論。

我們如果支持中性容器理論，就會指稱關鍵的問題在於：我接下來這一週、這一年或接下來這十年的生命內容會是什麼模樣？如果那些內容值得擁有，如果我接下來的那段人生值得擁有，那麼我現在死亡而無法再多活一週、一年或者十年，對我而言就是一件壞事。另一方面，如果我自此以後的人生整體而言會是負面的，那麼我現在死亡而不必活著面對一段不值得活下去的人生，對我而言就是一件好事。這是中性理論者的想法。

我們如果支持溫和容器理論，就會同意我們確實需要檢視接下來那段人生的內容，但同時也會堅持我們不該忘了對最後的總計結果添加若干額外分數。舉例而言，就算你未來五年的生命內容對你會帶有些微的壞處，但活著本身的價值還是有可能大於那個負面的小計數值，所以對你而言活著終究還是比較好。當然，在這種情形下，死亡如果現在降臨，對你而言的確就是一件壞事。另一方面，自此以後的生命內容如果非常糟糕，以致我們即便添加了活著本身的額外分數，最後的總計也仍然是負值，那麼現在死亡對你而言就是比較好的事情。

順帶一提，必須注意的是，我們如果接受溫和觀點，就也必須重新探究永生不死的價值這個問題。因爲，就算你傾向於同意威廉斯的主張，認爲永生不死對人有害，但我們現在卻已能夠理解到，威廉斯所談的其實僅涉及永久生命的內容。但我們如果接受溫和容器理論，那麼威廉斯的說法就不再足以做爲這個問題的定論。我們有可能一方面同意威廉斯的觀點，認爲生命的內容終究會淪入負面狀態，但同時卻仍然堅持指出，儘管如此，活著本身的價值仍有可能超過生命內容的壞處。這麼一來，說不定永生不死整體而言終究會是一件好事。當然，這個結論正不正確，乃是取決於永生不死的生命內容究竟會有多麼糟糕。畢竟，你如果接受溫和版本的珍貴容器理論，那麼只要生命內容糟到一定程度，還是有可能抵銷生命本身的正面價值。

相對之下，絕妙容器理論的支持者則是會指出，威廉斯聲稱永生不死將會淪爲一場夢魘的說法究竟正不正確根本沒有關係。就算永生不死終究會變得極度無聊乏味或甚至是更糟的狀況，活著本身的價值都足以超越那些壞處，所以活著絕對是比較好的事情。不管生命的內容可能會有多麼糟糕，活著都一定會比較好。明顯可見，按照這種觀點來看，永生不死的確會是一件好事。無論如何，死亡都一定是一件不好的事情。

當然，我已說過我覺得絕妙容器理論不合理，所以我認為我們對於永生不死的生命內容終究會變得多麼糟糕這個問題不能純粹不予理會。但除此之外，即便在我有時候傾向於接受溫和容器理論的情況下，我還是覺得不論活著本身能夠帶給我們什麼樣的正面價值，這些價值終究會被永生不死的負面生命內容給抵銷。也就是說，我仍然傾向於認為永生不死終究會變成一件整體而言對我們有害的事情。

因此，我還是要說我們會死是一件好事，原因是永生不死終究會變得極為可怕。不過，且容我提醒你，在抱持這種立場的情況下，我還是可以認為死亡來得太快。我們所有人還是有可能在生命走下坡之前就不幸死亡。在我們死亡的時候，再活十年或二十年，或甚至是五百年，仍有可能對我們而言是一件好事。認為永生不死是一件壞事，並無礙於我們認為死亡總是來得太快。

當然，我們在這時候必須回想樂觀主義者、悲觀主義者與中庸主義者的分別。誠然，永生不死的生命如果終究會變得對我們不好，那麼我們就必須揚棄極端樂觀主義的立場，亦即認為各種未來都必然是好的。不過，我們還是可以想像條件式的樂觀主義，亦即認為就我們實際上擁有的這種生命而言，多活幾年就整體而言絕對會是一件好事。如果是這樣的話，那麼在我們實際上擁有的這種生命當中，死亡就總是來得太早（不可諱言，「樂觀主義者」這個標籤可能不太理想，因為這種人認為死亡總是來得太早；不過，之所以把這些人稱為樂觀，原因是他們認為後續的生命一定會是一段美好的時光）。相對之下，悲觀主義者會指稱死亡不論什麼時候降臨都不算太早，因為後續的生命絕對不值得活，總是比什麼都沒有還要來得糟。

不過，不論這麼說有沒有意義，我個人其實偏好中庸主義。我認為死亡對於許多人而言明顯可見是來得太快，甚至可以說對大多數人而言都是如此。但我不認為所有人都是這樣。說來可嘆，有些人在人生中會陷入嚴重的殘疾、失去各種必要的能力、深受痛苦的煎熬（而且沒有什麼康復的機會），以致繼續活下去根本沒有任何好處。不論這種案例有多麼常見或是多麼罕見，在這種案例當中，死亡確實就不算是來得太快。實際上，有時候死亡甚至是遠遠來得太晚。

① Robert Nozick, *Anarchy, State and Utopia* (Basic Books, 1974), pp. 42-45。

第十三章
死亡的其他面向

根據剝奪說，死亡對我們造成的核心壞處（在死亡對我們有害的情況下），就是剝奪了我們能夠享有的美好事物。當然，我一開始呈現這項觀念的方式，是說死亡剝奪了我們生命當中的美好事物。不過，我們現在已經看到，有些人可能會想要稍微修正這項說法，以便涵蓋生命本身也可能有其好處的可能性。不過，不論細節如何，我們還是可以這麼陳述這項基本觀念：死亡的核心壞處（在死亡有害的情況下）在於其剝奪了我值得擁有的生命。

然而，我雖然努力指稱這是死亡最核心或根本性的壞處，我想我們還是可以說這不是死亡唯一的壞處，就算我們繼續把焦點放在死亡對死去的人所造成的壞處，也仍然可以這麼說。我們體驗的死亡仍有其他特點，可以和死亡造成的剝奪區分開來，因此也就必須提出這個問題：這些進一步的特點是否會加強死亡的壞處？另一方面，我們也可以想像其中有些特點可能會緩和或減輕死亡的壞處。

以下就來舉一個例子。當然，你會死是一件事實，但不僅如此，你會死是一件無可避免的事情，這是迴避不了的。我們可以把死亡不可避免的特性拿來和你正在閱讀這本書的事實互相比較。你現在當然正在閱讀這本書，但你閱讀這本書並不是一件無可避免的事情，你當初擁有讀或不讀這本書的選擇，可是死亡不一樣，不管你怎麼選擇，都避免不了死亡。所以，不只是說我們所有人全都會死，而且我們全都會死還是一項必然的眞實。因此，我們也許會問，死亡這種無可避免的特性該怎麼說呢？這種特性會導致事情變得更糟嗎？在此，我要區辨兩項議題：一項是個人議題（你無可避免終將一死），另一項是普遍性的議題（我們所有人都無可避免終將一死）。

先來想想你無可避免終將一死的這件事實。死亡的無可避免性會讓死亡變得更好還是更糟？值得注意的是，我認為這兩種答案看起來都頗為合理。一方面，你可以想像一個人這麼說：「我有一天會死就已經夠糟糕了，可是我完全無力改變這一點更是雪上加霜。面對死亡，我的無能為力就像是落井下石一樣。我無法逃避死神。死亡雖是我的存在的一項核心事實，但這種徹底的無力感卻讓事情變得更糟。」

但另一方面，有些人也會認為自己終將一死的無可避免性其實會降低死亡的壞處。要了解這項立場，只需想想「後悔無益」這句俗語背後的觀念即可。事情發生就發生了，不可能再改變。當然，這種觀念就是說，你一旦把注意力集中在一件事情無可改變的事實上，那件事情就不再會讓你感到那麼懊惱。不過，如果這種觀念確實沒錯，而且我們也眞的體認到我對於自己終將一死完全無能為力，也許這項體認就不會再讓我們感到那麼難過。

這裡有個特別清楚明白的例子：你可以試試看對於二加二等於四這項事實感到懊惱。試著對於你無力改變這項事實感到懊惱。假設你希望二加二等於五。你有可能對這一點感到憤怒、懊悔和沮喪嗎？我猜想你應該沒辦法。對於這麼一件明顯可見無法改變的事情，你不可能會感到情緒激動。

哲學家史賓諾莎認為，我們只要能夠體認到這件事實（至少他認為這是一件事實），亦即人生中發生的一切都是必然的，所以我們就會對這些事情產生一種情感上的疏離，那些事物就不再會令我們感到懊惱。我們將不再會對各種事物感到失望，因為對一件事物感到失望，其前提假設就是認為那件事物有可能出現不同的發展。史賓諾莎認為，你一旦了解到人生中的一切事物都不可能有不同的發展，你就不可能對任何事物感到難過。因此，我們如果體認到自己的死亡是無可避免的事情，並且眞正加以內化，那麼這項體認也許就會減輕死亡的壞處。

也許眞是如此，但我不敢確定。你可能看過杜斯妥也夫斯基的短篇小說《地下室手記》。地下室人對於二乘以二等於四這項事實感到懊惱。或者，也許他是對自己完全無力改變二乘以二等於四這項事實感到懊惱。他痛恨自己如此無能，竟然無法改變二乘以二等於四。同樣的，笛卡兒想到上帝的無所不能，也指稱上帝如果無法改變數學的事實，就不能眞的算是無所不能。笛卡兒認爲，如果有什麼必然的事實是上帝無法改變的，那麼這點就彰顯了上帝的缺陷。所以，笛卡兒宣稱上帝其實能夠讓二加二等於五，只是選擇不這麼做而已。因此，杜斯妥也夫斯基其實是針對這個想法進一步發揮。他的地下室人認爲無可避免的特性沒有任何好處，只會讓事情變得更糟。如同我說的，我覺得這兩種答案都頗爲合理。我經常會因爲心緒改變而傾向不同的方向。

那麼，不僅是我無可避免終將一死，而是我們所有人都無可避免終將一死，這件事實又該怎麼說呢？死亡的普遍性會把事情變得更好還是更糟？在這一點上，我也覺得自己搖擺不定。一方面，我覺得自己想要說：我不免一死的確是一件很糟糕的事情，但我不是禽獸，得知其他所有人也都不免一死，又令我覺得更加難過。或者，鑒於我們對永生不死的討論，也許我該說令我難過的是我們所有人（或者至少是大多數人）都死得太早。知道所有人都不免死得太早，會讓我覺得更加難過。

另一方面，我們也應該誠實面對自己。有句俗話說：「倒楣鬼都喜歡有人陪著倒楣。」得知這件不好的事情不只會發生在我身上，至少能夠爲我帶來一點安慰，不是嗎？我不是唯一遭到天地選中必須背負太早死亡這項苦難的人，幾乎所有人都遭到天地的同等對待，這點也許能夠爲我帶來一些安慰。

死亡的差異性

死亡還有另一個值得思考的面向：死亡的**差異性**。怎麼說？畢竟，不只是我們全部都會死，但我們每個人能夠擁有多少生命還有極大的差異。有些人享有八十歲、九十歲或甚至一百歲以上的高壽，另外有些人卻是二十歲、十五歲或甚至十歲以下就早早夭折。

就算死亡無可避免，生命也沒有必要長短不一。畢竟，死亡又不是**非**得要有早來晚到的差異不可。我們可以想像這樣的一個世界：所有人都在同一個歲數死亡，也許是在一百歲。死亡實際上有早來晚到的差異，會把事情變得更好還是更糟？

我想，從道德觀點來看，我們大可直截了當指出這種現象會把事情變得更糟。畢竟，我們大多數人都傾向於認爲不平等在道德上是令人厭惡的現象。有些人在非因自己的努力或過失的情況下而有貧富之別，就是一件不好的事情。不過，如果不平等在道德上是令人厭惡的，那麼我們就應該在道德上譴責這種極其嚴重的不平等現象：有些人僅僅五歲就不幸夭折，有些人卻得以活到高齡九十歲。不過，爲了和我們先前對於死亡的壞處所採取的整體討論焦點保持一致，我要把道德問題擺在一邊，純粹思考死亡的差異性對我而言有什麼好處或者壞處。

我們可以從兩個基本觀點看待這種狀況：一方面是活不到平均壽命的人，另一方面是比平均壽命活得還長的人。從短壽者的觀點來看，這無疑是一件不好的事情。我會死得太早就已經夠糟了，更糟的是我竟然連平均壽命都活不到，這無疑是雪上加霜。不過，我們接下來也可能不禁納悶，活得比平均壽命長的人又該怎麼說呢？假設我們找出了壽命的中位數，也就是說整整有百分之五十的人活得比這個數值還短，另外又有整整百分之五十活得比這個數值還長。這麼一來，世界上有多少人活得比壽命中位數短，就同樣有多少人活得比壽命中位數長。後者可以說，我會死得太早雖是一件令人遺憾的事情，但至少我的壽命還超過平均。由此看來，死亡的差異性顯然是一件好事。

說不定這兩方面的好處與壞處正好互相抵銷。有些人比較倒楣，壽命達不到平均值；有些人則是比較幸運，壽命能夠超過平均值。就死亡的個別壞處而言，說不定這兩者剛好正負相抵。說不定是這樣。只不過在我看來，其中還涉及一項人類心理的相關事實：我們比較在乎吃虧，而比較不注意是否占了便宜。我認為一般人擁有的某種好處如果低於平均值，這點對他們造成的傷害將會比擁有高於平均值的好處所帶來的效益還要大。如果這麼說確實沒錯，而且實際上看起來也的確是如此，尤其是就死亡而言，那麼死亡的差異性所帶來的額外壞處（也就是有些人的壽命比平均還短），就會超出其所帶來的額外效益（也就是有些人的壽命比平均還長）。

接下來，死亡還有另一個重要特性。我們探討過了死亡的無可避免性，也探討過了差異性。那麼不可預測性呢？不只是你無可避免終將一死，也不只是有些人的壽命會比別人來得長，而且你還不曉得自己究竟剩下多少時間。

也許有人會認為我們思考差異性的時候，就已經考慮過了不可預測性，不過實際上並非如此。邏輯上來說，差異性雖然是不可預測性的一項必要條件，卻不足以保證不可預測性的成立。實際上，差異性可以伴隨著完全的可預測性。舉例而言，我們可以想像這樣的情景：每個嬰兒一出生，手腕上就有一個與生俱來的胎記，確切無誤地標示出這個嬰兒會在哪一年哪一天的什麼時間死亡。我們絕對能夠想像這樣的世界。死亡仍然無可避免，因為每個人的手腕上都標示了死亡時間。更重要的是，死亡也還是有差異性，有些人能夠活八十年，有些人能夠活五十七年，有些人只能活二十年。不過，死亡在這種情況下卻沒有不可預測性。由於手腕上的胎記，每個人都知道自己究竟還剩下多少時間。

當然，現實世界裡沒有那種胎記。在我們的世界裡，死亡不但有差異性，也有不可預測性。這種特性會把事情變得比較好？還是比較糟？知道自己什麼時候會死會比較好嗎？

不可預測性至少在一方面有可能把事情變得更糟：由於你不知道自己還剩下多少時間，所以也就很難預做規畫。當然，你可以按照統計數據進行猜測，你可以計算平均壽命。假設目前美國的平均壽命是七十九歲，那麼你如果現在將近三十歲，你在平均上而言就還剩下五十年可以活。不過，如同我們已經指出過的，這個平均值掩蓋了許多的差異性，所以，你正忙著從事這些計算，結果卻在過街的時候被卡車撞死了。這種情形有可能發生，對不對？由於不可預測性，所以你沒辦法確知自己究竟什麼時候會死，而由於你沒有辦法確知自己究竟什麼時候會死，所以也就很難預做正確的規畫。

我們尤其很難知道該怎麼安排自己的進度。你希望就讀醫學院並且成爲醫生，所以，你不但投注時間念大學，還投注時間唸醫學研究所，並且投注時間在醫院中實習。這是一項極爲長期的投入，是一項長期計畫，而你若是在二十出頭就罹病死亡，這一切的努力就會化爲烏有。當然，這是個頗爲戲劇化的例子，不過這種情形原則上在我們所有人身上都可能發生。你擬定一項人生計畫，想出自己在人生中想要獲致什麼成就，結果死亡就這麼出乎意料地突然降臨，徹底破壞了你的計畫。你要是知道自己接下來只會再活二十年而不是五十年，你就會爲自己挑選另一種不同的人生。不可預測性使得死亡更加糟糕。

除此之外，不可預測性也可能帶來另一種比較不那麼明顯可見的後果。你擬定了自己的人生計畫，按照計畫行事，結果，出乎你的意料之外，你卻沒有在自己預期的時間死亡。你繼續活著，於是你的人生不禁產生一種虎頭蛇尾的感覺。你太早達到了巔峰，你以爲你會像演員詹姆斯·狄恩一樣英年早逝，但你錯了。你要是知道自己還會再活七十年，而不會年少早夭，假設你若知道自己會活到九十四歲的高壽，當初一定會爲自己選擇不同的人生。

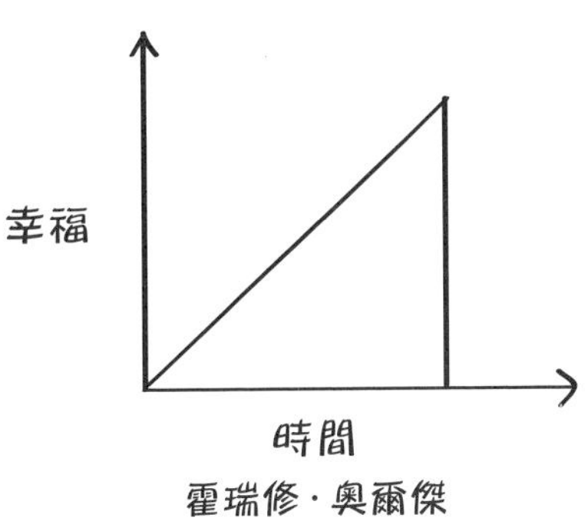

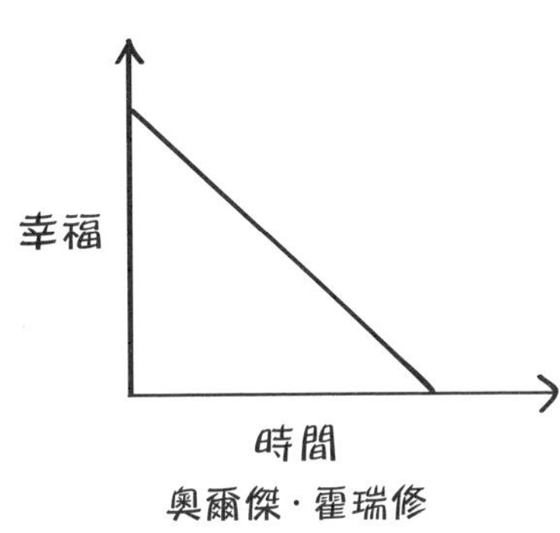

圖13.1

藉著思考以上這些問題，我的用意其實是要說一個人的生命整體價值有可能會受到我們尚未討論到的某種特點所影響。我們也許可以這麼陳述這種觀念：人生的整體樣貌也有其重要性。換個方式來講，我們可以說人生的「敘事曲線」會影響人生的整體價值。

且讓我用幾個非常簡單的圖表闡釋這一點。這些圖表無意貼近現實，但能夠讓你獲得基本概念。十九世紀美國作家霍瑞修·奧爾傑（Horatio Alger）寫過許多故事，內容都是描述出身貧窮的人物，如何透過勤奮努力、專心致志以及堅持不懈而獲得財富與成功。從一無所有到萬貫家財——這是一種美妙而且激勵人心的人生。

我們來畫一張那種人生的圖表，見圖13.1。Y軸代表幸福，也就是你在人生中的特定時間點過得有多麼好；X軸則是代表時間。在圖13.1左邊的圖表裡，你一開始一無所有，最後擁有萬貫家財。這是個絕佳的人生，是霍瑞修·奧爾傑式的人生。

接下來，請想像另一種不同的狀況，這一次，這個人不是從一無所有到萬貫家財，而是從萬貫家財到一無所有。他在人生的起點富裕無比，到了最後卻一無所有，這是奧爾傑·霍瑞修式的人生。當然，這種人生與第一種正好相反，在圖13.1裡，是右邊的那個圖表。

我想應該不會有人對這兩種人生的差異毫不在乎，對於這兩種人生的選擇覺得無關緊要。我猜想應該差不多所有人都會偏好第一種人生①。不過請注意，就人生的內容而言，至少就此處限定的內容而言，實在很難看出我們為什麼應該在乎自己得到的究竟是哪一種人生。這兩種人生都含有同樣多的苦難，也含有同樣多的成功。當然，這兩個圖表恰成鏡像，因此其中一個圖表有多少美好時光，另一個圖表同樣也有那麼多的美好時光；其中一個圖表有多少苦難時光，另一個圖表同樣也有多少苦難時光。概略上而且直覺上來說，這兩種人生的內容是相同的（就數學上而言，這兩個圖表內的兩條線所圍的面積完全相同）。就算我們接受珍貴容器理論，而認為活著本身有其價值，我們也還是沒有理由偏好這兩種人生的其中一種。由於這兩種人生一樣長，所以增加的額外分數也彼此相同。

我們如果不認為這兩種人生無所差異，那麼由此可見我們不只認為生命當中的各種好處對生命的價值有所影響，也就是你在個別時間有多麼快樂或是多麼不快樂，而且生命的整體樣貌也有其重要性。敘事曲線有其重要性，「從壞到好」是我們想要的人生，「從好到壞」則是我們不想要的人生。

這點不免引起一項值得注意的問題：我們為什麼在乎生命的樣貌？當然，這個問題也應該會令我們回想起盧克萊修的難題：我們為什麼比較關注未來的不存在，而不在乎過去的不存在？這種現象的原因並不明顯可見，但實際上仍是如此：壞事一旦過去了，似乎就不會像尚未來臨的時候那麼令我們不安。同樣的，我們似乎也寧可壞事早點發生（別忘了帕菲特那個痛苦手術的例子。我們對於壞事尚在未來或是已經過去絕非毫不在乎）不論這種現象的解釋究竟是什麼，簡單明白的事實就是我們關注自己人生的整體樣貌以及進程。

不過，在這種情況下，我們就必須擔憂自己的人生可能會因為死亡的不可預測性，而達不到理

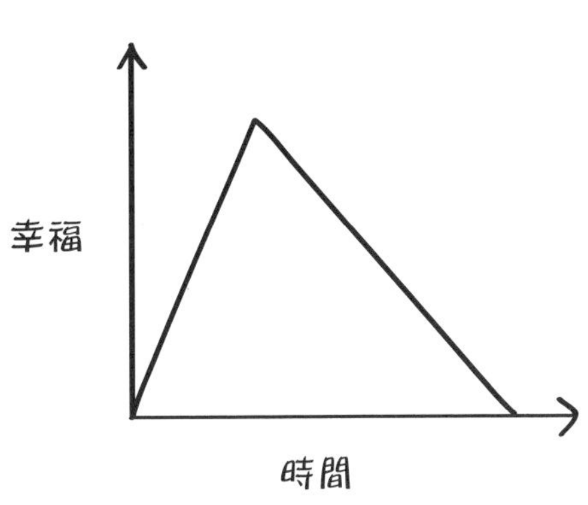

圖13.2

想的樣貌。想想圖13.2當中的人生。這個人的問題在於他的人生太早達到了巔峰。我們的人生雖然達到了巔峰，卻在人生的高潮過去之後繼續活了太久。我猜想我們許多人大概都不會喜歡這樣的人生。把你的人生想像成一本小說，而你的人生圖表就像是一則精彩故事的劇情。我們並不認爲小說的高潮一定要發生在最後一頁，故事在高潮之後可以再延續一小段沒有關係，不過如果故事的高潮發生在第二章，後面卻接著還有六十七章，那麼你可能會覺得這本小說的劇情結構安排得不是很好。

預知死期會比較好嗎？

我們既然關注自己人生的整體樣貌，因此也就可能會擔心自己的人生整體上是否具有適切的樣貌。就你自己的成就而言，你希望你的人生在什麼地方以及什麼時候達到巔峰？這點對我們而言無疑相當重要。問題是，在沒有可預測性的情況下，你就沒辦法知道該把自己的巔峰安排在哪裡。你如果把巔峰安排在人生後段，說不定活不到那個時候，如果把巔峰安排得太早，又可能在巔峰過後活得太久。因此，這一切表示的就是死亡的不可預測性乃是一項額外的負面因素，這項特性使得我們更難規畫出最理想的人生。從這個觀點來看，能夠預先知道自己還剩下多少時間似乎比較好。

不過，我們接著也必須要問，預先知道眞的會比較好嗎？你眞的會想要知道自己還剩下多少時間嗎？假設我們出生的時候眞的會有我先前描述的那種胎記，所以你隨時都知道自己還有多久會死。你如果有那樣的胎記，一定一輩子都甩不開自己還剩下多少時間的念頭：我還剩五十年，還剩四十九年，還剩四十八年，還剩四十七……許多人想必都會覺得這是一種負擔，一種不斷籠罩在心頭上的陰影，導致我們難以享受人生。

我們來更改一下這個故事。與其想像明顯可見的胎記，讓我們改爲假設人具有某種遺傳標記，可以藉由適當的檢驗方式找出來。你如果願意，可以接受DNA檢驗，從而得知自己究竟還可以活多久。你會想要接受這樣的檢驗嗎？當然，這是一種科幻想像，我猜想這種想像也永遠不可能實現。但實際上，隨著我們愈來愈了解帶有不同疾病的各種基因，也就有愈來愈多人面臨了是否想要檢測那些疾病的問題。

假設有一種可怕的遺傳疾病，會導致病患在四十歲死亡。你現在二十歲，而且你已知道自己有百分之五十的機會擁有這種基因（你父母的其中一人具有這種基因，也因此英年早逝），可是你還不知道自己是不是患有這種疾病。如果有，那麼你再過二十年就會死亡。你會想要接受檢驗嗎？你會想要知道嗎？

以下是個密切相關的問題：你如果知道自己還能夠活多久，你會採取什麼不同的行爲嗎？知道這一點會不會讓你把注意力轉移到對你而言最重要的事情上？思考這個問題有助於你體認到你在人生中最重視的東西是什麼。問問自己，如果知道自己只能再活一年、五年，或者十年，會選擇做什麼事情？

《週末夜現場》節目裡有個短劇是這麼演的：一名演員在醫生的診間裡，醫生向他透露了一項非常不幸的消息，指稱他只剩下兩分鐘可以活。演員答道：「我一定要把這兩分鐘過得精彩萬分。」當然，這個短劇的笑點就是他按下電梯的按鈕，結果光是等電梯就等了一分半。

你如果知道自己只能再活一年或是兩年，你會把那段時間拿來做什麼？你會去上學嗎？你會去旅遊嗎？你會花更多時間和朋友相處嗎？這個問題在我於耶魯大學教導的生死學課堂上發生了一個極度動人的例子。幾年前，那門課裡有個學生面臨了命不久長的現實。他也知道自己的生命即將走到盡頭，因為他在大一那年就診斷出了癌症，醫生告訴他，他應該沒有康復的機會，也只剩下兩、三年的壽命。得知這一點之後，他不得不問自己：「我該利用自己剩下的這些時間做什麼？」

他決定自己想要完成耶魯大學的學業。他為自己設定了在死前畢業的目標。於是，他在大四下學期修了我探討死亡的這門課（得知他在那樣的狀況下仍然決定修習一門探討死亡的課程，每週聽著我高談闊論實際上沒有靈魂、沒有死後的生命，而且我們終究不免一死是一件好事……實在令我愧不敢當）。他每一堂課都出席，直到春假。到了春假，他的病情已極為嚴重，以致醫生囑咐他已不能夠再繼續上學，他必須回家。基本上，醫生等於是對他說他該回家等死了，他回到家後，結果病況迅速惡化。

那個學期教導過他的各個老師因此面對了校方提出的一個問題，根據他那個學期的表現，我們打算給他什麼樣的成績？當然，他在每一門課當中的成績及格或不及格，將會影響他是否能夠畢業的決定。結果，他的表現足以讓他拿到學位，於是耶魯大學做出了一項值得讚揚的舉動：指派一名校方人員前往他家，趕在他去世之前在病床上為他頒授學位。

這是一則非常動人也非常令人難忘的故事。我不確定有多少人在只剩幾年可以活的情況下會想要把時間投注在學校裡上課讀書。不過，如果是你，你會想要做什麼？你會怎麼選擇？再回到我們原本的問題：知道自己還剩下多少時間可以活，會不會促使你全力追求自己的選擇，而以最有意義的方式完成你的生命？還是說得知這一點會成為一個重擔？我們思考到自己通常不會知道自己還有多久可以活的這件事情，就必須面對這樣的問題。這種不可預測性會增添死亡的壞處，還是會加以減輕？

死亡總是無所不在

以下是死亡的另一個特性。除了無可避免性、差異性，以及不可預測性之外，死亡還具有我所謂的無所不在這種特性。我不只是說我們四周到處都有人死亡，而且是說你本身也隨時都可能死亡。你永遠逃避不了現在就死的可能性。死亡雖然具有不可預測性，卻不必然表示死亡也一定會這麼普遍存在。我的意思是，就算在你覺得自己安全無虞的時候，也可能因為中風或是心臟病發而死，即便是年輕健壯的人，也可能因為動脈瘤而死。

以下是我最喜歡舉的一個例子。你可能安坐在家中的客廳裡，結果一架飛機突然撞進你家而導致你死亡。我們偶爾會在報紙上讀到這類報導，你以為自己很安全，你看著電視上的重播節目，結果下一分鐘，你卻死了，這種現象遠遠超越了不可預測性。不知道自己什麼時候會死並不必然表示你可能隨時會死。不過，我們所有人實際上卻正是這樣。

以下是另一個同樣深受我喜愛的例子。我有一次開車行駛在快速道路上，結果一輛車在沒有注意的情況下切入我的車道，擦撞到我，導致我的車子失控旋轉，滑行橫跨了三個車道。這件意外從頭到尾只有短短一陣子，但我記得自己當時清楚想著：「我要死了。」結果我沒有死，不但平安無事，車子也出乎意料地只有輕微損傷。但儘管如此，那場意外卻大有可能導致完全不同的結果。

死亡，也就是死亡的可能性，是無所不在的，無時無刻不隨侍在側。所以，我們必須問自己：這點會讓死亡變得更糟嗎？在我的感覺當中，這點看起來無疑像是死亡的一項額外壞處，要是能夠喘息一下該有多好。想像看看，如果有些特定地點，有些特定的度假勝地，你只要身在那裡就絕對不會死，如果能夠到一個地方待一陣子，而在心中這麼想著：「現在我不必擔心那件事，沒有必要把那件事放在心上。」這樣不是很好嗎？

當然，如果真有這種保證不死的地區，大概會擠滿了人，所以也許我們應該換個例子。與其想像保證不死的地區，不如想像我們有保證不死的時段。假設不曉得什麼原因，所有人都不可能在中午十二點到一點之間死亡，你可以暫時把死亡拋在腦後。這樣不是很好嗎？當然，到了一點你就必須再度承擔起自己隨時可能會死的心理陰影。不過，你要是每天都有一段時間絕對不會死，那樣不是很好嗎？或者，假設我們有些保證不死的活動，說不定你只要在閱讀哲學著作的時候就絕對不會死，或者你只要在祈禱的時候就不會死。這樣不是很好嗎？

或者，我們也可以把這種情形翻轉過來，假設大部分的時間以及大多數的活動都能夠讓人保證不死，但有些活動卻帶有死亡的可能性。這麼一來，除非你從事特定活動，否則你就不可能死。你擁有永生不死的潛力，能夠永久活著，但又不會被迫永久活著。有些活動會終結你的生命，例如對著自己的頭部開槍。所以，就算永生不死會是一件壞事，你也可以藉由從事特定活動而終結性命。不過，除了這些確保死亡的特殊活動之外，想像另外還有某些活動只是帶有死亡的風險（也就是說，這些活動帶有與現實生活中相同的風險）——從事這些活動的時候，你會失去不死的保證。這時候，請問問自己，如果知道那些活動帶有死亡的風險，你會從事其中哪些活動？

有什麼事情對你而言如此重要，會讓你願意冒著突然死亡的風險而從事那些事情？說不定你喜歡藝術。如果知道自己欣賞一件經典巨作的時候有可能死亡，而只要不欣賞就不會死，那麼藝術在你心目中的重要性有沒有高到在這種情況下仍然願意欣賞那件作品？性愛對你而言是否美妙得足以讓你願意冒著死亡的風險享受它？藉著詢問這樣的問題，可以找出哪些活動在我們心目中最有價值。

我以這種方式提出這些問題，即是認定你在這些活動帶有死亡風險的情況下仍然會願意加以從事。不過，我想我們也必須再提出一個進一步的問題：有沒有什麼活動正是因爲會帶來死亡的風險而值得一做？誠然，這個問題聽起來相當怪異。至少，我們如果暫時不考慮自己已經活了千百萬年而窮盡了生命的一切美妙之處這種可能性，這個問題就會顯得相當怪異。在當下的人生中，在生命仍然可以帶給我們許多美妙之處的情況下，怎麼可能因爲一件活動會帶來死亡的風險而予以從事呢？儘管如此，我卻覺得有些活動（就算不多，至少還是有一些）就是因爲帶有死亡的風險而吸引人。

舉例而言，我要告訴你一件會讓你大感震驚的事情。你知道有些人會跳下飛機嗎？毋庸諱言，他們跳下飛機的時候會帶著一小塊布，藉此大幅降低死亡的風險。不過，降落傘還是有可能會失效，每隔一陣子，你就會在報紙上讀到有人因爲降落傘沒有打開而墜地死亡。所以，我不禁問我自己：「爲什麼？有什麼原因會促使一個人只帶著一小塊布就跳下飛機？」而我覺得最可信的答案就是：「許多人之所以會跳傘，正是因爲這種活動帶有相當大的死亡機會。」

當然，你如果問他們，有些人一定會說：「不是，不是，是因爲高空的景色太美了。」或者提出其他理由。不過，我認爲這樣的說法不太可信，因爲你只要搭乘飛機飛上天空，就同樣可以在飛機上安全地欣賞那些壯觀的景色。至少在我看來，跳傘帶來的興奮感一定有一部分是因爲死亡的風險，死亡的機會就是促使某些人跳下飛機的原因之一。

如果這麼說沒錯，我先前的說法恐怕就不正確，我提到我們應該會想要有個保證不死的時段、地點或活動。我指稱死亡的普遍存在、無所不在是一種令人喘不過氣的重擔，這種看法說不定是錯的。死亡的機會如果能夠為人增添狂熱，那麼死亡的無所不在說不定是一件好事，而不是壞事。

不過，我傾向於認為這種說法不正確，即便是對那些確實因為死亡風險而受到跳傘運動吸引的人來說也是如此。我認為，對於那一類人而言，死亡的無所不在乃是一種持續存在但平常不會注意到的背景雜訊。具有若干死亡風險並不夠，必須要是比平常更大的風險，從飛機上跳下來之所以吸引人，原因是這麼做會大幅提高死亡風險。不過，如果這麼說確實沒錯，那麼即便是對這些尋求死亡刺激的人士而言，死亡的無所不在也不是一件好事，因為死亡風險的普遍存在會令人麻痺，使得這種風險不再引人注意。

死亡和生命的整體價值

死亡還有另一個我想要檢視的面向，亦即死亡跟隨在生命後面，這點可以說是人類境況的基本事實。我們不只是會活著，也不只是說我們在某個時間點不會存在。人類的狀況是，我們先擁有生命，然後才會死亡。我要問的是，我們對於這項事實該有什麼想法？畢竟，這是一種形上複合體，一種生命與死亡的組合，我們必須詢問其整體的價值，不只是生命，也不只是死亡，而是整個組合。

我想，在這方面有個自然而然的想法，就是一旦想要確認一件複合體的價值，只需找出個別組成部分的價值，然後再加總起來就行了。因此，我們如果想要了解人類境況的整體價值，也就是生命後面接著死亡，就應該先搞清楚生命本身的價值，再搞清楚死亡的壞處，然後把這兩者加總起來。找出兩個組成部分的價值，再看看加總結果是什麼。

當然，即便採取這種作法，每個人對於最後的計算結果也可能會有不同看法。樂觀主義者想必會認爲加總的結果應該是正值。他們也許會說：「死亡雖然不好，但生命是好的，而且好處超出我們所有人都不免一死的壞處。因此，就整體而言，能夠誕生在這個世界上仍是一件好事。」悲觀主義者想必會堅稱加總的結果一定是負值。他們會說：「整體而言，死亡的壞處超過生命的好處（如果生命有任何好處的話）。」至於中庸主義者，則可能指稱加總的結果會因個案而不同。

不過，我認爲我們不只需要找出最後的總計數值，還要評估整體的人類境況，我們必須做的不只是把生命的好處加上死亡的壞處。這個議題其實複雜得多，因爲一件複合體或一項組合的價值不一定等於個別組成部分的價值加總起來的和。對於總體的價值採取這種簡單的「加法」，不一定會得出正確的結果。

讓我舉個例子說明這一點。我在世界上最喜歡的兩種食物是披薩與巧克力。當然，我先前已經談過我對巧克力的熱愛，但我應該還沒有提過披薩。總之，這就是我最喜歡的兩種食物。披薩，美味！巧克力，美味！接下來，把這兩種美味的食物結合起來，做成巧克力口味的披薩。噁！這兩者組合起來的結果在我聽來實在噁心不已，一點都不吸引人[2]。希望你和我一樣覺得這樣的組合很噁心，儘管如此，如果分別思考披薩的價值與巧克力的價值，可能就不會注意到這兩者結合起來有多麼噁心。要斷定巧克力口味披薩的價值，不能只是把組成部分的個別價值加總起來，而是必須要考慮我們所謂的「交互作用效應」。

所以，且讓我們問問自己，思考人類境況，也就是生命後面跟著死亡的現象，有沒有任何交互作用效應必須納入考量？此處想必有兩種主要的可能性。如果眞有交互作用效應，那麼這樣的效應有可能是負面的——降低整體組合結果的價值，也有可能是正面的。

首先，且讓我針對正面交互作用效應提出一個可能的例子。你既然不免一死，由此可見你擁有的生命是有限的。生命是一種稀少資源，非常珍貴，我們可能會認爲這種珍貴性提高了生命的價值，畢竟脆弱或稀有的東西價值會比較高，乃是一種相當常見的想法。因此，生命極爲珍貴而且稍縱即逝的特性，也許確實提高了生命的價值。

科幻作家歐爾森・卡德（Orson Scott Card）寫過一則短篇故事，其基本構想是在宇宙中的所有生命型態裡，只有地球上的我們生命有限[3]。因此，我們對宇宙中的其他生命體深感羨慕。在這個故事裡，永生不死不會惹人厭惡或者乏味，而是一種相當好的東西。儘管如此，宇宙中的其他生命體卻羨慕我們有限的生命，因爲我們擁有一件他們沒有的東西，也就是生命的珍貴性——由於我們擁有生命的時間有限，因此也就必須加以珍惜。我不確定我是不是同意這種想法，但我確實看得出其中的誘人之處，這種想法如果沒錯，那麼人類不免一死的事實就會與生命產生交互作用，使其變得更加脆弱，更加短暫，因此也就更加有價值。

不論我們是否接受這項正面交互作用效應，負面交互作用效應的可能性仍然存在。以下有兩種我覺得相當合理的說法。我把第一種觀念稱爲「吊胃口」，這種觀念始於一項認知，亦即我們得以享有一小段生命，稍微體會生命帶來的各種美妙事物。接著在短短一瞬間之後，我們就必須失去這一切。就一方面而言，我們只得以淺嚐生命中的各種美妙事物，實在堪稱是對人落井下石，這種感覺就像是有人在一個飢餓不已的人士面前擺上一頓豐盛的大餐，讓他看見那些誘人的食物、嗅到那令人食指大動的香氣，也許還給他嚐一小口，讓他知道那頓餐點究竟有多麼美味，然後又隨即把那整頓大餐收走。

如果有人說，與其要品嚐一口而不得以享有整頓餐點，不如根本就不要嚐過，這樣的說法你一定可以理解。不過，你如果只把注意力集中在餐點口味的本質，可能根本不會注意到這項負面特點，畢竟這頓餐點的口味本身是一件正面的事情。同理，你如果只是把注意力集中在不得享有這頓餐點的本質，也可能不會注意到這項負面特點，畢竟不得享有一頓餐點只是一種特定經驗的缺乏而已。我們遭到的剝奪是一種比較性的壞處，而不是其本身有任何不好。你如果想要確認僅僅品嚐一口卻不得以擁有更多爲什麼是一件令人深感厭惡的事情，就必須把這兩者結合起來一起思考，這是一種交互作用效應。所以，我們可能會認爲人類境況的其中一項壞處，就是雖然得以品嚐生命，但品嚐一口之後就只能眼睜睜看著生命被奪走。這是一種可能。

我想提出的第二種負面交互作用效應，我則是稱之爲「貴族的沒落」。在當下這個時刻，你和我都有一種非比尋常的特質。我們是人，在我們所知的這個宇宙裡，這是一種極度稀有而且不平凡的特質。當然，我們無從知道在宇宙中可能還有什麼其他的生命型態，但至少在地球上，我們很可能是唯一的人（誰知道呢？就哲學對人的定義而言，說不定海豚或者某些類人猿也可以算是人，但無論如何，這乃是一個相當特別的菁英群體）。當然，根據物理論者的觀點，人只是一種機器而已。不過，如同我已經說明過的，我們可不是隨隨便便的機器。我們是驚奇奧妙的機器。我們能夠愛，我們能夠寫詩，我們能夠思索宇宙中最艱深的議題，也能夠探詢我們在宇宙中所處的地位。人是一種非常奇妙的個體，儘管如此，最後卻不免衰亡腐爛，淪爲屍體。在許多人心目中，想到我們這種如此奇妙的生物，這種地位如此崇高又價值如此珍貴的個體，竟然終究不免淪爲一團低賤而且毫不重要的腐爛血肉，實在令人深感驚恐。

每當我想到這種觀念，腦中就不禁浮現出一位遭到廢黜的國王淪落到紐約端碗盤謀生的景象。當然，你也許會認爲身爲服務生不是世界上最糟的事情。但另一方面，這個例子裡卻有一項額外的轉折，一項落井下石的元素。那名服務生無法不記得自己曾經是個非凡的人物，是個統治者。但必須注意的是，你如果只想著他身爲統治者的生活，只單獨思考這項組合當中的那個部分，可能會覺得那是一件相當不錯的事情，而且即便是他身爲服務生的生活，單獨看來也沒什麼不好。所以，你如果要注意到此一命運當中的問題，要注意到其中那個額外的負面特點，就必須針對這整個組合進行評估，畢竟從國王淪落到服務生是一種特別令人難堪的遭遇。然而，這樣的命運（或甚至更加糟糕）卻是我們所有人都避免不了的，人類境況的問題就在於我們擁有的這種驚奇奧妙的特點不會永久存在，我們終究會淪爲一團腐爛的血肉。

所以，評估人類境況的時候，至少有三項可能的交互作用效應値得思考。首先是負面效應，亦即吊胃口式的稍嚐一口可能是一種特殊的折磨，或者從人淪爲屍體可能是一件令人驚恐的事情。儘管如此，卻可能也有正面效應，也就是生命的珍貴性。對於這三種不同的可能性，我在不同時刻都曾經分別傾向於接受，有時候甚至覺得這三者都言之成理。除此之外，我一點都不清楚這三種效應如果確實存在，那麼究竟何者的效果比較大。

死亡能否影響我們怎麼活？

每個人對於這個問題想必都有不同觀點。樂觀主義者會說，就算考量負面的交互作用效應，人類境況的整體本質仍屬正面，因此生命後面雖然會接著死亡，但能夠誕生在這個世界上仍是一件好事。相對之下，悲觀主義者當然會說生命的負面面向極爲強大，尤其是在納入負面交互作用效應的情況下，寧可從一開始就不要出生。實際上，悲觀主義者的觀點認爲，我們終將一死的事實會滲透並且污染生命的本質，或者也許是生命接著死亡的這項組合。他們認爲，這個組合整體而言是負面的。寧可根本不要擁有這一切，寧可根本不曾出生過，也不要取得這種生命後面接著死亡的組合（這麼一來，與其爲賴瑞感到難過，也就是第十章那個有可能存在但實際上從來不曾出生過的人，也許我們反倒應該羨慕他）。

就我本身而言，我算是頗爲樂觀，因爲我認爲生命可以相當美好，但嚴格來說，我不算是樂觀主義者，而是中庸主義者。人類境況沒有任何一項整體價值能夠讓我們主張誕生在這個世界上對每個人而言都是好事，或者每個人都是寧可根本不要出生。說來可嘆，誕生在這個世界上究竟是好是壞，乃是取決於每個人生命中的實際狀況，儘管如此，我確實認爲許多人獲得的生命都非常值得活下去。即便是在我傾向於同意我們不能不把負面交互作用效應納入考量的時刻，我仍然認爲許多人（也許是大多數人）的人生處境整體而言還是好的。因此，對於我們這些幸運的人來說，我們既然有幸能夠在相當程度上品嚐生命中的美好事物，能夠誕生在這個世界上也就比根本不得出生來得好。

不過，話雖這麼說，有一點我也還是必須要強調：就算我們接受悲觀主義者的結論，認爲寧可根本不要出生，也不表示我們獲得這項體認之後的適當反應就是自殺。這一點還需要進一步的論述。

當然，我們很容易不這麼認爲。也就是說，我們很容易認爲一個人一旦認定自己寧可根本不曾出生，那麼這個人面對人類境況最適切的反應就是立刻自我了斷。實際上，至少就邏輯上而言，卻沒有這樣的必然性，因爲你只要稍微想一想，就可以清楚看出自殺的作法根本改變不了人類境況的基本本質，也就是生命後面接著死亡。你如果終結自己的生命，並不會因此就讓自己從來不曾出生！舉例而言，如果對生命只能稍嚐一口是一件令人髮指的事情，那麼你就算殺了自己，也還是只對生命稍嚐了一口。實際上，你要是自我了斷，只不過是讓自己嚐到的這一口變得更小而已。同樣的，如果說身爲一個終究會淪爲一具屍體的人有任何羞辱之處，那麼自殺也改變不了這項基本事實，這麼做只會導致那件令人難堪的事情更早發生。

所以，就算我們同意悲觀主義者的觀點，認爲人寧可根本不要出生，還是必須套用一句老笑話指出：「指出這麼一個幸運兒給我看！我們都已經誕生了。」由這件事實來看，就算我們同意人其實應當根本不要出生，就算這一點確實成立，也不表示自我了斷就是適切的回應作法。當然，這一切都不足以證明自殺絕對不會是人對自己的處境所做出的適切回應。我們將在本書第十五章探討這個問題。不過，暫且讓我們把這個問題放一邊，首先必須問一個比較一般性的問題：鑒於我截至目前爲止提出的這些有關死亡的事實，我們究竟該怎麼活？實際上，我們也必須要問：死亡究竟該不該影響我們怎麼過活？

---

① 在*Pleasure and the Good Life* (Oxford, 2004)一書的第六章裡，佛瑞德·佛德曼認爲我們應該不在乎這兩種人生的差異。不過，我認爲他同樣也對第一種人生懷有直覺性的偏好，儘管他終究拒絕接受這項直覺。

② 實際上，我聽說巧克力披薩在有些國家被視爲美食！不過，就我所知，這種餐點不像我心目中想像的那樣添加了乳酪、番茄醬與各種標準餡料。

③ Orson Scott Card, "Mortal Gods," in *Maps in a Mirror* (Tor Books, 1990), pp. 440-445。

第十四章
我們如何面對死亡而活？

對於死亡的事實置之不理

認爲我們終將一死的事實，應該會對我們度過人生的方式造成重大影響，是一種相當自然的想法。不過，說不定實際上根本不是如此，所以我們必須提出的第一個問題可能是：究竟該不該思考這些議題？

我當然知道，對於你——我親愛的讀者而言，現在提出這個問題已經太遲了。如果你看這本書已經看到了這裡，現在才問到底該不該投注這麼多時間思考死亡的議題，也許已經來不及了。不過，至少就理論家的角度來看，還是能夠對這項理論上的可能性感到興趣，而此一可能性就是：對於死亡的事實所該有的適切回應，可能就是根本不要針對死亡進行思考！畢竟，就原則上而言，我們對於任何一套事實都有三種不同的可能反應。你可以否認那些事實，可以對那些事實做出回應，不然也可以對那些事實置之不理。我想要進一步檢視的就是最後這一種反應。

在前面的章節裡，我對於死亡的本質已經提出了不少主張。當然，我特別論述了我們只是物理物體，而這種物體一旦以相關的方式損壞，人類就不復存在。明顯可見，針對我說過的這一切，一種可能的反應就是在事實上與我意見相左。也許你認爲有靈魂存在，或者我們雖然只是肉體，但這些肉體終有一天會復活，所以死亡並不是終點。你在這些事情上如果與我意見相左，我當然認為你錯了，我會認為你否認事實，搞錯了事實。不過，可想而知，我對於人為何應該抱持我認為的觀點，已沒有什麼需要進一步論述的地方，所以就把這第一種反應擺在一旁吧！

我稍後會談到另一種可能的反應，也就是承認那些事實，然後依此過活，也就是藉由過著適當的生活回應事實。當然，我們還沒提出這個問題：你如果體認到也想要考量死亡的各項事實，那麼你應該怎麼過活？我們後續才會談到這個問題，不過另外還有一個介於這兩者之間的可能性也值得考慮。與其錯誤地否認事實，或是接受事實並且依照事實過活，有的人也許會單純決定不予思考，對於死亡的本質，最好的反應也許就是將其拋諸腦後，根本不予思考。不難理解，有些人也許會認為這不可能是一種適切的反應。不論面對什麼主題，對於事實置之不理，將其拋諸腦後，怎麼可能會是適切的作法？不過，這種想法雖然有其高尚之處，卻必然不正確。對於自己在某些時刻可能得知的各種事實不予思考，絕對沒有任何不可接受、不恰當或錯誤之處。

我最喜歡舉的一個例子，就是我小時候被迫學過的一些愚蠢事實：美國各州的首府。現在，我已經活了大半輩子，但就我所知，我從來就不曾需要記得美國五十個州的首府，所以我根本不去想這件事情。實際上，我大概一年只會想到各州首府一次，也就是我提出這個例子說明這一點的時候。這種時候，我不禁會問自己：我還記得多少個州的首府？答案是：沒幾個。我一度知道這些事實，但實際上的狀況是，不思考這些東西也沒什麼不應該。

那麼，假設我們同意生與死的事實正是我先前描述的那樣。在我們獲得更多理解之前，也許大可對這些事實有所認知，然後將其擺在一旁，置之不理，就像美國各州首府的名稱一樣。這個提議看起來似乎相當古怪，甚至是錯誤的。可是為什麼呢？生與死的事實有什麼理由不能拋在腦後而置之不理呢？也許是因為我們傾向於認為死亡的事實（不論這些事實是什麼），應該對我們如何生活有所影響。適當的生活方式至少有一部分會受到我們不免一死的事實所形塑，因為我們不會永遠活在這個世界上。如果這點確實沒錯，那麼不理會生與死的事實似乎就有些不理性而且不恰當之處。

當然，如果有人打定主意不理會這些事實，我們很可能可以理解他們為什麼會做出這樣的決定。想像一個人這麼說：「我一旦想到死亡的本質，也就是我在地球上只能活個五十、八十或九十年，只會覺得難以承擔。這種念頭對我造成的壓力太過沉重。這麼一來，我將無法繼續過我的生活。」有些人確實會這麼說，並且聲稱因為如此，正確的作法就是不要把死亡放在心上。還記得托爾斯泰的《伊凡·伊里奇之死》嗎？那個故事裡的人物似乎都把人不免一死的事實拋在腦後。為什麼？也許是因為他們認為面對這項事實的壓力太大，難以承受，所以他們的作法就是純粹對事實置之不理，試著不去想。

不過，這種反應確實顯得有些不太恰當。無論如何，這點無疑正是托爾斯泰想要喚起我們注意的事情，也就是我們在人生中如果不面對自己終將一死的事實而採取應有的生活方式（不論適當的反應是什麼），那麼我們的人生就會不太對，不太真實。對這些事實置之不理有某種古怪而且不恰當的地方，不同於美國各州首府的事實。有關死亡的事實深具重要性。

以下這兩則故事，應可讓我們體認到不理會重要事實的決定有什麼古怪之處。這兩則故事本身都與死亡無關。首先，假設你正準備和佩姬共度一場火辣熱情的約會（依照各人的性偏好不同，你也許會想要把這則故事裡的人物改成比利）。想像你的室友拿出一個信封，說：「這個信封裡有一張紙列出了關於佩姬的若干事實。我還不打算告訴你這些事實是什麼，這些事實就在這個信封裡，我會把信封給你，你可以打開來看。不過，有一件事情我必須先告訴你。如果你看過這些事實，並且思考這些事實，知道這個信封裡所寫的這些事情，你就不會想要和佩姬出門約會。」

接下來，想像你相信你室友說的話。你不知道信封裡寫了什麼，但你真心相信裡面所寫的那些東西（不論是什麼）的確眞實無誤，你並不認爲信封裡列出的那些事情是你室友捏造的謊言或毀謗。不是，信封裡所寫的那些事情是眞的。更重要的是，你知道你只要一旦看過了信封裡的那些事情，就會改變主意而取消和佩姬的約會。假設這一切都是眞的，但你卻對室友說：「不要把信封給我。」這樣的反應看起來很奇怪，顯然不合理。這些事實如果會讓你對自己的行爲舉止改變主意，而且你也知道實際上會是如此，那麼對這些事實置之不理怎麼可能會是理性的作法？

再來是另一則故事。你正要喝一杯奶昔，但你的室友突然衝進來，說：「我拿到了實驗室的報告。我對那杯奶昔有點懷疑，所以抽取了一份樣本送到實驗室去檢驗，現在報告出來了。」你正要喝那杯奶昔。今天天氣很熱，你又很愛喝奶昔，可是你的室友說：「這個信封裡有一些關於這杯奶昔的事實，而且我可以向你保證，你只要知道了這些事實，就不會把那杯奶昔喝下肚。」結果你卻回答：「哦，謝天謝地，不要打開那個信封。」然後你就把奶昔喝進肚裡，對那些事實置之不理。這種反應看起來也顯然不恰當。

那麼，假設這點確實成立：我們一旦面對自己終將一死的事實，就會改變自己目前的生活方式。若是如此，那麼對那些事實置之不理怎麼可能會是合理的反應呢？這種反應看起來不恰當，也不理性。

這一切所顯示的，也許就是對於死亡的事實置之不理在智識上並不是一個值得考慮的選項。也許我們實際上只有兩種選擇：一種是否認我對於死亡的本質所提出的主張，另一種則是假設我的主張確實沒錯，進一步詢問我們該怎麼依據這些事實過活。對於這些事實置之不理，也許是一種智識上無可接受的選項。

不過，我猜想這個結論未免下得有點太過倉促，因爲事實對我們的行爲其實有兩種不同的影響方式。我認爲這兩者的差異相當重要，但我們要是不注意就會忽略掉。這兩種方式是什麼呢？一方面，有些事實只要你一旦知道，就會導致你改變自己的行爲，卻不會帶給你任何改變行爲的理由。這是第一種可能性。另一方面，第二種可能性是有些事實會藉著帶給你改變行爲的理由而改變你的行爲。

讓我爲第一種可能性提出一個例子，因爲我認爲我們可能就是忽略了這一點，才會認定對於死亡的事實置之不理是不合理的行爲。假設你正親吻著佩姬，結果你的室友闖進來說道：「這個信封裡有些事實，你只要加以思考，就不會想要再親吻她。」此外，我還要告訴你那個信封裡的事實到底是什麼，那些事實涉及佩姬的消化系統。她已經吃過晚餐，所以就在你親吻她的同時，那些食物正在她的消化道裡轉變爲糞便，而且終究會被排放出來。你一旦開始在心裡想像她的消化道裡的那些糞便，以及她終究會把糞便從屁股上擦掉，說不定就會覺得難以繼續和她親吻下去。

以上這些都只是事實，對不對？這些都不是我捏造的事情。不過，我猜想即便是這段粗略的描述也可能足以讓你感到噁心反胃。所以，我們很容易可以相信，在你室友的那個信封裡，如果有一篇文字以完整鮮明的方式描述消化過程，而你一旦看過那篇文字，並且思考了其中描述的事實之後，可能確實會徹底喪失親吻佩姬的慾望。

不過，這些有關消化系統的事實是否會導致親吻別人變成一件不恰當的事情？當然不會！儘管如此，思考這些事實卻可能令人難以繼續享受親吻別人的感覺，所以一旦思考了有些關於消化道的事實，就會因此不再做某些事情，例如親吻佩姬。不過，這不是因爲你有任何不親吻她的充分理由。想到人類消化過程的事實，可能會導致你改變你的行爲，卻沒有帶給你改變行爲的理由。

因此，你的室友一旦手持信封衝進來說：「這個信封裡有一些事實，你一旦讀過並且思考過之後，就不會繼續親吻佩姬。」這時你應該問你室友的問題是：「那些事實是純粹會導致我改變自己的行爲，還是會帶給我改變行爲的充分理由？」如果信封裡的事實指出佩姬喜歡到處留情之後再恣意宣揚，也許和朋友談論自己交往過的對象吻功高低，也許這項事實就帶給了你不再繼續親吻她的理由。不過，如果我們唯一知道的是那些事實會改變你的行爲，就還沒有辦法斷定那些事實是不是會帶來充分的理由。如果那些事實只會導致你改變行爲，而不會帶來改變行爲的理由，也許你就完全可以不予理會。如果你的室友衝進來向你告知人類消化系統的事實，你就可以適切地對他說：「晚一點再講。」有時候，不予理會的確是恰當的選擇。

關於死亡的事實該怎麼說呢？這些事實是否適合不予理會？也許我們可以大膽指稱這個問題的答案是肯定的。說不定有關死亡的事實會讓我在思考過後改變行爲，但不是因爲那些事實會帶給我改變行爲的理由，而只是純粹會影響我的行爲。如果是這樣，我們也許就可以斷定對於那些事實不予理會是比較好的選擇。就目前而言，這會是一項頗爲大膽的主張。

舉例而言，假設我們一旦思考了有關死亡的事實之後，正確的生活方式就是好好充實自己的人生。不過，且讓我們同時假設你一旦想到死亡，就會導致心情低落而無法好好充實人生。關於死亡的事實沒有帶給你待在房間裡消沉頹喪的理由，只是那些事實會導致你待在房間裡消沉頹喪。如果眞是這樣，那麼對於死亡的事實不予理會，也許是徹底置之不理，說不定正是恰當的反應。這的確會是一項相當大膽的主張。我不傾向於認爲這項大膽的主張是正確的。

那麼，我們是不是應該轉而斷定你隨時都應該把死亡的本質放在心上？不是，我認爲這種立場可能也是錯的。又一次，你正在與佩姬親吻，結果你的室友衝了進來，開始告訴你人體淪爲屍體之後會如何腐爛。就在他講述這種過程的時候，你開始想像佩姬淪爲一具腐爛屍體的模樣。突然間，你覺得不再想要親吻她了。這和消化道的例子一樣。就我所見，她有一天會變成一具屍體並沒有帶給你任何不親吻她的理由，只是思考她有一天將會變成屍體的事實導致了你不想親吻她，使得你無法享受親吻她的感覺。

同樣的，我傾向於認為我們在這方面應當採取中庸立場。思考死亡的事實應該要看時間和地點，例如親吻一個人的時候，實在不是思考這種事情的適當時間與地點。所以，如果有人說你應當隨時把自己終將一死的事實放在心上，那麼我認為這種說法是錯的。另一方面，如果有人說你絕對不該思考人終將一死的事實以及死亡的本質，那麼我認為這樣的說法也錯了。實際上，死亡的事實有適合思考的時間和地點。

不過，這樣還是有個問題。假設現在正是思考死亡的適當時間與地點（畢竟，如果說有什麼時間和地點適合思考死亡的事實以及這些事實該怎麼影響我們的生活，那麼無疑正是現在這個時刻，正是當下這個地點，就在你閱讀著一本探討死亡的書籍之時）。這麼一來，我們還是必須要問，你該怎麼活？面對生與死的事實，什麼才是適當的反應？

我們對於死亡的恐懼恰當嗎？

認為人終將一死的事實應當影響我們的生活方式，這是一種很自然的想法。的確，我們大多數人都傾向於認為死亡對我們的存在具有極度核心的重要性，因此應當對我們的生活方式帶有重大而且普遍的影響。舉例而言，卡夫卡曾說：「生命的意義就在於生命終將結束。」一如卡夫卡其他的名言，這句話也頗為令人費解。不過，我認為其中的暗示其實是一種相當常見的說法：我終將一死，我的生命終有一天會結束，是人生一項深刻的基本事實，應當對我的生活方式造成重大衝擊。這就是這句話的想法。然而，這項衝擊究竟應當是什麼呢？體認到我終將一死，該對我的生活方式造成什麼樣的影響？

思考這個問題的時候，單是注意到體認自己終將一死確實會對我們造成影響並不足夠。以托爾斯泰的故事為例，說不定你一旦思考了自己終將一死的事實，就會開始尖叫，而且不斷尖叫至死為止，但就算真是如此，也不表示這就是一種恰當的反應，說不定這只是人類心理的一項因果事實。我想問的問題其實是：怎麼樣才算是適當的反應？我們有什麼理由採取一種行為而不是另一種行為？

我要思考的第一種「行為」，嚴格說起來根本不是一種行為型態。我心目中的這種行為是我們的情緒反應，因為我認為一般人對於死亡最常見的反應，就是恐懼死亡。實際上，在許多案例當中，「恐懼」甚至可能不足以描述那種反應的強度。我想，一種極度強烈的恐懼，也就是對於死亡的恐懼，乃是面對死亡的一種非常普遍的情緒反應。所以，我們必須要問：對於死亡的恐懼是一種理性上恰當的反應嗎？

此處的關鍵詞是「恰當」。我絲毫無意否認許多人都害怕死亡的這項經驗事實。至於這種反應有多麼普遍，以及那種恐懼有多麼強烈，我想這會是值得心理學家或社會學家研究的議題。不過，我感興趣的不是這個問題。我認為對於死亡的恐懼非常普遍，所以我想知道的是：對於死亡的恐懼是不是一種恰當的反應，是不是一種合理的情緒？

提出這個問題，我無疑是預先假定了另一項較為廣泛的哲學命題，也就是情緒可以有恰當與不恰當之分。我們不但可以問一個人懷有什麼情緒，還可以問這個人應當懷有什麼情緒。不過，這點也許不是那麼顯而易見，所以在我們開始探討對於死亡的恐懼之前，可能值得花點時間加以討論。

且讓我們先從恐懼以外的情緒談起，例如自豪。自豪無疑是一種情緒。不過，我認為我們應該能夠同意，只有在符合相關條件的情況下，對一件事物感到自豪才會算是合理的行為。哪些條件呢？我現在想到的有兩點。第一，你感到自豪的事物必須是某種成就。你如果對我說：「我對自己能夠呼吸深感自豪。」那麼我一定會困惑不解地看著你，因為呼吸沒有任何足以使其成為一種成就的困難之處，所以我也就無法了解你怎麼會，或是爲什麼會，對自己能夠呼吸感到自豪。當然，你要是遭遇一場意外，而必須經歷極度艱困痛苦的物理治療才能再度學會如何使用自己的肺臟呼吸，那麼我們也許就看得出呼吸如何會是一種成就，從而能夠讓你感到自豪。但無論如何，對於一般人而言，呼吸不是一種成就，因此也就不是一種能夠令人恰當地感到自豪的事物。

不過，即便是成就也可能還不夠。你對一件事物感到自豪的反應若要算得上是合理，那件事物就必須是一項對你的形象有正面效應的成就。當然，在最直截了當的案例當中，你感到自豪的事物正是你自己的成就，因此這樣的自豪之所以合理，原因是你就是那個達成了這件困難事物的人。所以，如果你的哲學論文獲得甲的成績，而你對我說你對此感到自豪，那麼我就可以了解。哲學論文能夠得到甲的確是一項成就，而那篇論文又是你寫的，所以我就能夠了解你爲什麼對此感到自豪。當然，你如果只是上網找了個論文代寫網站，付錢請人幫你寫了那篇論文，那麼我雖然能夠了解那些人爲什麼也許應該對自己寫出了一篇出色的哲學論文感到自豪，卻看不出這件事情對你的形象有任何正面效應。所以，這是自豪要成其爲恰當反應的第二項條件：你感到自豪的物體、事件、活動或者特性，必須多多少少對你的形象具有正面效應。

這項條件的意思不是說你感到自豪的對象一定要是你的成就，至少不是就直截了當的狹隘意義而言。舉例來說，你對兒女的成就感到自豪也是一種合理的反應，因爲你和你的兒女之間有一種適當的連結，在某種相關的面向上，他們的成就和你有所關聯。在其他案例當中，我們也許會納悶那些成就和你的連結是否足夠緊密，或是那種連結必須具有什麼本質。也許，身爲美國人的你會對美國選手在奧運贏得獎牌感到自豪，而在內心對自己說：「我雖然沒有參加比賽，但我畢竟是個美國人，而且贏得那場比賽的是一位美國選手，所以我對此感到自豪。」這樣的說法相當合理，我們可以理解你怎麼會認爲這種連結足夠緊密。另一方面，你如果說：「德國選手贏得了那個奧運項目，我深感自豪。」我就會問你，你是德國人嗎？你有德國血統嗎？你有爲德國奧運代表隊贊助資金嗎？如果以上這些都沒有，那麼恰當的條件似乎就沒有獲得滿足，你感到的自豪並不合理。

我們大可投注更多時間探究自豪究竟該合乎哪些條件才算合理，不過這當然不是我此處的目的，之所以討論自豪，純粹是爲了讓讀者看出情緒確實必須滿足某些條件。請注意，這些條件不是必然要件，不是說我們必須在這些條件下才能感覺到情緒，那會是另一種不同的問題。這裡所謂的條件，是說你必須符合這些條件，你的情緒才算合理，才算合乎理性，你感覺到的情緒對於你所面對的情境或狀況才算是恰當的反應。

接著，且讓我們問道，恐懼的恰當條件是什麼？在探討過相關條件之後，我們又可以接著問，對於死亡感到恐懼是恰當的嗎？不過，我們首先必須知道相關的條件是什麼。我一想到這個問題，就會聯想到三項條件。第一項條件是：恐懼的感覺如果要合理，那麼你恐懼的對象就必須是不好的事情。

我想這項條件應該沒什麼爭議性。如果有人對我說：「我害怕今天下班之後會有人給我一支冰淇淋。」我就會困惑不解地看著對方。我會問那個人：「你爲什麼會害怕這件事？對於這件事感到害怕怎麼可能會是合理的事情？」當然，這個問題可能還是會有合理的答案。對方如果告訴我：「我想減重，可是我的意志又太過薄弱，如果有人給我冰淇淋，我就一定會吃，而這麼一來我這星期的減重努力就全部前功盡棄了。」那我就能夠了解。從減重人士的觀點來看，冰淇淋可能是一種不好的東西，所以恐懼要成爲恰當反應的第一項條件也就獲得了滿足。不過，你如果沒有這類理由，又和大多數人一樣，那麼冰淇淋對你而言就是一件相當不錯的東西，可以帶給你一些雖然稍縱即逝但至少眞實的快樂。這麼一來，我就看不出你怎麼可能會害怕得到一支冰淇淋，這種反應完全不合理。

恐懼的條件

對一件事物感到害怕的反應要稱得上是恰當，那件事物就必須是不好的事物。這就是爲什麼我們看到各種恐懼症的患者，例如對於蜘蛛、灰塵或兔子患有恐懼症，有時候不免會感到難以置信。我們會問，這樣的恐懼怎麼可能合理？我們面前有一隻可愛的小兔子，這隻兔子一點都不危險，所以對這隻兔子感到恐懼是不恰當的行爲。無可諱言，有些蜘蛛帶有毒性，但我們在康乃狄克州市郊地區看得到的蜘蛛都不是毒蜘蛛，所以對蜘蛛感到恐懼看起來也不像是恰當的反應（你如果住在澳洲可能就是另一回事，因爲那裡毒蜘蛛比較常見）。再次強調，不是說人不可能對蜘蛛或兔子懷有這種情緒反應，只是說這種反應不合理。

所以，恰當恐懼的第一項條件是，你恐懼的對象必須是不好的東西。我可以對偏頭痛發作感到合理的恐懼，但不可能對欣賞美麗的夕陽感到合理的恐懼。第二項條件是，不好的事物必須要有不可忽視的發生機會，不好的事物降臨在你身上的機率必須達到不可忽視的程度。舉例而言，你有可能遭到西伯利亞虎攻擊而死，這項可能性並沒有任何違反邏輯之處。這件事情沒有任何不合邏輯的地方，只是發生的可能性微乎其微（發生的機會小得可以忽視），所以你要是對我說你眞心害怕自己會因此而死，那麼我只能說這樣的恐懼根本不合理。這是一種不恰當的行爲。

同樣的，我們還是有可能對這種恐懼提出合理的解釋。假設你告訴我，你除了閒暇時間會閱讀探討死亡的哲學書籍之外，平日的職業其實是野生動物訓練師，或者也許你正打算到馬戲團工作，負責訓練老虎，這麼一來，我的反應自然就會改變。在這種情況下，你遭到老虎攻擊而死的機會確實不可忽視，於是我也就能夠理解你的恐懼，你的恐懼是合理的行爲。不過，我猜想對於我們其他人而言，遭到老虎攻擊而死的機會幾近於零，根本微不足道，所以害怕被老虎吃掉或是被老虎攻擊而死是完全不合理的行爲。

你一旦理解了這一點，就很容易提出其他例子。假設我害怕自己會遭到來自南門二星的外星人綁架，被他們帶回他們的實驗室左瞧右看，然後活活解剖。沒錯，我猜想這樣的事情多少有發生的可能，並不是邏輯上不可能的事情。但同樣的，這件事情發生的機會微乎其微，我如果眞的對此感到恐懼，你即可正確對我指出這種恐懼並不恰當，不符合理性。

所以，恐懼如果要是恰當的反應，你害怕的那件不好的事情就必須要有足夠大的發生機會。我們無疑可以辯論究竟多大的機會才算是夠大，但至少我們應該能夠同意，一件不好的事情發生的機會如果微乎其微，那麼對其感到恐懼就毫不合理。這是第二項條件。

至於第三項條件，我則是覺得比較有爭議性。但儘管如此，我仍然認爲這項條件是正確的。恐懼如果要是恰當的反應，你就必須對那件不好的事情會不會發生懷有若干不確定性。究竟必須有多少不確定性並不清楚，不過那件不好的事情到底會不會發生，或是事情到底會有多糟，至少必須要有一些不確定性。要了解爲什麼應該納入這項條件，我們必須想像這麼一個案例：一件壞事將會發生，而且完全可以確定一定會發生。實際上，你也知道這件事情究竟會有多糟。我認爲，在這種狀況下，恐懼不是一種恰當的情緒反應，儘管前兩項條件都已獲得滿足。

假設你每天都會帶午餐到辦公室，放在辦公室的冰箱裡。除了正餐之外，你還會帶一份點心，也許是一塊餅乾。然而，每天下午一點，你到冰箱去把午餐拿出來，都會發現你的餅乾被偷了！這無疑是一件不好的事情。當然，這算不上是世界上最糟的事情，不過餅乾被偷畢竟是一件不好的事情。此外，你明天帶的餅乾也有相當大的機會一樣會被偷走。所以，前兩項條件已經滿足了。不過，你明天帶的餅乾不但有相當大的機會一樣也會被偷走，而且是百分之百確定一定會被偷走。這種狀況每天都發生，所以這件不好的事情明天一定會發生，而且你也知道究竟會有多糟（每次都只有餅乾被偷）。那麼，我要說，在這種案例當中，恐懼是不合理的反應。

別忘了，另外有些負面情緒在這種情況下可能是合理的，例如憤怒與怨恨。那個小偷以爲自己是誰呀，竟敢偷你的餅乾？那個人沒有權利這麼做！你可以感到憤怒，你可以感到怨恨，你可以對自己每天都沒有點心可以吃感到難過，但是你不該感到恐懼，因爲這個案例當中沒有任何能夠讓你合理感到恐懼的事情。你一旦確知那件壞事將會發生，也確知狀況會有多糟，就沒有理由感到恐懼。

相對之下，那個賊如果是隨機犯案，在一週當中的不同時間竊取不同人的點心，而你根本無從知道接下來會是誰的點心被偷，那麼你對於自己的點心可能會在明天被偷也許就可以感到合理的恐懼。或者，如果你覺得餅乾被偷的例子太過愚蠢，那就想像有人闖入你家附近的公寓竊取筆電吧！在這種情況下，恐懼也是合理的反應，你也許會合理地害怕接下來被偷的可能是你的電腦。這個例子滿足了全部三項條件：有一件不好的事情，這件事情有相當大的機率會發生，可是又無從確定到底會不會發生。

另一方面，假設我們遇到像電影情節的狀況，那個竊賊的偷竊功力極高，也深感自豪，因此會在事前宣布自己的偷竊標的。舉例而言，那個竊賊也許會在《紐約時報》上刊登這樣的廣告：「四月二十七日星期三，我將會從某某人的公寓裡偷走電腦。」而且，不管採取什麼預防措施，一定都會有某個環節出錯，結果被指定者的電腦總是會被偷走。如果你的住處被指定爲下星期的竊盜目標，那麼你可以合理地感到憤怒。你可以感到氣憤和惱怒，也可以對自己不曉得該怎麼預防感到愚蠢。不過，那則廣告如果列出了你的姓名和預計犯案日期，而且那個竊賊如果在這一整年來對於自己事先宣布的偷竊標的都總是能夠順利得手，那麼我就要說你在這種情況下沒有理由感到恐懼，因爲你一旦確知自己遭受的傷害會有多大，而且也確知自己一定會遭受傷害，那麼恐懼就不再是恰當的反應。

假設我有一部小小的凌虐機器，一部小小的痛苦產生器。我把你的手放在機器上，接上電極，設定之後，按下開關，於是你感到一陣電擊。如果每次電擊的強度各自不同，那麼你對下一次電擊會有多強感到恐懼就是合理的反應。可是，如果這部機器只能讓人按下開關施放電擊，但每次的強度都完全相同，而且我也已經對你施加了幾次電擊，所以你確知受到電擊的感覺，也知道自己還會再被電擊三次（說不定你參加了一場古怪的心理學實驗），那麼我認爲恐懼在這種情況下不是合理的反應。你如果確知有什麼事情會發生，也知道那件事情會帶來什麼樣的感受，那麼你當然可以不喜歡那件事，但恐懼卻是不恰當的反應。

實驗結束了，你領到參與實驗的十美元酬勞，但我拒絕讓你走。我說：「我要再對你施加一次電擊，這次不會比先前更強。」明顯可見，你可能不會相信我。說不定最後這次電擊眞的會比先前更強。這麼一來，就會出現不確定性的因素，那麼這時恐懼也許就會是恰當的反應。不過，你如果眞心相信我的話，認爲我只會再對你施加一次電擊，而且強度和先前一模一樣，那麼憤怒也許是合理的反應（你原本可沒有同意再多接受一次電擊！），怨恨也許是合理的反應，對於自己將會再次遭到電擊感到難過也許是合理的反應，但恐懼卻是不合理的反應。

所以，我認爲恐懼如果要是合理的反應，就必須符合三項條件。你恐懼的對象必須是壞事，那件壞事必須有不可忽視的發生機會，可是你又絕對不能確知那件壞事一定會發生。如果你確知那件壞事的本質，也確知那件壞事會發生，那麼恐懼就不是合理的反應。

另外有一點也許值得順帶一提：就算在恐懼是合理反應的情況下，我們也還是應該把比例條件銘記在心。就算有一件壞事具有不可忽視的發生機會（但又還沒到確定會發生的程度），所以若干程度的恐懼是恰當的反應，但如果發生的機會不大，恐懼卻極度強烈，那麼恐懼的量就仍然可能不恰當。風險如果相當輕微，那麼恰當的反應也許只是些微的擔憂。同樣的，恐懼的量必須和壞事的**規模**比例相符。舉例而言，在餅乾小偷的案例中，就算你不確定自己會不會成爲下一個受害者，因此可以合理感到若干程度的恐懼，你的恐懼應該也只是相當輕微。若是超過這樣的程度，即是不恰當的反應。

具備這些觀念之後，我們接下來也許就可以問對於死亡的恐懼究竟是不是恰當的反應。不過，還必須先釐清一件重要的事情：對死亡感到害怕的時候，害怕的**究竟**是什麼？恐懼的對象到底是什麼？我認爲這個問題有三種不同回答方式，而依據我們採用哪一種答案，對於死亡的恐懼就可能會是或者不是恰當的反應。

你可能會擔憂的一件事情是死亡的**過程**。有些人覺得生命盡頭的實際過程充滿痛苦。我先前已經提過被老虎撕咬而死的可能性，我也絕對認爲那會是一種很不愉快的死亡方式，所以你既然有不可忽視的機會可能會遭遇痛苦的死亡過程，那麼你確實應該感到若干程度的恐懼。當然，我們接下來必須問的是，你遭遇痛苦死亡過程的機會有多大？如同我已經提過的，對於大多數人而言，被老虎撕咬而死的機會微乎其微，因此我認爲對於這種死亡方式的恐懼是不恰當的行爲。同樣的，害怕自己遭到來自南門二星的外星人活活解剖而死，也是一種不恰當的行爲。

儘管如此，事實是世界上的確有人會遭遇痛苦的死亡過程，尤其是因爲有些疾病在末期會帶給人極大的痛苦。得知許多醫院至今仍然不會在病患的生命接近尾聲之際提供充分的止痛藥，可能會令人頗感訝異。爲什麼？這是個相當複雜的問題，但如果有人對我說他們得知這件事實之後，不禁害怕這種情形會發生在自己身上，那麼我想我無疑能夠理解他們的反應。儘管如此，這樣的恐懼還是必須符合比例，你如果對我說你因爲害怕這種情形會發生在你身上而導致晚上無法入眠，那麼我會認爲這麼強烈的恐懼實在不符比例。

但無論如何，雖然有些人對於死亡的恐懼其實是害怕死亡的過程，我認為大多數人提到自己害怕死亡的時候並不是這個意思。我想，大多數人這麼說的意思是指他們害怕死亡本身，害怕失去生命，他們害怕的是死後的狀態會像是什麼模樣。但我要指出，就這一點而言，恐懼的各項恰當條件其實沒有獲得滿足。

此處必須記住的一點是，死後的狀態其實不像是任何東西，死了之後不會有任何體驗。當然，我們先前早已在第九章討論過這一點，並不是說我們死後會有某種體驗，只是那種體驗和一般的尋常體驗都不相同，而且非常難以想像，以致是一種令人煩心的謎團，不是的，這點根本沒有任何謎團可言：死了純粹就是沒有任何體驗。

不過，這就表示死了之後「會像是什麼模樣」其實不是一件本質性的壞事，因為死了以後根本不像是任何東西，所以我們對於死亡的恐懼如果是害怕死後會像是什麼模樣，那麼這種恐懼就是一種不恰當的恐懼。恰當恐懼的第一項條件沒有獲得滿足，因為我們恐懼的對象，也就是死後會像是什麼模樣，實際上根本不是壞事。

明顯可見，這個論點的前提假設採用了我在本書前半段所辯護的那種死亡本質觀點。你如果相信死後世界，或者至少認為死後世界存在的可能性相當高，那麼結果就會相當不一樣。舉例而言，假設你擔心自己可能會下地獄。按照這項觀點，害怕死後可能會像是什麼模樣顯然很有道理（當然，除非你確知自己一定會下地獄，也確知自己會受到多少懲罰。這麼一來，恰當恐懼的第三項條件就沒有獲得滿足，因此這樣的恐懼仍然不恰當）。不過，要是如同我所相信的，死亡的確是經驗的終點，那麼我認為恰當恐懼的第一項條件就沒有獲得滿足。害怕死後會像是什麼模樣根本不合理，因為死了根本不像任何東西，所以也就不會像任何不好的東西。

當然，我的意思不是說死亡沒有任何不好之處。我雖然堅稱我們沒有理由害怕死了以後會像什麼，正因爲那根本不是一件不好的事情，卻沒有否認死亡是一件不好的事情。相反的，我接受剝奪說，這種論點認爲死亡之所以不好（在死亡確實不好的情況下），是因爲人會因此被剝奪活著所能夠享有的美好事物。簡言之，死亡不是因爲死了感覺像什麼而不好；死亡是因爲死亡造成的剝奪而不好。

不過，如果這是對的，那麼我們在這方面也許終究還是能夠明確指出一個適當的恐懼對象。與其害怕死了會像是什麼模樣，也許我們應該純粹害怕死亡造成的剝奪。毋庸諱言，剝奪不是一種本質性的壞事。不過，如同我們先前看過的，剝奪顯然是一種比較性的壞事。所以，對於死亡造成的剝奪感到恐懼，顯然能夠滿足恰當恐懼的第一項條件：恐懼的對象必須是不好的事情。這麼一來，對於死亡的恐懼說不定終究是恰當的，只要我們明白指出令人害怕的是死亡造成的剝奪，而不是死後的體驗。

不過，這種說法也不太正確。第一，我已論述指出永生不死其實不是一件好事，被迫永生其實是一種懲罰，而不是福氣。這麼說如果沒錯，那麼我們不免一死，生命終究會遭到剝奪，實際上就不是一件壞事，而是一件好事。所以，害怕死亡造成的剝奪終究不是恰當的行爲。說得更精確一點，如果我們害怕的是生命無可避免的喪失，那麼我們恐懼的對象就不是壞事，而是好事，因此這種恐懼仍然不恰當。

當然，你也許不認同永生不死是一件壞事。說不定你認爲永生會是一件好事。這麼一來，生命無可避免的喪失，這是人不免一死這項事實當中的必然元素，就的確會是一件壞事，而不是好事。所以，我們是不是有可能至少同意，就永生不死是一件好事的觀點來看，我們恐懼的對象的確是一件壞事，所以這樣的恐懼乃是恰當的行爲？

不過，請注意這一點：就算我認爲永生不死是一件壞事的想法是錯的，也不足以證明對於死亡的恐懼是恰當的行為，因為我也指出了恰當恐懼還必須滿足另一項條件，就是我們恐懼的對象是否會來臨必須缺乏確定性。然而，我的生命終究會遭到剝奪這一點並沒有任何不確定性，我知道這件比較性的壞事（為了討論起見，假設這的確是一件壞事）必定會來臨，我也知道我一定會死，所以恐懼仍然是不恰當的反應。

假設我給你一支冰淇淋，你覺得很好吃。你希望自己再吃一支，可是我沒有另一支冰淇淋可以給你。這麼一來，你知道自己吃完第一支冰淇淋之後，就不會再有第二支可以吃。這是一件令人惋惜的事情，是一件好事的欠缺。這時候，你對我說：「我很害怕；我很害怕我吃完這支冰淇淋之後會有一段時間沒有第二支冰淇淋可以吃。我害怕自己被剝奪冰淇淋的這件壞事。」希望讀者可以清楚看出這樣的恐懼完全不合理。既然你已經知道不會有第二支冰淇淋，對於這項欠缺感到恐懼也就是不恰當的行為。同樣的，就算死亡本身是一件壞事，因為死亡代表了你在某個時間點之後就不再能夠享有更多生命，儘管如此，既然你已經知道生命必然會結束，對於這項終究會來臨的欠缺感到恐懼就也是不恰當的行為。

不過，這時又不免浮現出另一個可能。我剛指出對於死亡的恐懼之所以不恰當，正因為死亡的來臨確切無疑。不過，有一件完全無法確定的事情，則是你什麼時候會死，既然如此，說不定我們應該害怕的不是生命的喪失這件事，而是我們可能會比自己以為的更早死亡。

想想以下這項比喻。假設你身在一場派對中。這是一場很棒的派對，你希望自己可以一直待著，不過這時候的你是個高中生，所以你媽媽終究會打電話叫你回家。且讓我們想像待在家裡沒有任何不好，這件事情在本質上是中性的，你只是希望自己能夠待在派對上，但你又知道這是不可能的事情。然後，假設你知道你的手機一定會在午夜響起，媽媽打電話的時間絕對不可能更早也不可能更晚。如果是這樣，就沒有任何值得害怕的事情。你可能不喜歡你媽媽在午夜打電話叫你回家，可能你對於她不肯讓你像你其他朋友那樣在外面待到凌晨一點而感到惱怒，不過你卻沒有任何需要害怕的事情。如果現在是晚上十一點，你說：「我很怕我媽媽會在半夜十二點打電話來，因為她總是在那個時候打電話。」那麼直截了當的事實就是你的恐懼根本不合理，你媽媽會打電話來這件事沒有不確定性，既然你確知會發生什麼事，也確知那件事一定會發生，恐懼就是不恰當的行為。

另一方面，我們如果想像你只知道你媽媽會在十一點到一點之間的某個時間打電話來，那麼若干程度的恐懼就有其道理。說不定她通常都是在十二點或十二點半打電話，有時候甚至會遲至一點才打，但她偶爾也會在十一點就打。這麼一來，我認為我們對於恰當恐懼的各項條件就都獲得了滿足。我們有一件不好的事情，也就是必須早點而不是晚點離開派對，這件不好的事情具有不可忽視的發生機會（她有時候會比較早打電話來），儘管如此，這件不好的事情會不會發生卻不是確定無疑（因為她有時候也會比較晚打電話來）。因此，在這種情況下，一定程度的恐懼的確是合理的行為（至於多少恐懼呢？這點必須取決於你媽媽提早打電話的機率有多高）。

說不定死亡也是類似的情形。說不定死亡可以令人合理感到害怕的地方，是在於死亡可能會比較早而不是比較晚來臨。值得順便一提的是，這種恐懼並不涉及永生不死，是否對我們而言是一件壞事。就算永生的確會是一件壞事，死亡對大多數人或甚至是所有人來說還是有可能來得太早，如果是這樣，我們就可以合理擔憂死亡可能會比較早而不是比較晚來臨。

另外，也請注意此處的關鍵要素，亦即死亡能夠令人恰當感到恐懼的地方，是在於其不可預測性。的確，在我看來，如果不是因為死亡的不可預測性，對於死亡的恐懼根本毫無道理可言，如同我先前解釋過的，死了本身不是一種能夠令人合理感到害怕的東西。就我所見，對於死亡的恐懼唯一有可能成為恰當行為的原因，就是死亡的不可預測性。

即便在這一點上，進一步的區辨也可能會有幫助。我是不是害怕自己會死得太早？也就是說，我要是至少再多活一段時間，生命整體而言仍然會是一件好事？還是說我擔心的是自己會早死？也就是說，在我能夠合理預期的壽命當中，死亡可能會來得比較早，而不是比較晚？另外還有第三種可能性，則是我害怕的是不是自己會英年早逝？也就是說死亡降臨在我身上的時間比其他人還早？針對我的恐懼對象所提出的這三種仔細說明，彼此之間都有很重要的差異，包括恐懼如果恰當，那麼多少算是恰當，以及在什麼時候感到恐懼算是恰當。原因是你的恐懼必須和相關的可能性比例相當。

以英年早逝的恐懼為例。明顯可見，一個人一旦達到中年，對於英年早逝感到恐懼就是一種徹底不理性的行為，因為這種現象已經沒有發生的可能（我自己已經將近六十歲；對我來說，要英年早逝已經遠遠太晚了！）不過，即便是在年輕人身上，儘管英年早逝的可能性至少還是存在，但這種情形真正發生的機會卻是微乎其微。舉例而言，對於美國一名身體健康的二十歲青年而言，在未來五年、十年或甚至二十年死亡的機會幾乎是微不足道，以致任何像樣程度的恐懼都顯得不恰當。當然，隨著我們年紀增長，在特定時間內死亡的機率就持續增高，但即便在這一點上，對於自己可能早死的恐懼也很容易超出應有的比例。即便是一名八十歲的婦人，也有超過百分之九十的機率能夠至少再多活一年。

明顯可見，對於罹患重病或者年紀極高的人士而言，恐懼死亡會在不久之後來臨可以是一種合理的行為。不過，對於我們其他人而言，我認為這種恐懼通常都是錯誤認知的後果。尤其是你如果本身相當健康，卻還是對我說：「死亡是如此無可抵擋，我非常害怕死亡。」那麼我只能回答說我相信你確實有這樣的感覺，儘管如此，你對死亡的恐懼在我看來並不是一種恰當的情緒。鑒於既有的事實，這樣的恐懼實在不合理。

當然，就算我說得沒錯，對於死亡的恐懼大體上而言都是不恰當的行為，而有些其他的負面情緒仍然有可能是恰當的。先前已經提過，儘管恐懼不是合理的情緒反應，但有時候憤怒、哀傷與悔恨卻可能是。所以，我們還是必須要問，想到死亡的時候，其他這些負面的情緒到底恰不恰當。

有一點看起來顯而易見。按照我對於永生不死的觀點，我終究會死的事實本身並不是一件壞事。死亡本身不是壞事，而是好事。因此，我認爲我們對於死亡本身，亦即我終將會死的這項事實，懷有任何種類的負面態度都是不合理的。不過，我們可以把焦點集中在我恐怕會太早死亡的可能性，我有可能在生命對我來說整體而言仍是正面的情況下死亡。死得太早的可能性明顯可見是一件壞事，既然如此，那麼針對這一點而言，恰當的負面情緒反應是什麼呢？

一個明顯可見的提議是憤怒。就算恐懼不是面對死亡的適當反應，我們也很自然會認爲憤怒可能是。一想到這個世界是如此豐富美妙，必須花上數百年、數千年或甚至更長的時間才有可能窮盡其中的美好，但天地卻只給了我六十、七十或甚至一百年的時間可以活，我內心有一部分就忍不住想要揮拳抗議。面對我可能會死得太早的事實，憤怒難道不是一種恰當的反應嗎？

不過，憤怒是不是恰當的反應其實沒有那麼顯而易見。如同其他各種情緒，憤怒本身也有其恰當的條件，而這些條件在此處是否獲得滿足卻不是明顯可見。無可否認，此處的確滿足了恰當憤怒的第一項條件，亦即你必然遭遇了（或是可能遭遇）一件壞事——因爲我可能會死得太早，而這點對我無疑帶有壞處。不過，恰當憤怒還有其他條件，而可能沒有獲得滿足的正是其他這些進一步的條件。

舉例而言，憤怒如果要算是恰當的行爲，對象就必須是人，必須是行動者，必須是對自己施加於你身上的事物擁有選擇能力的個體。所以，如果你已經告誡過一名同事要小心，但那個人卻還是把咖啡潑灑在你的電腦上，弄壞了你的硬碟，那麼憤怒就是合理的反應。你的憤怒對象是你的同事，一個對於自己的行爲能夠有所控制的人。同樣的，你如果因爲自己的工作評估成績低落而對上司感到憤怒，至少也是滿足了這項條件：你憤怒的對象是個行動者，是一個對自己如何對待你能夠有所控制的人。

當然，我們有時候無疑也會對無生物感到憤怒。你有一份報告即將到期，你正要把報告列印出來，結果電腦卻當機了，你因此對電腦感到憤怒不已。這是什麼情形？你把電腦擬人化了：你把電腦視為彷彿是一個人，刻意選擇在這時候當機，再次令你失望。我絕對了解這種行為，我也會有這樣的反應。不過，你當然可以反思自己的行為，至少在你的怒氣平息之後，你可以反思自己的行為，而體認到對自己的電腦生氣其實一點都不合理。為什麼？因為你的電腦不是人，你的電腦不是一個行動者，你的電腦沒有任何選擇或者控制能力。

我認為恰當憤怒的另一項條件是：只有在那個行動者錯待了你，以違反道德的方式對待你的情況下，憤怒才是合理的反應。你在工作上收到的負面評估如果是你應得的，那麼你的上司就沒有做錯任何事，你的憤怒自然也不恰當。不過，他如果是因為你打壁球打贏了他，而故意拉低你的評估成績做為報復，那麼你的憤怒就不再有任何不妥。你一旦對一個人感到憤怒，就表示你認為那個人虧待了你，表示你認為那個人對你做出了不該有的行為。

恰當憤怒的進一步條件也許不只有以上這兩項，但這兩項就我們此處的討論目的而言已經足夠。所以，且讓我們問道：面對我們可能會死得太早的這項事實，感到憤怒是合理的反應嗎？

這個問題的答案很可能取決於你認為什麼人或什麼東西應該為我們死得太早這項事實負起責任。我們為什麼只能活六十、七十或八十年？以下是兩個基本的答案。一方面，你也許接受傳統的宗教觀點，認為上帝是個統治宇宙並且決定我們命運的人，上帝判定我們必須死，而且令我們幾乎所有人都死得太早。舉例而言，這就是我們在《創世記》裡看到的狀況：上帝懲罰亞當與夏娃，使他們成了會死的人。另一方面，你可能相信我們的宇宙是個非人格的宇宙。按照這種觀點，宇宙中只有無可計數的原子旋轉於虛空中，集結成各種不同的組合，沒有一個人在宇宙的表象背後控制著這一切，而我們之所以會死，是因爲這是生命自然演化而成的結果。

我們來思考一下這兩種可能性，首先是有神論的宇宙觀。在這種觀點當中，兩項進一步的條件至少有第一項獲得了滿足。既然上帝是個人，我們對上帝判定我們在這個如此豐富的世界上只能活這麼短的時間感到憤怒，也許就是一種恰當的反應。但是第二項條件呢？上帝是否錯待了我們？他只給予我們五十、八十或一百年的壽命，是不是虧待了我們？上帝是不是以某種不道德的方式對待我們？如果沒有，那麼對上帝感到憤怒或怨恨就是不合理的行爲。

假設你有個同事帶了一盒糖果到辦公室，給了你一顆，你覺得很好吃。接著，她又給了你第二顆糖果，你也吃得很開心。接著，她又給了你第三顆，你一樣也很喜歡。然後，想像你要求她給你第四顆糖果，她卻不肯。她有錯待你嗎？她對你做出了不道德的行爲嗎？她有義務要給你更多糖果嗎？看來她顯然沒有。既然沒有，你感到憤怒就是不恰當的行爲。當然，你要是覺得生氣，我也許可以了解，因爲這可能是一種頗爲常見的反應。不過，你對你的同事給了你一些好東西但不願再給你更多感到憤怒，這是恰當的反應嗎？這種反應實在看不出有任何恰當之處。實際上，在我看來，恰當的反應不該是憤怒，而是感激。你的同事根本不欠你任何糖果，但她卻給了你三顆。你可能還想要多吃幾顆，你對於自己不能再吃到更多可能覺得難過，但是憤怒顯然不是恰當的反應。同樣的，對上帝感到憤怒可能也是不恰當的反應。就我所知，上帝並沒有義務賜給我們更長的生命。

接下來，假設你接受第二種基本觀點，認爲宇宙是個非人格的宇宙。在這種情況下，當然就連這兩項進一步條件的第一項都沒有獲得滿足。對宇宙感到憤怒不是一種在理性上恰當的情緒，因爲宇宙不是人，不是行動者，對於其所做的事情沒有選擇或者控制的能力。明顯可見，我當然可以揮拳詛咒宇宙，但這麼做只是把宇宙擬人化，把宇宙當成一個刻意決定讓我們死得太早的人。不過，不論這種反應有多麼常見，只要宇宙實際上不是一個人，如果宇宙只是無可計數的原子旋轉於虛空中，集結成各種不同的組合，那麼這種反應在理性上就是不合理的行為。因此，就這種觀點而言，對於我可能會死得太早感到憤怒純粹就是不合理的行為。

既然如此，那麼哀傷呢？也許我該對自己可能會死得太早感到難過？實際上，我確實認為這種情緒反應有其道理。這個世界非常美妙，能夠有更長的時間好好享受這個世界可以提供給我們的各種驚奇體驗，無疑是更好的事情。因此，我對於自己得不到更多時間也就不免感到難過，而且我認為這樣的難過是恰當的反應。

不過，想到這裡，我的腦子裡又不禁浮現另一種想法。我得不到更多雖然很可惜，但我能得到現有的這些就已經極度幸運了。我自己的觀點是，宇宙只不過是無數的原子集結成各式各樣的東西，然後這些組合經過一段時間就會分解打散。那些原子大多數根本連活過的機會都沒有。大多數的原子都沒有機會成為人，沒有機會墜入愛河、欣賞夕陽、品嚐冰淇淋。我們能夠成為這群極少數的幸運分子，運氣實在是太好了。

我要和你分享一段我很喜歡的文字，其中表達的正是這種想法。這段文字來自於馮內果的著作《貓的搖籃》（*Cat's Cradle*）[1]。馮內果認為我們可以在臨死前這麼祈禱：

> 上帝創造了泥土。
>
> 上帝感到寂寞。
>
> 於是上帝對部分的泥土說：「坐起身來！」
>
> 「看看我創造的這一切，」上帝說：「山丘、海洋、天空、星辰。」
>
> 我就是其中一團得以坐起身來環顧四周的泥土。

我眞幸運，我這團泥土眞幸運。
我這團泥土坐起身來，看見上帝創造了多麼美好的成果。
幹得好，上帝！
除了祢，上帝，沒有別人創造得出這樣的世界！至少我絕對做不到。
和祢相較之下，我覺得自己微不足道。
我唯一能夠覺得自己多少還有點價值的方式，就是想想其他那些根本沒有機會坐起身來環顧四周的泥土。
我得到了這許多，大部分的泥土卻都只得到那麼的少。
謝謝祢這麼看得起我！
現在，泥土再度躺下來沉睡。
泥土能有這樣的回憶，是多麼美妙的事情！
我遇見的其他那些坐起身來的泥土是多麼有趣！
我熱愛我看見的一切。

在我看來，正確的情緒反應不是恐懼，不是憤怒，而應該是對我們能夠活著而懷抱**感激**（感激會不會像憤怒一樣，對象也只能是人？如果是這樣的話，而且我們又相信這個宇宙是個非人格的宇宙，那麼嚴格來說感激就不是恰當的反應，而應該是某種認爲自己極度幸運的感覺）。

值得做的事那麼多，對生命要小心謹慎

截至目前為止，我們探討的都是對死亡的情緒反應。可是行為呢？面對我們不免一死的事實，我們到底該怎麼活？我當下想到的一個答案看起來幾乎像是個笑話。我想要說，我們應該要小心。以前電視上有一部警匪影集叫做《霹靂警探》。每天，那部影集開頭都是由警察隊長簡述近來發生的各項犯罪案件，以及目前正在進行的調查行動。最後，在解散部屬之前，他總是會說：「在外面要小心。」

你當然要小心，因為要是不小心，你就會死於各種可以避免的原因。你如果不小心，就不會注意到路上有一輛卡車正朝著你直奔而來。這點至少是明顯可見的。不過，除了這種顯而易見的說法之外，亦即我們必須小心各種可能導致我們的生命提早終結的危險，我們不免一死的事實似乎需要一種更進一步的小心：你必須小心自己的人生是怎麼過的。如同有些人說的，你只能活一次，人生不可能重來。所以，我們不免一死，我們的生命有限，就迫使我們體認到自己有可能搞砸，有可能把自己的人生帶上錯誤的道路。

這時候，我內心裡吹毛求疵的那一部分忍不住想要指出，造成這種影響的不可能是我們不免一死的這項事實本身。就算我們永生不死，我們的人生還是有可能走錯道路，畢竟即便在無窮無盡的生命當中，你還是會從事某些特定模式的行為和活動，而那種模式對你而言仍然有可能不是最佳的模式。所以，不論我們是否不免一死，都一樣有可能搞砸，都一樣有可能把自己的人生帶上錯誤的道路。要看出這一點，只需想想以下這個簡單的例子就行了。假設我們永生不死，接著再想像有個人在永久的生命中不斷數著整數：一，二，三，四，五，六……。舉例來說，以這種方式度過永生，價值顯然遠低於致力破解複雜的數學難題。所以，即便是永生不死的人也可能浪擲生命。

但儘管如此，相較於永生不死，我們不免一死的事實卻似乎爲搞砸人生的可能性增添了一項額外的風險，增添了一項額外的威脅。畢竟，你如果眞的會永久活著，那麼就算你已經浪費了一百萬年或是十億年呆呆數著整數，然後才理解到這是一件毫無意義的事情，那麼你也還是可以再從頭開始做其他事情。你有許多時間可以開始從事比較深入而且更有價值的數學思考。永生不死給了你從頭開始的機會，永生不死帶給了你再次重來的可能性。

那麼，我們是不是該斷定人不免一死的這項事實當中，最令人懊惱的就是我們會因此沒有從頭來過的機會？不過，這麼說當然也不太對。儘管你沒有永久的生命，就算你只活六十、七十或八十年，你也還是有機會可以在二十、三十或五十歲的時候重新評估自己的生命，而決定改變方向。所以，從頭來過的可能性不會因爲我們不免一死而就此消失。但儘管如此，由於死亡來得這麼快，因此我們確實必須特別小心，原因是我們只能在這麼短的時間內重新來過，我們只有非常少的時間能夠矯正自己犯的錯。

我們可能犯的錯誤其實有兩種。一方面，我們對於自己追求的目標可能做出不好的選擇。另一方面，我們可能會發現，就算我們做出了正確的選擇，卻有可能在執行上把事情搞砸了。於是，我們就眞的必須再從頭來過。所以，我們必須小心的其實有兩個方面。我們選擇目標的時候必須小心，在追求目標的過程中也必須小心，因爲我們只有一段很有限的時間能夠把事情做好。

不過，我內心裡吹毛求疵的那一部分也忍不住要在這裡指出，嚴格來說，必須小心並不是我們壽命短暫（通常不到一百年）所帶來的必然結果。擁有在絕對標準上短暫的生命，不表示我們就因此必須特別小心。畢竟，假設實際上值得做的事情根本不多，再假設這些事情也都不難。舉例而言，假設世界上只有五件事情值得做。就算你做這五件事情都不可能在第一次就做好，頂多也只需要嘗試個兩、三遍就可以熟練，而且每次嘗試花費的時間也頂多只需要一、兩個小時。明顯可見，這樣的一個世界無疑相當貧乏。但儘管如此，如果世界眞的是這樣，而我們又擁有一百年的壽命，那麼我們就不必特別提醒自己要小心。我們有充分的時間可以陸續追求這五項目標，也有充分時間把這五件事情做好。一百年的壽命絕對綽綽有餘。就算是二十年也已經綽綽有餘了！這麼一來，我們根本不必小心。

所以，我們之所以必須小心，不只是因爲我們不免一死，也不只是因爲我們的生命就某種絕對標準上而言相當短暫。我們之所以必須小心，原因是相對於世界上値得追求的事物以及成就這些事物有多麼複雜與困難而言，我們的壽命實在太過短暫。我們之所以必須小心，原因是値得做的事情那麼多，而且那些事情又都非常難以做好。我們實在沒有時間三心兩意，這個嘗試一點，那個也嘗試一點。

就像我說的，我們面對的危險其實有兩種。第一，我們可能終究會發現自己追求的目標其實不是最好的選擇。順便一提，請注意我們在這方面所面對的最大風險，不是我們會發現自己想要成就的事情其實根本不値得做，而是我們會發現自己浪費了時間追求相對而言價値比較低的目標。由於我們只擁有相對短暫的生命，我們擁有的時間遠遠不足以成就一切可能値得成就的事物，因此我們也就背負了這項額外的重擔：必須決定什麼是最値得追求的目標。我們所有人都面對了這樣的可能性：我們可能終有一天會回顧過去，而發現自己當初設定目標的時候沒有做出明智的選擇。所以，這是死亡迫使我們必須小心的一個面向。但除此之外，當然還有第二個面向，也就是不論我們選擇了什麼目標，都必須注意自己如何追求那項目標。你在人生中也許有足夠的時間可以偶爾重新來過，但事實是你沒有太多這種機會。所以，死亡在這方面也迫使我們必須小心。

舉個例子來說，想像你是個歌手，走進一間錄音室，打算錄一張專輯。你如果有很長的時間，例如說錄音室可以讓你使用一個月，那麼你就不必特別小心。你可以從自己的曲目當中隨便挑幾首歌，錄起來看看感覺怎麼樣。說不定這幾首歌不是最適合錄製的作品？沒關係，反正先錄起來再看狀況。第一次沒錄好？沒關係，那就再錄一次。我們可以再錄第三次，甚至第四次，或是乾脆換一首歌。你的時間如果足夠，就不必事先確定究竟要錄哪些歌，也不必要求一次或頂多兩次就要錄好。

不過，要是你可以使用錄音室的時間不是一個月，而是只有一個星期，或是只有一天，那麼一切就會突然間變得緊迫許多，時間變得極為珍貴，你必須在事前決定哪些歌值得錄製。當然，你還有其他歌可以錄，不過你挑選的這幾首看起來是比較好的選擇。此外，在你實際錄音的時候，你也不能漫不經心，而是必須一次成功，頂多第二次就必須錄好。

在我看來，我們面對的狀況正是如此，原因是這個世界無比豐富，為我們提供了如此多姿多采的事物，又有如此多值得追求的選擇，而且其中許多目標又都非常難以達成。無可否認，生命的長度的確可以給我們一些再試一次的機會，不論是對自己追求的目標改變心意，還是在追求目標的過程中重新嘗試第二次或第三次。儘管如此，我們實際上沒有太多機會；我們擁有的時間相當有限，所以我們必須集中注意力，我們必須小心。

當然，這麼說之後，我們接著必須問的就是，我應該拿自己的生命怎麼辦？我人在這裡，我集中了注意力，也努力要小心，可是我該做什麼？我該怎麼填滿我的人生？我該追求什麼目標？

我必須告訴你，我在這裡不會試圖回答這個問題。詢問生命中有哪些事情眞正值得追求，就等於是逼近了這個問題的邊緣：生命的意義是什麼？哪些目的、哪些目標是最有價值、最令人滿足、最有意義的？這無疑是一個重要的問題，甚至可能是最重要的問題。不過，我認為這個問題不在本書的探討範圍內，所以，在接近了這個問題之後，我現在要慢慢從這個問題退開。

活著應該有哪些策略？

既然我不免一死，那麼我該怎麼活？一個自然而然的想法是，我們的時間不多，所以應該盡可能把生命過得愈充實愈好。趁你還有能力的時候，盡可能把生命過得充實一點。

這是一種很常見的想法，但我認爲落實這個想法至少有兩種不同的策略。第一道策略著重於志向太過遠大所可能帶來的失敗。因此，這道策略建議我們追求我們幾乎可以確定必然能夠達成的目標。這道策略建議我們追求美食、友伴以及肉慾的快樂。「盡情吃喝玩樂吧！因爲我們明天就要死了。」這是第一道策略。我們明天就要死了，所以應該趁著自己還活著的時候盡可能追求我們有極高機會能夠實際獲得的東西。

第二道策略則是指出，那樣的確很好：你如果追求那些東西，成功的機會確實很高。不過，第一道策略的問題在於你如果只追求那些確定可以得到的東西，那麼你能夠達到的都只是微不足道的成就。相較起來，第一道策略追求的那些目標都是小事。第二道策略提醒我們，生命中有些最珍貴的目標並不帶有成功的保證。你可能想要寫一本小說、譜一首交響曲，或是找個對象結婚成立一個家庭，這類事物（志向比較遠大的事物）才是生命中最有價值的事物。你如果把人生投注於這種較爲遠大但不一定能夠達成的目標，絕對比在人生中塡滿吃喝玩樂這種輕易可得而且稍縱即逝的樂趣來得更有價值。

假設上帝對你說：「你想要哪一種人生？充滿了吃喝玩樂的人生，還是充滿恆久成就的人生？我向你保證，不論你選擇哪一種人生，都一定能夠成功。」那麼我猜想大多數人都會同意充滿實質成就的人生是比較有價值的人生。當然，問題是在眞實世界裡，這種人生（以追求重大成就爲目標的人生），失敗的可能性也比較高。你的目標是寫出一部經典美國小說，結果十年後還沒寫完。

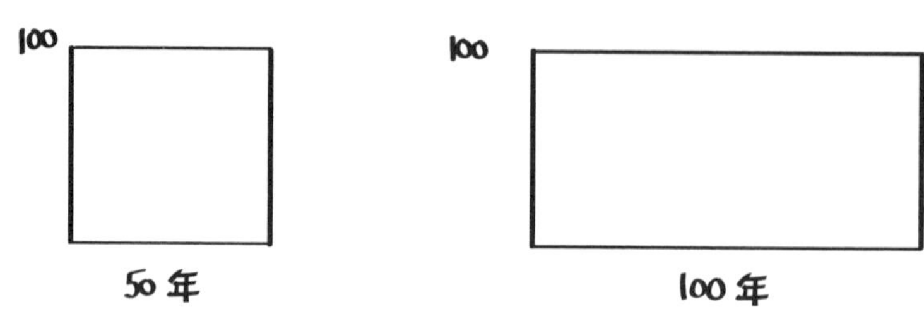

圖14.1

二十年後，你終於認定自己沒有能力寫出一部經典美國小說，這麼一來，你有什麼成果能夠證明自己那一段時間以來的努力？或者，也許你想要創辦一家成功的企業，結果經過多年的努力與奮鬥之後，那家企業卻以倒閉收場。

所以，我們到底該採取哪一種策略？我想有許多人可能會傾向於指出其實還有第三道策略，而且我們應該採取的就是這種策略：我們應該把大目標和小目標適當地摻雜在一起。一方面，我們應該追求少數幾項比較重大的成就，原因是你一旦達成這些目標，你的人生就會比較有價值。但另一方面，你也應該追求一些小目標，這樣你至少可以保證自己的人生不至於一無所獲。

當然，就算我們同意這種摻雜策略是最合理的策略，也還是不免納悶怎麼樣的摻雜才算適當？不過，我也不打算回答這個問題。我要做的是提出這個問題：位於這三種不同策略背後的那種常見觀念，亦即把人生過得愈充實愈好，真的是正確的嗎？不論我們談的是大目標、小目標還是這兩者的組合，是不是真的在人生中填入更多東西，人生的價值就會更高？我們認定愈多愈好的這項假設是正確的嗎？

當然，我先前已經論述過永生不死其實不會是一件好事。這個世界雖然如此豐富又如此奇妙，但我們終究還是會窮盡生

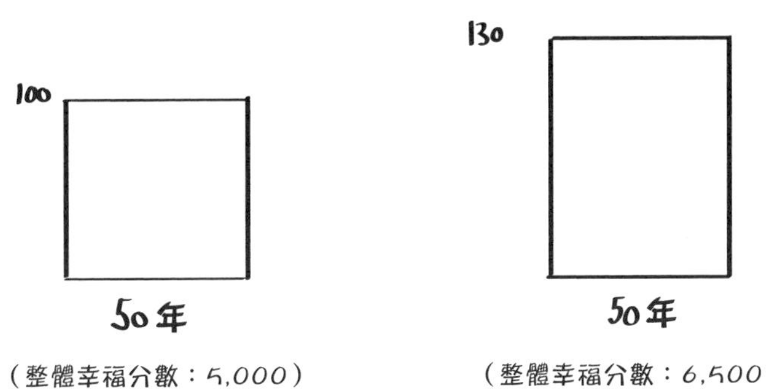

圖 14.2

命能夠爲我們提供的好處，而永生不死將會變成一件可怕的事情。不過，我們大多數人距離窮盡生命的好處卻是遠得很。大多數人都死得遠遠太早。舉例而言，你如果在三十歲死亡，能夠活到四十歲一定會比較好；你要是在四十歲死亡，能夠活到五十歲，或是六十、七十、八十歲，一定會更好。所以，我們大多數人都傾向於同意的一點是：在其他條件相等的情況下，生命愈長愈好。

比較圖 14.1 當中的兩個人生。每個方形的寬度代表生命的長度，高度則是代表人生在特定時間點過得多好。這兩個人生都過得一樣好。爲了具體起見，我們可以假設這兩個人生在每個時刻的價值都是一百分，並且假設這是一種非常幸福的狀態。在這種情況下，我猜想大多數人都會偏好右側的那個人生。我們會同意，人生如果具備這種價值，那麼持續一百年會比僅僅持續五十年來得好。在其他條件相等的情況下（根據我此處的設定，其他條件確實相等），生命愈長愈好。

但另一方面，我想我們也會同意生命的長度不是唯一重要的事情。生命的品質也很重要。舉例而言，假設你必須在兩種人生當中做出選擇，一個人生長度五十年，「品質分數」爲一百分；另一個人生長度也是五十年，品質分數則是一百三十分，見圖 14.2。你想必會比較想要第二種人生。所以，我們不只

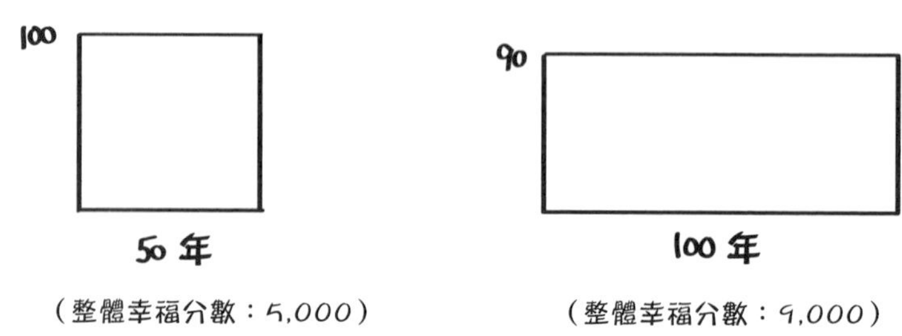

圖14.3

關注生命的長度，也在乎品質。

從數學的角度來看，我們也許會說幸福的量是長度與品質的函數。說得更精確一點，我們可以說人生中的幸福總量等於該方形的面積，也就是將人生長度乘以品質得到的數值。所以，在圖14.2的第一個人生裡，幸福的總量是50×100＝5,000。在第二個人生裡，幸福的總量則是50×130＝6,500。當然，我們不必相信幸福的數值有可能計算得這麼精確，此處的重點純粹在於其中的基本觀念，亦即圖中那個方形的面積代表了你在五十年的人生中所努力享有的幸福總量。我們如果接受珍貴容器理論，而不是中性容器理論，此處的計算公式就會變得比較複雜。把長度乘以品質只是計算了生命內容的價值。可是如果活著本身也有其價值，那麼我們就必須再加上一個額外的數值，藉此反映出生命本身的價值，才能得到最後的總計。不過，這個額外的數值想必只會是生命長度的函數。然而，爲了簡單起見，我不會在這裡加進這個元素。此外，同樣爲了簡單起見，我也要把第十三章探討過的那種觀點擺在一旁，也就是生命的價值會受到生命的整體樣貌所影響。

如果幸福是生命長度與品質的函數，那麼我們就必須面對我們可能必須在這兩者之間有所取捨的問題。看看圖14.3。在這張圖裡，第二個人生的長度是一百年，比第一個人生的五十年長了許

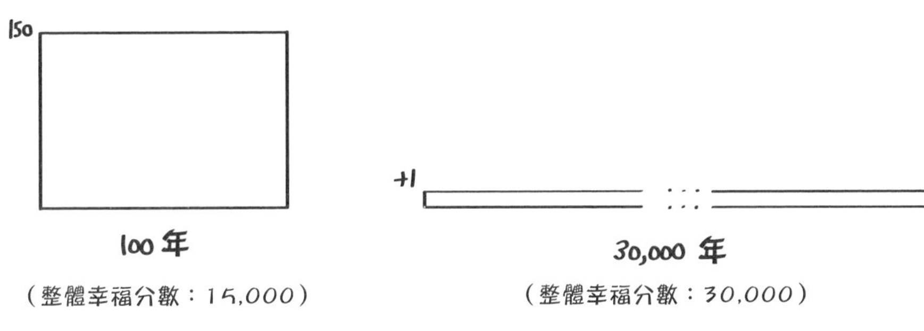

圖 14.4

多；但是生命品質只有九十分，低於第一個人生的一百分。我們必須要問，第二個人生在長度上的增加是不是足以彌補品質的降低，從而讓這個人生比第一個人生來得更好？只要我們關注的是幸福的總體數量，我們就可以對這個問題提出肯定的答案，因爲第二個方形的面積是九千單位，比第一個方形的五千單位大。

明顯可見，從幸福總量的角度從事思考，此一數量的定義是品質與長度的產物，是將品質的重要性納入考量的一種方法。可是這種方法是正確的嗎？這種作法是否能夠爲生命的品質賦予充分的地位？

這個問題的答案並不明確。再來看看另一種不同的人生選擇。在圖 14.4 的第一個人生當中，你活了相當長的一段時間，活到整整一百歲，而且人生品質也非常高，品質分數達一百五十分。假設地球上至今爲止最佳的人生品質只達到一百二十五分——這個人生確實美妙得令人難以置信，不僅如此，你還得以活一百年！接下來，比較看看第二個人生，這個人生的生命品質毫不可觀，僅有一分。請注意，這仍然是個值得活的人生，因爲一分畢竟還是正值，不過這樣的人生在任何一個時刻都只是勉強值得活而已（零分的人生就不值得活，但不比不存在來得糟；至於負分的人生則是比不存在還要糟糕）。儘管如此，生命品質雖然極低，這個人生的長度卻是非常、非常的長，實際上，長的我無法按照比例畫出來（所以我才會在線段中央以「……」取代），想像這個人生持續了三萬年。

這時候，請問問你自己：在這兩個人生當中，你偏好哪一個？第一個，還是第二個？我想，大多數人都會比較想要第一種人生。無可否認，第二個人生遠比第一個人生長了許多，但儘管如此，那個人生卻是在任何一個時刻都僅是勉強值得活。相對之下，第一個人生雖然遠比第二個人生來得短，品質卻是高出許多。面對這項選擇，我想大多數人都會認定第二個人生的額外長度不足以彌補品質的大幅下降。

但請注意，我們如果被迫只能就這兩個人生的幸福總量做出選擇，就必須說第二個人生優於第一個。畢竟，第二個方形的面積是第一個的兩倍（三萬單位對比一萬五千單位）；第二個人生的美好事物總量是第一個人生的兩倍。所以，我想這個例子證明了一點：你如果同意第一個人生含有的幸福總量雖然比較少，實際上卻是優於第二個人生，那麼幸福的數量就根本不是重點所在。換個方法來說，數量雖然也把品質納入了考量，考量方式卻可能不盡正確；這種考量可能沒有賦予品質足夠的重視[2]。

比較這兩種人生的時候，我們很自然會產生以下這種想法。第一個人生雖然比較短，卻擁有極高的品質，是第二個人生從來不曾達到過的。那麼，在評估以及選擇人生的時候，我們也許不能只是把焦點放在美好事物的數量，而是必須特別注意生命品質的高峰。評估一個人生的時候，不能只是問你在這個人生裡總共塞進了多少美好事物，而是你在這個人生裡獲得或者達成的最高成就是什麼。簡言之，也許品質可以勝過數量。

這個觀點可以有幾種不同闡述方式。在最低程度上，說不定品質必須受到額外重視，所以有時候可以勝過數量，但不是隨時都如此。另一方面，如果對這種觀點採取比較極端的闡述方式，品質即是永遠勝過數量。這種說法不是說數量不重要。在長短不一的兩個人生裡，如果達到的成就相同，那麼我們可能還是會同意比較長的那個人生比較好。我們還是可以承認數量也有其重要性，只是我們必須體認到品質才是最重要的事情。

這種觀點還有另一個更加極端的闡述方式，指稱品質是**唯一**重要的事情。我們只需關注品質的高峰。無論如何，這正是德國詩人荷爾德林（Friedrich Holderlin）在《致命運三女神》（*To the Parcae*）這首詩裡表達的立場[3]：

賜予我一個夏季的強大能力，
賜予我一個秋季的甜美歌曲，
如此一來，我的心一旦饜足了我的美妙演奏，
也許會比較樂意死去。

靈魂如果沒有在生前達成其神聖權利，
就無法安息於冥界當中。
但我執意追求的目標，那聖潔的目標，
我的詩，一旦得以成就，
我就會張臂迎接陰間的寂靜！
儘管我的七弦琴不會伴隨我到地底，
我仍感心滿我既已意足。
我既已活過神明般的人生，自然別無所需。

荷爾德林在這首詩裡表達了他對數量根本毫不在乎。只要他能夠達到眞正重大的成果，以他的詩登上巓峰，獲致偉大的成就，那樣就夠了。只要擁有過如同神明般的人生，也就別無所需了。

所以，在思考著我們要拿自己的人生怎麼辦的時候，不能只問人生中有哪些東西值得擁有，也必須回答質與量孰重的這個問題。品質是不是只有在思考數量的時候才有重要性，所以眞正重要的其實只有數量？還是說品質本身就値得追求，就算因此只能擁有比較少的數量也沒關係？品質如果重要，那麼數量是不是也重要？或者品質是唯一重要的事情？荷爾德林說只要一旦活過有如神明般的人生，就再也別無所需，他這麼說眞的正確嗎？

我猜想，荷爾德林之所以自信滿滿地認爲自己「別無所需」，原因是他認爲自己的詩將可造成恆久不斷的貢獻。我們一旦達到一件重大成就，通常會覺得自己彷彿獲致了某種形式的永生，將會透過我們的作品永遠活著。所以，在思考我們面對死亡的人生策略當中，我接下來要問的是這種永生是否値得追求。我特別強調「這種」一詞，原因是你透過自己的作品，或是子女，或者其他的東西，永遠活下去，嚴格說起來並不是你眞的活著。這種永生頂多是「類永生」或者「準永生」而已。我想，對於這種永生的價値不以爲然的人，可能會偏好稱之爲僞永生（如同美國導演伍迪·艾倫說：「我不要透過我的作品永遠活著；我要透過不死而永遠活著。」）。

在我看來，這種訴諸「類永生」價値的說法大致上有兩種型態。有時候，一般人會說，你雖然不是眞的永遠活著，卻有一件相當類似於這樣的事情，也就是你有一部分繼續存活於世界上。舉例而言，我如果有子女，那麼我就眞的有一部分存活在我的子女身上。我的一顆細胞繼續存活在別人身上，而我的子女如果又生了子女，那麼他們的細胞就會繼續存活在他們的子女身上，而他們子女的細胞也會繼續存活在他們子女的子女身上，如此不斷延續下去。想想變形蟲的分裂，在這種一再分裂的過程中，原本那隻變形蟲的一部分有可能存續許許多多個世代。想到自己有一部分眞的會存續下去的念頭，確實可讓有些人感到欣慰。就算我沒有子女，至少我身上的原子也會受到再次循環利用，最後，我會被吸收回宇宙當中，但我永遠不會徹底消失。有些人會因爲這樣的想法而感到欣慰。

德國哲學家叔本華認爲這點應該能夠多少減輕死亡帶來的打擊。他說：「有人會問：『這種僅是塵土、僅是粗鄙物質的恆久存在，怎麼足以視爲是我們眞實內在本質的存續？』」他的回答是：

哦！那你了解塵土嗎？你知道塵土是什麼東西，可以做到哪些事情嗎？要鄙視一個東西之前，先加以了解吧！現在以塵土和灰燼的型態散落在那兒的物質，一旦溶解於水，將在不久之後形成水晶，形成耀眼的金屬，發出電火花。……那些物質將會自行形成植物與動物，並且由其奧妙的子宮孕育出生命，也就是你那狹隘的心智一直緊張焦慮害怕失去的生命④。

這是一段非常慷慨激昂的文字，但我必須說我不信服。我得知自己身上的原子會繼續存留在世界上，受到其他東西重新使用，並不覺得有任何欣慰之處。所以，第一類的這種類永生，也就是你對自己身上有些部分會繼續存留下去而感到欣慰，在我看來實在是一種勉強自我安慰的行爲。「哦，我不久就要死了其實不是那麼糟糕的事情，至少我身上的原子仍然會存在。」叔本華如果這麼認爲，那麼我覺得他只是在欺騙自己。無論如何，這種想法說服不了我。

不過，類永生還有第二種方式。在這種方式當中，令人感到欣慰的不是你有*一部分*會在你死後繼續存留在世界上，而是你的*成就*會存續下去。荷爾德林寫的詩，我們在兩百多年後的今天仍然在讀。你可以寫一部在二十年、五十年、一百年或更久之後仍然有人閱讀的小說。你可能對數學、哲學或科學做出某種貢獻，於是在五十年或一百年之後，世人仍然可能談論著你提出的哲學論述或者數學結果。

當然，另外還有其他許多影響長久的成就。舉例而言，你可能協助建造一座在你死後仍會繼續存續下去的建築物。我讀過訪問石匠的文章，受訪者對於他們協助建造的建築物將在他們死後許久繼續矗立深感自豪與欣慰。或者，你也可能致力打造一家在你死後繼續存活下去的公司。或者，你也可能對自己成立了一個家庭感到開心與欣慰。你在這種情況下感到的欣慰不是說你身上有一些細胞存續在你的子孫身上，而是養育了另一個健康正直的人可是一件相當重大的成就，一件值得投注人生追求的成就。而且，這項成就還會在你去世之後繼續存在。

我們該怎麼思考第二種的永生？我必須承認我的心意有點拿捏不定。不同於塵土與原子，我認爲你如果覺得自己身上的一部分會在你死後存續下去感到欣慰，那麼你必然是在欺騙自己，我確實覺得這第二種類永生似乎具有眞正的價値。我發現這種想法對我頗具吸引力，能夠創造一項存續一段時間的重要事物的確有其價値。儘管我活在地球上的壽命很短，但我成就的事物如果能夠存續下去，那麼我的人生也會因此更有價値。我想這就是荷爾德林的想法，而且這種觀點對我頗具吸引力。我想，這種想法也在一定程度上解釋了我爲什麼會書寫哲學，我多少希望自己所寫的東西在我死後二十年或五十年仍然會有人讀，或者我要是夠幸運的話，說不定我死後一百年都還有人讀我寫的東西。

所以，在特定情緒下，也許在大部分的情緒狀態下，我都深受這種想法的吸引。不過，我也必須承認，我在其他情緒下還是不免對這種想法感到懷疑。我提醒自己叔本華所寫的那一小段文字，那段〈塵土頌〉，而不禁覺得我只是在欺騙自己，就像叔本華一樣。叔本華在絕望之餘，只好藉著這樣的想法欺騙自己：「唉，我是不是即將化爲塵土並不重要，塵土也具有非常非常重要的地位。」因此，我也不免擔心自己說不定同樣只是在自欺欺人，說不定成就一件會在我死後存續下去的事物並沒有什麼崇高、重要、珍貴之處。不過，這只是我有時候的感覺，至少我大多數時候都覺得自己同意荷爾德林的想法。當然，我不同意他認爲數量絲毫不重要的觀點，荷爾德林指稱只要寫出一部偉大的著作就已足夠，因此再寫出更多的傑出著作也不會對你的人生價值有所添加，這樣的說法在我看來未免太過偏激，數量也有其重要性。不過，他至少在這一點上是正確的：做出一件能夠長久存續的重要事物，在我看來確實能夠爲我的人生增添價值與意義。

讓我簡短提出最後一種面對死亡的策略。我只會以極度簡略的篇幅談論這項策略，但這項策略絕對還是值得一提。我們至今爲止談及的策略都帶有一個相同的基本信念：人生是好的，或者可以是好的，所以盡力提高自己的人生價值是合理的作法。不同策略在細節上雖然各自不一樣，卻都在這一點上有志一同：我們既然對於生命的喪失無能爲力，因此正確的反應就是把我們既有的人生過得愈有價值愈好，亦即在我們擁有生命的時候體認（並且提高）其價值。

不過，我們也許可以採用以下這種相當不一樣的作法。這項作法指出，沒錯，我們將會喪失生命，這點看起來非常糟糕。不過，唯有在喪失生命的確是一件壞事的情況下，這才會眞正是一件糟糕的事情。畢竟，我們要是認定生命其實不是一件珍貴的禮物，不是一件值得擁抱的東西，不是一件充滿潛在價值的東西，那麼喪失生命就根本算不上是一種喪失。這種觀念其實和我們先前見過的一種論點緊密相關。根據剝奪說，死亡的核心壞處在於你被剝奪了值得一活的更多生命。不過，由此當然也可以推導出：如果悲觀主義者是對的，生命根本不值得擁有，那麼喪失生命就不是壞事，而是好事。這麼一來，重點就不在於盡力把人生過得盡可能有價值，而在於認知到人生整體而言並不具正面價值，而是只有負面價值。

我知道我即將提出的說法就像《經典名著漫畫》（*Classics Illustrated*）一樣，不免有過度簡化之嫌，而且我概括化的程度也遠遠過了頭，但我們也許可以把第一種基本觀點，亦即認爲人生是好的，喪失生命是一件壞事，所以我們該有的因應方式就是趁著自己活著的時候盡可能讓生命發揮最大的價值，簡略稱爲西方觀點。同樣的，我們如果以非常簡略的方式來說，也可以把第二種基本觀點稱爲東方觀點，亦即人生其實沒有我們一般認爲的那麼好，所以喪失生命根本沒有必要被視爲一件壞事。把這種觀點稱爲東方觀點無疑是一種過度簡化的說法，但至少這種觀點在東方思想中出現的頻率確實高於西方思想。

第二種觀點的一個著名例子，可以見於佛教的若干派別當中。在佛教所教導的「四聖諦」當中，第一聖諦就是苦諦。佛教徒認爲（至少有一部分的佛教徒這麼認爲）你只要認眞思考人生的潛在本質，就會發現失落與苦難無所不在[5]。世界上存在著苦難、疾病、死亡、痛苦。當然，世界上也有我們想要的東西，而我們如果幸運就會得到這些東西。不過，我們終究還是會失去這些東西，而這樣的結果只會添加我們的苦難、痛苦與悲哀。因此，就整體而言，人生並不好。依據這樣的觀點，佛教徒因此致力於讓人擺脫對於那些美好事物的依附，這麼一來，你就算失去了那些東西，失落感也可降到最低。實際上，佛教徒致力於讓人擺脫他們認爲的自我幻象，實際上根本沒有「我」，所以也就不可能失去任何東西。死亡之所以可怕，原因是我擔心自己會因爲死亡而消失。可是，如果根本沒有自我，那就沒有任何東西可以消失。

我要表明我對佛教懷有極高的尊崇。在人生充滿苦難的假設之下，這一切確實完全合理。不過，不論好壞，我終究是西方的產物。我內心還是認同《創世記》，認爲上帝看了看這個世界之後，認定這個世界是好的。至少對我個人來說，藉著體認到人生的負面價值而將自己的失落感降到最低，不是一種我能夠接受的策略。因此，對我而言，對我們大多數人而言可能也是如此，可供選擇的選項就在於我們先前探討過的那些較爲樂觀的策略當中。我們必須要問，我們如何能夠讓自己的人生過得最有價值？我們可以做什麼事情，而能夠讓我們與荷爾德林同聲表示：「我們已活過神明般的人生」？

① 寇特．馮內果，《貓的搖籃》(1963)。我在生死學的課堂上向來會把《貓的搖籃》的這段文字特地唸給學生聽。二〇〇七年四月，我在一堂課唸過了這段文字之後，一位訪客告訴我說馮內果剛在前一天晚上去世，而我在唸誦那段文字的時候並不知道這一點。如同我在第二天對學生說的，我希望享年八十四歲的馮內果在人生的最後一刻，仍然體認到自己能夠身爲坐起身來的泥土有多麼幸運。

② 我在此處的討論參考了德瑞克．帕菲特的著作 *Reasons and Persons* (Oxford, 1984), part IV，他在其中針對全人類探討了類似的問題。

③ To the Parcae 由 Friedrich Holderlin 所著，華爾特．考夫曼在他的論文 Death Without Dread 當中將其翻譯出來，收錄於 *Existentialism, Religion, and Death* (New American Library, 1976), p. 231。

④ Arthur Schopenhauer, *The World as Will and Representation*，引用於 Jeff McMahan, The Ethics of Killing (Oxford, 2002), p. 96。

⑤ 如同各大宗教傳統，佛教也有許多不同教派以及許多不同詮釋方式：佛教思想當中的悲觀派別絕對不是唯一的派別。不過，我在此處的目的不是要針對佛教提出完整詳細的描述，只是要簡略敘述一種面對死亡的可能方式而已。

第十五章
自殺是不道德的嗎？

自殺的合理性

我在上一章提出這個問題：人不免一死的事實，該如何影響我們度過人生的方式？我探討了幾項可能的提議，卻還沒有談到一項可能的反應：自殺。我們不免一死的事實，提供了我們終結自身性命的選項。

我想，嚴格來說，身爲不免一死的生物這點本身並不足以保證自殺必然能夠成爲一個選項。舉例而言，如果所有人都只能活到八十歲，不能多也不能少，那麼我們仍然不免一死，但自殺將是不可能的事情。實際上，就算壽命長短有所差異，只要我們沒有能力改變自己的壽命長度，自殺就是不可能的事情。因此，唯有在我們能夠控制自己活多久的情況下，自殺的可能性才會存在。不過，在關於死亡的各種事物當中，這點正是少數可由我們控制的面向：我如果決定這麼做，即可讓我的生命提早結束。

所以，我針對死亡想要探究的最後一個問題是：自殺如果有可能是合理的選擇，那麼在什麼情況下會是如此？自殺如果有可能是適當的行爲，那麼在什麼情況下會是如此？

當然，我們的文化向來以深具鄙夷、恐懼和非難的態度看待自殺，以致這個議題很難受到平和而且清楚的討論。大多數人都認爲，你一定是瘋了才會自我了斷。實際上，光是考慮著自殺，就足以證明你瘋了，你要是沒有發瘋，就一定是不道德。他們說，自殺永遠不可能是合乎道德的行爲。

所以，思考這個議題的時候，我們很容易受到情感上的強烈反應所影響。儘管如此，我在這裡想做的卻是按部就班地檢視這個議題，仔細思考這個問題的兩面。思考自殺這項議題的時候，我認爲我們必須做的第一件事，就是區辨合理性與道德性的問題。在接下來的討論當中，我一開始要完全把焦點集中在前者，詢問自殺如果有可能是理性的選擇，那麼在什麼情況下會是如此。然後，我們才把注意力轉向道德的問題，詢問自殺如果有可能在道德上獲得正當地位，那麼是在什麼情況下會如此。

我既然提出這項分別，明顯可見我的前提假設是這兩種問題可以區分開來，或者至少必須分開檢視。我們在一方面有合理性的問題，另一方面則是有道德性的問題。當然，也許可以說這些都是該不該的問題，這些問題是評價性問題。不過，在我們分別提出這兩組問題的時候，至少大多數人都會傾向於認爲我們採取的是不同評價標準。

在許多案例當中，合理性與道德性無疑密不可分。有些探討理性本質與道德本質的哲學觀點，更認爲這兩者總是密不可分。不過，許多人都傾向於認爲，這兩者至少在原則上可以區分開來。以謊報所得而逃稅爲例，你的所得稅申報書受到審核的機率非常低，而且就算被抓到，罰金通常也不高。所以，至少從理性的自利觀點來看，謊報所得可能是個合理的決定（你不太可能被抓，而且就算眞的被抓，反正罰金也不高）。不過，就算我們同意謊報所得是理性的行爲，大多數人也會立刻跟著指出，這點絲毫不表示謊報所得就是在道德上可以接受的行爲。所以，在這個例子裡，你在道德上必須誠實繳納所得稅，但理性上卻不必這麼做。

當然，以這麼狹隘的方式看待理性，彷彿理性就純粹只是做出合乎理性自利的行爲而已，可能是一種錯誤的看法。我們從事一項行爲（或是避免從事該項行爲）時，應該有些理由不僅是爲了行爲者本身的利益。不過，這是一個複雜的哲學問題，沒有必要在這裡設法找出答案。隨著我們轉向從理性觀點評價自殺的行爲，我們可以單純設定把焦點限縮在理性自利的問題上，也就是探討哪些事物對考慮自殺的人有利或有害。就算理性不僅限於做出對自己最有利的事情，自利的考量至少在一般情況下仍然有可能是決定自殺合理性的最重要考量。因此，我們可以藉著完全聚焦於這類考量上而簡化我們的討論。

不過，這樣卻表示有些類型的案例將會被排除在外。舉例而言，我們不會思考這樣的案例：你的人生很有價值也很令人滿意，而你卻爲了倡導一項你全心支持的理念或是爲了保護朋友或心愛的人而殘害自己的生命。在我看來，這類案例嚴格來說應該也算是自殺的例子，只不過是非典型的例子；而且針對自殺的完整討論也絕對需要考慮這類案例。不過，爲了簡單起見，我將把這類問題擺在一旁，只聚焦於比較標準的案例，也就是你爲了自己而自殺，也就是說，你之所以自殺，原因是你認爲你死了會比活著好。把針對自殺的合理性所進行的討論局限於理性自利的問題也許有過於簡化之嫌，但這麼做卻可讓我們聚焦於我認爲最具典範性的核心案例上。

所以，自殺如果有可能是理性的決定，那麼在什麼時候會是如此？在這裡，我首先要做的也是區辨兩種不同問題。第一個問題是：如果有這種情形的話，那麼在什麼情況下你會死了比活著好？你的人生有可能過得極糟，以致你根本不要活著還會比較好嗎？假設這個問題的答案是你在某某狀況下死了會比活著好，那麼我們還是必須回答第二個問題：你有沒有可能在理性上信任自己的判斷，而認定目前正屬於這種狀況？我們可以想像這第二個問題的答案有可能是否定的。實際上，就算你眞的是死了比活著好，說不定你永遠都不該在理性上相信這一點而做出自殺的行爲。

畢竟，在人生糟到你死了也比活著好的情況下，你有可能因此變得頭腦不清楚，而你的頭腦既然不清楚，當然就不該信任你認定自己正處於這種情況下的判斷。我們後續將會討論這究竟是不是一項良好的論點。不過，正因為我們有可能提出這樣的論點，所以我才要區辨第一個問題（有沒有可能死了比活著好？）與第二個問題（有沒有可能合理按照自己認定自己處於這種情況下的判斷而做出自殺的行為？）。我們必須分開檢視這兩個問題，除非我們對這兩個問題都能夠提出肯定的答案，否則自殺就不可能是理性的行為。

如果死亡比活著好？

因此，我們必須問的第一個問題，就是你有沒有可能會死了比活著好。這時候，你可能立刻就會產生一項邏輯上的擔憂，甚至也無法確認「瓊斯死了比活著好」這類判斷是否合理！

畢竟，要做出這樣的比較（如果發生了某某事情，他就會過得比較好，或是比較糟），你就必須能夠談論那個人已經（或者即將）身在什麼樣的狀態下。你必須能夠描述兩種不同狀態，然後再加以比較，否則這樣的比較就根本沒有意義。我們可以把這點稱為「兩種狀態條件」（當然，有時候我們針對兩種狀態進行比較，必須先做一件事才有可能促使這兩種狀態出現。但即便在這種情況下，我們顯然也必須能夠比較你在第一種狀態下的處境以及你在第二種狀態下的處境。所以，兩種狀態條件在這種情況下也同樣適用）。

無論如何，我們針對一件事物會讓你過得更好或是更不好進行判斷，通常都會滿足兩種狀態條件。舉例而言，你可能想要決定自己該不該減重。你在心中想著：「我現在體重過重是處於這樣的狀態，而我要是減輕了體重，到時候我就會處於那樣的狀態。」你比較這兩種狀態，結果體認到第二種狀態優於第一種。這麼一來，減重就確實會讓你過得比較好。你在決定著是否該和女友結婚、辭掉工作、和配偶離婚或者搬到鄉下的時候，同樣也都是做著類似的事情。你比較兩種相關狀態，看看何者比較好。這麼一來，我們即可告訴自己：「沒錯，這樣我會過得比較好」，或者：「不行，這樣我會過得更糟」。實際上，看起來正是因為有兩種可能的狀態可以互相比較，你才有可能依照不同狀態而過得比較好或比較糟。

不過，我在考慮自殺或者談論著自己是否死了會比活著好的時候，卻似乎沒有滿足兩種狀態條件的要求。這麼一來，我認為自己死了會比活著好的判斷怎麼可能合理呢？我在這裡，身處於我恰巧所處的狀態下（或是我終究會身處於其中的狀態），因此我們絕對能夠談論這種狀態。可是，我如果想要描述我自殺之後所處的狀態，就似乎遭遇了問題，因為我根本沒有任何狀態可以描述，不存在不是一種我在死後會身處其中的狀態，不存在不是一種狀態。死亡如果眞的是終點，如果我在死後就眞的不會存在，那麼我死後就沒有任何可以描述的狀態！因此，自殺後的雪萊．卡根純粹沒有任何狀態可以和第一種狀態互相比較。當然，這就表示互相比較的兩種狀態條件沒有獲得滿足。

這種想法基本上認為，狀態必須以存在做為前提。我們可以問：你開心嗎？你難過嗎？你覺得無聊嗎？你覺得興奮嗎？這一切狀態都以你的存在做為前提，即便是睡眠也是一種你可以身處其中的狀態，因為你睡覺的時候也仍然存在。不過，我要是殺死了自己，我就不復存在，所以也就沒有第二種狀態可供比較。既然如此，怎麼可能說我死了會比活著好？這樣的說法要成立，就必須要有第二種狀態能夠與我的現行狀態相比，而既然沒有第二種狀態，至少這項論點是這麼說的，那麼所謂我死了會比活著好的判斷就根本無從說起。這樣的比較根本沒有意義。

不少哲學家都頗受這種論點的吸引，但我認為這種論點必然是錯誤的。想想我們討論剝奪說之時所提出的說法：死亡對我們大多數人而言之所以是一件壞事，原因是我們如果沒有死，即可享有生命中的美好事物，而死亡卻剝奪了我們享有那些事物的機會。這項說法看起來相當自然，也很恰當。不過,我們如果信奉兩種狀態條件,就必須提出反對:我們當初怎麼可以這麼說?畢竟,聲稱現在死亡對我而言會是一件不好的事情,似乎就等於是說我活著會比死了好。但我們如果信奉兩種狀態條件,就必須指出只有在我死了之後會處於某種狀態,而能夠讓我們針對這種狀態與活著的狀態互相比較,這種判斷(亦即我活著會比死了好)才有意義。不過,不存在當然不是一種狀態,所以兩種狀態條件也就沒有受到滿足。這麼一來,我就不能說我活著會比死了好,我不能說死亡對我而言會是一件不好的事情。

這麼說應該足以讓人三思。我想,接受兩種狀態條件的後果如果只是我們永遠不能說一個人死了會比活著好,那麼我們也許還能夠接受這項條件。不過,兩種狀態條件卻還會帶來另一個後果,也就是我們甚至不能說你活著會比死了好!這實在是非常非常令人難以置信。

想像一個極度幸福的人,擁有非常美妙的人生,其中充滿了你認為在人生中值得擁有的各種美妙事物——愛與成就與知識以及其他的一切。這個人穿越街道,即將被一輛卡車撞上。於是,你不顧自己的危險,衝過去把她推到一旁,救了她一命。所幸,你也沒有受傷。她抬起頭,意識到自己差點就死了,於是她對你說:「謝謝你,謝謝你救了我一命。」

不過,你卻這麼回答她:「你恐怕搞錯了,因為感謝我救了你一命乃是認定我帶給了你什麼好處。認定我帶給了你什麼好處,即是假設你的人生繼續下去是一件好事,亦即假設你活著會比死了好!可是根據兩種狀態條件,我們不能說你繼續活著是一件好事,因為根據這項條件的要求,只有在你死了之後會處於某種狀態,我們才能做出這樣的判斷。可是你要是死了,就根本不會存在,而不存在可不是一種狀態。所以,你認為我救了你一命是幫了你一個忙,在哲學上其實是一種思緒不清的想法。」

我沒辦法認眞看待這項論點,希望你也是一樣。假設一個人的人生相當美妙,而且後續也會是如此，那麼你如果救了他一命，當然是幫了他一個大忙。所以，這代表什麼呢？當然不是說不存在其實是一種幽靈般的稀薄狀態。不是，不存在就是不存在，絕不是我能身處其中的任何一種狀態。以上這點所代表的是，兩種狀態條件其實不是做出這些評價的必要條件。我們一旦指向被你救了一命的那個人，並且說你幫了她一個大忙，她活著比死了好，這麼說的意思不是指她如果死了就會處於某種比較差的狀態。我們只需要指出她將會擁有的人生（多虧你救了她）是一段美好的人生即可。由於她的人生很美好（往後也仍然會很美好），因此喪失生命將會是一件壞事。而由於喪失生命會是一件壞事，因此救了她一命就是帶給了她一項好處，就是幫了她一個忙。如果兩種狀態條件不這麼認為，那麼必須受到捨棄的是兩種狀態條件。

不過，揚棄了兩種狀態條件之後，我們原則上也可以提出相反的例子。想像有個人的人生非常糟糕，充滿了痛苦、苦難與哀傷。實際上是不是真的可能有這樣的人，我們將在待會兒討論。不過，如果真有這麼一個人，我們就可以說他的人生繼續下去對他而言不是好事，而是壞事。他的人生充滿了哀傷、苦難、挫折與失望。這樣的人生持續愈久，就愈是糟糕。在每一刻都充滿了折磨與痛苦的人生當中，活上一百歲絕對比活三十歲來得更糟。所以，如果真有這麼一個人，那麼延長他的人生對他而言乃是一件壞事。當然，在這種情況下，擁有比較短的人生對他而言會是比較好的事情。

這就是我們說一個人死了比活著好所指的意思。我們不是說那個人死了之後會處於某種難以描述而且有如幽靈般的稀薄狀態，只是單純比較著那個人可能擁有的兩種不同人生。再想想那個被你救了一命的幸福女子。我們把她活上九十歲的美好人生拿來和她在三十歲即告結束的人生相比，於是一眼即可看出第一種人生比較好，因此，救她一命對她而言是一件好事。同樣的，針對一個擁有悲慘人生的人進行思考的時候，我們也是針對漫長的悲慘人生和比較短的悲慘人生進行比較，從而看出前者比後者來得糟，於是即可指出這個人死了比活著好。我們不是說他如果死了，就會處於一種比活著還要好的狀態。我們純粹只是說他如果死了，即可避免這種悲慘的狀態，而這種狀態明顯可見是一件不好的事情。我們只需做出這樣的比較，即可指稱這個人死了比活著好。兩種狀態條件如果不這麼認爲，那就是這個條件本身的問題。

當然，以上的討論沒有告訴我們一個人的人生有沒有可能糟到死了也比活著好的狀態，是不是可能有一種人生會比不存在還要糟糕。我們只是證明了這種說法不至於前後矛盾，但這樣並不表示這種說法就一定有可能是眞的。是不是眞的可能有這樣的人生，必須取決於你對幸福的觀點，亦即什麼因素會使得一個人的人生具有價值。如同我們先前看過的，這是一項頗具爭議性的題目。每個人對於最美好的人生應該具備哪些元素都各有不同看法。在這樣的差異下，對於人生是否有可能糟糕到提早結束比延續下去要好的地步，我們也一定會有不同的哲學意見。

舉例而言，假設你接受享樂主義，這種主張認爲生命的品質就是加總所有的快樂再減掉所有的痛苦。我們的問題既然是人生現在結束對我而言會比較好，那麼我們想要知道的就是我自此以後的人生（也就是我現在如果沒有死）就整體而言會是好還是不好。因此，我們把我期盼擁有的所有快樂加總起來，再把所有的痛苦加總起來，在這兩項計算當中都把強度與持續時間納入考量，然後以快樂減去痛苦，看看結果如何。結果如果是正值，那麼你的人生就值得繼續活下去。而且，這個正值的數字愈大，你的人生就愈值得延續下去。

不過，如果結果是負值，如果你自此以後的人生將會充滿痛苦與煎熬，而且遠遠超越你渴望擁有的快樂，那麼你的人生就不值得延續下去。如果人生的整體數值是負的，那麼這就是一個不好的人生，不擁有這個人生對你而言將會比較好。在這種情況下，你死了就比活著好。無論如何，這就是享樂主義的判定。

當然，我們如果不是享樂主義者，就會接受比較複雜的幸福理論。因此，我們在計算過程中必須納入快樂與痛苦以外的東西。要評價你自此以後的人生，不但必須考量你的心理狀態，也必須考量你人生中各種外在的相關好事與壞事。舉例而言，你會不會繼續以你的人生成就事物，還是說你會陷入沮喪殘疾的狀態，無法達成你的重要目標？你會繼續擁有友誼以及其他充滿愛與關懷的人際關係，或是別人會忽視你、虧待你或者拋棄你？你會繼續學習並且了解自己在宇宙中的地位，還是說你未來的人生會充斥無知與幻象？我不會在這裡嘗試列出所有的外在好事與壞事。不論這些好事與壞事有哪些，總之我們會把它們全部加總起來，包括內在與外在的各種好事與壞事，再看看結果如何。假設是正值，如果自此以後你人生中的好事會比壞事還多，那麼你的人生就值得延續下去，你活著會比死了好。可是結果如果是負值，如果壞事會比好事還多，那麼你的人生就不值得延續下去，你死了會比活著好。

不過，必須要注意的是，我們至今為止的計算都僅限於生命的內容（自此以後的人生內容）。當然，有些觀點認為這樣就夠了。你如果接受中性容器理論，亦即生命本身沒有任何價值，唯一重要的是生命的內容，那麼我們只要確認你人生中的好事多於壞事，這樣的計算就算是完整了。不過，你要是接受珍貴容器理論，那麼必要的計算就會變得更加複雜，因為這種理論認為活著本身就是一件好事。按照這種觀點，我們計算了你未來人生內容的價值之後，還必須加上適當的額外分數，藉此反映出你活著本身的額外價值。必須加多少分？這點取決於你接受哪一種珍貴容器理論。不過，此處的重點當然是，就算你自此以後人生內容的整體價值是負的，你還是有可能活著比死了好，因為最後的總計（我們一旦加上了生命本身的額外價值）仍然可能是正值，只有在最後的總計（生命內容加上生命本身的價值）是負值的情況下，我們才能說你死了會比活著好。

這種情形有可能發生嗎？一個人的人生價值總計有可能是負值嗎？你如果接受溫和容器理論，這種情形就有可能發生。至少就原則上而言，如果生命的內容糟到一定的地步，那麼活著的價值就可能因此被抵銷。不過，你接受的如果是絕妙容器理論，這種情形就不可能發生。按照這種觀點，活著的價值無限大，所以不論生命的內容（自此以後的人生內容）有多麼糟糕，最後的總計都一定會是正值。因此，人絕對不可能會死了比活著好。由此可見，從絕妙容器理論的觀點來看，自殺絕對不可能會是理性的行爲，因爲活得比較短絕對不可能會比活得比較長來得好。

我想，大多數人都會覺得絕妙容器理論不可信；我們信奉的如果不是中性容器理論，就是溫和容器理論。所以，按照這兩種理論的觀點，生命的內容只要糟到一定地步，就可能導致生命的整體價值陷入負值。你自此以後的人生內容如果糟到一定地步，那麼也許你就眞的是死了比活著好。

當然，這時樂觀主義者一定會指出，實際上不會有人的人生糟得生不如死。另一方面，悲觀主義者則是會堅稱所有人的人生都極爲糟糕，所以每個人都是生不如死。不過，我猜想一般的常識觀點會認爲這兩種極端都不正確。有些人的生命中充滿了苦難、無能爲力、悲慘與失敗，或者至少未來會是如此，因此那些人確實死了會比活著好。不過，不是所有人的生命都那個樣子，必須視個別案例的狀況而定。

我認同這種溫和的觀點。就我所見，聲稱每個人的人生都比不存在更加糟糕，而且未來也會繼續如此，這種說法根本就不合乎眞實。不過，聲稱每個人的人生都比不存在來得好，而且未來也會繼續如此，這種說法同樣也是不正確。說來可怕，在有些案例當中，自此以後的人生內容將會極爲糟糕，以致徹底抵銷了活著本身所可能具備的價值。

舉例而言，我們也許可以想像一個人罹患了令人身心衰弱（而且終究會致命）的疾病。這個人也許罹患了癌症，而身處於嚴重的疼痛當中，實際上，他的疼痛極爲嚴重，以致他除了遭受苦難煎熬之外，根本做不了其他任何事情。他根本無法撰寫小說、整理花園、吟詩頌詞，甚至也無法享受家人的陪伴。他的心思完全受到疼痛占據，被疼痛壓得喘不過氣來，一心只希望這樣的疼痛能夠結束。或者，也許他罹患了退化疾病，導致他愈來愈沒有能力從事那些能夠讓人生有價值的事物，甚至連最基本的自我照顧也都愈來愈沒有能力做到（實際上，單是理解到自己處於這種狀況下而再也沒有能力做多少事情，可能就足以爲他帶來龐大的痛苦、沮喪與挫折）。

明顯可見，我無意聲稱這類人生在疾病形成之初或者在疾病開始產生任何影響之際就已不再值得活下去。此外，我也無意聲稱每一種致命疾病一定都會發展到令人生不如死的地步。不過，在我看來，至少有些案例的病患確實會陷入這樣的狀況。說來可怕，在某些案例當中，未來只會有更嚴重的疼痛、受苦、無能爲力以及悲慘境遇。因此，隨著你的病況愈來愈糟，你在某個時間點之後很可能確實死了會比活著好。

在這樣的前提下，至少在某些案例中，到了某個時間點，死了確實會比活著好，現在且讓我試著針對自殺在什麼時候會成爲合理的行爲提出比較精確的說法。再一次，我認爲用圖表說明會比較清楚。在圖15.1以及本章的其他圖表裡，X軸都代表時間，而且時間是由左往右流動；Y軸則是代表在特定時間點活著有多好或多不好（在Y軸上愈高，表示人生過得愈好，愈低則表示過得愈不好）。X軸以下表示生命品質極糟，如果這種狀況繼續下去，那麼死了就比活著好。順帶一提，請注意Y座標代表的是生命的整體價值；不只是生命內容的價值，而是內容加上活著本身的額外價值（如果活著本身有額外價值的話）。因此，不論你接受的是中性容器理論還是珍貴容器理論，Y座標都代表生命的整體結算結果：也就是在那個時刻活著有多好（或者多麼不好）[1]。

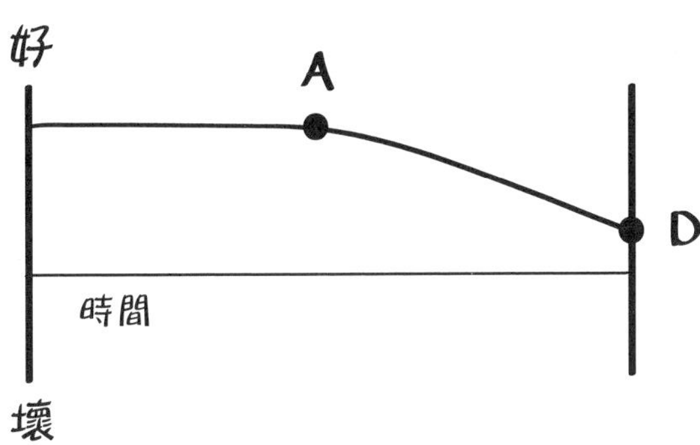

圖 15.1

圖15.1是一個人的生命可能呈現出來的樣貌。這個人的人生原本過得相當不錯，但是到了A點卻開始走下坡（也許是你在A點罹患了疾病，或者你的疾病在此時開始出現症狀）。生命的品質開始下滑。最右側的D點代表你自然死亡的時刻。因此，這條線代表了你的人生走向。或者，說得更精確一點，這條線代表了你在這段期間沒有選擇自殺的人生走向。

當然，我們的問題是，在這樣的案例當中，自殺會不會是理性的行爲，會不會是合理的行爲。明顯可見，答案是否定的。毋庸諱言，你的人生狀況到了生命結尾已經沒有那麼好，不像你年輕健康又有活力的那個時候充滿了種種機會與成就。但儘管如此，你的生命價值從頭到尾一直都是正值（總是高於X軸）。你的人生狀況從來不曾糟到會導致你死了比活著還好的地步。所以，自殺一點都不合理。

我們尤其不能夠指向A點，指稱自殺在這個時候開始成爲合理的行爲，原因是你的人生在這個時候開始走下坡。沒錯，你的生命價值在A點之後開始降低，而且最後也降低了相當大的幅度。但儘管如此，你的生命價值卻從來沒有低落到死了會比活著好的地步。在這樣的人生當中，活得愈久絕對愈好，因此自殺不可能會有任何道理。

自殺如果要合理，你的人生就必須出現劇烈轉折，以致圖

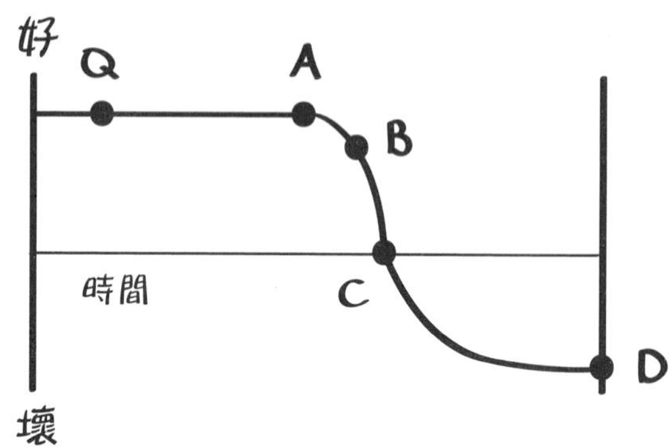

圖 15.2

表中的那條線有一部分落到了X軸以下。你必須有一段人生的狀況極糟，糟得我們眞正能夠說你的人生比不存在還要糟糕。簡言之，自殺如果要合理，你就必須要有一段時間是死了比活著還好！而這種狀況在圖15.1裡完全看不到。

不過，在圖15.2裡，就可以看見這樣的狀況了。在圖15.2裡，你一開始同樣是健康、充滿活力又相當成功。不過，假設你罹患了某種退化疾病，導致你的人生會愈來愈糟。又一次，A點標示了你的生命整體價值開始衰退的時刻，但這一次，你的人生狀況敗壞的情形非常嚴重，以致從C點開始，你的人生就會比不存在還糟糕。D點再次標示了你自然死亡的時刻，也就是你因病而死的時刻，除非你先選擇自殺。圖15.2當中最引人注意的一點，就是你在其中的確有一段時間是生不如死。從C點到D點這段期間，你活著不會比較好，而是愈早死愈好。

在這種情況下，我們似乎就可以合理提出自殺的選項。在這種情況下，考慮終結自己的生命似乎是種理性的行爲。

不過，有一項至關緊要的條件也必須在這裡明確提出。假設有某種藥物可以治療你的疾病，或者至少有一種治療方式能夠大幅改善你的生活品質，假設你只要願意接受治療，圖表中的線就絕對不會落到X軸以下！儘管如此，你卻在沒有充分理由的情況下愚蠢地拒絕接受治療。明顯可見，在這種情況下，自殺就不是合理的行爲。儘管你在C點以後的狀況確實是死了比活著好，但在這麼一個案例中，你的合理選擇應該是設法改善你的生活品質，而不是終結自己的生命！

因此，在探討這個案例（以及後續其他案例）的時候，我們必須假設你的疾病已經沒有方法可以治療。我們必須假設你只要有機會，一定會致力改善自己的生活品質。所以，圖表中的那條線已經沒有改善的餘地。那條線如果下墜，也沒有任何合理的選擇能夠讓你改善狀況。要避免一段比不存在更糟的生命，唯一的方法就是將這段生命加以終結。

我們如果以這種方式理解圖15.2所呈現的例子，那麼自殺確實看起來有可能是一種理性的選擇。從C點以後，你即是生不如死。自殺將可讓你避免這種狀況。

可是自殺在什麼時間點會成爲理性的選擇？不是A點。無可否認，你的人生在A點出現轉折，而開始走下坡。不過，你的人生卻是直到C點以後才會變得比不存在更糟。當然，這就是說，在A點到C點之間有一段時期，不論是六個月、一年，還是五年，你的人生雖然不像先前（A點之前）那麼好，卻還是比不存在更好。所以，在A點終結自己的生命（再早之前就更不用說了）未免操之過急，將會浪擲「一大段」仍然值得擁有的人生。

自我了斷的適切時間看起來應該是C點，因爲這一點正是你的人生變得比不存在還糟糕的時刻。畢竟，在那個時刻之前，你的人生仍然值得活下去；在那個時刻之後，則是不再如此。當然，在C點過後一開始的那段期間，人生並不會比不存在糟上多少。儘管如此，從C點開始，你的生命整體價值就會陷入負值，並且一直維持在這個狀態下，對你而言，死了比活著更好。所以，你如果完全有能力控制自己要在什麼時候終結生命，C點顯然是最適合的時間點。

不過，假設你沒有完全的控制力。假設你的退化疾病會逐漸剝奪你控制自己身體的能力，但你的心智仍可持續健全運作。這麼一來，你就有一段時間只能躺在病床上，沒有能力照顧自己，甚至連自己吃飯都做不到。不過，你雖然沒有辦法運用你的手臂，卻還是能夠聽你的家人向你轉述新聞；你還是能夠享受閱讀、聽音樂，或者和朋友交談的樂趣。在這段期間，你的人生確實仍然可能值得活，儘管我們可以想像你的人生到了某個時間點之後終究會不再值得活。不過，假設到了那個時候，你也不再擁有終結自己生命的能力，原因是你屆時已不再有能力控制自己的身體。

相信各位看得出來，自殺的問題在這裡變成了安樂死的問題。我們也許會問，在什麼情況下要求別人殺了你會是理性的行爲？如果眞有這樣的狀況，那麼在什麼狀況下殺死別人會是具有道德正當性的行爲？

不過，且讓我們繼續聚焦於自殺的問題上。假設你活在一個很不開明的社會裡，安樂死是遭到禁止的。實際上，你活在我們這個社會裡，因此你不能規畫在適當時間來臨的時候由別人終結你的生命。你面臨的狀況是這樣：你知道在未來的某個時刻——C點，你將會生不如死，可是令人嘆息的是，一旦到了那個時刻，事情就太遲了，因爲你不會有能力終結自己的生命，而別人也都不能幫你。在這樣的案例當中，我想在C點之前自殺可能是合理的行爲。

看看B點。假設B點是你有能力自殺的最後一刻。你該動手嗎？毋庸諱言，你如果在這時自殺，就會浪擲掉一小段值得活的人生：也就是B點與C點之間的這段時期。不過，如果就像我們假設的，你在B點過後就不再有能力能夠自殺，那麼就理性上而言，在B點自殺仍然可能是合理的行爲。畢竟，你其實沒有在C點終結自己生命的選項。你擁有的選項只有這兩種：在B點自我了斷，拋棄最後一段人生（B點到D點），不然就是不在B點自我了斷，而一直活到你在D點因病而死爲止。

所以，你必須問自己的問題是，從B點到D點這最後一段人生的整體價值是多少？明顯可見，其中有一部分是好的（B點到C點），也有一部分是壞的（C點到D點）。究竟是擁有這兩部分（好的加壞的）比較好，還是這兩部分都不要擁有比較好？答案概略上來說是這樣：如果壞的部分持續得夠久（而且也夠糟），那麼兩部分都不要擁有就比兩部分都擁有來得好，因爲其中的壞處高於好處。實際上，我畫的圖表所呈現出來的就是這樣的案例。所以，至少在這個案例當中，理性的作法就是在B點決定終結自己的生命，趁著你還有能力的時候，而不要迫使自己經歷最後那段不值得活的漫長人生。

可是，如果你有能力自殺的最後一刻遠遠早於B點呢？實際上，如果這個時刻也遠早於A點，而是在Q點呢？想像看看，不曉得什麼原因，你在Q點之前擁有自殺的能力，但過後就不再有這種能力。這麼一來，自殺還會是合理的行爲嗎？必須注意的是，你的人生在Q點之後仍有很長一段時間會具有極高的價值。當然，我們也知道最後會有一段不好的時期（C點到D點）。所以，這時候你面對的問題也是究竟要擁有一個好的部分與一個壞的部分，還是兩個部分都不要擁有。不過，這次好的部分遠遠大於壞的部分。所以，就算你如果不在Q點自殺，就會迫使自己經歷我畫出來的那整段未來，包括最後那段痛苦的時期，但儘管如此，在Q點自殺仍是不合理的行爲。

事情也可能有另一種不同的發展方式。假設你的人生原本過得很好，但接著卻突然急轉直下，變得非常糟糕。不過，事情終究會好轉。在這種情況下，自殺會不會是合理的行爲？在圖15.3裡，人生在一段期間會變得比不存在更糟，但你後來又會恢復；除非你自殺，否則你的人生終究會回歸到值得活的狀態。實際上，你人生的最後一個階段非常值得活。因此，在這個案例當中，關鍵在於注意到你的人生雖然會有一段時間變得比不存在更糟，卻不足以構成自殺的充分基礎。因爲你如果眞的自殺了，例如在A點自殺，那麼你雖然避免了低於X軸的那段人生（A點到B點），但這麼做卻

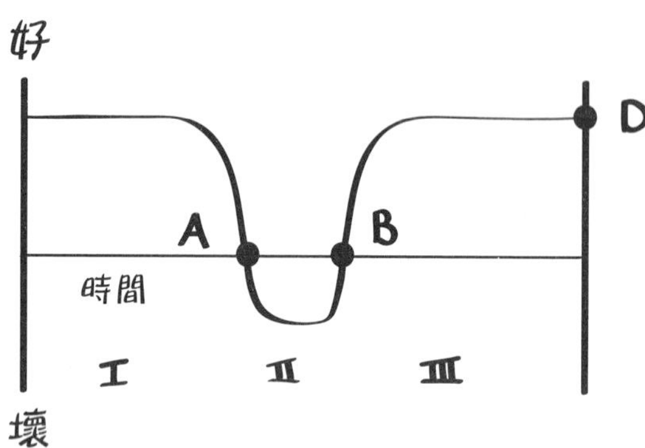

圖 15.3

也會拋棄掉最後那一大段回歸到值得一活的人生（B 點到 D 點）。在決定自殺是否合理的時候，這點一定要納入考量。

我們可以把這個人生分爲三個階段，或是三幕。在第一幕裡（從一開始到 A 點爲止），這無疑是一段值得活的人生；在第二幕裡（A 點到 B 點），人生變得比不存在更糟；在第三幕裡（B 點到 D 點），人生又再次回到值得活的狀態。理想上，你會想要擁有第一幕和第三幕而不必經歷第二幕。不過，你當然沒有這樣的選擇。你只能一併接受第三幕與第二幕（連同第一幕），不然就是兩者都不要（只擁有第一幕）。鑒於第三幕的價值極高，因此忍受第二幕的苦難以獲取第三幕也就是合理的行爲。所以，就算你的人生會在一段時間內變得比不存在更糟，自殺也不是理性的決定。

但必須注意的是，這項論點所依憑的一大根據，在於第三幕的正面價值非常高（那段人生持續的時間夠長，品質也夠高），超越了第二幕的負面價值。圖 15.3 裡確實是如此，但我們很容易能夠想像另一個不是這樣的圖表。

在圖 15.4 裡，你雖然還是會從第二幕恢復過來（第二幕期間的人生不值得活），並且進而擁有第三幕（人生再

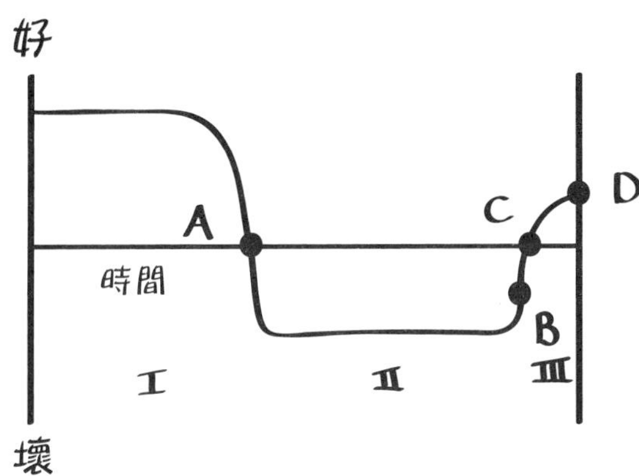

圖 15.4

次達到値得活的狀態），但第三幕的正面價値卻不足以抵銷第二幕的負面價値。你的人生雖然恢復至正面狀態，但時間太短，品質也不夠高，抵銷不了第二幕的壞處。因此，你如果在A點考慮自殺，有可能是一項理性的決定。

當然，在這個案例當中，自殺的合理性也取決於這件事在什麼時候可以做。在A點自殺可能是理性的，因爲這樣即可讓你徹底避免第二幕。不過，你如果考慮在C點自殺，就完全是另一回事了。明顯可見，在C點的時候，你已經度過了第二幕，不再可能改變這項既成的事實。當然，你經歷了人生中極度可怕的一段時期，可是那段時期已經結束了。你面對的問題已經不是：你該不該避免第二幕？現在問這個問題已經太遲了。你現在只能問自己該怎麼面對第三幕。然而，第三幕是値得活的；拋棄第三幕毫無道理可言。所以，在C點自殺不會是理性的行爲，就算這項行爲在先前的A點原本算是理性。說得更複雜一點，自殺在A點之後，在第二幕期間，也有可能是理性的行爲，前提是第二幕剩下的部分所帶有的壞處仍然超越第三幕的好處。儘管如此，到了第二幕後期的某個時間點，例如B點，自殺就不再會是理性的選擇，因爲

第二幕剩下的部分不足以抵銷第三幕帶來的好處。

想想看，如果有個意外事故的受害者，身體大部面積遭到嚴重燒傷，必須接受長期治療，在那段時間完全動彈不得，而且必須忍受極大的痛苦，等待神經與皮膚慢慢再生。這麼一個人可能相信自己終究會康復，而再次擁有值得活的人生。儘管如此，他在治療期間卻可能認為，而且實際上也的確如此，他爲了達到康復之後的人生而必須經歷的這段過程將會極度痛苦，以致相較之下根本不值得。他大可堅稱自己活著不如死了好。

假設這名傷患沒有能力終結自己的生命。他請求別人殺了他，但遭到了拒絕。於是，他經歷了好幾年極度痛苦的藥物治療，終於康復到相當地步，得以再次擁有值得活的人生。最後，他總算出院了。這個人很可能會認知到自己的人生又再次恢復了值得活的狀態。既然他往後的人生值得活下去，因此他現在雖然再度擁有了自殺的能力，這項行爲卻已不再合理。不過，他還是可以堅持指出（而且實際上也的確如此），他實在應該在被迫承受那麼多年的痛苦與煎熬之前就先死去。他在先前如果有能力自殺，那麼做將會是理性的行爲②。

所以，我認爲就理性上而言，自殺在某些案例中確實會是合理的行爲，至少按照此處的前提假設而言是如此，亦即你心智清明，能夠客觀評估自己的狀況，因此可以正確評價往後的人生會爲你帶來什麼樣的未來。不過，我確實想要強調我先前提過的一個重點，只有在人生當中有某一段時間的生命品質會糟得生不如死，自殺才會在理性自利的觀點下被視爲合理的行爲。我敢非常肯定的說，許多實際的自殺案例都不符合這個關鍵條件。

必須記住的是：就算你的人生走了下坡（實際上，就算你的情況永遠不會再改善），也不表示自殺就是理性的行爲。重點不在於你是不是過得比以前更糟，也不在於你是不是過得不如你希望享有的人生，而是你的狀況是不是極度糟糕，以致活著不如死了好？事實上，你早期的人生如果過得

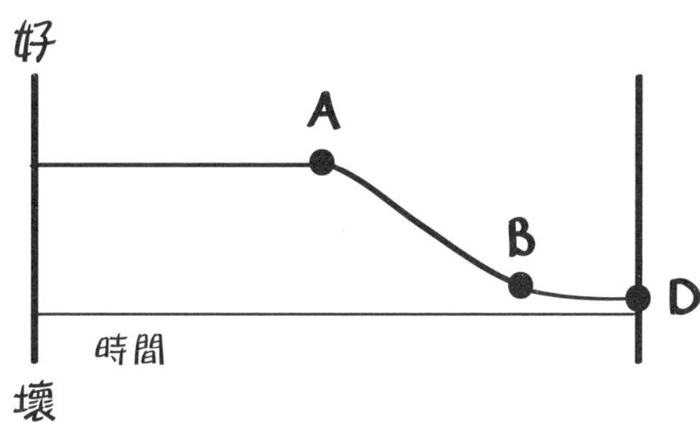

圖 15.5

相當好，那麼就算走了一大段下坡，最後的狀況還是有可能比不存在還好。在這種案例中，自殺就根本毫無理性可言。

舉例而言，在圖 15.5 裡，自殺純粹是不合理的行爲。就算你在 A 點之後的人生比不上你原本的人生，而且就算 B 點之後的人生遠遜於你原本的人生，但這條線卻完全沒有落到 X 軸以下。依照假設，這仍然是個值得活下去的人生。自殺在這裡沒有正當的理由。我們很容易忽略這一點。畢竟，從 A 點開始，你的人生就不斷走下坡。有時候，你唯一能夠看見的就是你的人生變得愈來愈糟，所以，你很自然會產生「我這麼活著還不如死了好」的念頭。可是，至少在圖 15.5 的狀況中，這樣的念頭是錯誤的，你活著並沒有不如死了好。

我相信許多自殺的案例都是源自這類錯誤。女朋友離開了你；你丟掉了工作；你沒有考上法學院；你遭遇意外，餘生都必須待在輪椅上；你和配偶在撕破臉的情形下離婚。於是，你把自己的人生比較於原本的模樣，或是你夢想中的模樣，或是你身邊其他人的人生，然後認定自己的人生不值得活下去。不過，實際上的狀況卻經常不是如此，儘管你的人生沒有你盼望的那麼值得活，卻還是比不存在來得好。

實際上，對於許多考慮著自殺的人而言，我想圖 15.6 可能比較近似於他們的人生。人生品質暫時下滑，而在低潮的谷底，

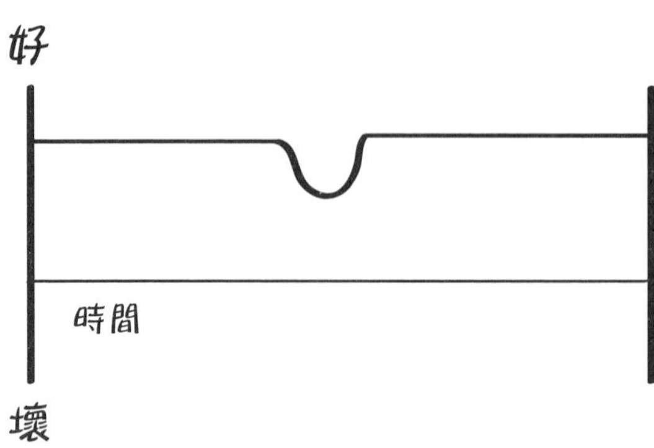

圖 15.6

你實在看不出自己是不是能夠堅持下去，事情是不是終究會改善。明顯可見，在這種例子當中，自殺絕對會是個可怕的錯誤。

儘管如此，我的確認爲有些案例當中的線條眞的會落到X軸以下，並且持續很長一段時間（說不定一直到人生結束爲止），所以處於這種情況下的人確實死了會比活著好。出現這種案例實在是很可怕的事情，但這種案例既然存在，只要那個人能夠認知事實，並且確知自己的人生會落入那樣的狀態，那麼我認爲自殺在特定時刻確實會是理性的行爲。

人們能清楚判斷自己「死了會比活著好」？

當然，我刻意排除了你是否有可能合理判斷自己確實處於這種情況下的問題。一個人就算認定自殺永遠不可能是理性上正當的行爲，大概也會同意你如果可以知道自己現在死了會比活著好，那麼自殺就會是合理的行爲；只不過，你永遠不可能知道這一點。你如果擁有一顆水晶球，那麼自殺也許在特定狀況下會是理性的選擇，可是你沒有水晶球，也永遠不可能有。畢竟，我當然可以輕易地在圖表中畫出各種線條，自信滿滿地主張自殺在哪一種未來的狀況下會是合理的行爲。不過，我們在現實生活中卻永遠不可能確知事情眞的會這麼進展。所以，我們接下來必須探討的問題，就是你有沒有可能理性判斷自己所處的狀況確實是活著不如死了好，以及你有沒有可能理性根據此一判斷採取行動。

這個問題以兩階段的方式思考可能會比較容易。首先，且讓我們來問問這一點：如果你的頭腦相當清楚，那麼我們該怎麼說？回答了這個問題之後，可以再來考量你的心智也許混亂不清的可能性。畢竟，在自殺可能具有理性正當性的案例當中，我們也可以合理擔憂這種狀況可能對人造成極大的壓力，以致不可能有人在這種情況下還能夠頭腦清楚地進行思考。因此，就算你在頭腦清楚的情況下可以理性做出自殺的決定，說不定根本沒有人能夠在這種狀況下保有清楚的頭腦，因此也就沒有人應該信任自己認爲自己活著還不如死了的判斷。

我們可以待會兒再回頭探討頭腦不清楚的問題。首先，且讓我們假設你能夠心智清明地思考自己的狀況。說不定你罹患了一種痛苦的疾病，可是這種疾病不會隨時都讓你身處於痛苦當中。那種痛苦有時候會消失一段時間，於是你也就能夠評估自己的狀況，衡量自己面對的事實。在這種情況下，決定自殺有沒有可能是理性的行爲？也許我們會同意，如果你擁有一顆水晶球，而且確知自己絕對不可能康復，那麼自殺就是理性的抉擇，不過如同我已經指出過的，你沒有水晶球。既然如此，我們該怎麼說？

否認自殺合理性的人可能會堅持指出：你既然不可能確知自己絕對不會康復，自殺就不可能是合理的行爲。畢竟，我們都知道醫學隨時不斷進展，研究總是不斷出現突破，今天看起來像是不治之症的疾病，說不定明天就會出現療法。然而，你要是終結了自己的生命，就拋棄獲得治療的機會。更重要的是，疾病有時候不免會出現奇蹟似的緩解，你的病況可能無緣無故就獲得改善，這樣的可能性總是存在，雖然不是很常見，卻的確偶爾會發生。所以，就這方面而言，你要是自殺，就拋棄了一切康復的機會。

有些人會指出，不論康復的機會有多小，既然有這樣的機會存在，不管是透過醫學進展或純粹只是某種醫學奇蹟，自殺就絕對是不合理的行為。這不是一種理性的選擇。不過，我認為這種立場必然是錯的。

當然，我們的確沒有水晶球，因此在決定是否該自殺的時候，你其實是在比較機率，也就是在賭博。不過，這種意義的賭博是我們隨時都在做的事情。實際上，我們根本不可能避免冒險的必要性。必須在不確定的狀況下做出決定，純粹是人生的一項事實。如果有人說，由於這樣的不確定性，拋棄那極小的康復機會就絕對不可能是合理的行為，那麼我只能說，這項立場顯然不合乎我們平常做決定所採取的原則。

想像你參加了一種古怪的猜謎遊戲。你身在一個有兩道門的房間裡，必須決定你要打開哪一道門。假設你如果打開一號門，幾乎可以確定必然會遭到綁架，而且那些綁匪會凌虐你一個星期之後再把你放走。如同我說的，這種現象幾乎可以確定必然會發生：確定性達百分之九十、百分之九十九，甚至百分之九十九．九。

不過，你還是有極小的機會不會遭到綁架與凌虐，而是會被帶去享受一場美妙的熱帶假期，開心地玩一個星期之後再回家。毋庸諱言，這樣的機會非常小，但不是完全不可能。機率也許只有千分之一，或是萬分之一，或甚至更小。所以，你要是打開一號門，你就有百分九十九．九或者百分之九十九．九九的機率會被凌虐一個星期；另外又有百分之○．一或百分之○．○一的機率會擁有一場美妙的假期。另一方面，你如果打開二號門，就百分之百保證會發生以下的狀況：你會立刻睡著，陷入無夢的睡眠達一整個星期之久，然後才醒過來。

你該怎麼做？你該選擇哪一道門？請注意，你不純粹只是在受到凌虐與睡覺之間做選擇，因為

你如果選擇第一道門，並不能完全確定自己會遭到凌虐。我猜想所有人都會一致同意，如果我們必須在遭到凌虐與睡覺這兩種確定性當中做出選擇，那麼理性的作法就是選擇第二道門而陷入睡眠中。無夢睡眠本身沒有任何內在價值，卻也沒有任何特別不好的地方。我想，我們如果一定要爲無夢睡眠賦予一個數值，那麼這個數值應該是零。不過，遭受凌虐所該賦予的數值無疑是負數，遭受凌虐一個星期更是極大的負數。所以，如果是在遭到凌虐與睡覺這兩種確定性當中做出選擇，所有人都會同意你應該選擇一個星期的無夢睡眠。在兩項選擇都是確定的情況下，理性的選擇絕對是第二道門。

不過，如果你選擇第一道門，實際上並不完全確定會受到凌虐，只是可能性非常非常高而已。所以，想像有個人這麼說：由於存在這項不確定性，因此理性的選擇應該是挑選第一道門。「勇敢追求大獎！」那個人堅稱道：「沒錯，你如果選擇第一道門，有極大的可能會落得遭到凌虐的下場，但你畢竟還是有極小的機會能夠獲得一場美妙的假期！相對之下，你如果選擇二號門，就拋棄了那個機會。因此，唯一理性的選擇就是挑選第一道門，不論機率多低，都要爭取獲得那場美妙假期的機會。除此以外，其他的選擇都不算理性。」

如果有人這麼說，一定會遭到我的嘲笑。無可否認，你如果調整一下這個例子，那麼理性的選擇可能會取決於其中的細節（所謂的「凌虐」如果只不過是如同被紙割傷的輕微痛苦而已呢？如果贏得假期的機率其實比千分之一還高呢？）。不過，在我描述的那個例子裡，你確實有極高的可能會遭到眞正的凌虐，而且只有微乎其微的機會能夠贏得那場假期。如果有人說唯一理性的選擇就是堅持追求贏得那場假期的機會，我只能說那個人純粹是錯了。理性並沒有要求你必須不理會機率大小而選擇第一道門。

我以這種方式詳述這個例子算不算是作弊？我希望你能夠同意我的看法，亦即康復的機會如果

小到一定的程度（而且你面對的痛苦又極爲巨大），那麼自殺可能就是一種理性的選擇。正如你爲了避免遭到凌虐而選擇睡眠可能是理性的行爲（儘管這麼做不免拋棄贏得假期的機會），因此爲了避免充滿痛苦與煎熬的人生而選擇死亡也可能是理性的行爲，儘管這麼做不免拋棄了你病況好轉的唯一機會。不過，這項類比也許有瑕疵，畢竟我刻意把這個例子敘述成在遭受凌虐一個星期與睡一個星期之間做選擇。不過，死亡不只是一個星期的事情，一旦死了，就是永遠死了，你如果自殺，就拋棄了你可能擁有一個值得活下去的人生的唯一機會。相對之下，你如果拒絕打開第一道門，只是拋棄了這個星期去度假的機會！你以後還是有其他機會可以去度假。

所以，我們就來換個例子吧。假設每一項結果，不管是睡眠、遭受凌虐還是度假，都不只是持續一個星期，而是會持續一輩子！因此，你如果打開第一道門，就有百分之九十九或九十九．九的機率會遭受凌虐長達幾年乃至幾十年，直到你死亡爲止。不過，你也有百分之一或百分之○．一的機率會被帶去度一場美妙的假期，同樣持續好幾年或數十年，直到你死亡爲止。不過，你如果打開第二道門，就會立刻陷入一場深沉無夢的睡眠，而且永遠不會醒來。你將會一直處於無夢睡眠的狀態中，直到你在幾年或數十年後自然死亡爲止。

這時候，想像有個人堅稱在這個狀況下唯一理性的決定是打開第一道門。這個人指出，畢竟你要是選擇第二道門，就拋棄了贏得那場美妙假期的唯一機會。這個人堅持說，有鑑於這一點，唯一理性的決定就是選擇第一道門，儘管你的下場大概會是終生遭到凌虐。

這樣的說法在我看來仍然是錯誤的。我心中想的就算是經過修改的例子，也就是你拋棄了這輩子唯一可能獲得那場假期的機會，我仍然覺得選擇第二道門是完全理性的選擇。畢竟，你如果選擇第一道門，就有極大的機率會落入終生遭到凌虐的下場。而且，我們也假設這是貨眞價實的凌虐：你遭受的痛苦與煎熬將會極爲嚴重，以致你死了也比繼續承受那種凌虐來得好。不過，那種凌虐確

實會繼續下去，幾個月、幾年、甚至數十年。在這種情況下，我認爲選擇無夢睡眠顯然是理性的行爲，儘管這麼做將會拋棄你這輩子擁有那場假期的唯一機會。凌虐的痛苦如果嚴重到一定程度，而且贏得那場假期的機率也低到一定程度，那麼選擇第二道門就很可能是理性的抉擇。聲稱第一道門是唯一理性的選擇，這種說法純粹就是不正確。

請注意，我不是說你一定要選擇第二道門。我對於這個立場雖然有些認同，但這種觀點卻比我在此處努力辯護的那種觀點更加強烈。我只說選擇第二道門是完全合理的決定，是一件在理性上可以接受的事情。如果有人不這麼認爲，那麼我會覺得他們錯了。

同樣的，面對自殺的選擇之時，你未來的人生如果有極大的機率不值得活，那麼自殺就自然是一種在理性上可以接受的選擇。當然，你一旦自殺，就永遠拋棄了人生好轉的可能性。這是一項很重要的可能性，絕對值得我們的考量。不過，我們同樣也必須務實考量人生好轉的可能性，以及你的人生如果按照目前這種趨勢繼續下去，你將會陷入多麼悲慘的境地。簡言之，我認爲自殺在某些案例中確實會是理性的選擇，或者，至少在你能夠頭腦清楚地思考自身處境的前提下是如此。

不過，我們接下來還是必須面對這個問題：一個人一旦身處於我們所談的那種狀況下，眞的能夠頭腦清楚地思考這些議題嗎？就算我們爲了討論起見，而同意確實可能有人會擁有非常糟糕的人生，除非他們的人生出現出乎意料的遽然好轉，否則他們即是活著不如死了好；而且，就算我們同意他們如果能夠頭腦清楚地思考自己的處境，自殺即是一項理性或合理的選擇，儘管如此，我們不也能夠合理地這麼認爲：在現實生活中，人一旦處於那樣的狀況，就沒有辦法客觀而且可靠地思考自己的處境？

畢竟，我現在可是在自己的人生非常值得活下去的情況下，健康舒適地坐在辦公室裡，從容自在地書寫著這些議題。同樣的，我絕對希望你也同樣擁有值得活下去的人生，所以你也就能夠以平

靜、清明而且客觀的心緒思考這些問題。不過，對於實際上必須面對這些問題的人而言，狀況可就相當不一樣了！想想看。你的人生必須糟到什麼樣的地步，自殺才有可能成爲理性的選擇？你的人生必須糟到什麼地步，你才會是活著不如死了好？想來你大概必須處於極爲嚴重的肉體痛楚當中。除此之外，你大概還必須失去許多方面的能力。你可能必須臥病在床，無法成就任何事物，無法閱讀小說，無法享受和朋友的談話，甚至也無法享受看電視的樂趣（看電視也許算不上是多麼美妙的事情，但能夠看電視的人生可能還是比不存在來得好）。

要想像一個這麼糟的人生，我們就必須想像一個充斥了許多痛苦與身體機能喪失的人生，因此其中的情緒壓力將會令人無法承擔。不過，正因爲那樣的情緒壓力令人無法承擔，所以我們才必須要問：怎麼可能有人在那樣的狀況下還能夠保持頭腦清楚？然而，你的頭腦如果不清楚，你怎麼能夠信任自己做出的判斷，認爲自己的處境確實可讓自殺成爲合理的選擇？

當然，你可能認定自己活著不如死了好。可是你該信任自己在這一點上的意見嗎？也許不應該！畢竟，你在這項議題上的思考很可能受到你的痛苦、煎熬與情緒壓力所蒙蔽！實際上，這項論點指出，人如果要眞正生不如死，就必須身處於非常嚴重的痛苦與煎熬之下，以致他們根本沒有辦法頭腦清楚地思考自己的處境。可是他們既然頭腦不清楚，他們在這一點上的判斷就不值得信任，而既然他們的判斷不值得信任，當然就不該加以信任！所以，按此看來，自殺畢竟永遠不可能會是一項理性的決定。

這無疑是一項值得注意的論點；這是一項值得認眞看待的論點。因爲，我們看起來確實應該對自己在背負了許多痛苦或壓力的情況下所做出的決定多抱持一點懷疑的態度。不過，即便是在這一點上，我也不覺得信服。要適切評估這個論點，我們必須要問，在你的心智可能受到痛苦與壓力蒙蔽的情況下，你做出的決定是不是一定都不可信任？

假設你罹患某種疾病，不但身受嚴重痛楚，身體能力也因此嚴重受限。不過，這項疾病可以受到一種手術治療，而且這種手術幾乎總是會成功——能夠消除病患的疼痛，讓他們回歸原本的生活。這種手術幾乎總是會成功，但不是百分之百一定會成功。

你有什麼選擇呢？一種選擇是接受手術。這種手術幾乎總是會成功。在百分之九十九，或是百分之九十九．九，百分之九十九．九九的案例中，這種手術都會成功。當然，如同一切的手術，這種手術也有風險。有時候，這種疾病的病患一旦接受全身麻醉就不會再醒來，這種情形很少發生，也許每一千次、一萬次或十萬次手術才會發生一次。儘管如此，這種手術還是有些微的機率可能不會成功，你還是有些微的機率會死在手術台上，但是這樣的機率非常非常低。這項手術有極大的可能會成功，而手術一旦成功，你就會完全康復。這是第一個選項。

當然，你的第二個選項是拒絕接受手術，繼續處於當前的狀態，深受痛苦煎熬，身體又喪失了大量機能，以致無法享有充實的人生，無論如何，這就是拒絕接受手術最有可能的結果。不過，有時候不是很常見，有時候會這樣，這種疾病也可能在不接受手術治療的情況下自行痊癒。當然，這種現象極為罕見。也許每一千名或一萬名病患當中有一人會自行康復，不過如果拒絕接受手術，每一千名病患當中就有九百九十九人，或是每一萬名病患當中有九千九百九十九人，會繼續身受這種疾病所苦，直到死亡為止。

所以，你必須面對的選擇是：到底該不該接受手術？我猜想我們全都會認為你當然應該接受手術。如果不接受手術，就未免太笨了。畢竟，接受手術有極大的機會能夠治癒你的疾病！所以，且讓我們假設這的確是你做出的決定。

不過，這下我們卻不禁擔心。等一下，你可以信任這項判斷嗎？你的處境為你帶來極大的壓力與痛苦，無疑對你的情緒造成了極大的影響，不論做出任何判斷（你現在認定接受手術是合理的選擇），都是在受到痛苦與情緒壓力的蒙蔽下所做出來的判斷，你怎麼可能信任這樣的判斷？所以，有些人可能會說，你不該信任這項判斷，在這種狀況下同意接受手術，絕對不會是理性的行為。

不過，這麼說不可能是對的。我們無疑會同意，你還是有可能合理信任自己在這種狀況下做出的判斷。當然，你身受如此大量的痛苦應該會讓你有所遲疑，應該會讓你有所猶豫，應該會促使你三思之後再做出決定。但儘管如此，如果有人說，因為你的情緒深受影響，所以決定接受手術絕對不可能是理性的行為，這樣的說法未免矯枉過正。畢竟，你終究還是必須做出某種決定，你可以決定接受手術，也可以決定不接受手術，不管如何你都是做出了決定，而且不論你做出哪一種決定，都是你在情緒激動、充滿壓力並且備受痛苦與煎熬的情況下所得出的結果。這點是無可避免的。所以，你可以三思之後再省思一次，或是尋求別人的意見。這一切顯然都是恰當的作法。不過，如果有人說你在這種情況下決定接受手術，並且按照此一決定行事絕對不可能是理性的行為，那麼這樣的說法純粹就是錯了。

接著，再回到自殺的議題上。在我看來，就相關的面向而言，自殺其實與我們剛剛探討的這個例子頗為相近（或者可以是如此）。一方面，你如果決定不自殺，就有極大的可能性會繼續遭受煎熬。而你如果不自殺，你的人生雖然有些微的機會能夠好轉，但你遭受的煎熬卻有更大的機率會持續下去或甚至變得更糟。另一方面，你如果自殺，你的苦難就會立刻結束。明顯可見，這樣的結果當然比不上你的處境獲得化解來得好，就這方面而言，舉手術的例子做為類比可能不太理想，儘管如此，你的處境如果糟得生不如死，而且好轉的機會又微乎其微，那麼決定自殺可能就是理性的行為。如果有人指稱你既然身受如此痛苦的煎熬，你的判斷必然受到蒙蔽，因此不該信任自己的判斷，那麼我只能回答說這項論點不成立。這項論點在手術的案例中如果不成立，實際上也的確不成立，那麼我也看不出這項論點怎麼有可能在自殺的案例中突然能夠成立。

正確的說法應該是，正因爲你是在情緒壓力與痛苦的蒙蔽下做出決定，因此你應該三思，然後再多想一次，也許接著又多想一次。自殺的決定不該在匆忙之下做出，你應該和醫生談談，應該和親友談談。不過，如果有人堅稱你絕不可能合理信任自己在這種狀況下做出的判斷，我只能說這項忠告看起來不是很正確，這種說法在我看來實在不對。

因此，就自殺合理性的問題而言，我的結論是，有時候自殺的確有充分的理由。說得更精確一點，我們如果從理性自利的角度進行評價，那麼自殺在特定狀況下就可能有理性上的正當性。你可能擁有一個比不存在還要糟糕的人生；你可能有充分理由相信自己身處於那樣的狀況中；你可能也能夠以平靜而且客觀的心思評估自己的處境。另一方面，就算痛苦與煎熬無可避免地蒙蔽了你的心智，導致你充滿擔憂與疑慮，你還是有可能發現支持自殺的理由極爲充分，而終究促使你能夠合理信任自己的判斷。因此，就原則上而言，自殺可以是一種理性的選擇。

自殺的道德性

儘管如此，自殺當然還是有可能是一項不道德的行爲。有些行爲雖然受到理性的允許，卻遭到道德的禁止。說不定自殺就是這麼一種行爲。

當然，如同我先前提過的，哲學界當中對於這兩種概念——道德性與合理性，是否能夠眞正分開看待有著激烈的辯論。我們可以說理性其實要求你必須遵守道德，所以一件事情就算合乎你的自我利益，但如果那件事情確實違反道德，也許從事那件事情就不算是理性的行爲。這無疑是一個引人入勝又極爲重要的問題。不過，這個問題屬於另一本書的討論範圍，所以我不打算在此探討。且讓我們將合理性與道德性這兩者之間的確切關係的哲學辯論擺在一旁，直接把焦點集中在道德議題本身：我們對於自殺的道德性該怎麼說？

當然，要充分探討這個問題，我們就必須建構出一整套道德理論。不意外，我並不打算在此處這麼做。不過，我確實認為我可以提出足夠的論述，架構出一套可行的道德理論的若干基本元素。我們不會有足夠的時間仔細探究這些觀念，但至少能夠概述一套基本的道德理論，看看這套理論對於自殺會有什麼說法。

不過，我首先要探討兩項反對自殺的簡短論點，這兩項論點都多少帶有一些道德色彩。實際上，第一項論點與其說是道德論點，不如說是神學論點。當然，我一直避免直接討論神學議題（儘管我探討過的許多主題從宗教觀點來看也都相當值得注意），但要思考自殺的問題，就幾乎不可能不談到上帝，因為一般人都普遍認為上帝的旨意要求我們活著，所以自殺即是違背上帝的旨意。無論如何，這就是我要檢視的第一項簡短論點：自殺是錯誤的行為，因為這麼做違反了上帝的旨意。

我認為休謨在兩百多年前已對這種想法提出了最好的回應③。他指出，如果我們只知道有個造物主創造了我們，並且給了我們生命，那麼我們並不能就此推論自殺違反了上帝的旨意。別的不提，如果你認為自殺是違反上帝旨意的行為這種想法極具可信度，那麼你為什麼不認為拯救別人的性命也可能是違反上帝旨意的行為？說不定上帝是刻意要讓他們死的！

假設你走在大街上和一名女子交談著。你看見她即將被一輛卡車撞上，於是將她推開。我們先前探討過一個像這樣的例子，當時的問題是她該不該感謝你。不過，這一次的問題是她該不該抗議。「你竟敢這麼做！」她驚呼道：「你阻撓了上帝的旨意，是上帝要我被那輛卡車撞死的。」

我們即將搭救別人的性命之時，該不該因為上帝的旨意必然是要他們死而決定收手？你如果是醫生，看見一個人心跳停止，而你能夠立刻實施心肺復甦術讓那人的心臟恢復跳動，你該不該說：「不行，我絕對不能這麼做。這個人是因上帝的旨意而死。我要是救他一命，就是阻撓了上帝的旨意。」沒有人會這麼說。但既然如此，這項論點又憑什麼適用於自殺的案例？

你如果救了你的朋友一命，結果她說：「你阻撓了上帝的旨意。」也許你應該反過頭來辯駁說：「不對，不對，我救了你一命是上帝的旨意。沒錯，上帝安排你處於即將遭到卡車撞上的情境，但上帝卻也安排了我救你一命。」說不定醫生也該提出類似的說詞：「我是依照上帝的旨意因應這個狀況，而以我採取的作法改變了後果。」這麼說並非全然不合理。不過，如果這麼說不算不合理，那麼爲什麼不對自殺採取一樣的說法？說不定我藉著自殺因應我的處境是上帝的旨意。上帝既然沒有提供我們任何特殊的指導手冊，訴諸上帝的旨意其實無從爲我們提供任何指引。我們不知道上帝的旨意究竟是要我們採取行動還是不要採取行動，所以你不能以自殺違反上帝的旨意爲理由而堅稱自殺必然是錯誤的行爲。

當然，除非你擁有上帝賜予你的指導手冊。舉例而言，你可能認爲《聖經》告誡我們不得自殺，而既然聖經是上帝的話語，我們就必須遵從《聖經》的指示。這項論點至少是長的多了，而且我在原則上也非常願意考慮，儘管我在這裡沒有足夠的篇幅可以這麼做。就當前的目的而言，我只能單純指出這項論點當中存在著許多假設，都需要仔細檢視。除了與訴諸上帝旨意的論點所共有的若干假設之外（例如有上帝存在，而且我們有道德理由必須遵守上帝的旨意），還有一項重要假設是上帝將他的旨意揭露在一本書裡，而且那本書就是《聖經》。

當然，許多人確實都聲稱《聖經》的確是上帝的指導手冊，而且他們也說我們應該接受《聖經》的指引。不過，他們眞正的作法通常也只是挑選出自己喜歡的指示，而把其他部分拋在一旁。就算這本指導手冊裡眞有一句話要求我們不得自殺（這個問題本身就頗具爭議性），其中也還有其他許多我們大多數人都無意聽從的指示。這本指導手冊要求我們不得吃豬肉，可是大多數人還是吃豬肉吃得很開心。這本指導手冊要求你不得在一件衣服當中混雜多種材質，卻沒什麼人認爲這是不可接受的事情。這本指導手冊指出，青少年如果對父母無禮，就應該受到投石擊斃的處罰，可是卻沒什麼人認爲這是一項眞正必要的道德要求④。你如果擅自挑選指導手冊的內容，以自己的想法決定哪些指示才具有道德上的必要性，那麼你就不能對我說因爲指導手冊禁止自殺，所以自殺就是錯誤的行爲。你其實沒有仰賴那本指導手冊爲你提供道德指引，只是從你自己原本接受的道德信仰出發，然後自行挑選指導手冊的內容，看看你願意爲哪些內容背書而已。由此可見，你並沒有眞的藉由訴諸上帝的旨意而協助你決定自殺是否具有道德上的正當性。

明顯可見，這項議題還有許多可以探討的地方，但就我們當前的目的而言，只要談到這裡就夠了。與其進一步檢視訴諸上帝旨意的論點，我要探討另一項反對自殺的簡短論點。如同第一項論點，這項論點同樣也可以由神學角度討論，儘管沒有必要以這種方式呈現。這第二項論點訴諸的是感恩的觀念。這項論點首先指出我們被賜予了生命，而生命是一件非常美妙的東西，不過這也就表示我們爲此虧欠了一份恩情，而我們償還此一恩情的作法就是應該好好保有我們獲得賜予的這項贈禮。因此，我們有義務活著：自殺是不道德的行爲。

感恩這種德行在當今的時代已極少獲得討論，備受一般人的忽略，不過我看不出有任何理由應該屏棄這項德行。在我看來，的確有虧欠恩情這麼一回事，如果有人幫了你一個忙，你就欠對方一份恩情。

至於我們該對什麼人或是什麼東西感恩，每個人可能各有不同的看法。賜予我們生命的也許是上帝，也可能是我們的父母，或者也許我們該直接說是大自然。不論生命是什麼東西或什麼人賜給我們的，難道不爲這件美妙的贈禮虧欠了一份恩情嗎？既然如此，你該怎麼償還這份恩情呢？你償還這份恩情的方式，就是好好保有這項禮物，若是自殺，就是拋棄了這項贈禮，這麼做即是忘恩負義，而忘恩負義是不道德的行爲，是錯誤的行爲。所以，這就是爲什麼自殺是錯誤的行爲：這麼做即是未能對生命的贈禮表達恰當的感恩。

這是反對自殺的第二項簡短論點，而我如果說我覺得這第二項論點也不具說服力，你大概不會感到意外。我之所以這麼覺得，不是因爲我對虧欠恩情的概念抱持懷疑，而是因爲我認爲我們應該注意我們對於自己虧欠的恩情究竟負有什麼樣的義務。

我想，必須思考的第一點是，我們是否能夠對人以外的對象虧欠恩情並不是一件明白可見的事情。我們如果說我們應該對大自然感恩，那麼實在難以明白看出我們在這種情況下是否眞的有可能虧欠一份恩情，因爲大自然實際上不是人。不過，我們可以暫且不追究這一點，而直接假設我們可以對非人的對象虧欠恩情，不然就是我們虧欠恩情的對象其實是上帝或父母。我想，更需要銘記在心的一點是：你如果因爲別人給你一件東西而虧欠對方一份恩情，那麼前提是對方給你的東西必須是一份禮物。

想像看看，如果有個人給你一個派，對你說：「吃下去！」可是那個派不是蘋果派，也不是櫻桃派，而是某種腐臭噁心的黏液派，那個人切下一大塊，對你說：「吃下去！」在這種情況下，你欠那個人一份恩情嗎？你會不會因爲他給了你這塊派，就有義務把這塊派吃下去，或是繼續不斷吃著？這麼說未免顯得頗爲古怪。畢竟，那個人如果給了你一塊腐臭的黏液派，並且要求你吃下去，那麼他就只不過是個惡霸而已！

當然，典型的惡霸都是高大強壯，至少電影裡的惡霸都是這樣。那個惡霸也許會對你說：「你不把這塊派吃下去，我就痛扁你一頓。我會揍得你屁滾尿流。」說不定你本身不是特別強壯，所以他很可能確實能夠把你痛扁一頓，而且你很可能也知道他會這麼做。所以，那塊派雖然令人作嘔，但你可能爲了自保而不得不把它吃下去，吃幾口黏液派可能比被人痛扁一頓要好。不過，你在這種情況下並不負有任何道德義務，你沒有吃下那塊派的道德要求。

假設上帝扮演那個惡霸的角色，而對你說：「把派吃下去，不然我就讓你下地獄。」在這種情況下，你也許應該爲了自保而乖乖聽話。同樣的，上帝如果扮演惡霸的角色而對你說：「你的人生雖然已淪入極爲可怕的境地，以致你活著還不如死了好，但我堅持你一定要活下去。你要是自殺，我就把你貶入地獄，永世不得翻身。」這時候，你也許應該爲了自保而不要自殺。不過，在這種情況當中並沒有任何道德要求，在這個例子當中，上帝只不過是個惡霸。

我不是說我認爲上帝確實就是個惡霸。你如果相信上帝是善良的，而且這樣的信念也相當合理，那麼上帝就不會在派腐壞之後還要求你繼續吃那個派。他賜給你一個蘋果派，對你說：「吃吧，這個派對你有益，你會喜歡的。」你因爲感恩而吃了那個派。不過，由於上帝不是惡霸，所以他又接著對你說：「要是有一天這個派壞掉了，你就可以不要繼續吃。」如果上帝不是惡霸，那麼他怎麼可能會堅持要我們繼續吃一個壞掉的派？所以，我實在看不出以訴諸感恩爲基礎的反對自殺論點怎麼有可能成立。

重點是，自殺如果眞的是一種不道德的行爲，我們絕對不可能藉由剛剛檢視過的這兩項簡短論點確立這件事實。我們必須訴諸比較完整的道德理論，所以，暫時把自殺這項議題擺在一旁，且讓我們先提出這個較爲一般性的問題：到底是什麼因素會使得一項行爲受到道德的允許或禁止？

不意外，不同的道德理論對於這一點都各有不同看法。不過，至少有一個觀念是所有的道德理論（或者幾乎是所有的道德理論）都一致擁有的：也就是行爲的後果絕對不容忽視。當然，我們不一定認爲後果是決定行爲道德性的唯一因素，但這無疑是其中一項重要因素。你在道德上絕對應該思考自己的行爲會造成什麼後果。所以，且讓我們從考慮後果的角度思考自殺的道德性，把這一點銘記在心：既然我們要從道德觀點看待這件事情，就必須把各種後果都納入考量，也就是所有人受到的影響。

我想，顯而易見的一點是，受到死亡影響最大的對象，就是自殺的那個人自己。至少在乍看之下，自殺顯然會對那個人造成不好的後果，畢竟那個人原本活著，現在卻死了，而我們通常認爲死亡是一項不好的後果。

舉例而言，假設我指向牆上的一個開關，向你說你如果撳動那個開關，一千個原本活著的人就會因此死亡。在正常的情況下，你一定會把這點視爲不該撳動那個開關的充分原因！爲什麼？因爲這樣的結果是不好的：一千個人會因此死亡。當然，一個人死亡比不上一千個人死亡來得糟糕，但儘管如此，我們難道不該仍然說那是一項不好的後果？但既然如此，那麼我們不是必須說，不論後果在道德當中的重要性有多高，至少在那個程度以內，自殺就是違反道德的行爲？

且慢！就算死亡在正常情況下的確是一件壞事，也並非永遠都是一件壞事。我們在許久以前就已經得知了這一點，在思考死亡壞處的本質之時。在典型的案例當中，死亡無疑對人剝奪了一段整體而言會爲他們帶來好處的人生，因此死亡對人來說才會是一件壞事。不過，在我們此處所思考的這種案例當中，自殺從自利觀點來看是理性上可以接受的行爲，所以那個人其實活著還不如死了好。對於這樣的人來說，人生帶給他們的價值整體而言是負面的，愈早死對他們來說是愈好的事情。當然，這就表示死亡對他們而言不是壞事，而是好事。所以，死亡在這種案例中不是不好的後果，而是好的後果。

因此，只要你願意接受有些人確實有可能處於生命愈早結束愈好的情況下，那麼我們就可以得出自殺實際上可能是一件好事而不是壞事的結論。假設在這種情況下，那個人自殺即可讓自己解脫她原本必須承受的苦難。所以，訴諸後果雖然乍看之下似乎會是一種反對自殺的論點，但只要再仔細看看，就會發現至少在適當的條件下，訴諸後果可能反倒會支持自殺的決定。

不過，再次仔細看看則是會提醒我們，不能只是把焦點放在考慮自殺的那個人所遭遇的後果，如同先前所提過的，從道德的角度來看，我們必須考慮所有人的後果。所以，我們必須問，還有哪些人可能會受到那個人的死亡或自殺所影響？在這方面必須思考的對象，最重要的想必是家人與心愛的人，也就是那些直接認識並且關懷那名考慮自殺者的人。然而，至少就這群人而言，我們顯然可以合理指出自殺的後果通常是不好的，畢竟一個人一旦自殺了，通常會對親友造成極大的哀傷與痛苦。

當然，就算這是眞的，我們也還是必須要問，各種後果相較之下的狀況如何？畢竟，在我們生活的這個世界裡，極少有什麼行爲會只有好的後果或是只有不好的後果。一般而言，我們的行爲通常都會帶來好壞參半的後果，因此必須問一項行爲帶來的好處是否大於壞處，或是壞處大於好處（然後，我們又必須以此一好壞參半的後果和其他行爲所造成的好壞參半的後果互相比較）。所以，就算自殺眞的會造成親友哀傷痛苦的不良後果，但自殺者如果眞的是活著不如死了好，那麼這一切不良後果仍然可能被他獲得的效益抵銷。

此外，我們也應該要記住這一點：就那名考慮自殺者的親友而言，如果他們愛護關懷的那個人能夠因爲自殺而解脫苦難，那麼他們整體而言也可能會感到寬慰。當然，他們對於那個人的處境一定會深感難過，因爲大自然（或是上帝、命運之神，還是其他各種東西）竟然使得他只能選擇自殺或者承受某種令他癱瘓在床上飽受痛苦折磨的疾病。當然，他們一定會希望那個人的疾病能夠出現治療方法，能夠有康復的機會，也一定會希望他從一開始就不要罹患這種疾病。不過，在當下這種選擇極爲有限的情況下，一方面是持續承受煎熬與痛苦，另一方面則是終結那樣的煎熬與痛苦，如果那個人能夠理性評估自己的前景，並且合理認定自己確實死了會比活著好，那麼他的親友終究一定也會能夠認同這樣的判斷。他們想必會對他僅有這兩項選擇感到遺憾，也許不僅是遺憾，而是對這樣的事實痛加咒罵，儘管如此，在選擇如此有限的情況下，他們也許終究會同意終結這樣的苦難會是比較好的作法。所以，如果那個人決定自殺，他們可能會支持這項選擇，他們可能會說：「至少他不用再遭受痛苦折磨。」

因此，純粹就後果而言，自殺說不定有時候是合理的行爲。所以，我們可以想像一種道德觀點，在這種觀點當中，後果不只是思考行爲對錯的其中一項道德因素，而是唯一的道德因素。假設我們採取這種立場，認定後果是道德上唯一重要的元素。實際上，有些道德理論確實採取這種立場。我想，在這種對於道德性的問題採取只考慮後果的觀點當中，最著名的例子就是功利主義。功利主義這種道德學說認爲，對與錯的重點就在於盡可能爲所有人造就最多的快樂，而且等値看待每個人的快樂。若是沒有辦法造就快樂，至少也應該設法把哀傷與苦難降到最低，並且等値看待每個人的哀傷與苦難。

假設我們接受這種功利主義的立場，那麼我們對於自殺的道德性將會得出什麼樣的結論？我相信我們將會得出一項中庸的結論。一方面，我們會揚棄自殺在道德上絕對不可接受的這種極端觀點，因爲你要是這麼說，即是主張自殺必定只會帶來整體而言不好的後果（相較於其他選項）。不過這種經驗主張在我看來卻是相當難以置信。說來可嘆，我們其實不難想出自殺的後果會勝過繼續承受苦難的案例。在這種案例當中，自殺對於自殺者本身以及他的家人而言，可能都會帶來比較好的後果。

另一方面，我們如果是功利主義者，那麼我們也不會擺盪到另一個極端，而指稱自殺永遠都是道德上可以接受的行爲，因爲這麼說即是指稱自殺造成的後果就整體而言絕對不會是不好的。這樣的主張同樣也是頗爲難以置信。舉例而言，許多人都是年輕又健康，有著光明燦爛的未來。這樣的一個人要是自殺，那麼由此造成的後果就整體而言絕非好事，而是壞事。在這種案例中，自殺不可能取得道德的正當性。

所以，功利主義的立場屬於中庸立場。這種觀點不認爲自殺永遠不可接受，也不認爲自殺永遠都可以接受。也許不令人意外，這種觀點認爲自殺有時候是可以接受的，端看個別案例的實際狀況而定。我們必須把自殺的後果和你擁有的其他選項所可能帶來的後果互相比較。舉例而言，就算你現在的人生非常糟糕，對你而言死了也比繼續這麼活下去要好，但如果你能夠取得某種醫學治療，藉此治癒或者大幅改善你的疾病，那麼自殺實際上就不是具有最佳後果的行爲。尋求醫療協助會是比較好的作法。

我們甚至可以想像這樣的案例：你現在的人生也許死了會比繼續活下去還好，而且也沒有任何醫療手段能夠改善你的狀況，但儘管如此，就功利主義的角度來看，你在道德上仍然不能自殺。之所以如此，原因是我們一如往常必須考慮自己的行爲對別人造成的後果。你的死亡可能會對別人造成極大的負面影響，以致那樣的傷害超出了你繼續活下去所必須付出的代價。舉例而言，假設你是育有年幼子女的單親家長，你負有照顧他們的道德義務，你要是死了，絕對會對他們造成非常糟糕的後果。因此，在這樣的案例當中，你自殺而對你子女造成的苦難，很可能超過你爲了他們而繼續活下去所必須承受的苦難。所以，究竟該做出什麼樣的選擇，都必須依照實際上的狀況決定。

儘管如此，我們如果接受功利主義的立場，確實會得出中庸的結論。在若干狀況下，自殺將會具有道德上的正當性。概略而言，你如果生不如死，而且你死了對別人造成的壞處又不至於超過你繼續活下去所必須承擔的壞處，那麼自殺就具有正當性。根據功利主義的觀點，這類案例即是自殺具有道德正當性的典範案例。

不過，這不必然表示自殺就確實一定有可能具備道德上的正當性，因爲我們說不定不想接受功利主義的道德理論。以非常粗略的方式來說，你如果接受功利主義，就是認爲後果很重要，而且是唯一重要的東西。不過，我們大多數人都傾向於認爲道德性不僅取決於後果。我們大多數人都傾向於認為，有些行為雖然可能帶來好的後果，卻還是不免受到道德的禁止。這不是說後果在道德上不重要，而是說後果不是道德上唯一重要的事情。其他道德相關因素有可能比後果更加重要。無論如何，倫理學中所謂的義務論就是採取這樣的立場。

義務論者指出，除了後果以外，另外還有其他事情也具有道德上的重要性。要決定自己的行為是對是錯，你確實必須考慮後果，同時也必須考慮其他事情。哪些其他事情呢？不意外，義務論者對於細節的看法各自不同，但有一項相當普遍的想法認為，除了注意後果之外，我們也必須注意你如何造就那些後果。我們不能只問後果是什麼，而是也必須問你造成那些後果的手段是什麼。尤其是，大多數的義務論者都認為，你造就那些後果的過程中會不會傷害人，是一項非常重要的因素。

大多數人都傾向於認為傷害別人是錯誤的行為，至少傷害無辜的人是如此。的確，就算傷害無辜的人會帶來好的後果，這麼做也是錯誤的行為。當然，我確實必須納入無辜這個條件，因為大多數人也傾向於認為自我防衛是正當的行為。面對一個沒有充分理由而攻擊你、你的朋友或者你的同胞的人，傷害對方可能是正當的行為。所以，我們不認為傷害別人絕對是不正當的行為。那些人罪有應得，他們是侵略者。就義務論的觀點來看，大多數人傾向於認為的是，傷害無辜的人絕對不是正當的行為。不過，此處的關鍵要點是：義務論者認為，就算傷害無辜的人所造成的後果就整體而言會是好的，這麼做也仍然是不對的事情！

當然，就實務上而言，即便是功利主義者也幾乎總是會譴責殺害無辜之人的行為，因為傷害無辜的人所造成的後果幾乎總是不好的（相較於我們能夠從事的其他行為所帶來的後果）。舉例而言，我要是走進一間滿滿是人的房間，而開始用我的烏茲衝鋒槍任意掃射，後果無疑會極為可怕。所以，不只是義務論者會譴責這種行為，功利主義者同樣也會，而且正因為殺害無辜的人幾乎總是會造成非常不好的後果，因此就實務上而言，我們接受功利主義或義務論的差別通常不大。

思考非典型的案例

因此，我們如果要思考功利主義與義務論之間的差異，就不該聚焦於典型的案例，而是應該思考非典型的案例，也就是殺害無辜的人會有好的後果。當然，在現實生活中很難想出這樣的案例，但我們可以藉由科幻的方式想像出一個適當的例子，這麼做將可讓我們聚焦於功利主義與義務論之間的關鍵差異。

假設一家醫院裡有五名病患將會因爲不同的器官衰竭現象而死亡，其中一人需要移植心臟，另一人需要移植腎臟，又一人需要移植肝臟等。不幸的是，由於組織不相容的問題，這五名病患的器官都不能在他們死後用來拯救其他人的性命。這時候，弗瑞德正好到醫院裡接受例行健康檢查。弗瑞德非常健康。而且，假如你是醫生，在爲他進行檢查的時候，發現他身上的器官正好適合捐贈給那五名病患。你不禁想到，如果你能夠找個方法殺了他，並且讓人以爲他是疾病突然發作而死，那麼你就可以使用他體內的器官拯救那五名病患，讓其中一人獲得所需的腎臟，另一人獲得所需的心臟，又一人獲得所需的肝臟等。所以，概略而言，你面對的選擇是：純粹爲弗瑞德進行例行性的健康檢查，而任由那五名病患死亡，或者殺了弗瑞德，取出他的器官，用來拯救那五名病患⑤。

在這個器官移植的案例中，我們該說怎麼做才是正確的選擇？就後果來看（如果我們這則故事講述得正確的話），殺死弗瑞德顯然會帶來比較好的後果。畢竟，犧牲他一個人就可以救得五個人的性命。儘管弗瑞德的死亡是一項可怕的後果，但那五名病患死亡卻是更加糟糕，所以你要是殺了無辜的弗瑞德，帶來的會是比較好的後果。

明顯可見，我剛剛講述這則故事的方式存有許多爭論空間。你要是殺了弗瑞德，後果眞的會比較好嗎？要是器官移植失敗，結果導致六個人都死了怎麼辦？你要是被人逮到，以致大眾得知醫生有時候會謀害身體健康的病患，那麼醫學界會因此遭遇到什麼樣的長期影響？不過，與其設法修正這個例子，且讓我們直接假設這則故事裡的所有細節都確切無誤：殺了弗瑞德確實會帶來比較好的後果。在這種情況下，這麼做是正確的行爲嗎？

功利主義似乎應該指出這是正確的行爲。但正因如此，我們大多數人將會指出道德不僅限於功利主義的考量！這項反駁究竟成不成立，是個非常非常複雜的問題。你如果想要深入探究，我會建議你閱讀道德哲學的入門書籍。不過，就我們當前的目的而言，且讓我們直接假設大多數人都同意義務論者的觀點，認爲道德不是只要有最好的結果就行。至少就直覺上來看，殺害無辜的人是錯誤的行爲，就算這麼做會帶來比較好的後果也是一樣（在我們的例子裡，犧牲一個無辜的人將可換得五個人的活命）。我們也許可以說人擁有生命權，擁有不被殺的權利。以較爲一般性的說法來說，大多數人都接受義務論中禁止傷害無辜之人的道德禁令，即便這麼做眞的會帶來比較好的後果也不例外。

在一本探討道德哲學的書裡，我們一定會立刻想要針對此一禁令提出許多重要的問題，舉例來說，此一禁令的基礎是什麼，以及這項禁令究竟禁止了哪些東西。不過，就當前的目的而言，可以僅僅提出這個問題：假設我們確實接受這樣的義務論禁令，那麼對於自殺的道德性會帶有什麼意涵？這個問題的答案看起來似乎是：我們必須說自殺是錯誤的行爲，是道德上不可接受的行爲。因爲我自殺就是殺害了某個人，而我們剛剛不是才說過，身爲義務論者，我們認爲殺害無辜的人是道德上錯誤的行爲嗎？我是個人，而且我是個無辜的人，所以殺害我是道德上錯誤的行爲，我殺死我自己是道德上錯誤的行爲。

如果這麼說，就算指稱我在前文描述的那種案例中其實生不如死，也不會對這項論點造成任何改變。就算我們假設我自殺會帶來整體而言更好的後果，這項事實也不會帶來任何影響，因爲身爲義務論者的我們指出，生命權非常重要，重要性超越了後果。正如殺害弗瑞德雖可造成更好的後果（犧牲一個人而換取五個人活命），卻仍然是錯誤的行爲，因此殺害你自己就算會帶來更好的後果，也一樣是錯誤的行爲。簡言之，就算自殺是終結你的痛苦的唯一方法，因此帶來的後果就整體而言是好的，這樣還是不會有任何影響，因爲生命權超越了後果的重要性。身爲義務論者，我們顯然必須說自殺是受到禁止的行爲，就是這樣。

不過，正如哲學中常見的狀況，事情並沒有這麼簡單。有些人認爲道德只涉及我對待別人的方式，而不涉及我對待自己的行爲：一個人對待自己的行爲完全不屬於道德的範疇。明顯可見，我們如果接受這樣的主張，由此即可推導出，儘管生命權禁止了殺害其他人的行爲（就算會帶來好的後果也不行），卻不適用於自殺的行爲。當然，生命權如果不排除自殺，那麼自殺就終究還是有可能是道德上可以接受的事情。

在此處應該要注意的是，我們一點都無法明確看出爲什麼應該接受道德只涉及對待別人的行爲這種主張。假設我們自告奮勇，試圖解釋我殺害你爲什麼會是錯誤的行爲。在這種情況下，我們無疑會指出各項重點，諸如你是個人，因此你不能被當成純粹的物體對待，不能被當成追求某個目標的手段，不論那個目標有多麼崇高。你既然是人，我們就不該對你做某些事情，就算這麼做會帶來整體而言較好的結果也不行。不過，我當然也是人，即便在我考慮著自殺的時候，我也是在考慮著殺死一個人。我們實在很難看出爲什麼我一旦考慮殺死的對象是我自己，就突然會使得我考慮殺死一個人的行爲完全不必受到道德約束。

無可否認，這個議題相當複雜。我們如果要充分加以探討，就必須考慮其他探討道德最終基礎的理論，但我不打算在此處檢視這項複雜的議題。所以，爲了此處的討論起見，且讓我們純粹假設不是只有對待別人的行爲才屬於道德管轄的範疇。我們難道不能至少同意，如果這麼說是對的，那麼自殺就是不道德的行爲？如果道德至少有一部分確實關乎我對待自己的方式，而且如果道德規範當中存在一項禁止傷害無辜之人的義務論禁令，那麼自殺不就是錯誤的行爲嗎？

然而，這時候顯然必須指出器官移植案例與自殺之間的一項重大差異，也就是殺害弗瑞德以拯救另外五個人的案例。我殺害弗瑞德，是爲了造福別人而傷害一個人，但我如果自殺，這項行爲則是爲了我自己。

這項差異看起來確實有其重要性，但我們不是百分之百確定該怎麼看待這個想法。以下是兩項可能的建議。首先，你也許會認爲「我爲了自己而傷害自己」這個概念的重要性在於這裡：在我們探討的這種案例當中，自殺從自利觀點來看是理性的行爲。這種案例中的主角生不如死。由此可見，我如果眞的自殺，儘管我就一方面而言的確是傷害了自己，但就整體而言我並不是傷害自己。相反的，就整體而言，我其實是造福自己。比起器官移植的案例，這點無疑是一項重要的差異，因爲在那個案例中，弗瑞德就整體而言的確是受到了傷害。

這點之所以重要，原因是義務論禁令說不定只是禁止在整體上對人造成傷害。舉例而言，假設你的腿感染了某種病菌，如果不截肢就會導致你喪失性命。你去看醫生，於是她切除了你的腿。她這麼做是不道德的行爲嗎？看來顯然不是。可是，等一下：她切掉了你的腿呀！她傷害了你！你原本有那條腿，現在卻沒了，這無疑是一種傷害。所以，她做的這件事難道不是不道德的行爲嗎？不過，我們想必會說她雖然傷害了你，但是就整體而言她並沒有傷害你。就整體而言，她使你的狀況變得更好，而不是更糟（相較於她擁有的其他選項）。既然她就整體而言沒有傷害你，因此她實際上也就沒有違反禁止傷害別人的義務論規範。

如果這麼說是對的，那麼也許自殺終究沒有必要被視爲不道德的行爲。就算眞的有一項禁止傷害無辜之人的義務論禁令，說不定這項禁令僅是禁止我們讓傷害對象的整體狀況變得更糟。不過，我要是真的活著還不如死了好，那麼我自殺就整體而言並不是傷害自己，而是造福自己。因此，禁止整體傷害的禁令也就沒有受到違反。如果這麼說是對的，那麼即便是從義務論觀點來看，自殺在特定案例中也還是可能具有道德上的正當性。

這是「我自殺是爲了我自己」這種想法的一種闡釋方式，接下來還有另外一種思考方式。既然我是爲了自己的福祉而自殺，因此我顯然贊同這項作法。我認可我的行爲；我同意這麼做。請注意這點和器官移植案例中的狀況有多麼不同。我殺害弗瑞德想必沒有獲得他的贊同，我是在違背他的意願的情況下這麼做。不過，由於自殺是我對自己所做的事情，因此我不可能違背自己的意願，我這麼做絕對是我同意的結果。這點看起來在道德上也頗具重要性。

接受這項觀念，即是認爲我們必須在義務論當中加入另一項因素。我們早已知道後果具有道德上的重要性，還有無辜的人會不會在造就這些後果的過程中受到傷害的問題也是，但現在我們又必須納入「同意」這項因素。仔細想想，我猜大多數人都會傾向於認同「同意」可以使得原本錯誤的待人方式因此變得可以接受。尤其是，一般而言傷害人雖然是錯誤的行爲，但你一旦取得受傷害者的同意，就是另一回事了。舉例而言，在截肢案例裡，醫生進行手術之前必須取得你的同意，這顯然是一項相當重要的因素（如果是隨便一個陌生人在沒有取得你同意的情況下就擅自切除你的腿，我們的感覺可就會大不相同了！）

以下這個例子，也能夠證明同意的重要性。我揍你的鼻子一拳是道德上不允許的行爲；同樣的，你也不能任意揍我的肚子一拳。然而，我猜想拳擊賽在道德上卻是可以接受的事情。爲什麼？一大原因應該就是拳擊比賽的參賽者同意受到這樣的待遇。我同意你打我，或者至少是試圖打我，而藉此換取你同意我打你，或者至少是試圖打你。正是這樣的同意使得我打你或者你打我成爲道德上允許的行爲。

因此，「同意」可讓傷害人的行為取得道德上的正當性，儘管這種行為一旦沒有了同意就不再正當。如果這麼說是對的，那麼這點對於自殺的道德性就有所影響。無可否認，我若是自殺，即是傷害了一個無辜的人。可是我殺的對象既然是我自己，因此我顯然允許我自己這麼做。我的行為得到了「受害者」的同意。所以，如果同意可以讓原本受到禁止的行為成為受到允許的行為，那麼同意就使得自殺成為受到允許的行為。因此，從這種較為完善的義務論觀點來看，其中把同意的重要性納入了考量，我們顯然必須承認自殺終究是道德上允許的行為。

實際上，這種想法可能會在自殺的道德性上將我們導引至一種相當極端的立場。如果受害者的同意絕對能夠讓道德上受到禁止的行為變得可以接受，那麼自殺的行為在道德上就絕對可以受到允許。因為，就我所見，在每一件自殺的案例中，自殺者對自己所做的事情都絕對獲得了自己的同意。

不過，我們也許不該認為同意具有無限的效力。假設你和我有一天見面，而你對我說：「雪萊，我同意你殺我。」於是我拔槍射殺了你。這看起來實在不像是道德上可以接受的行為，儘管我已經得到了你的同意。或者，假設你認為自己殺了約翰．史密斯而因此感到內疚，然而，你其實只是瘋了而已，你沒有殺害約翰．史密斯，約翰．史密斯根本沒死。不過，你因為精神錯亂而認為自己確實殺了約翰．史密斯，於是你對我說：「雪萊，請你殺了我。」如果我明知你精神錯亂，卻還是殺了你，這樣的行為明顯可見也是不可接受的。或者，假設你正在和你三歲大的姪子一起玩，他對你說：「我不喜歡活著，殺了我吧。」你顯然也不可能因此就可以殺了他。

我們如果認為同意具有無限效力，就會得出不少令人難以置信的結論。因此，我認為我們只要經過省思，就不會接受無限效力同意原則。那麼，也許我們應該重新思考自己的立場，徹底否認同意的重要性？說不定同意其實不具有乍看之下的那種道德重要性，說不定同意根本不具有任何道德上的重要性。

不過，我猜想這麼說也是太過極端。我們需要某種同意原則，即便是一項有限制的同意原則也沒關係，因爲如果沒有這種原則，就無法說出大多數人都會想要說的話。舉例而言，想像有一個士兵在戰場上，看見一枚手榴彈落入壕溝裡。除非他趕緊採取某種作爲，否則那枚手榴彈就會爆炸，並殺死他的五名同袍。問題是，那五人沒有看見那枚手榴彈，而他也來不及警告他們。所以，這個士兵只有兩個選擇：他可以什麼都不做，任由他的朋友被殺，但他自己不會受到嚴重傷害（他距離手榴彈比較遠）；不然就是撲到手榴彈上面，以自己的身體吸收手榴彈的爆炸力，犧牲自己而救他的同袍一命。想像這個士兵撲了過去，爲了朋友而犧牲了自己。

恐怕極少有人會有勇氣這麼做，但令人驚奇的是，有些人確實具有這樣的勇氣，而我們也仰慕並且讚譽這種極度英勇的自我犧牲行爲。我們說這種行爲在道德上值得嘉許，遠遠超越他們的職責要求。可是等一等：這種行爲怎麼可能值得嘉許？那名士兵撲到手榴彈上，明知這麼做的後果會害死自己。因此，他殺了一個人，一個無辜的人，明顯違反了禁止殺害無辜之人的義務論禁令。

指稱這麼做會帶來比較好的後果並沒有幫助。當然，這樣的後果確實比較好，犧牲一個人而換得五個人活命，但我們如果採取義務論的立場，就不該受到這項後果的影響。畢竟，假設那名士兵看見手榴彈之後，所做的事情是把另一個士兵推到手榴彈上！這種行爲顯然不受允許，儘管由此造成的後果也是一樣（犧牲一人而換得五人活命）。這麼做乃是刻意殺害一個無辜的人！義務論者認爲這麼做是錯誤的行爲，就算會帶來好的後果也不例外。

那麼，這兩者之間的差別該怎麼解釋？爲什麼那名士兵自己撲到手榴彈上就具有道德上的正當性，但把別人推到手榴彈上就沒有？我想，最合理的答案是，他自己撲上去之所以是受到道德允許的行爲，原因是他同意自己這麼做。那名士兵自己撲過去，即是同意自己受到傷害。這麼一來，一件原本不被允許的事情就變得可以接受。然而，我們要是徹底揚棄同意原則，就必須說那名士兵自我犧牲的舉動在道德上不值得讚揚，而是在道德上令人驚恐的行爲，在道德上受到禁止的行爲。我無法信服這樣的說法。

因此，義務論者需要某種同意原則。但另一方面，我們也不要過度極端的同意原則，以致我們必須主張只要有人說：「殺了我吧！」我們就可以動手殺死對方。因此，我們需要的是一種比較適度的同意原則，我們必須說同意能夠讓原本不允許的行爲變得可以容許，但只有在特定條件下才是如此。

這些條件究竟是什麼呢？這點當然又是另一個有待爭論的議題。不過，以下是幾項比較合理的提議：我們也許會堅持提出同意的人必須是自願做出這樣的決定，而且那個人必須了解自己提出同意之後會帶來什麼樣的結果（或者可能會有什麼樣的結果）。提出同意的人必須明智、理性，而且有能力做出這樣的決定。最後，我們可能也會要求提出同意的人必須有充分的理由這麼做（我們可能需要有這項條件，才能判斷你直接走到我面前要求我殺了你的案例。畢竟在這種案例當中，你不一定需要精神錯亂。只要你說這句話沒有充分的理由，也許就足以削弱同意的效力）。

那麼，假設我們已經有了一項修正完善的同意原則。這麼一來，我們對自殺的行爲會怎麼說？在我看來，我們很可能會再度被導引至自殺的中庸觀點。一個人單純想要自殺，並不足以證明她在道德上就可以這麼做，因爲就算她同意自己這麼做，她還是有可能精神錯亂，或者在當下沒有能力做出那樣的決定，或者也許她根本沒有自殺的充分理由。但儘管如此，如果有人理性評估了自己的處境，發現自己死了會比活著好，並且仔細加以思考，不匆促行事，而是在具備充分的理由下做出自願而且有根據的決定，我認爲這樣的案例確實有可能存在，那麼經過修正的同意原則就可以適用，這時同意即可壓過禁止傷害無辜之人的義務論禁令的效力。於是，自殺在某些案例中（雖然不是所有的案例），就會再度是可以接受的行爲。

在我看來，這就是正確的結論，不論我們接受功利主義還是義務論的立場。自殺不是一定都具有正當性，但有時候可以是正當的行爲。

這麼一來，還是有個重要的問題尙未解決：我們如果遇到一個想要自殺的人，這時我們該怎麼辦？我想，你在這種情況下有充分的理由可以這麼問自己：你是否認爲那個人滿足了同意原則的相關條件？也許我們寧可謹愼一點，假設那個人想要自殺是遭受壓力的結果，所以他可能頭腦不清楚、沒有獲得完善的資訊、不具備充足的能力，做出的決定也沒有充分的理由，但採取這樣的負面假定，不等於接受自殺是絕對不容允許的行爲這項結論。假設我們相信對方已然經過詳盡思考，也確實具有充分的理由，也獲得了完善的資訊，並且是依照自己的意志所做出的決定。就我看來，在這樣的案例當中，那個人大可正當地終結自己的性命，而我們也可正當地讓他這麼做。

---

① 你如果同意人生的價值也可能受到人生整體樣貌的影響（這點在第十三章提過），那麼你也許需要用不同的圖表呈現以及探討我即將提出的幾項論點（簡單說，在這種不一樣的圖表當中，Y軸應該代表一個人的人生在特定時刻結束會有多好或多糟，而不是一個人在任何一個時刻過得有多好。這麼一來，活著不如死了好的現象就會由下滑的線條代表，而不是落到X軸以下）。不過，既然我在此處提出的基本哲學論點不會受到影響，所以我不會進一步探討這種不同作法。

② 我雖然爲了此處的討論需求而有所修改，但這個例子大致上是改編自Donald "Dax" Cowart的眞實故事。

③ David Hume, "On Suicide," in *Essays: Moral, Political, and Literary*。

④關於豬肉，見《利未記》11:4-7。關於混雜材質，見《利未記》19:19與《申命記》22:11。關於投石刑罰，見《申命記》21:18-21。

⑤這個例子（這是我非常喜歡的一個例子）由菲利帕．富特在她的論文The Problem of Abortion and the Doctrine of the Double Effect當中所提出，收錄於*Virtues and Vices* (University of California, 1978)。

第十六章
結論：一份邀請

在本書開頭，我邀請你思考死亡的本質，但大多數人都盡力不這麼做。死亡是個不討人喜歡的題目，因此我們都盡力把這件事情排除在腦海之外，就算死亡與我們正面相對，我們也不去想它。舉例而言，你有多常從墓園旁邊經過，卻根本連注意都沒注意到？你有多常停下來思考我們其實只會在這個地球上待一小段時間，然後就不復存在了？大多數人就是不喜歡想這件事情。

當然，你是少數的例外，你剛讀完了一整本探討死亡的書，而且你如果在閱讀過程中花了些時間仔細檢視自己相信的各種事物，我就會感到相當程度的滿足。不論你是否同意我提出的各項主張，那並不重要，重要的是你應當利用此一機會批判檢視自己的信念，不只是問你自己希望或假設什麼是眞的，而是你實際上能夠爲哪些信念提出辯護。

儘管如此，我如果假裝完全不在乎你看完這本書之後是否接受我對死亡的各種觀點，未免也有虛僞之嫌。我確實在乎，因爲我當然希望你相信眞相。

如同我在本書一開頭所解釋過的，大多數人都接受一套生死本質的信念，或是其中的大部分想法。他們相信人有靈魂，人不是只有肉體。此外，他們也相信，由於靈魂的存在，我們因此有可能永生不滅。當然，死亡雖然仍是終極的謎，但永生卻仍然是一項眞實存在的可能性，是我們盼望以及渴望的目標，因爲死亡就是終點的想法實在令人難以忍受。這種想法太過可怕，因此我們都盡量不去想。這種想法太過可怕，因此我們只要一想到死亡，就充滿了擔憂、害怕與恐懼，而且我們認定這就是面對生死的事實唯一合情合理的反應。人生如此美妙，因此不論在什麼情況下，我們都不可能會希望生命結束。永生將會令人欣喜不已，自殺則絕對不可能是一項合理的決定。

相對於這一切，我在書中論述了這套信念雖然普遍可見，卻是大錯特錯，而且幾乎是從頭到尾無一正確。根本沒有靈魂，我們只是機器。當然，我們不是隨隨便便的機器，而是驚奇奧妙的機器。我們是能夠愛、能夠作夢、能夠發揮創意的機器；我們是能夠做出計畫並且和別人分享的機器。我們是人。不過，我們終究只是機器，而機器一旦壞掉，就是走到了終點。死亡不是某種我們難以理解的大謎團，歸根究柢，死亡其實不比檯燈、電腦或其他任何機器終究會壞掉的現象來得神秘。

我希望讀者可以明白看出，我沒有試圖指稱我們實際上的死亡方式並不令人遺憾。如同我在探討永生議題的時候所指出的，如果可以一直活到人生不再有任何有價值的事物能夠提供給我們爲止，無疑會是比較好的事情。只要再多活一段時間對我整體而言是好的，死亡就是一件壞事。而且，至少對我們大多數人而言，死亡都來得太早。儘管如此，並不表示永生不死就會是一件好事，實際上，永生不死會是一種詛咒，而不會是福氣。

因此，我們思考死亡的時候，不該把死亡視爲一個大謎團，恐怖得令人無法面對，無可抵擋又令人畏懼。相反的，我認爲恐懼不但不是面對死亡唯一理性的反應，而是一種不恰當的反應。我們雖然可以對自己可能會死得太早感到難過，但這種感覺也許應該受到另一種體認所平衡，亦即體認到自己能夠有機會活著是多麼難以置信的幸運。

不過，體認到能夠活著是多麼幸運的事情，並不表示繼續活著對我們而言一定會是比較好的事情。說來可嘆，有些人可能會陷入生不如死的境地。一旦這種情形發生，生命就不是在任何情況下都必須堅持下去的東西，到了這種時候，我們應該做的也許是放手。因此，我在本書中邀請你爲自己思考生與死的事實，更重要的是，我邀請你以不帶恐懼和幻想的態度面對死亡。

國家圖書館出版品預行編目資料

令人著迷的生與死：耶魯大學最受歡迎的哲學課／
雪萊・卡根（Shelly Kagan）作；陳信宏 譯.
-- 初版. -- 臺北市：先覺，2015.08
432 面；16×23 公分 --（人文思潮；116）
譯自：Death
ISBN 978-986-134-257-3（精裝）

1. 生死學
197　　104010762

圓神出版事業機構　先覺出版社 Prophet Press

http://www.booklife.com.tw　　reader@mail.eurasian.com.tw

人文思潮 116

令人著迷的生與死：耶魯大學最受歡迎的哲學課

作　　者／雪萊・卡根（Shelly Kagan）
譯　　者／陳信宏
發 行 人／簡志忠
出 版 者／先覺出版股份有限公司
地　　址／台北市南京東路四段50號6樓之1
電　　話／（02）2579-6600・2579-8800・2570-3939
傳　　真／（02）2579-0338・2577-3220・2570-3636
郵撥帳號／19268298　先覺出版股份有限公司
總 編 輯／陳秋月
主　　編／莊淑涵
責任編輯／鍾旻錦
美術編輯／金益健
行銷企畫／吳幸芳・陳姵蒨
印務統籌／劉鳳剛・高榮祥
監　　印／高榮祥
校　　對／莊淑涵
排　　版／杜易蓉
經 銷 商／叩應股份有限公司
法律顧問／圓神出版事業機構法律顧問　蕭雄淋律師
印　　刷／祥峯印刷廠
2015年8月　初版
2023年10月　32刷

Open Yale courses　http://oyc.yale.edu/

定價 530 元　　ISBN 978-986-134-257-3